여러분의 합격을 응원하는
해커스소방의 특별 혜택!

FREE 소방관계법규 특강

해커스소방(fire.Hackers.com) 접속 후 로그인 ▶ 상단의 [무료강좌 → 소방 무료강의] 클릭하여 이용

해커스소방 온라인 단과강의 20% 할인쿠폰

DE2A242422ECAE9S

해커스소방(fire.Hackers.com) 접속 후 로그인 ▶ 상단의 [마이페이지 → 쿠폰] 클릭 ▶
위 쿠폰번호 입력 후 이용

* 등록 후 7일간 사용 가능(ID당 1회에 한해 등록 가능)

소방 합격예측 온라인 모의고사 응시권 + 해설강의 수강권

989738EB7CB26EQF

해커스소방(fire.Hackers.com) 접속 후 로그인 ▶ 상단의 [마이페이지 → 쿠폰] 클릭 ▶
위 쿠폰번호 입력 후 이용

* ID당 1회에 한해 등록 가능

쿠폰 이용 관련 문의 **1588-4055**

단기 합격을 위한 해커스소방 커리큘럼

입문
탄탄한 기본기와 핵심 개념 완성!

누구나 이해하기 쉬운 개념 설명과 풍부한 예시로 부담없이 쌩기초 다지기

TIP 베이스가 있다면 **기본 단계**부터!

기본+심화
필수 개념 학습으로 이론 완성!

반드시 알아야 할 기본 개념과 문제풀이 전략을 학습하고
심화 개념 학습으로 고득점을 위한 응용력 다지기

기출+예상 문제풀이
문제풀이로 집중 학습하고 실력 업그레이드!

기출문제의 유형과 출제 의도를 이해하고 최신 출제 경향을 반영한
예상문제를 풀어보며 본인의 취약영역을 파악 및 보완하기

동형모의고사
동형모의고사로 실전력 강화!

실제 시험과 같은 형태의 실전모의고사를 풀어보며 실전감각 극대화

마무리
시험 직전 실전 시뮬레이션!

각 과목별 시험에 출제되는 내용들을 최종 점검하며 실전 완성

PASS

단계별 교재 확인 및 수강신청은 여기서!

fire.Hackers.com

* 커리큘럼 및 세부 일정은 상이할 수 있으며, 자세한 사항은 해커스소방 사이트에서 확인하세요.

해커스소방
이영철
소방관계법규

단원별 기출문제집

이영철

약력

서울시립대학교 방재공학 석사
서울시립대학교 재난과학과 박사수료

현 | 해커스소방 소방학개론, 소방관계법규 강의
현 | 서정대학교 소방안전관리과 겸임교수
현 | 서울시립대학교 소방방재학과 외래교수
현 | 세종사이버대학교 소방방재학과 외래교수
현 | 경희사이버대학교 재난방재과학과 외래교수
현 | 서울소방학교 외래교수
현 | 한국소방안전원 외래교수
현 | 한국장애인 고용공단 BK 심사단
현 | 법무법인 정률 화재조사 위원

저서

해커스소방 이영철 소방학개론 기본서
해커스소방 이영철 소방관계법규 기본서
해커스소방 이영철 소방학개론 필기노트 + OX · 빈칸문제
해커스소방 이영철 소방학개론 단원별 기출문제집
해커스소방 이영철 소방관계법규 단원별 기출문제집
해커스소방 이영철 소방학개론 단원별 실전문제집
해커스소방 이영철 소방관계법규 단원별 실전문제집
해커스소방 이영철 소방학개론 실전동형모의고사

서문

기출문제는 소방관계법규의 방대한 양을 효율적으로 학습하기 위한 가장 좋은 수단입니다. 이제까지 누적된 기출 및 기출복원문제를 학습하면서 반복 출제되는 이론과 유형 등을 알고, 스스로 학습의 범위와 방향을 명확하게 설정할 수 있으며, 더 나아가 문제 해결 능력까지 키울 수 있기 때문입니다.

<해커스소방 이영철 소방관계법규 단원별 기출문제집>은 소방관계법규 학습의 기본이 되는 기출문제를 효과적으로 학습할 수 있도록 다음과 같은 특징을 가지고 있습니다.

첫째, 최신 기출 및 기출복원문제를 분석하여 단원별로 수록하였습니다.

2018년부터 2025년까지의 기출 및 기출복원문제 중 중요한 문제를 선별하여 단원별로 수록하였습니다. 이를 통해 소방관계법규 과목의 전체적인 맥락과 출제경향을 자연스럽게 확인할 수 있으며, 학습이 부족한 부분을 빠르게 확인하여 학습효율을 높일 수 있습니다.

둘째, 상세한 해설과 다회독을 위한 다양한 장치를 수록하였습니다.

정답 지문에 대한 해설뿐만 아니라 오답 지문에 대한 해설을 상세하게 제시하였습니다. 소방관계법규는 개념의 이해를 기반으로 조문을 암기하는 것이 중요하므로 해설 내에서 관련이론까지 충분하게 학습할 수 있도록 이를 정리·수록하였습니다. 또한 기출문제를 3회독 이상 학습할 수 있도록 회독 체크 박스를 수록하였으며, 이를 통해 각자의 학습 과정과 수준에 맞게 교재를 여러 방면으로 활용할 수 있습니다.

더불어, 소방공무원 시험 전문 사이트인 해커스소방(fire.Hackers.com)에서 교재 학습 중 궁금한 점을 나누고 다양한 무료 학습 자료를 함께 이용하여 학습 효과를 극대화할 수 있습니다.

부디 <해커스소방 이영철 소방관계법규 단원별 기출문제집>과 함께 소방관계법규 시험의 고득점을 달성하고 합격을 향해 한걸음 더 나아가시기를 바랍니다.

<해커스소방 이영철 소방관계법규 단원별 기출문제집>이 소방공무원 합격을 꿈꾸는 모든 수험생 여러분에게 훌륭한 길잡이가 되기를 바랍니다.

이영철

차례

PART 1 소방기본법

01 총칙   12
02 소방장비 및 소방용수시설   18
03 소방활동 등   24
04 소방산업의 육성·진흥 및 지원등   35
05 한국소방안전원   36
06 보칙   37
07 벌칙   39

PART 2 소방시설 설치 및 관리에 관한 법률

01 총칙   44
02 소방시설등의 설치·관리 및 방염   49
03 소방시설등의 자체점검   67
04 소방시설관리사 및 소방시설관리업   68
05 소방용품의 품질관리   70
06 보칙   71
07 벌칙   72

PART 3 화재의 예방 및 안전관리에 관한 법률

01 총칙   76
02 화재의 예방 및 안전관리 기본계획의 수립·시행   77
03 화재안전조사   78
04 화재의 예방조치 등   81
05 소방대상물의 소방안전관리   89
06 특별관리시설물의 소방안전관리   95
07 보칙   97
08 벌칙   98

PART 4 소방시설공사업법

01 총칙   102
02 소방시설업   104
03 소방시설공사 등   106
04 소방기술자   115
05 소방시설업자협회   116
06 보칙   117
07 벌칙   118

PART 5 위험물안전관리법

01 총칙 122
02 위험물시설의 설치 및 변경 125
03 위험물시설의 안전관리 126
04 위험물의 운반 등 130
05 감독 및 조치명령 131
06 보칙 132
07 벌칙 133
08 시행규칙 별표4 ~ 별표25 134

부록 공채·경채 기출문제

01 2025년 공채 기출문제 154
02 2025년 경채 기출문제 163
03 2024년 공채 기출문제 176
04 2024년 경채 기출문제 183

PART 6 소방의 화재조사에 관한 법률

01 목적 144
02 화재조사의 실시 등 145
03 화재조사결과의 공표 등 147
04 화재조사 기반구축 148
05 벌칙 150

약점 보완 해설집 [책 속의 책]

이 책의 구성

문제해결 능력 향상을 위한 단계별 구성

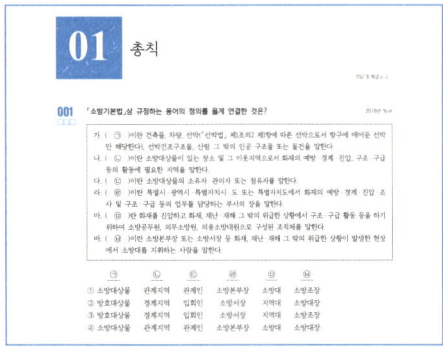

STEP 1 기출 및 기출복원문제로 문제해결 능력 키우기

소방관계법규 시험의 기출 및 기출복원문제 중 재출제 가능성이 높거나 퀄리티가 좋은 문제들을 엄선한 후, 이를 학습 흐름에 따라 배치하였습니다. 이를 통해 소방관계법규 시험에 최적화된 효율적인 학습을 할 수 있습니다. 또한 문제 번호 아래에 회독 표시용 체크박스를 수록하여 각 회독마다 문제 풀이 여부나 이해 정도를 쉽게 표시하여 각자의 학습수준에 맞게 교재를 활용할 수 있습니다.

▼

STEP 2 상세한 해설로 개념 완성하기

기출문제 학습이 단순히 문제풀이에서 끝나지 않고 이론 복습 및 개념 완성으로 이어질 수 있도록 모든 문제에 상세한 해설을 수록하였습니다. 해설을 통해 소방관계법규 내용 중 시험에서 주로 묻는 핵심이론들이 무엇인지 확인하고, 학습하였던 이론의 내용을 다시 한번 복습할 수 있습니다. 더불어 모든 문제마다 출제 포인트를 제시하여 본인이 취약한 부분을 쉽게 파악하고 보완할 수 있습니다.

▼

STEP 3 최신 기출문제로 실전감각 키우기

학습 마무리 단계에서 문제풀이 연습을 할 수 있도록 2024~2025년 소방 공채 및 경채시험의 소방관계법규 기출문제를 그대로 부록에 수록하였습니다. 이를 통해 소방관계법규의 최신 출제경향과 난이도를 확인함으로써 소방관계법규 시험에 대한 이해도를 높이고, 실전과 동일하게 기출문제를 풀어보면서 실전감각을 키울 수 있습니다.

정답의 근거와 오답의 원인, 관련이론까지 짚어주는 정답 및 해설

- **빠른 정답 확인**
  - 각 중단원에 수록된 모든 문제의 정답을 표로 정리
  - 쉽고 빠르게 정답 확인

- **문항별 출제 포인트 제시**
  - 각 문항마다 핵심이 되는 출제 포인트 명시
  - 각 문제가 묻고 있는 내용을 한눈에 파악

- **상세한 해설**
  - 이론을 다시 한번 복습할 수 있는 자세한 해설
  - 오답 지문의 원인과 함정 요인을 확인할 수 있는 선지분석

- **개념플러스**
  - 문제와 관련된 핵심이론이나 알아두면 좋은 배경이론 등을 제시
  - 주요 개념을 다양한 시각에서 폭넓게 학습

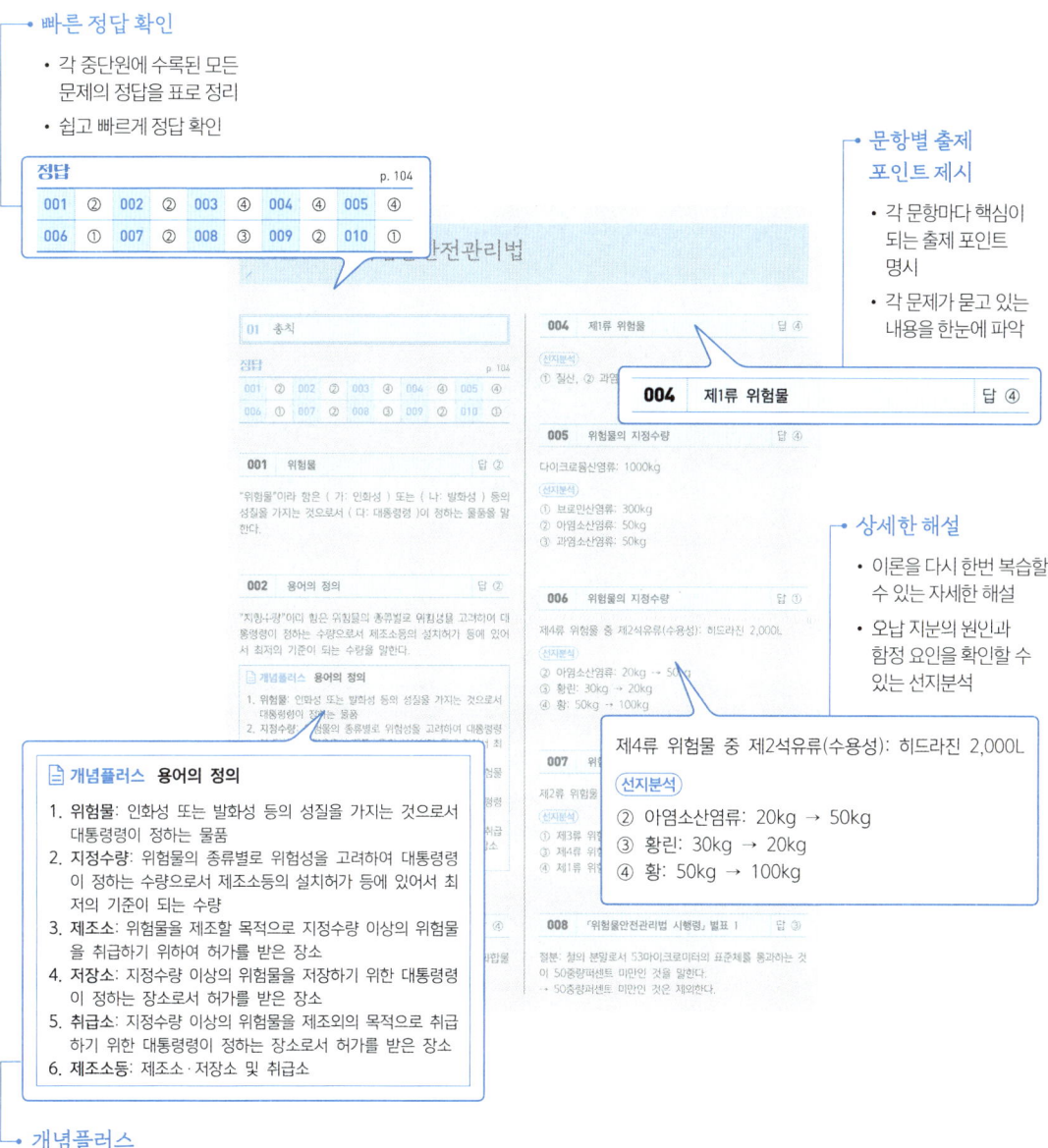

학습 플랜

효율적인 학습을 위하여 DAY별 권장 학습 분량을 제시하였으며, 이를 바탕으로 본인의 학습 진도나 수준에 따라 분량을 조절해 가며 학습하기 바랍니다. 또한 학습한 날은 표 우측의 각 회독 부분에 형광펜이나 색연필 등으로 표시하며 채워나가기 바랍니다.

* 1회독 때에는 40일 학습 플랜을, 2, 3회독 때에는 20일 학습 플랜을 활용하시면 좋습니다.

40일 플랜	14일 플랜	학습 플랜		1회독	2회독	3회독
DAY 1	DAY 1	PART 1	01	DAY 1	DAY 1	DAY 1
DAY 2			02	DAY 2		
DAY 3	DAY 2		03	DAY 3	DAY 2	DAY 2
DAY 4			04~05	DAY 4		
DAY 5	DAY 3		06~07	DAY 5	DAY 3	DAY 3
DAY 6			PART 1 복습	DAY 6		
DAY 7	DAY 4	PART 2	01	DAY 7	DAY 4	DAY 4
DAY 8			02	DAY 8		
DAY 9	DAY 5		03~04	DAY 9	DAY 5	DAY 5
DAY 10			05~07	DAY 10		
DAY 11	DAY 6		PART 2 복습	DAY 11	DAY 6	DAY 6
DAY 12			01~02	DAY 12		
DAY 13	DAY 7	PART 3	03	DAY 13	DAY 7	DAY 7
DAY 14			04	DAY 14		
DAY 15	DAY 8		05~06	DAY 15	DAY 8	DAY 8
DAY 16			07~08	DAY 16		
DAY 17	DAY 9	PART 4	PART 3 복습	DAY 17	DAY 9	DAY 9
DAY 18			01	DAY 18		
DAY 19	DAY 10		02	DAY 19	DAY 10	DAY 10
DAY 20			03	DAY 20		

해커스소방
이영철 소방관계법규
단원별 기출문제집

✓ 1회독 때에는 '내가 학습한 이론이 주로 이러한 형식의 문제로 출제되는구나!'를 익힌다는 생각으로 접근하는 것이 좋습니다.
✓ 2회독 때에는 실전과 동일한 마음으로 기출문제를 풀어보는 단계입니다. 단순히 문제를 풀어보는 것에 그치지 않고, 각각의 지문이 왜 옳은지, 옳지 않다면 어느 부분이 잘못되었는지를 꼼꼼히 따져가며 학습하기 바랍니다.
✓ 3회독 때에는 기출문제를 출제자의 시선으로 바라보고, 이를 변형하여 학습하는 연습이 필요합니다. 즉, 기출지문을 중심으로 이론 학습의 범위를 넓혀가며 학습을 완성하기 바랍니다.

40일 플랜	14일 플랜	학습 플랜		1회독	2회독	3회독
DAY 1	DAY 1	PART 4	04~05	DAY 1	DAY 1	DAY 1
DAY 2			06~07	DAY 2		
DAY 3	DAY 2		PART 4 복습	DAY 3	DAY 2	DAY 2
DAY 4		PART 5	01~02	DAY 4		
DAY 5	DAY 3		03	DAY 5	DAY 3	DAY 3
DAY 6			04~05	DAY 6		
DAY 7	DAY 4		06~07	DAY 7	DAY 4	DAY 4
DAY 8			08	DAY 8		
DAY 9	DAY 5		PART 5 복습	DAY 9	DAY 5	DAY 5
DAY 10		PART 6	01~02	DAY 10		
DAY 11	DAY 6		03~05	DAY 11	DAY 6	DAY 6
DAY 12			PART 6 복습	DAY 12		
DAY 13	DAY 7	부록	부록 01	DAY 13	DAY 7	DAY 7
DAY 14			부록 02	DAY 14		
DAY 15	DAY 8		부록 03	DAY 15	DAY 8	DAY 8
DAY 16			부록 04	DAY 16		
DAY 17	DAY 9	총복습	부록 복습	DAY 17	DAY 9	DAY 9
DAY 18			PART 1~3 복습	DAY 18		
DAY 19	DAY 10		PART 4~6 복습	DAY 19	DAY 10	DAY 10
DAY 20			총복습	DAY 20		

PART 1

소방기본법

해커스소방
이영철 소방관계법규
단원별 기출문제집

01 / 총칙
02 / 소방장비 및 소방용수시설
03 / 소방활동 등
04 / 소방산업의 육성·진흥 및 지원등
05 / 한국소방안전원
06 / 보칙
07 / 벌칙

01 총칙

정답 및 해설 p. 2

001 「소방기본법」상 규정하는 용어의 정의를 옳게 연결한 것은? 2018년 경채

가. (㉠)이란 건축물, 차량, 선박(「선박법」 제1조의2 제1항에 따른 선박으로서 항구에 매어둔 선박만 해당한다), 선박건조구조물, 산림 그 밖의 인공 구조물 또는 물건을 말한다.
나. (㉡)이란 소방대상물이 있는 장소 및 그 이웃지역으로서 화재의 예방·경계·진압, 구조·구급 등의 활동에 필요한 지역을 말한다.
다. (㉢)이란 소방대상물의 소유자·관리자 또는 점유자를 말한다.
라. (㉣)이란 특별시·광역시·특별자치시·도 또는 특별자치도에서 화재의 예방·경계·진압·조사 및 구조·구급 등의 업무를 담당하는 부서의 장을 말한다.
마. (㉤)란 화재를 진압하고 화재, 재난·재해 그 밖의 위급한 상황에서 구조·구급 활동 등을 하기 위하여 소방공무원, 의무소방원, 의용소방대원으로 구성된 조직체를 말한다.
바. (㉥)이란 소방본부장 또는 소방서장 등 화재, 재난·재해 그 밖의 위급한 상황이 발생한 현장에서 소방대를 지휘하는 사람을 말한다.

	㉠	㉡	㉢	㉣	㉤	㉥
①	소방대상물	관계지역	관계인	소방본부장	소방대	소방조장
②	방호대상물	경계지역	입회인	소방서장	지역대	소방대장
③	방호대상물	경계지역	입회인	소방서장	지역대	소방조장
④	소방대상물	관계지역	관계인	소방본부장	소방대	소방대장

002 「소방기본법」상 소방대의 구성원으로 옳은 것은? 2020년 공채

ㄱ. 소방안전관리자
ㄴ. 의무소방원
ㄷ. 자체소방대원
ㄹ. 의용소방대원
ㅁ. 자위소방대원

① ㄱ, ㄷ
② ㄴ, ㄹ
③ ㄴ, ㅁ
④ ㄷ, ㅁ

003 「소방기본법」상 "소방대장"에 대한 용어의 뜻으로 옳은 것은? 2020년 경채

① 소방대상물의 소유자·관리자 또는 점유자
② 소방본부장 또는 소방서장 등 화재, 재난·재해, 그 밖의 위급한 상황이 발생한 현장에서 소방대를 지휘하는 사람
③ 화재를 진압하고 화재, 재난·재해, 그 밖의 위급한 상황에서 구조·구급 활동 등을 하기 위하여 소방공무원, 의무소방원, 자위소방대원으로 구성된 조직체
④ 특별시·광역시·특별자치시·도 또는 특별자치도에서 화재의 예방·경계·진압·조사 및 구조·구급 등의 업무를 담당하는 부서의 장

004 다음 용어에 대한 정의로 옳은 것을 고르면? 2018년 공채

① "관계인"이란 소방대상물의 소유자, 관리자, 점유자를 말한다.
② "관계지역"이란 소방대상물이 있는 장소만을 말한다.
③ "소방대상물"이란 건축물, 차량, 항해 중인 선박, 선박건조구조물, 산림 등을 말한다.
④ "소방대장"이란 소방본부장 또는 소방서장 등 화재, 재난, 재해 그 밖의 위급한 상황이 발생한 본부에서 소방대를 지휘하는 사람을 말한다.

005 「소방기본법」상 용어의 정의로 옳지 않은 것은? 2019년 경채

① "소방대상물"이란 건축물, 차량, 선박(「선박법」 제1조의2 제1항에 따른 선박으로서 항구에 매어둔 선박만 해당한다), 선박건조구조물, 산림, 그 밖의 인공 구조물 또는 물건을 말한다.
② "관계지역"이란 소방대상물이 있는 장소 및 그 이웃 지역으로서 화재의 예방·경계·진압, 구조·구급 등의 활동에 필요한 지역을 말한다.
③ "소방본부장"이란 특별시·광역시·특별자치시·도 또는 특별자치도에서 화재의 예방·경계·진압·조사및 구조·구급 등의 업무를 담당하는 부서의 장을 말한다.
④ "소방대"란 화재를 진압하고 화재, 재난·재해, 그 밖의 위급한 상황에서 구조·구급 활동 등을 하기 위하여 소방공무원, 의무소방원, 자위소방대원으로 구성된 조직체를 말한다.

006 「소방기본법」상 용어의 정의에 대한 설명으로 옳은 것은?   2025년 경채

① "관계지역"이란 특정소방대상물이 있는 장소로서 화재의 예방·경계·진압, 구조·구급 등의 활동에 필요한 지역을 말한다.
② "현장지휘관"이란 소방본부장 또는 소방서장 등 화재, 재난·재해, 그 밖의 위급한 상황이 발생한 현장에서 소방대를 지휘하는 사람을 말한다.
③ "소방서장"이란 특별시·광역시·특별자치시·도 또는 특별자치도에서 화재의 예방·경계·진압·조사 및 구조·구급 등의 업무를 담당하는 부서의 장을 말한다.
④ "소방대"란 화재를 진압하고 화재, 재난·재해, 그 밖의 위급한 상황에서 구조·구급 활동 등을 하기 위하여 관련 법령에 따라 소방공무원, 의무소방원 등으로 구성된 조직체를 말한다.

007 「소방기본법」제3조 소방기관의 설치 등에 대한 내용이다. ( ) 안에 들어갈 말로 옳은 것은?   2022년 경채

> 시·도의 화재 예방·경계·진압 및 조사, 소방안전 교육·홍보와 화재, 재난·재해, 그 밖의 위급한 상황에서의 구조·구급 등의 업무를 수행하는 소방기관의 설치에 필요한 사항은 ( )(으)로 정한다.

① 대통령령
② 행정안전부령
③ 시·도의 조례
④ 소방청훈령

008 「소방기본법」상 소방기관의 설치에 대한 내용으로 옳지 않은 것은?   2021년 경채

① 시·도에서 소방업무를 수행하기 위하여 시·도지사 직속으로 소방본부를 둔다.
② 시·도의 소방업무를 수행하는 소방기관의 설치에 필요한 사항은 행정안전부령으로 정한다.
③ 소방업무를 수행하는 소방본부장 또는 소방서장은 그 소재지를 관할하는 시·도지사의 지휘와 감독을 받는다.
④ 소방청장은 화재 예방 및 대형 재난 등 필요한 경우 시·도 소방본부장 및 소방서장을 지휘·감독할 수 있다.

009 다음 중 119종합상황실의 설치·운영권자는?   2018년 경채

① 시·도지사
② 종합상황실장
③ 소방본부장
④ 119구조본부장

010 「소방기본법」상 119종합상황실의 설치 및 운영목적에 대한 내용으로 옳지 않은 것은? 2021년 공채

① 상황관리
② 대응계획 실행 및 평가
③ 현장 지휘 및 조정·통제
④ 정보의 수집·분석과 판단·전파

011 「소방기본법」 및 같은 법 시행규칙상 119종합상황실의 설치·운영에 관한 설명으로 옳은 것은? 2025년 공채·경채

① 소방청과 특별시·광역시·특별자치시·도 또는 특별자치도의 소방본부 및 소방서 중 하나 이상 설치·운영하여야 한다.
② 소방청장, 소방본부장 또는 소방서장은 신속한 소방활동을 위한 정보를 수집·전파하기 위하여 119종합상황실에 「소방청 119종합상황실 운영 규정」에 의한 전산·통신요원을 배치하고, 소방청장이 정하는 유·무선통신시설을 갖추어야 한다.
③ 소방본부에 설치하는 119종합상황실에는 「지방자치단체에 두는 국가공무원의 정원에 관한 법률」에도 불구하고 대통령령으로 정하는 바에 따라 경찰공무원을 둘 수 있으며, 119종합상황실의 설치·운영에 필요한 사항은 대통령령으로 정한다.
④ 119종합상황실의 실장은 하급소방기관에 대한 출동지령 또는 동급 이상의 소방기관 및 유관기관에 대한 지원요청, 재난상황의 수습에 필요한 정보수집 및 제공, 재난상황이 발생한 현장에 대한 지휘 및 피해현황의 파악 등의 업무를 행하고, 그에 관한 내용을 기록·관리하여야 한다.

012 「소방기본법 시행령」상 소방기술민원센터의 설치·운영기준으로 옳지 않은 것은? 2022년 공채

① 소방청장 및 본부장은 각 소방서에 소방기술민원센터를 설치·운영한다.
② 소방기술민원센터는 소방기술민원과 관련된 현장 확인 및 처리업무를 수행한다.
③ 소방기술민원센터는 소방기술민원과 관련된 질의회신집 및 해설서 발간의 업무를 수행한다.
④ 소방기술민원센터는 소방시설, 소방공사와 위험물 안전관리 등과 관련된 법령해석 등의 민원을 처리한다.

013 「소방기본법」 및 같은 법 시행령상 소방기술민원센터에 대한 내용으로 옳지 않은 것은? 2022년 경채

① 소방기술민원센터는 센터장을 포함하여 18명 이내로 구성한다.
② 소방기술민원센터는 소방기술민원과 관련된 업무로서 소방청장 또는 소방본부장이 필요하다고 인정하여 지시하는 업무를 수행한다.
③ 소방기술민원센터장은 소방기술민원센터의 업무수행을 위하여 필요하다고 인정하는 경우에는 관계 기관의 장에게 소속 공무원 또는 직원의 파견을 요청할 수 있다.
④ 소방청장은 소방시설, 소방공사 및 위험물 안전관리 등과 관련된 법령해석 등의 민원을 종합적으로 접수하여 처리할 수 있는 소방기술민원센터를 설치·운영할 수 있다.

014 「소방기본법」상 소방박물관 등의 설립과 운영에 관한 설명이다. (   ) 안의 내용으로 옳은 것은?

2019년 경채

> 소방의 역사와 안전문화를 발전시키고 국민의 안전 의식을 높이기 위하여 (가)은/는 소방박물관을, (나)은/는 소방체험관(화재 현장에서의 피난 등을 체험할 수 있는 체험관을 말한다)을 설립하여 운영할 수 있다.

	(가)	(나)
①	소방청장	시·도지사
②	소방청장	소방본부장
③	시·도지사	소방본부장
④	시·도지사	소방청장

015 「소방기본법」상 소방박물관 등의 설립과 운영에 관한 내용이다. (   ) 안에 들어갈 내용으로 옳은 것은?

2024년 경채

> - 소방의 역사와 안전문화를 발전시키고 국민의 안전의식을 높이기 위하여 (ㄱ)은/는 소방박물관을, (ㄴ)은/는 소방체험관을 설립하여 운영할 수 있다.
> - 소방박물관의 설립과 운영에 필요한 사항은 (ㄷ)(으)로 정하고, 소방체험관의 설립과 운영에 필요한 사항은 (ㄷ)(으)로 정하는 기준에 따라 (ㄹ)(으)로 정한다.

	ㄱ	ㄴ	ㄷ	ㄹ
①	시·도지사	소방청장	행정안전부령	시·도의 조례
②	시·도지사	소방청장	시·도의 조례	행정안전부령
③	소방청장	시·도지사	시·도의 조례	행정안전부령
④	소방청장	시·도지사	행정안전부령	시·도의 조례

016 「소방기본법」상 소방업무에 관한 종합계획의 수립·시행 등에 대한 설명이다. (   ) 안에 들어갈 내용으로 옳은 것은?

2020년 공채

> (가)은 화재, 재난·재해, 그 밖의 위급한 상황으로부터 국민의 생명·신체 및 재산을 보호하기 위하여 소방업무에 관한 종합계획을 (나)마다 수립·시행하여야 하고, 이에 필요한 재원을 확보하도록 노력하여야 한다.

	(가)	(나)
①	소방청장	3년
②	소방청장	5년
③	행정안전부장관	3년
④	행정안전부장관	5년

017 「소방기본법」 및 같은 법 시행령상 소방업무에 관한 종합계획의 수립·시행 등의 내용으로 옳지 않은 것은?

2022년 경채

① 소방청장은 수립한 종합계획을 관계 중앙행정기관의 장, 시·도지사에게 통보하여야 한다.
② 시·도지사는 관할 지역의 특성을 고려하여 종합계획의 시행에 필요한 세부계획을 매년 수립하여 행정안전부장관에게 제출하여야 한다.
③ 종합계획에는 소방업무에 필요한 체계의 구축, 소방기술의 연구·개발 및 보급, 소방전문인력 양성에 대한 사항이 포함되어야 한다.
④ 소방청장은 소방업무에 관한 종합계획을 관계 중앙행정기관의 장과의 협의를 거쳐 계획 시행 전년도 10월 31일까지 수립하여야 한다.

 018 다음 중 소방업무에 관한 종합계획 수립 기한은?

2018년 경채

① 계획 시행 연도 10월 31일까지
② 계획 시행 전년도 10월 31일까지
③ 계획 시행 연도 12월 31일까지
④ 계획 시행 전년도 12월 31일까지

019 「소방기본법」상 소방 관련 시설 등의 설립 또는 설치에 관한 법적 근거로 옳은 것은?

2021년 경채

① 소방체험관: 대통령령
② 119종합상황실: 대통령령
③ 소방박물관: 행정안전부령
④ 비상소화장치: 시·도 조례

02 소방장비 및 소방용수시설

001 「소방기본법 시행령」상 소방장비 등 국고보조 대상사업의 범위에 해당하지 않는 것은? 2020년 경채

① 소방자동차 구입
② 소방용수시설 설치
③ 소방헬리콥터 및 소방정 구입
④ 소방전용통신설비 및 전산설비 설치

002 다음 중 국고보조대상 사업 범위에 해당하지 않는 것은? 2018년 경채

① 소방자동차 구입
② 소방전용통신설비, 전산설비 구입 및 설치
③ 소방정 구입
④ 소방 전기·기계설비 구입 및 설치

003 「소방기본법」 및 같은 법 시행령상 소방장비 등에 대한 국고보조의 내용으로 옳지 않은 것은? 2021년 경채

① 보조 대상사업의 범위와 기준보조율은 대통령령으로 정한다.
② 소방활동장비 및 설비의 종류와 규격은 행정안전부령으로 정한다.
③ 국가는 소방장비의 구입 등 시·도의 소방업무에 필요한 경비의 전부를 보조한다.
④ 국고보조 대상사업에 해당하는 소방활동장비로는 소방 자동차, 소방헬리콥터 및 소방정 등이 있다.

004 「소방기본법」상 소방력의 기준 등에 관한 설명으로 옳은 것은? 2019년 경채

① 소방업무를 수행하는 데에 필요한 소방력에 관한 기준은 대통령령으로 정한다.
② 소방청장은 소방력의 기준에 따라 관할구역의 소방력을 확충하기 위하여 필요한 계획을 수립하여 시행하여야 한다.
③ 소방자동차 등 소방장비의 분류·표준화와 그 관리 등에 필요한 사항은 따로 법률에서 정한다.
④ 국가는 소방장비의 구입 등 시·도의 소방업무에 필요한 경비의 일부를 보조하고, 보조 대상사업의 범위와 기준 보조율은 행정안전부령으로 정한다.

005 「소방기본법 시행규칙」상 국고보조의 대상이 되는 소방활동장비의 종류와 규격으로 옳지 않은 것은? 2023년 공채

① 구조정: 90마력 이상
② 배연차(중형): 170마력 이상
③ 구급차(특수): 90마력 이상
④ 소방헬리콥터: 5~17인승

006 「소방기본법」상 시·도지사가 소방활동에 필요하여 설치하고 유지·관리하는 소방용수시설로 옳지 않은 것은? 2020년 공채

① 소화전
② 저수조
③ 급수탑
④ 상수도소화용수설비

007 「소방기본법 시행규칙」상 소방용수시설 및 비상소화장치의 설치기준으로 옳지 않은 것은? 2022년 공채

① 비상소화장치의 설치기준에 관한 세부 사항은 소방청장이 정한다.
② 소방청장은 설치된 소방용수시설에 대하여 소방용수표지를 보기 쉬운 곳에 설치하여야 한다.
③ 소방호스 및 관창은 소방청장이 정하여 고시하는 형식 승인 및 제품검사의 기술기준에 적합한 것으로 설치한다.
④ 비상소화장치함은 소방청장이 정하여 고시하는 성능인증 및 제품검사의 기술기준에 적합한 것으로 설치한다.

008 「소방기본법」 및 같은 법 시행규칙상 소방용수시설 및 비상소화장치의 설치·관리 등에 관한 설명으로 옳지 않은 것은? 2025년 공채·경채

① 소방본부장 또는 소방서장은 원활한 소방활동을 위하여 소방용수시설, 소방대상물에 인접한 도로의 폭·교통상황 등에 대한 조사를 월 1회 이상 실시하여야 한다.
② 소방용수시설 조사결과는 전자적 처리가 불가능한 특별한 사유가 없으면 전자적 처리가 가능한 방법으로 작성·관리하여야 하고, 조사결과는 2년간 보관하여야 한다.
③ 비상소화장치함은 「소방시설 설치 및 관리에 관한 법률」에 따라 소방청장이 정하여 고시하는 형식 승인 및 제품검사의 기술기준에 적합한 것으로 설치하여야 한다.
④ 저수조는 지면으로부터의 낙차가 4.5미터 이하로 하고, 흡수관의 투입구가 사각형의 경우에는 한 변의 길이가 60센티미터 이상, 원형의 경우에는 지름이 60센티미터 이상으로 설치하여야 한다.

009 「소방기본법」 및 같은 법 시행규칙상 소방용수시설 설치 기준 등에 대한 설명으로 옳지 않은 것은? 2019년 공채

① 시·도지사는 소방활동에 필요한 소방용수시설을 설치하고 유지·관리하여야 하고, 「수도법」 제45조에 따라 소화전을 설치하는 일반수도사업자는 관할 소방서장과 사전협의를 거친 후 소화전을 설치하여야 하며, 설치 사실을 관할 소방서장에게 통지하고, 그 소화전은 소방서장이 유지·관리하여야 한다.
② 정당한 사유 없이 소방용수시설 또는 비상소화장치를 사용하거나 소방용수시설 또는 비상소화장치의 효용을 해치거나 그 정당한 사용을 방해한 사람에 대해서는 5년 이하의 징역 또는 5천만원 이하의 벌금에 처한다.
③ 소방본부장 또는 소방서장은 원활한 소방활동을 위하여 소방용수시설에 대한 조사, 소방대상물에 인접한 도로의 폭·교통상황, 도로주변의 토지의 고저·건축물의 개황 그 밖의 소방활동에 필요한 지리에 대한 조사를 월 1회 이상 실시하여야 하며, 조사결과는 2년간 보관하여야한다.
④ 소화전은 상수도와 연결하여 지하식 또는 지상식의 구조로 하고 소방용 호스와 연결하는 소화전의 연결 금속구의 구경은 65밀리미터로 하여야 하며, 급수탑은 급수배관의 구경을 100밀리미터 이상으로 하고 개폐 밸브는 지상에서 1.5미터 이상 1.7미터 이하의 높이에 설치하여야 한다.

010 「소방기본법 시행규칙」상 소방용수시설 및 지리조사에 관한 내용으로 옳지 않은 것은? 2023년 경채

① 소방본부장 또는 소방서장은 원활한 소방활동을 위하여 소방용수시설 및 지리조사를 월 1회 이상 실시하여야 한다.
② 지리조사는 소방대상물에 인접한 도로의 폭·교통상황, 도로주변의 토지의 고저·건축물의 개황을 제외한 소방활동에 필요한 사항이다.
③ 조사결과는 전자적 처리가 불가능한 특별한 사유가 없으면 전자적 처리가 가능한 방법으로 작성·관리하여야 한다.
④ 소방용수시설 및 지리조사는 소방용수조사부 및 지리조사부 서식에 의하되, 그 조사결과를 2년간 보관하여야 한다.

011 「소방기본법 시행규칙」상 저수조의 설치기준으로 옳지 않은 것은? 2018년 공채

① 지면으로부터의 낙차가 10미터 이하일 것
② 흡수부분의 수심이 0.5미터 이상일 것
③ 흡수관의 투입구가 사각형의 경우에는 한 변의 길이가 60센티미터 이상, 원형의 경우에는 지름이 60센티미터 이상일 것
④ 저수조에 물을 공급하는 방법은 상수도에 연결하여 자동으로 급수되는 구조일 것

012 「소방기본법 시행규칙」상 지하에 설치하는 소화전 또는 저수조의 경우 소방용수표지는 다음 기준에 따라 설치하여야 한다. ( ) 안에 들어갈 내용으로 옳은 것은? 2023년 공채

- 맨홀 뚜껑은 지름 (ㄱ)밀리미터 이상의 것으로 할 것. 다만, 승하강식 소화전의 경우에는 이를 적용하지 않는다.
- 맨홀 뚜껑 부근에는 (ㄴ) 반사도료로 폭 (ㄷ)센티미터의 선을 그 둘레를 따라 칠할 것

	ㄱ	ㄴ	ㄷ
①	648	노란색	15
②	678	붉은색	15
③	648	붉은색	25
④	678	노란색	25

013 「소방기본법 시행규칙」상 급수탑 및 지상에 설치하는 소화전·저수조의 소방용수표지 기준으로 옳은 것은? (단, 안쪽 문자, 내측바탕, 외측바탕 순이다) 2018년 공채

① 흰색, 붉은색, 파란색
② 붉은색, 흰색, 파란색
③ 파란색, 흰색, 파란색
④ 흰색, 파란색, 붉은색

014 「소방기본법 시행규칙」상 소방용수시설의 설치기준으로 옳은 것은? 2021년 공채

① 소방용호스와 연결하는 소화전의 연결금속구의 구경은 40밀리미터로 할 것
② 공업지역인 경우 소방대상물과 수평거리를 100미터 이하가 되도록 할 것
③ 저수조에 물을 공급하는 방법은 상수도에 연결하여 수동으로 급수되는 구조일 것
④ 급수탑의 개폐밸브는 지상에서 0.8미터 이상 1.5미터 이하의 위치에 설치하도록 할 것

015 「소방기본법」 및 같은 법 시행령상 비상소화장치 설치 대상 지역을 있는 대로 모두 고른 것은? 2022년 경채

> ㄱ. 위험물의 저장 및 처리 시설이 밀집한 지역
> ㄴ. 석유화학제품을 생산하는 공장이 있는 지역
> ㄷ. 소방시설·소방용수시설 또는 소방출동로가 없는 지역
> ㄹ. 시·도지사가 비상소화장치의 설치가 필요하다고 인정하는 지역

① ㄱ, ㄴ
② ㄷ, ㄹ
③ ㄱ, ㄴ, ㄷ
④ ㄱ, ㄴ, ㄷ, ㄹ

016 「소방기본법」상 소방업무의 응원에 대한 내용으로 옳지 않은 것은? 2021년 경채

① 소방업무의 응원을 위하여 파견된 소방대원은 응원을 요청한 소방본부장 또는 소방서장의 지휘에 따라야 한다.
② 소방업무의 응원 요청을 받은 소방본부장 또는 소방서장은 정당한 사유 없이 그 요청을 거절하여서는 아니 된다.
③ 소방본부장이나 소방서장은 소방활동을 할 때에 긴급한 경우에는 이웃한 소방본부장 또는 소방서장에게 소방업무의 응원(應援)을 요청할 수 있다.
④ 소방청장은 소방업무의 응원을 요청하는 경우를 대비하여 출동 대상지역 및 규모와 필요한 경비의 부담 등에 관하여 필요한 사항을 행정안전부령으로 정하는 바에 따라 시·도지사와 협의하여 미리 규약(規約)으로 정하여야 한다.

017 다음 중 이웃하는 시·도 간의 상호응원협정에 대한 설명으로 옳지 않은 것은? 2018년 경채

① 소방본부장, 소방서장은 소방활동에 있어서 긴급한 때에는 이웃한 소방본부장, 소방서장에게 응원을 요청할 수 있다.
② 소방업무의 응원을 요청 받은 소방본부장 또는 소방서장은 정당한 사유 없이 그 요청을 거절하여서는 아니 된다.
③ 소방업무의 응원을 위하여 파견된 소방대원은 응원을 요청한 소방본부장, 소방서장의 지휘에 따라야 한다.
④ 시·도지사는 소방업무를 요청하는 경우를 대비하여 출동 대상지역 및 규모와 필요한 경비의 부담 등에 관하여 필요한 사항을 시·도의 조례로 정하는 바에 따라 이웃하는 시·도지사와 협의하여 미리 규약으로 정하여야 한다.

018 「소방기본법」상 소방력의 동원에 대한 설명이다. (   ) 안에 들어갈 용어로 옳은 것은? 2020년 경채

(가)은/는 해당 시·도의 소방력만으로는 소방활동을 효율적으로 수행하기 어려운 화재, 재난·재해, 그 밖의 구조·구급이 필요한 상황이 발생하거나 특별히 국가적 차원에서 소방활동을 수행할 필요가 인정될 때에는 각 (나)에게 행정안전부령으로 정하는 바에 따라 소방력을 동원할 것을 요청할 수 있다.

	(가)	(나)
①	소방청장	시·도지사
②	소방청장	소방본부장
③	시·도지사	시·도지사
④	시·도지사	소방본부장

03 소방활동 등

정답 및 해설 p. 8

001 「소방기본법」 및 같은 법 시행규칙상 소방지원활동으로 옳지 않은 것은? 2018년 공채

① 집회·공연 등 각종 행사 시 사고에 대비한 근접대기 등 지원활동
② 소방시설 오작동 신고에 따른 조치활동
③ 방송제작 또는 촬영 관련 지원활동
④ 위해동물, 벌 등의 포획 및 퇴치활동

002 「소방기본법」상 소방지원활동으로 옳지 않은 것은? 2020년 경채

① 붕괴, 낙하 등이 우려되는 고드름 등의 제거활동
② 화재, 재난·재해로 인한 피해복구 지원활동
③ 자연재해에 따른 급수·배수 및 제설 등 지원활동
④ 집회·공연 등 각종 행사 시 사고에 대비한 근접대기 등 지원활동

003 「소방기본법」 및 같은 법 시행규칙상 소방지원활동으로 옳지 않은 것은? 2024년 공채·경채

① 소방시설 오작동 신고에 따른 조치활동
② 낙하 등이 우려되는 고드름 등의 제거활동
③ 자연재해에 따른 제설 등 지원활동
④ 공연 등 각종 행사 시 사고에 대비한 근접대기 등 지원활동

004 「소방기본법」 제16조의3에서 규정한 소방대의 생활안전활동으로 옳지 않은 것은? 2022년 경채

① 위해동물, 벌 등의 포획 및 퇴치 활동
② 단전사고 시 비상전원 또는 조명의 공급
③ 자연재해에 따른 급수·배수 및 제설 등 지원활동
④ 붕괴, 낙하 등이 우려되는 고드름, 나무, 위험 구조물 등의 제거활동

005 「소방기본법」상 소방대의 생활안전활동으로 옳지 않은 것은? 2020년 공채

① 단전사고 시 비상전원 또는 조명 공급
② 소방시설 오작동 신고에 따른 조치 활동
③ 위해동물, 벌 등의 포획 및 퇴치 활동
④ 끼임, 고립 등에 따른 위험제거 및 구출 활동

006 다음 중 생활안전활동이 아닌 것은? 2018년 경채

① 위해동물, 벌 등의 포획 및 퇴치 활동
② 끼임, 고립 등에 따른 위험제거 및 구출 활동
③ 자연재해 단수 시 물을 공급
④ 단전 사고 시 비상전원 또는 조명의 공급

007 「소방기본법」상 규정하는 소방지원활동과 생활안전활동을 옳게 연결한 것은? 2018년 경채

가. 산불에 대한 예방·진압 등 지원활동
나. 자연재해에 따른 급수·배수 및 제설 등 지원활동
다. 집회·공연 등 각종 행사 시 사고에 대비한 근접대기 등 지원활동
라. 화재, 재난·재해로 인한 피해복구 지원활동
마. 붕괴, 낙하 등이 우려되는 고드름, 나무, 위험 구조물 등의 제거활동
바. 위해동물, 벌 등의 포획 및 퇴치 활동
사. 끼임, 고립 등에 따른 위험제거 및 구출 활동
아. 단전사고 시 비상전원 또는 조명의 공급

	소방지원활동	생활안전활동
①	가-나-다-라	마-바-사-아
②	가-라-마-사	나-다-바-아
③	마-바-사-아	가-나-다-라
④	나-다-바-아	가-라-마-사

008 「소방기본법 시행규칙」상 현장지휘훈련을 받아야 할 소방공무원의 계급으로 옳은 것은? 2024년 공채·경채

① 소방장
② 소방위
③ 소방준감
④ 소방총감

009 「소방기본법」 제17조 제2항에 따르면 소방청장, 소방본부장 또는 소방서장은 화재를 예방하고 화재 발생 시 인명과 재산피해를 최소화하기 위하여 행정안전부령으로 정하는 바에 따라 소방안전에 관한 교육과 훈련을 실시할 수 있다. 그 대상으로 옳지 않은 것은? 2022년 경채

① 「장애인복지법」 제58조에 따른 장애인(장애인복지시설에 거주하는 자는 제외한다)
② 「유아교육법」 제2조에 따른 유치원의 유아
③ 「초·중등교육법」 제2조에 따른 학교의 학생
④ 「영유아보육법」 제2조에 따른 어린이집의 영유아

010 「소방기본법 시행령」상 소방안전교육사시험 응시자격에 대한 설명으로 옳은 것은? 2019년 공채

ㄱ. 「영유아보육법」 제21조에 따라 보육교사 자격을 취득한 후 2년 이상의 보육업무 경력이 있는 사람
ㄴ. 「국가기술자격법」 제2조 제3호에 따른 국가기술자격의 직무분야 중 안전관리 분야의 산업기사 자격을 취득한 후 안전관리 분야에 3년 이상 종사한 사람
ㄷ. 「의료법」 제7조에 따라 간호조무사 자격을 취득한 후 간호업무 분야에 2년 이상 종사한 사람
ㄹ. 「응급의료에 관한 법률」 제36조 제3항에 따라 2급 응급구조사 자격을 취득한 후 응급의료 업무 분야에 3년 이상 종사한 사람
ㅂ. 「의용소방대 설치 및 운영에 관한 법률」 제3조에 따라 의용소방대원으로 임명된 후 5년 이상 의용소방대 활동을 한 경력이 있는 사람
ㅁ. 「소방공무원법」 제2조에 따른 소방공무원으로 2년 이상 근무한 경력이 있는 사람

① ㄱ, ㄷ, ㅁ
② ㄴ, ㄹ, ㅂ
③ ㄷ, ㄹ, ㅁ
④ ㄹ, ㅁ, ㅂ

011 「소방기본법」 및 같은 법 시행령상 소방안전교육사와 관련된 규정의 내용으로 옳지 않은 것은?

2020년 경채

① 소방안전교육사는 소방안전교육의 기획·진행·분석·평가 및 교수업무를 수행한다.
② 금고 이상의 형의 집행유예를 선고받고 그 유예기간 중에 있는 사람은 소방안전교육사가 될 수 없다.
③ 초등학교 등 교육기관에는 소방안전교육사를 1명 이상 배치하여야 한다.
④ 「유아교육법」에 따라 교원의 자격을 취득한 사람은 소방안전교육사 시험에 응시할 수 있다.

012 다음 중 소방안전교육사에 대한 내용으로 옳지 않은 것은?

2018년 경채

① 안전교육사는 기획·진행·분석·평가 및 교수업무를 수행한다.
② 금고 이상의 실형을 받고 2년이 지나지 않은 자는 결격사유에 해당한다.
③ 2급 응급구조사는 2년 경력이면 안전교육사가 될 수 있다.
④ 1차 시험 과목은 소방학개론, 구급·응급처치론, 재난관리론, 교육학개론 중 3과목으로 하며, 2차 시험은 국민안전교육 실무이다.

013 「소방기본법 시행령」상 소방안전교육사의 배치대상별 배치기준에 관한 설명이다. (　　) 안의 내용으로 옳은 것은?

2019년 경채

소방안전교육사의 배치대상별 배치기준에 따르면 소방청 (　가　)명 이상, 소방본부 (　나　)명 이상, 소방서 (　다　)명 이상이다.

	(가)	(나)	(다)
①	1	1	1
②	1	2	2
③	2	1	2
④	2	2	1

014 다음 중 소방신호가 올바르게 짝지어진 것은? 2018년 공채

① 경계신호: 타종은 1타와 연 2타 반복, 사이렌은 5초 간격을 두고 30초씩 3회
② 발화신호: 타종은 난타와 사이렌은 5초 간격을 두고 30초씩 3회
③ 해제신호: 타종은 상당한 간격을 두고 1타씩 반복, 사이렌은 3분간 1회
④ 훈련신호: 타종은 연 2타 반복, 사이렌은 10초 간격을 두고 1분씩 3회

015 「소방기본법 시행규칙」상 소방신호의 종류 및 방법에 관한 내용으로 옳은 것은? 2024년 경채

① 해제신호의 타종신호 방법은 난타이다.
② 훈련신호의 타종신호 방법은 연3타 반복이다.
③ 발화신호의 싸이렌신호 방법은 5초 간격을 두고 30초씩 3회이다.
④ 경계신호의 싸이렌신호 방법은 10초 간격을 두고 30초씩 3회이다.

016 다음 중 화재로 오인할 만한 우려가 있는 불을 피우거나 연막소독을 하려는 자가 신고를 하여야 하는 지역에 해당하지 않는 지역은? 2018년 경채

① 소방시설·소방용수시설 또는 소방출동로가 없는 지역
② 시·도의 조례가 정하는 지역 또는 장소
③ 목조건물이 밀집한 지역
④ 석유화학제품을 생산하는 공장이 있는 지역

017 「소방기본법」상 화재로 오인할 만한 우려가 있는 불을 피우거나 연막(煙幕) 소독을 하려는 자가 시·도의 조례로 정하는 바에 따라 관할 소방본부장 또는 소방서장에게 신고해야 하는 지역으로 옳지 않은 것은? (단, 각 시·도에서 별도로 정하는 지역은 제외한다) 2024년 공채·경채

① 공장·창고가 밀집한 지역
② 노후·불량 건축물이 밀집한 지역
③ 위험물의 저장 및 처리시설이 밀집한 지역
④ 석유화학제품을 생산하는 공장이 있는 지역

018 「소방기본법」 및 같은 법 시행령상 소방자동차 전용구역 등에 대한 내용으로 옳지 않은 것은?

2022년 공채

① 소방자동차 전용구역의 설치 기준·방법, 방해행위의 기준, 그 밖에 필요한 사항은 대통령령으로 정한다.
② 전용구역에 주차하거나 전용구역에의 진입을 가로막는 등의 방해행위를 한 자에게는 200만원 이하의 과태료를 부과한다.
③ 「건축법 시행령」 별표 1 제2호 가목의 아파트 중 세대수가 100세대 이상인 아파트의 건축주는 소방활동의 원활한 수행을 위하여 공동주택에 소방자동차 전용구역을 설치하여야 한다.
④ 「건축법 시행령」 별표 1 제2호 라목의 기숙사 중 3층인 기숙사가 하나의 대지에 하나의 동(棟)으로 구성되고, 「도로교통법」 제32조 또는 제33조에 따라 정차 또는 주차가 금지된 편도 2차선 이상의 도로에 직접 접하여 소방자동차가 도로에서 직접 소방활동이 가능한 경우 소방자동차 전용구역 설치대상에서 제외한다.

019 「소방기본법 시행령」상 소방자동차 전용구역 방해행위의 기준에 관한 내용으로 옳지 않은 것은?

2023년 경채

① 전용구역의 앞면, 뒷면 또는 양 측면에 물건 등을 쌓거나 주차하는 행위
② 「주차장법」 제19조에 따른 부설주차장의 주차구획 내에 주차하는 행위
③ 전용구역 진입로에 물건 등을 쌓거나 주차하여 전용구역으로의 진입을 가로막는 행위
④ 전용구역 노면표지를 지우거나 훼손하는 행위

020 「소방기본법」상 소방자동차가 화재진압을 위하여 출동하는 경우 소방자동차의 우선 통행에 관한 내용으로 옳지 않은 것은?

2020년 경채

① 모든 차와 사람은 소방자동차가 화재진압을 위하여 출동을 할 때에는 이를 방해하여서는 아니 된다.
② 소방자동차가 화재진압을 위하여 출동하거나 훈련을 위하여 필요할 때에는 사이렌을 사용할 수 있다.
③ 모든 차와 사람은 소방자동차가 화재진압을 위하여 사이렌을 사용하여 출동하는 경우에는 소방자동차에 진로를 양보하지 아니하는 행위를 하여서는 아니 된다.
④ 모든 차와 사람은 소방자동차가 화재진압을 위하여 사이렌을 사용하여 출동하는 경우 소방자동차의 우선 통행에 관하여는 「교통안전법」에서 정하는 바에 따른다.

021 「소방기본법」상 규정하고 있는 소방자동차의 우선 통행 등에 대한 설명으로 옳지 않은 것은?

2018년 경채

① 모든 차와 사람은 소방자동차가 화재진압 및 구조·구급 활동을 위하여 출동을 할 때에는 이를 방해하여서는 아니 된다.
② 소방자동차의 우선통행에 관하여는 「자동차 관리법」에서 정하는 바에 따른다.
③ 소방자동차는 화재진압 및 구조·구급 활동을 위하여 출동하거나 훈련을 위하여 필요할 때에는 사이렌을 사용할 수 있다.
④ 소방자동차의 화재진압 출동을 고의로 방해한 자는 5년 이하의 징역 또는 5천만원 이하의 벌금에 처한다.

022 「소방기본법」 및 같은 법 시행령상 소방자동차 전용구역의 설치 등에 관한 설명으로 옳지 않은 것은?

2019년 경채

① 세대수가 100세대 이상인 아파트에는 소방자동차 전용구역을 설치하여야 한다.
② 소방본부장 또는 소방서장은 소방자동차가 접근하기 쉽고 소방활동이 원활하게 수행될 수 있도록 공동주택의 각 동별 전면 또는 후면에 소방자동차 전용구역을 1개소 이상 설치하여야 한다.
③ 전용구역 노면표지 도료의 색채는 황색을 기본으로 하되, 문자(P, 소방차 전용)는 백색으로 표시한다.
④ 소방자동차 전용구역에 차를 주차하거나 전용구역에의 진입을 가로막는 등의 방해행위를 한 자에게는 100만원 이하의 과태료를 부과한다.

023 「소방기본법 시행령」상 소방자동차 전용구역의 설치 방법에 관한 내용이다. (   ) 안에 들어갈 내용으로 옳은 것은?

2023년 경채

- 전용구역 노면표지의 외곽선은 빗금무늬로 표시하되, 빗금은 두께를 (ㄱ)센티미터로 하여 (ㄴ)센티미터 간격으로 표시한다.
- 전용구역 노면표지 도료의 색채는 (ㄷ)을 기본으로 하되, 문자(P, 소방차 전용)는 백색으로 표시한다.

	ㄱ	ㄴ	ㄷ
①	20	40	황색
②	20	40	적색
③	30	50	황색
④	30	50	적색

024 「소방기본법 시행령」상 규정하는 소방자동차 전용구역 방해행위 기준으로 옳지 않은 것은? 2018년 경채

① 전용구역에 물건 등을 쌓거나 주차하는 행위
② 「주차장법」 제19조에 따른 부설주차장의 주차구획 내에 주차하는 행위
③ 전용구역 진입로에 물건 등을 쌓거나 주차하여 전용구역으로의 진입을 가로막는 행위
④ 전용구역 노면표지를 지우거나 훼손하는 행위

025 「소방기본법 시행령」상 소방자동차 전용구역에 대한 내용으로 옳은 것은? 2021년 경채

① 「건축법 시행령」상의 모든 아파트는 소방자동차 전용구역 설치 대상이다.
② 「주차장법」 제19조에 따른 부설주차장의 주차구획 내에 주차하는 것은 전용구역 방해행위에 해당한다.
③ 전용구역 노면표지 도료의 색채는 황색을 기본으로 하되, 문자(P, 소방차 전용)는 백색으로 표시한다.
④ 소방자동차 전용구역 설치 대상인 공동주택의 건축주는 각 동별 전면과 후면에 소방자동차 전용구역을 각 1개소 이상 예외 없이 설치하여야 한다.

026 「소방기본법」 및 같은 법 시행령, 시행규칙상 소방자동차 교통안전분석 시스템 구축·운영에 관한 설명으로 옳지 않은 것은? 2025년 공채·경채

① 소방청장, 소방본부장 및 소방서장은 소방자동차 운행기록장치에 기록된 데이터를 6개월 동안 저장·관리해야 한다.
② 소방자동차 교통안전 분석 시스템의 구축·운영, 운행기록장치 데이터 및 전산자료의 보관·활용 등에 필요한 사항은 행정안전부령으로 정한다.
③ 소방화학차, 소방고가차, 무인방수차, 구조차는 행정안전부령으로 정하는 기준에 적합한 운행기록장치를 장착하고 운용해야 하는 소방자동차에 해당한다.
④ 소방청장, 소방본부장 및 소방서장은 운행기록장치 데이터 중 과속, 급감속, 급출발 등의 운행기록을 점검·분석해야 하고, 분석 결과를 소방자동차의 안전한 소방활동 수행에 필요한 교통안전정책의 수립, 교육·훈련 등에 활용할 수 있다.

027 「소방기본법 시행령」상 소방활동구역의 출입자로 옳지 않은 것은? 2019년 경채

① 소방활동구역 안에 있는 소방대상물의 관계인
② 구조·구급업무에 종사하는 사람
③ 수사업무에 종사하는 사람
④ 시·도지사가 출입을 허가한 사람

028 다음 중 소방활동구역 출입자가 가장 아닌 것은? 2018년 경채

① 수사업무에 종사하는 사람
② 취재인력 등 보도업무에 종사하는 사람
③ 의사, 간호사 그 밖의 구조·구급업무에 종사하는 사람
④ 소방활동구역의 인접한 지역에 있는 관계인

029 「소방기본법」상 소방활동 종사 명령에 대한 설명으로 옳지 않은 것은? 2021년 공채

① 소방본부장 또는 소방서장은 화재 현장에서 소방활동 종사 명령을 할 수 있다.
② 소방활동 종사 명령은 관할구역에 사는 사람 또는 그 현장에 있는 사람을 대상으로 할 수 있다.
③ 소방활동에 종사한 사람은 소방본부장 또는 소방서장으로부터 소방활동의 비용을 지급받을 수 있다.
④ 소방본부장 또는 소방서장은 소방활동에 필요한 보호 장구를 지급하는 등 안전을 위한 조치를 하여야 한다.

030 「소방기본법」상 소방활동 종사 명령에 따라 소방활동에 종사한 사람은 시·도지사로부터 소방활동 비용을 지급받을 수 있다. 소방활동 비용을 지급받을 수 있는 사람으로 옳은 것은? 2021년 경채

① 과실로 화재를 발생시킨 사람
② 화재 현장에서 물건을 가져간 사람
③ 소방대상물에 화재가 발생한 경우 그 관계인
④ 화재 현장에서 불이 번지지 아니하도록 하는 일을 명령 받은 사람

031 「소방기본법」상 소방활동에 필요한 처분(강제처분 등)을 할 수 있는 처분권자로 옳은 것은? 2019년 공채

```
ㄱ. 소방서장              ㄴ. 소방본부장
ㄷ. 소방대장              ㄹ. 소방청장
ㅁ. 시·도지사
```

① ㄱ, ㄴ, ㄷ   ② ㄱ, ㄴ, ㄹ
③ ㄱ, ㄷ, ㅁ   ④ ㄱ, ㄹ, ㅁ

032 「소방기본법」상 사람을 구출하거나 불이 번지는 것을 막기 위하여 필요한 때에는 강제처분 등을 할 수 있다. 이와 같은 권한을 가진 자로 옳지 않은 것은? 2018년 경채

① 행정안전부장관   ② 소방본부장
③ 소방서장   ④ 소방대장

033 「소방기본법」제25조 제1항에 대한 내용이다. ( ) 안에 들어갈 말로 옳지 않은 것은? 2022년 경채

( ), ( ) 또는 ( )은 사람을 구출하거나 불이 번지는 것을 막기 위하여 필요할 때에는 화재가 발생하거나 불이 번질 우려가 있는 소방대상물 및 토지를 일시적으로 사용하거나 그 사용의 제한 또는 소방 활동에 필요한 처분을 할 수 있다.

① 소방청장   ② 소방본부장
③ 소방서장   ④ 소방대장

034 「소방기본법」상 강제처분과 위험시설 등에 대한 긴급 조치에 관한 내용으로 옳지 않은 것은?

2020년 경채

① 소방본부장, 소방서장 또는 소방대장은 사람을 구출하거나 불이 번지는 것을 막기 위하여 필요할 때에는 화재가 발생하거나 불이 번질 우려가 있는 소방대상물 및 토지를 일시적으로 사용하거나 그 사용의 제한 또는 소방활동에 필요한 처분을 할 수 있다.
② 소방본부장, 소방서장 또는 소방대장은 화재 진압 등 소방활동을 위하여 필요할 때에는 소방용수 외에 댐·저수지 또는 수영장 등의 물을 사용하거나 수도(水道)의 개폐장치 등을 조작할 수 있다.
③ 시·도지사는 소방활동에 방해가 되는 주차 또는 정차된 차량의 제거나 이동을 위하여 견인차량과 인력 등을 지원한 자에게 시·도의 조례로 정하는 바에 따라 비용을 지급할 수 있다.
④ 시·도지사는 화재 발생을 막거나 폭발 등으로 화재가 확대되는 것을 막기 위하여 가스·전기 또는 유류 등의 시설에 대하여 위험물질의 공급을 차단하는 등 필요한 조치를 할 수 있다.

035 「소방기본법」상 소방대장의 권한으로 옳지 않은 것은?

2022년 경채

① 소방활동에 필요한 소화전(消火栓)·급수탑(給水塔)·저수조(貯水槽)를 설치하고 유지·관리하여야 한다.
② 소방활동을 위하여 긴급하게 출동할 때에는 소방자동차의 통행과 소방활동에 방해가 되는 주차 또는 정차된 차량 및 물건 등을 제거하거나 이동시킬 수 있다.
③ 화재 발생을 막거나 폭발 등으로 화재가 확대되는 것을 막기 위하여 가스·전기 또는 유류 등의 시설에 대하여 위험물질의 공급을 차단하는 등 필요한 조치를 할 수 있다.
④ 화재, 재난·재해, 그 밖의 위급한 상황이 발생한 현장에서 소방활동을 위하여 필요할 때에는 그 관할구역에 사는 사람 또는 그 현장에 있는 사람으로 하여금 사람을 구출하는 일 또는 불을 끄거나 불이 번지지 아니하도록 하는 일을 하게 할 수 있다.

036 다음 중 소방본부장, 소방서장 또는 소방대장이 할 수 있는 권한이 아닌 것은?

2018년 경채

① 강제처분
② 피난명령
③ 화재에 관한 위험경보
④ 소방활동종사명령

04 소방산업의 육성·진흥 및 지원등

001 「소방기본법」상 소방산업의 육성·진흥 및 지원등에 대한 설명으로 옳지 않은 것은?

① 국가는 소방산업의 육성·진흥을 위하여 필요한 계획의 수립 등 행정상·재정상의 지원시책을 마련하여야 한다.
② 국가는 소방산업과 관련된 기술의 개발을 촉진하기 위하여 기술개발을 실시하는 자에게 그 기술개발에 드는 자금의 전부를 출연하거나 보조할 수 있다.
③ 국가는 우수소방제품의 전시·홍보를 위하여 무역전시장 등을 설치한 자에게 정한 범위에서 재정적인 지원을 할 수 있다.
④ 국가는 국민의 생명과 재산을 보호하기 위하여 기관이나 단체로 하여금 소방기술의 연구·개발사업을 수행하게 할 수 있다.

05 한국소방안전원

001 「소방기본법」상 한국소방안전원이 수행하는 업무에 대한 내용으로 옳지 않은 것은? 2021년 공채

① 소방기술과 안전관리에 관한 인허가 업무
② 소방기술과 안전관리에 관한 각종 간행물 발간
③ 소방기술과 안전관리에 관한 교육 및 조사·연구
④ 화재 예방과 안전관리의식 고취를 위한 대국민 홍보

002 「소방기본법」 제41조에서 정한 한국소방안전원의 업무로 옳지 않은 것은? 2022년 경채

① 소방안전에 관한 국제협력
② 소방기술과 안전관리에 관한 교육 및 조사·연구
③ 화재 예방과 안전관리의식 고취를 위한 대국민 홍보
④ 소방장비의 품질 확보, 품질 인증 및 신기술·신제품에 관한 인증 업무

003 「소방기본법」상 한국소방안전원의 업무에 관한 내용으로 옳지 않은 것은? 2024년 경채

① 소방안전에 관한 국제협력
② 소방기술과 안전관리에 관한 각종 간행물 발간
③ 화재 예방과 안전관리의식 고취를 위한 대국민 홍보
④ 소방기술과 소방산업의 국외시장 개척에 관한 사업추진

06 보칙

001 「소방기본법」 및 같은 법 시행령상 손실보상에 관한 내용 중 소방청장 또는 시·도지사가 '손실보상심의위원회'의 심사·의결에 따라 정당한 보상을 하여야 하는 대상으로 옳지 않은 것은? 2019년 경채

① 생활안전활동에 따른 조치로 인하여 손실을 입은 자
② 소방활동 종사명령에 따른 소방활동 종사로 인하여 사망하거나 부상을 입은 자
③ 위험물 또는 물건의 보관기간 경과 후 매각이나 폐기로 손실을 입은 자
④ 소방기관 또는 소방대의 적법한 소방업무 또는 소방활동으로 인하여 손실을 입은 자

002 「소방기본법」 및 같은 법 시행령상 손실보상에 관한 설명 중 (   ) 안에 들어갈 숫자로 옳은 것은? [단, 순서대로 (가), (나), (다), (라), (마)이다] 2019년 공채

- 손실보상을 청구할 수 있는 권리는 손실이 있음을 안 날부터 (가)년, 손실이 발생한 날부터 (나)년간 행사하지 아니하면 시효의 완성으로 소멸한다.
- 소방청장등은 손실보상심의위원회의 심사·의결을 거쳐 특별한 사유가 없으면 보상금 지급 청구서를 받은 날부터 (다)일 이내에 보상금 지급 여부 및 보상 금액을 결정하여야 한다.
- 소방청장등은 결정일부터 (라)일 이내에 행정안전부령으로 정하는 바에 따라 결정 내용을 청구인에게 통지하고, 보상금을 지급하기로 결정한 경우에는 특별한 사유가 없으면 통지한 날부터 (마)일 이내에 보상금을 지급하여야 한다.

① 3, 5, 60, 10, 30
② 5, 3, 60, 12, 20
③ 3, 5, 50, 12, 30
④ 5, 3, 50, 10, 20

003 「소방기본법」상 소방청장 또는 시·도지사가 손실보상심의위원회의 심사·의결에 따라 정당한 손실보상을 하여야 하는 대상으로 옳지 않은 것은? 2018년 공채

① 생활안전활동에 따른 조치로 인하여 손실을 입은 자
② 화재가 확대되는 것을 막기 위하여 가스·전기 또는 유류 등의 시설에 대하여 위험물질의 공급을 차단하는 등의 조치로 인하여 손실을 입은 자
③ 소방활동 종사명령으로 인하여 사망하거나 부상을 입은 자
④ 소방활동에 방해가 되는 불법 주차 차량을 제거하거나 이동시키는 처분으로 인하여 손실을 입은 자

004 「소방기본법 시행령」상 손실보상에 대한 내용으로 옳지 않은 것은?   2021년 경채

① 손실보상심의위원회 위원의 임기는 2년으로 한다. 다만, 보상위원회가 해산되는 경우에는 그 해산되는 때에 임기가 만료되는 것으로 한다.
② 손실보상심의위원회는 위원장 1명을 포함하여 7명 이상 9명 이하의 위원으로 구성한다.
③ 소방청장등은 보상금을 지급하기로 결정한 경우에는 특별한 사유가 없으면 통지한 날부터 30일 이내에 보상금을 지급하여야 한다.
④ 소방청장등은 손실보상심의위원회의 심사·의결을 거쳐 특별한 사유가 없으면 보상금 지급 청구서를 받은 날부터 60일 이내에 보상금 지급 여부 및 보상금액을 결정하여야 한다.

005 「소방기본법」 및 같은 법 시행령상 소방활동 종사 사상자의 보상금액 등의 기준에 해당하는 것으로 <보기>에서 모두 고른 것은?   2025년 공채·경채

<보기>
ㄱ. 보상금의 환수 기준
ㄴ. 의료급여의 지급 기준
ㄷ. 사망자의 보상금액 기준
ㄹ. 부상등급별 보상금액 기준

① ㄱ, ㄷ
② ㄴ, ㄹ
③ ㄱ, ㄷ, ㄹ
④ ㄴ, ㄷ, ㄹ

07 벌칙

정답 및 해설 p. 16

001 「소방기본법」상 벌칙 중 벌금의 상한이 나머지 셋과 다른 것은? 2023년 공채

① 정당한 사유 없이 소방대의 생활안전활동을 방해한 자
② 화재진압 및 구조·구급 활동을 위하여 출동하는 소방자동차의 출동을 방해한 사람
③ 정당한 사유 없이 화재진압 등 소방활동을 위하여 필요할 때 물의 사용이나 수도의 개폐장치의 사용 또는 조작을 하지 못하게 하거나 방해한 자
④ 정당한 사유 없이 소방대가 현장에 도착할 때까지 사람을 구출하는 조치 또는 불을 끄거나 불이 번지지 아니하도록 하는 조치를 하지 아니한 관계인

002 「소방기본법」 제53조 및 제54조의 벌칙 기준으로 옳지 않은 것은? 2022년 경채

① 정당한 사유 없이 물의 사용이나 수도의 개폐장치의 사용 또는 조작을 하지 못하게 하거나 방해한 자: 100만원 이하의 벌금
② 정당한 사유 없이 소방대가 현장에 도착할 때까지 사람을 구출하는 조치 또는 불을 끄거나 불이 번지지 아니하도록 하는 조치를 하지 아니한 사람: 100만원 이하의 벌금
③ 정당한 사유 없이 소방대의 생활안전활동을 방해한 자: 100만원 이하의 벌금
④ 화재, 재난·재해, 그 밖의 위급한 상황이 발생하여 사람의 생명을 위험하게 할 것으로 인정할 때에는 일정한 구역을 지정하여 그 구역에 있는 사람에게 그 구역 밖으로 피난할 것에 대한 명령을 위반한 사람: 200만원 이하의 벌금

003 「소방기본법」상 과태료 부과대상으로 옳은 것은? 2019년 경채

① 화재 또는 구조·구급이 필요한 상황을 거짓으로 알린 사람
② 소방대가 현장에 도착할 때까지 사람을 구출하는 조치 또는 불을 끄거나 불이 번지지 아니하도록 하는 조치를 하지 않은 관계인
③ 소방자동차가 화재진압 및 구조활동을 위하여 출동할 때, 소방자동차의 출동을 방해한 사람
④ 소방활동 종사명령에 따라 사람을 구출하는 일 또는 불을 끄거나 불이 번지지 아니하도록 하는 일을 방해한 사람

004 「소방기본법」 및 같은 법 시행령상 과태료 부과기준으로 옳은 것은? 2024년 공채·경채

① 정당한 사유 없이 관계인의 소방활동 등에 따른 법을 위반하여 화재, 재난·재해, 그 밖의 위급한 상황을 소방본부, 소방서 또는 관계 행정기관에 알리지 아니한 관계인에게는 200만원 이하의 과태료를 부과한다.
② 소방자동차 전용구역에 차를 주차하거나 전용구역에의 진입을 가로막는 등의 방해행위를 한 자에게는 100만원 이하의 과태료를 부과한다.
③ 위반행위의 횟수에 따른 과태료의 가중된 부과기준은 최근 2년간 같은 위반행위로 과태료 부과처분을 받은 경우에 적용한다.
④ 위반행위자가 법 위반상태를 시정하거나 해소하기 위하여 노력한 사실이 인정되는 경우, 부과권자는 개별기준에 따른 과태료의 3분의 1 범위에서 그 금액을 줄여 부과할 수 있다.

005 「소방기본법」상 벌칙에 관한 설명에서, '가~라'에 들어갈 내용으로 옳은 것은? 2025년 경채

- 소방대상물에 화재, 재난·재해, 그 밖의 위급한 상황이 발생한 경우에는 소방본부, 소방서 또는 관계 행정기관에 지체 없이 알려야 하나 이를 위반하여 정당한 사유 없이 화재, 재난·재해, 그 밖의 위급한 상황을 소방본부, 소방서 또는 관계 행정기관에 알리지 아니한 관계인은 (가)만원 이하의 (나)을/를(에) 부과한다(처한다).
- 소방본부장, 소방서장 또는 소방대장은 화재 진압 등 소방활동을 위하여 필요할 때에는 소방용수 외에 댐·저수지 또는 수영장 등의 물을 사용하거나 수도의 개폐장치 등을 조작할 수 있으나 이를 위반하여 정당한 사유 없이 물의 사용이나 수도의 개폐장치의 사용 또는 조작을 하지 못하게 하거나 방해한 자는 (다)만원 이하의 (라)을/를(에) 부과한다(처한다).

	가	나	다	라
①	100	과태료	500	벌금
②	100	벌금	500	과태료
③	500	과태료	100	벌금
④	500	벌금	100	과태료

fire.Hackers.com

PART 2

소방시설 설치 및
관리에 관한 법률

해커스소방
이영철 소방관계법규
단원별 기출문제집

01 / 총칙
02 / 소방시설등의 설치·관리 및 방염
03 / 소방시설등의 자체점검
04 / 소방시설관리사 및 소방시설관리업
05 / 소방용품의 품질관리
06 / 보칙
07 / 벌칙

01 총칙

001
「소방시설 설치 및 관리에 관한 법률 시행령」상 무창층의 개구부 요건을 설명한 것으로 옳지 않은 것은?

2023년 경채

① 도로 또는 차량이 진입할 수 있는 빈터를 향해야 한다.
② 내부 또는 외부에서 쉽게 열리지 않는 구조여야 한다.
③ 크기는 지름 50센티미터 이상의 원이 통과할 수 있어야 한다.
④ 해당 층의 바닥면으로부터 개구부 밑부분까지의 높이가 1.2미터 이내여야 한다.

002
무창층이 되기 위한 개구부의 요건 중 일부를 나타낸 것이다. ( ) 안의 내용으로 옳은 것은?

2019년 경채

- 크기는 지름 (가)센티미터 이상의 원이 (나)할 수 있는 크기일 것
- 해당 층의 바닥면으로부터 개구부 (다)까지의 높이가 (라)미터 이내일 것

	(가)	(나)	(다)	(라)
①	50	통과	윗부분	1.2
②	50	통과	밑부분	1.2
③	50	통과	밑부분	1.5
④	60	통과	밑부분	1.2

003
피난구조설비로 옳지 않은 것은?

2020년 공채

① 구조대
② 방열복
③ 시각경보기
④ 비상조명등

004 피난구조설비 중 인명구조기구로 옳지 않은 것은? 2018년 경채

① 구조대
② 방열복
③ 공기호흡기
④ 인공소생기

005 특정소방대상물 중 근린생활시설로 옳지 않은 것은? 2021년 경채

① 같은 건축물에 금융업소로 쓰는 바닥면적의 합계가 200제곱미터인 것
② 같은 건축물에 단란주점으로 쓰는 바닥면적의 합계가 300제곱미터인 것
③ 같은 건축물에 골프연습장으로 쓰는 바닥면적의 합계가 450제곱미터인 것
④ 같은 건축물에 미용원으로 쓰는 바닥면적의 합계가 800제곱미터인 것

006 「소방시설 설치 및 관리에 관한 법률」 및 같은 법 시행령상 특정소방대상물 중 근린생활시설에 해당하지 않는 것은? 2025년 공채·경채

① 의원, 치과의원, 한의원, 침술원, 접골원, 조산원, 산후조리원
② 단란주점은 같은 건축물에 해당 용도로 쓰는 바닥면적의 합계가 200제곱미터인 것
③ 의약품 판매소, 의료기기 판매소 및 자동차영업소로서 같은 건축물에 해당 용도로 쓰는 바닥면적의 합계가 500제곱미터인 것
④ 금융업소, 사무소, 부동산중개사무소, 결혼상담소 등 소개업소, 출판사, 서점, 그 밖에 이와 비슷한 것으로서 같은 건축물에 해당 용도로 쓰는 바닥면적의 합계가 300제곱미터인 것

007 특정소방대상물의 분류로 옳지 않은 것은? 2018년 경채

① 근린생활시설 - 한의원, 치과의원
② 문화 및 집회시설 - 동물원, 식물원
③ 항공기 및 자동차 관련시설 - 항공기격납고
④ 숙박시설 - 「청소년활동 진흥법」에 따른 유스호스텔

008 소방시설 중 소화활동설비로 옳지 않은 것은? 2022년 공채

① 제연설비, 연결송수관설비
② 비상콘센트설비, 연결살수설비
③ 무선통신보조설비, 연소방지설비
④ 연결송수관설비, 비상조명등설비

009 특정소방대상물 중 지하구에 관한 설명이다. ( ) 안의 내용으로 옳은 것은? 2019년 경채

- 전력·통신용의 전선이나 가스·냉난방용의 배관 또는 이와 비슷한 것을 집합수용하기 위하여 설치한 지하 인공구조물로서 사람이 점검 또는 보수를 하기 위하여 출입이 가능한 것 중 다음의 어느 하나에 해당하는 것
  1) 전력 또는 통신사업용 지하 인공구조물로서 전력구(케이블 접속부가 없는 경우에는 제외한다) 또는 통신구 방식으로 설치된 것
  2) 1) 외의 지하 인공구조물로서 폭이 (가)미터 이상이고 높이가 (나)미터 이상이며 길이가 (다) 미터 이상인 것
- 「국토의 계획 및 이용에 관한 법률」 제2조 제9호에 따른 (라)

	(가)	(나)	(다)	(라)
①	1.5m	2m	50m	공동구
②	1.5m	1.8m	30m	지하가
③	1.8m	2m	50m	공동구
④	1.8m	1.8m	50m	지하가

010

「소방시설 설치 및 관리에 관한 법률 시행령」상 특정소방대상물 중 지하구에 관한 설명이다. (   ) 안에 들어갈 내용으로 옳은 것은?   2024년 경채

> 전력·통신용의 전선이나 가스·냉난방용의 배관 또는 이와 비슷한 것을 집합 수용하기 위하여 설치한 지하 인공구조물로서 사람이 점검 또는 보수를 하기 위하여 출입이 가능한 것 중 다음의 어느 하나에 해당하는 것
> 1) 전력 또는 통신사업용 지하 인공구조물로서 전력구(케이블 접속부가 없는 경우는 제외한다) 또는 통신구 방식으로 설치된 것
> 2) 1) 외의 지하 인공구조물로서 폭이 (ㄱ)m 이상이고 높이가 (ㄴ)m 이상이며 길이가 (ㄷ)m 이상인 것

	ㄱ	ㄴ	ㄷ
①	1.2	1.5	50
②	1.2	1.5	100
③	1.8	2	50
④	1.8	2	100

011

특정소방대상물에 관한 내용으로 옳은 것은?   2020년 경채

① "특정소방대상물"이란 소방시설을 설치하여야 하는 소방대상물로서 행정안전부령으로 정하는 것을 말한다.
② 전력 또는 통신사업용 외의 지하 인공구조물로서 폭이 1.5미터 이상이고 높이가 1.8미터 이상이며 길이가 300미터 이상인 것
③ 하나의 건축물이 근린생활시설, 판매시설, 업무시설, 숙박시설 또는 위락시설의 용도와 주택의 용도로 함께 사용되는 것은 복합건축물에 해당한다.
④ 다중이용업 중 고시원업의 시설로서 독립된 주거의 형태를 갖추지 않은 것으로서 같은 건축물에 해당 용도로 쓰는 바닥면적의 합계가 450제곱미터인 고시원은 숙박시설에 해당한다.

012

다음은 둘 이상의 특정소방대상물이 내화구조로 된 연결통로로 연결된 경우 이를 하나의 소방대상물로 보는 기준에 대한 설명이다. (   ) 안에 들어갈 내용으로 옳은 것은?   2021년 경채

> • 벽이 없는 구조로서 그 길이가 (가) 이하인 경우
> • 벽이 있는 구조로서 그 길이가 (나) 이하인 경우. 다만, 벽 높이가 바닥에서 천장까지의 높이의 (다) 이상인 경우에는 벽이 있는 구조로 보고, 벽 높이가 바닥에서 천장까지의 높이의 (다) 미만인 경우에는 벽이 없는 구조로 본다.

	가	나	다
①	6m	10m	2분의 1
②	7m	12m	3분의 1
③	8m	10m	2분의 1
④	9m	12m	3분의 1

013 둘 이상의 특정소방대상물이 어느 하나에 해당되는 구조의 복도 또는 통로로 연결된 경우에는 이를 하나의 소방대상물로 본다. 다음 중 하나의 소방대상물로 보는 경우가 아닌 것은?   2018년 경채

① 컨베이어로 연결되거나 플랜트설비의 배관 등으로 연결되어 있는 경우
② 자동방화셔터 또는 60분+방화문이 설치되지 않은 피트로 연결된 경우
③ 내화구조가 아닌 연결통로로 연결된 경우
④ 내화구조로 된 연결통로가 벽이 없는 구조로서 그 길이가 10미터 이하인 경우

014 소방용품 중 경보설비를 구성하는 제품 또는 기기로 옳지 않은 것은?   2021년 공채

① 수신기
② 감지기
③ 누전차단기
④ 가스누설경보기

015 의료시설에 해당되는 특정소방대상물을 모두 고른 것은?   2020년 공채

| ㄱ. 노인의료복지시설 | ㄴ. 정신의료기관 |
| ㄷ. 마약진료소 | ㄹ. 한방의원 |

① ㄱ, ㄷ
② ㄱ, ㄹ
③ ㄴ, ㄷ
④ ㄷ, ㄹ

016 특정소방대상물의 구분으로 옳은 것은?   2018년 공채

① 운동시설 - 관람석의 바닥면적의 합계가 1,000제곱미터 이상인 체육관
② 관광 휴게시설 - 어린이회관
③ 교육연구시설 - 자동차운전학원
④ 동물 및 식물 관련시설 - 식물원

02 소방시설등의 설치·관리 및 방염

정답 및 해설 p. 20

001 건축허가등의 동의 등에 대한 설명으로 옳지 않은 것은?

2020년 경채

① 건축허가등의 권한이 있는 행정기관은 건축허가등을 할때 미리 그 건축물 등의 시공지 또는 소재지를 관할하는 소방본부장이나 소방서장의 동의를 받아야 한다.
② 건축허가등을 할 때에 소방본부장이나 소방서장의 동의를 받아야 하는 건축물 등의 범위는 행정안전부령으로 정한다.
③ 소방시설공사의 착공신고 대상에 해당하지 않는 특정소방대상물은 소방본부장 또는 소방서장의 건축허가등의 동의대상에서 제외된다.
④ 관할 소방본부장이나 소방서장에게 건축허가등을 하거나 신고를 수리할 때 건축물의 내부구조를 알 수 있는 설계 도면을 제출하여야 한다.

002 「소방시설 설치 및 관리에 관한 법률 시행령」상 건축물 등의 신축·증축·개축·재축·이전·용도변경 또는 대수선의 허가·협의 및 사용승인을 할 때 미리 소방본부장 또는 소방서장의 동의를 받아야 하는 건축물 등의 범위로 옳지 않은 것은?

2023년 공채

① 연면적 100제곱미디 이상인 특정소방대상물 중 노유지(老幼者)시설 및 수련시설
② 「학교시설사업 촉진법」에 따라 건축등을 하려는 연면적 100제곱미터 이상의 학교시설
③ 지하층 또는 무창층이 있는 건축물로서 바닥면적이 150제곱미터(공연장의 경우에는 100제곱미터) 이상인 층이 있는 것
④ 차고·주차장 또는 주차 용도로 사용되는 시설로서 차고·주차장으로 사용되는 바닥면적이 200제곱미터 이상인 층이 있는 건축물이나 주차시설

003 「소방시설 설치 및 관리에 관한 법률 시행령」상 건축허가등의 동의대상물에 해당하지 않는 것은?

2024년 공채·경채

① 층수가 6층인 건축물
② 연면적 400제곱미터인 건축물
③ 지하층이 있는 건축물로서 바닥면적이 150제곱미터 이상인 층이 있는 것
④ 특정소방대상물 중 노유자(老幼者)시설로서 연면적 100제곱미터인 건축물

004 건축허가등을 할 때 미리 소방본부장 또는 소방서장의 동의를 받아야 하는 건축물 등의 범위로 옳지 않은 것은?
2018년 공채

① 연면적이 300제곱미터 이상인 특정소방대상물
② 지하층 또는 무창층이 있는 건축물로서 바닥면적이 150제곱미터(공연장의 경우에는 100제곱미터) 이상인 층이 있는 것
③ 차고·주차장으로 사용되는 바닥면적이 200제곱미터 이상인 층이 있는 건축물이나 주차시설
④ 결핵환자나 한센인이 24시간 생활하는 노유자시설(단독주택 또는 공동주택에 설치되는 시설은 제외)

005 「소방시설 설치 및 관리에 관한 법률 시행령」상 건축허가등의 동의대상물의 범위에 해당되는 것으로 옳은 것은?
2019년 경채

ㄱ. 항공기격납고, 관망탑, 방송용 송수신탑
ㄴ. 「학교시설사업 촉진법」 제5조의2 제1항에 따라 건축 등을 하려는 학교시설은 100제곱미터 이상인 건축물
ㄷ. 차고·주차장으로 사용되는 바닥면적이 150제곱미터 이상인 층이 있는 건축물이나 주차시설
ㄹ. 장애인의료재활시설로 사용되는 면적이 300제곱미터 이상인 건축물

① ㄱ, ㄴ, ㄷ
② ㄱ, ㄴ, ㄹ
③ ㄱ, ㄷ, ㄹ
④ ㄴ, ㄷ, ㄹ

006 다음 200제곱미터 미만의 노유자시설 중 건축허가등의 동의를 받아야 하는 시설로 옳은 것은?
2018년 경채

① 결핵환자나 한센인이 24시간 생활하는 노유자 시설로서 공동주택에 설치된 경우
② 「아동복지법」에 따른 아동복지시설(아동상담소, 아동전용시설 및 지역아동센터는 제외)로서 단독주택에 설치된 경우
③ 「장애인복지법」에 따른 장애인거주시설로서 공동주택에 설치된 경우
④ 노인주거복지시설로서 단독주택에 설치된 경우

007 특정소방대상물에 소방시설을 설치하려는 자는 지진이 발생한 경우 소방시설이 정상적으로 작동될 수 있도록 소방청장이 정하는 내진설계기준에 맞게 소방시설을 설치하여야 한다. 이에 해당되는 소방시설로 옳은 것은?
2018년 공채

① 자동화재탐지설비, 옥외소화전설비, 스프링클러설비
② 자동화재탐지설비, 옥내소화전설비, 스프링클러설비
③ 옥내소화전설비, 옥외소화전설비, 물분무등소화설비
④ 옥내소화전설비, 스프링클러설비, 물분무등소화설비

008 특정소방대상물에 지진이 발생할 경우 소방시설이 정상적으로 작동될 수 있도록 소방청장이 정하는 내진설계기준에 맞게 설치하여야 하는 소방시설의 종류로 옳지 않은 것은?   2022년 경채

① 물분무등소화설비
② 스프링클러설비
③ 옥내소화전설비
④ 연결송수관설비

009 「소방시설 설치 및 관리에 관한 법률」 및 같은 법 시행령상 소방청장이 정하는 내진설계 기준에 맞게 설치해야 하는 소방시설로 옳은 것만을 나열한 것은?   2024년 공채·경채

① 옥내소화전설비, 옥외소화전설비
② 스프링클러설비, 간이스프링클러설비
③ 포소화설비, 이산화탄소소화설비
④ 연결송수관설비, 연결살수설비

010 성능위주설계를 해야 하는 특정소방대상물의 범위로 옳지 않은 것은?   2022년 공채

① 연면적 3만제곱미터 이상인 공항시설에 해당하는 특정소방대상물
② 하나의 건축물에 「영화 및 비디오물의 진흥에 관한 법률」 제2조 제10호에 따른 영화상영관이 10개 이상인 특정소방대상물
③ 50층 이상(지하층은 제외한다)이거나 지상으로부터 높이가 200미터 이상인 아파트등
④ 30층 이상(지하층을 포함한다)이거나 지상으로부터 높이가 100미터 이상인 특정소방대상물(아파트 등은 제외한다)

011 성능위주설계를 하여야 하는 특정소방 대상물로 옳은 것은? (단, 신축하는 것만 해당한다)   2021년 경채

① 높이 120미터인 아파트
② 연면적 2만제곱미터인 철도역사
③ 연면적 10만제곱미터인 특정소방대상물(단, 아파트 등은 제외)
④ 하나의 건축물에 「영화 및 비디오물의 진흥에 관한 법률」 제2조 제10호에 따른 영화상영관이 10개인 특정소방대상물

012
「소방시설 설치 및 관리에 관한 법률」상 성능위주설계를 하여야 하는 특정소방대상물의 범위에 해당되는 것은? (단, 신축하는 것만 해당한다)　　　2020년 경채

① 연면적 30만제곱미터의 아파트
② 연면적 2만5천제곱미터의 철도시설
③ 지하층을 포함한 층수가 30층인 복합건축물
④ 연면적 3만제곱미터, 높이 90미터, 지하층 포함 25층인 종합병원

013
신축건축물로서 성능위주설계를 해야 할 특정소방대상물의 범위로 옳은 것은?　　　2019년 경채

① 연면적 10만제곱미터 이상인 특정소방대상물로서 기숙사
② 건축물의 높이가 100미터 이상인 특정소방대상물로서 아파트
③ 지하층을 포함한 층수가 20층 이상인 특정소방대상물로서 복합건축물
④ 연면적 3만제곱미터 이상인 특정소방대상물로서 공항 시설

014
다음 중 성능위주설계를 하여야 하는 것은?　　　2018년 경채

① 높이가 100미터인 아파트
② 지하 5층, 지상 25층인 관광호텔
③ 영화상영관이 9개인 소방대상물
④ 연면적 2만제곱미터인 철도 및 도시철도 시설

015
「소방시설 설치 및 관리에 관한 법률」 및 같은 법 시행령상 성능위주설계를 해야 하는 특정소방대상물의 범위에 해당하는 것은?　　　2025년 경채

① 연면적 10만제곱미터 이상인 특정소방대상물
② 하나의 건축물에 영화상영관이 10개 이상인 특정소방대상물(다만, 대통령령으로 정하는 비상설상영장은 제외)
③ 50층 이상(지하층은 제외한다)이거나 지상으로부터 높이가 150미터 이상인 아파트
④ 철도 및 도시철도 시설로 연면적 2만제곱미터 이상인 특정소방대상물

016 단독주택이나 공동주택(아파트 및 기숙사는 제외한다)의 소유자가 의무적으로 설치하여야 하는 소방시설로 옳은 것을 <보기>에서 있는 대로 고른 것은?

2018년 공채

<보기>
ㄱ. 소화기
ㄴ. 주거용 주방자동소화장치
ㄷ. 가스자동소화장치
ㄹ. 단독경보형감지기
ㅁ. 가스누설경보기

① ㄱ, ㄹ
② ㄴ, ㅁ
③ ㄱ, ㄴ, ㄹ
④ ㄴ, ㄷ, ㅁ

017 다음에서 설명하는 "대통령령으로 정하는 소방시설"로 옳은 것은?

2018년 경채

제10조(주택에 설치하는 소방시설) 다음 각 호의 주택의 소유자는 대통령령으로 정하는 소방시설을 설치하여야 한다.
1. 「건축법」 제2조 제2항 제1호의 단독주택
2. 「건축법」 제2조 제2항 제2호의 공동주택(아파트 및 기숙사는 제외한다)

① 소화기 및 시각경보기
② 소화기 및 간이소화용구
③ 소화기 및 자동확산소화기
④ 소화기 및 단독경보형감지기

018 「소방시설 설치 및 관리에 관한 법률」 및 같은 법 시행규칙상 차량용 소화기의 설치 또는 비치기준으로 옳은 것만을 <보기>에서 모두 고른 것은?

2025년 공채·경채

<보기>
ㄱ. 대형 이상의 특수자동차는 능력단위 2 이상인 소화기 1개 이상 또는 능력단위 1 이상인 소화기 2개 이상을 사용하기 쉬운 곳에 설치한다.
ㄴ. 중형 이하의 특수자동차는 능력단위 1 이상인 소화기 1개 이상을 사용하기 쉬운 곳에 설치한다.
ㄷ. 경형승합자동차는 능력단위 1 이상의 소화기 1개 이상을 사용하기 쉬운 곳에 설치 또는 비치한다.
ㄹ. 승용자동차는 능력단위 1 이상의 소화기 1개 이상을 사용하기 쉬운 곳에 설치 또는 비치한다.

① ㄱ, ㄴ
② ㄷ, ㄹ
③ ㄱ, ㄴ, ㄷ
④ ㄱ, ㄴ, ㄷ, ㄹ

019 「소방시설 설치 및 관리에 관한 법률 시행령」상 스프링클러설비를 설치해야 하는 특정소방대상물에 해당하는 것만을 <보기>에서 고른 것은?   2023년 공채

<보기>
ㄱ. 수련시설 내에 있는 학생 수용을 위한 기숙사로서 연면적 5천제곱미터인 경우
ㄴ. 교육연구시설 내에 있는 합숙소로서 연면적 100제곱미터인 경우
ㄷ. 숙박시설로 사용되는 바닥면적의 합계가 500제곱미터인 경우
ㄹ. 영화상영관의 용도로 쓰는 4층의 바닥면적이 1천제곱미터인 경우

① ㄱ, ㄴ
② ㄱ, ㄹ
③ ㄴ, ㄷ
④ ㄷ, ㄹ

020 간이스프링클러설비를 설치하여야 하는 특정소방대상물로 옳지 않은 것은?   2021년 공채

① 교육연구시설 내에 합숙소로서 연면적 100제곱미터 이상인 것
② 근린생활시설 중 의원, 치과의원 및 한의원으로서 입원실이 있는 시설
③ 근린생활시설 중 근린생활시설로 사용하는 부분의 바닥면적 합계가 1천제곱미터 이상인 것은 모든 층
④ 근린생활시설 중 조산원 및 산후조리원으로서 바닥면적의 합계가 600제곱미터 이상인 것

021 「소방시설 설치 및 관리에 관한 법률」 및 같은 법 시행령상 간이스프링클러설비를 설치해야 하는 특정소방대상물의 기준으로 옳은 것은?   2025년 공채·경채

① 숙박시설로 사용되는 바닥면적의 합계가 300제곱미터 이상 600제곱미터 미만인 시설
② 교육연구시설 내에 합숙소로서 바닥면적 50제곱미터 이상인 경우에는 모든 층
③ 근린생활시설 중 조산원 및 산후조리원으로서 연면적 660제곱미터 미만인 시설
④ 의료시설 중 정신의료기관 또는 의료재활시설로 사용되는 바닥면적의 합계가 200제곱미터 이상 600제곱미터 미만인 시설

022 특정소방대상물의 관계인이 특정소방대상물의 규모·용도 및 수용인원 등을 고려하여 갖추어야 하는 소방시설의 기준에 대한 내용으로 옳은 것은?   2022년 공채

① 지하가 중 터널로서 길이가 500미터인 터널에는 옥내소화전설비를 설치하여야 한다.
② 아파트등 및 오피스텔의 모든 층에는 주거용 주방자동소화장치를 설치하여야 한다.
③ 물류터미널을 제외한 창고시설로 바닥면적 합계가 3천제곱미터인 경우에는 모든 층에 스프링클러설비를 설치하여야 한다.
④ 근린생활시설 종합병원, 병원, 치과병원, 한방병원 및 요양병원(의료재활시설은 제외한다)으로 사용되는 바닥면적의 합계가 500제곱미터 미만인 시설에는 간이스프링클러를 설치한다.

023 특정소방대상물의 관계인이 특정소방대상물의 규모·용도 및 수용인원 등을 고려하여 갖추어야 하는 소방시설의 종류 중 단독경보형 감지기를 설치하여야 하는 특정소방대상물로 옳은 것은? 2020년 공채

① 수련시설(자·탐 설치대상이 아닌 것 중 숙박시설이 있는 것만 해당)
② 연면적 600제곱미터인 유치원
③ 연면적 2,500제곱미터인 교육연구시설 또는 수련시설 내의 합숙소 또는 기숙사
④ 복합건축물

024 소방시설 중 제연설비를 설치해야 하는 특정소방대상물에 대한 내용이다. ( ) 안에 들어갈 숫자로 옳은 것은? 2022년 경채

> 가. 지하가(터널은 제외한다)로서 연면적 (ㄱ)제곱미터 이상인 것
> 나. 문화 및 집회시설, 종교시설, 운동시설로서 무대부의 바닥면적이 (ㄴ)제곱미터 이상 또는 문화 및 집회시설 중 영화상영관으로서 수용인원 (ㄷ)명 이상인 것

	ㄱ	ㄴ	ㄷ
①	1,000	200	100
②	1,000	400	100
③	2,000	200	50
④	2,000	400	50

025 특정소방대상물에 설치하는 소방시설 중 단독경보형 감지기에 관한 설치기준으로 옳지 않은 것은? 2022년 경채

① 연면적 400제곱미터 미만의 유치원
② 연면적 400제곱미터 미만의 어린이회관
③ 수련시설(자동화재탐지설비 설치대상이 아닌 것 중 숙박시설이 있는 시설만 해당)
④ 교육연구시설 또는 수련시설 내에 있는 합숙소 또는 기숙사로서 연면적 2,000제곱미터 미만인 것

026 간이스프링클러를 설치하여야 하는 특정소방대상물로 옳지 않은 것은? 2021년 경채

① 한의원으로서 입원실이 있는 시설
② 교육연구시설 내에 합숙소로서 연면적 100제곱미터 이상인 것
③ 복합건축물로 연면적이 800제곱미터 이상인 것
④ 건물을 임차하여 「출입국관리법」 제52조 제2항에 따른 보호시설로 사용하는 부분

027 물분무등소화설비를 설치하여야 하는 특정소방대상물로 옳지 않은 것은? 2018년 경채

① 항공기격납고
② 연면적 600제곱미터 이상인 주차용 건축물
③ 특정소방대상물에 설치된 바닥면적 300제곱미터 이상인 전산실
④ 20대 이상의 차량을 주차할 수 있는 기계장치에 의한 주차시설

028 다음 중 인명구조기구를 설치해야 하는 소방대상물 중 방열복 또는 방화복, 인공소생기 및 공기호흡기를 모두 설치해야 하는 대상물로서 옳은 것은? 2018년 경채

① 지하 포함 7층 이상 관광호텔
② 지하 포함 5층 이상 병원
③ 운수시설 중 지하역사
④ 판매시설 중 대규모점포

029 화재안전기준이 변경되어 그 기준이 강화되는 경우 강화된 기준을 적용하여야 하는 소방시설로 옳은 것은? 2018년 공채

> ㄱ. 소화기구
> ㄴ. 비상경보설비
> ㄷ. 비상콘센트설비
> ㄹ. 노유자시설에 설치하는 스프링클러설비 및 자동화재탐지설비
> ㅁ. 의료시설에 설치하는 스프링클러, 간이스프링클러와 자동화재탐지설비, 자동화재속보설비

① ㄱ, ㄴ, ㄷ ② ㄱ, ㄴ, ㄹ
③ ㄱ, ㄴ, ㅁ ④ ㄱ, ㄴ, ㄷ, ㄹ, ㅁ

030 특정소방대상물이 증축되는 경우, 원칙적으로 소방시설기준 적용에 관한 설명으로 옳은 것은?

2020년 공채

① 기존 부분을 포함한 특정소방대상물의 전체에 대하여 증축 전 소방시설의 설치에 관한 대통령령 또는 화재 안전기준을 적용하여야 한다.
② 기존 부분은 증축 전에 적용되던 소방시설의 설치에 관한 대통령령 또는 화재안전기준을 적용하고, 증축 부분은 증축 당시의 소방시설의 설치에 관한 대통령령 또는 화재안전기준을 적용하여야 한다.
③ 증축 부분은 증축 전에 적용되던 소방시설의 설치에 관한 대통령령 또는 화재안전기준을 적용하고, 기존 부분은 증축 당시의 소방시설의 설치에 관한 대통령령 또는 화재안전기준을 적용하여야 한다.
④ 기존 부분을 포함한 특정소방대상물의 전체에 대하여 증축 당시의 소방시설의 설치에 관한 대통령령 또는 화재안전기준을 적용하여야 한다.

031 노유자시설 및 의료시설의 경우 강화된 소방시설기준의 적용대상이다. 이에 해당하는 소방설비의 연결이 옳지 않은 것은?

2019년 경채

① 노유자시설에 설치하는 간이스프링클러설비
② 노유자시설에 설치하는 비상방송설비
③ 의료시설에 설치하는 스프링클러설비
④ 의료시설에 설치하는 자동화재탐지설비

032 특정소방대상물의 소방시설 설치면제 기준으로 옳지 않은 것은?

2020년 경채

① 간이스프링클러설비를 설치하여야 하는 특정소방대상물에 분말소화설비를 화재안전기준에 적합하게 설치한 경우에는 그 설비의 유효범위에서 설치가 면제된다.
② 비상경보설비를 설치하여야 할 특정소방대상물에 단독경보형 감지기를 2개 이상의 단독경보형 감지기와 연동하여 설치하는 경우에는 그 설비의 유효범위에서 설치가 면제된다.
③ 비상조명등을 설치하여야 하는 특정소방대상물에 피난구유도등 또는 통로유도등을 화재안전기준에 적합하게 설치한 경우에는 그 유도등의 유효범위에서 설치가 면제된다.
④ 누전경보기를 설치하여야 하는 특정소방대상물 또는 그 부분에 아크경보기 또는 전기 관련 법령에 따른 지락차단장치를 설치한 경우에는 그 설비의 유효범위에서 설치가 면제된다.

033 유사한 소방시설의 설치면제의 기준에 대한 설명이다. ( ) 안의 내용으로 옳게 연결된 것은? (단, ㉠, ㉡ 순이다)
2018년 경채

> 간이스프링클러를 설치하여야 하는 특정소방대상물에 (㉠), (㉡), 또는 미분무소화설비를 화재안전기준에 적합하게 설치한 경우에는 그 설비의 유효범위에서 설치가 면제된다.

① 스프링클러설비, 옥내소화전설비
② 포소화설비, 물분무소화설비
③ 스프링클러설비, 물분무소화설비
④ 포소화설비, 옥내소화전설비

034 「소방시설 설치 및 관리에 관한 법률 시행령」상 특정소방대상물의 간이스프링클러설비 설치면제 기준이다. ( ) 안에 들어갈 설비에 해당하지 않는 것은?
2024년 공채·경채

> 간이스프링클러설비를 설치해야 하는 특정소방대상물에 ( ), ( ) 또는 ( )를 화재안전기준에 적합하게 설치한 경우에는 그 설비의 유효범위에서 설치가 면제된다.

① 옥내소화전설비
② 스프링클러설비
③ 물분무소화설비
④ 미분무소화설비

035 특정소방대상물의 증축 또는 용도변경 시의 소방시설기준 적용의 특례에 관한 설명으로 옳지 않은 것은?
2022년 경채

① 기존 부분과 증축 부분이 「건축법 시행령」 제46조 제1항 제2호에 따른 60분 + 방화문 또는 자동방화셔터로 구획되어 있는 경우, 기존 부분에 대해서는 증축 당시의 소방시설의 설치에 관한 대통령령 또는 화재안전기준을 적용하지 않는다.
② 기존 부분과 증축 부분이 내화구조로 된 바닥과 벽으로 구획된 경우, 기존 부분에 대해서는 증축 당시의 소방시설의 설치에 관한 대통령령 또는 화재안전기준을 적용하지 않는다.
③ 특정소방대상물의 구조·설비가 화재연소 확대 요인이 적어지거나 피난 또는 화재진압활동이 쉬워지도록 변경되는 경우에는 특정소방대상물 전체에 대하여 용도변경 전에 해당 특정소방대상물에 적용되던 소방시설의 설치에 관한 대통령령 또는 화재안전기준을 적용한다.
④ 용도변경으로 인하여 천장·바닥·벽 등에 고정되어 있는 가연성 물질의 양이 줄어드는 경우에는 용도변경되는 부분에 대해서만 용도변경 당시의 소방시설의 설치에 관한 대통령령 또는 화재안전기준을 적용한다.

036 밑줄 친 각 호에 해당되는 내용이 아닌 것은?　　　　　　　　　　　　　　　　2019년 경채

> 소방본부장 또는 소방서장은 특정소방대상물이 증축되는 경우에는 기존 부분을 포함한 특정소방대상물의 전체에 대하여 증축 당시의 소방시설의 설치에 관한 대통령령 또는 화재안전기준을 적용하여야 한다. 다만, <u>다음 각 호</u>의 어느 하나에 해당하는 경우에는 기존 부분에 대해서는 증축 당시의 소방시설의 설치에 관한 대통령령 또는 화재안전기준을 적용하지 아니한다.

① 기존 부분과 증축 부분이 내화구조로 된 바닥과 벽으로 구획된 경우
② 기존 부분과 증축 부분이 60분+방화문으로 구획되어 있는 경우
③ 기존 부분과 증축 부분이 자동방화셔터로 구획되어 있는 경우
④ 기존 부분과 증축 부분이 방화구조로 된 바닥과 벽으로 구획된 경우

037 「소방시설 설치 및 관리에 관한 법률」상 특정소방대상물에 설치하는 소방시설의 관리 등에 관한 내용으로 옳은 것만을 <보기>에서 모두 고른 것은?　　　　　　　　　2025년 공채·경채

> <보기>
> ㄱ. 소방본부장이나 소방서장은 소방시설이 화재안전기준에 따라 설치·관리되고 있지 아니할 때에는 해당 특정소방대상물의 관계인에게 필요한 조치를 명할 수 있다.
> ㄴ. 소방본부장이나 소방서장은 기존의 특정소방대상물이 증축되거나 용도변경되는 경우에는 대통령령으로 정하는 바에 따라 증축 또는 용도변경 당시의 소방시설의 설치에 관한 대통령령 또는 화재안전기준을 적용한다.
> ㄷ. 소방본부장이나 소방서장은 특정소방대상물에 설치하여야 하는 소방시설 가운데 기능과 성능이 유사한 스프링클러설비, 물분무등소화설비, 비상경보설비 및 비상방송설비 등의 소방시설의 경우에는 대통령령으로 정하는 바에 따라 유사한 소방시설의 설치를 면제할 수 있다.
> ㄹ. 소방본부장이나 소방서장은 대통령령 또는 화재안전기준이 변경되어 그 기준이 강화되는 경우 기존의 특정소방대상물(건축물의 신축·개축·재축·이전 및 대수선 중인 특정소방대상물을 포함한다)의 소방시설에 대하여는 변경 전의 대통령령 또는 화재안전기준을 적용한다. 다만 자동화재탐지설비의 경우에는 대통령령 또는 화재안전기준의 변경으로 강화된 기준을 적용할 수 있다.

① ㄱ, ㄴ
② ㄴ, ㄷ
③ ㄱ, ㄷ, ㄹ
④ ㄱ, ㄴ, ㄷ, ㄹ

038 특정소방대상물의 증축 또는 용도변경시의 소방시설기준 적용의 특례에 대한 설명 중 옳지 않은 것은?

2018년 경채

① 소방본부장 또는 소방서장은 특정소방대상물이 증축되는 경우에는 기존부분을 포함한 특정소방대상물의 전체에 대하여 증축 당시의 소방시설의 설치에 관한 대통령령 또는 화재안전기준을 적용하여야 한다.
② 기존 부분과 증축 부분이 내화구조로 된 바닥과 벽으로 구획된 경우에는 기존 부분에 대해서 증축 당시의 소방시설의 설치에 관한 대통령령 또는 화재안전기준을 적용하지 아니한다.
③ 소방본부장 또는 소방서장은 특정소방대상물이 용도변경되는 경우에는 특정소방대상물의 전체에 대하여 용도변경 당시의 소방시설의 설치에 관한 대통령령 또는 화재안전기준을 적용하여야 한다.
④ 용도변경으로 인하여 천장·바닥·벽 등에 고정되어 있는 가연성 물질의 양이 줄어드는 경우에는 특정소방대상물 전체에 대하여 용도변경 전에 해당 특정소방대상물에 설치되던 소방시설의 설치에 관한 대통령령 또는 화재안전기준을 적용한다.

039 다음 중 정수장, 수영장, 목욕장, 그 밖에 이와 비슷한 용도로 사용되는 특정소방대상물에 소방시설을 설치하지 아니할 수 있는 소방시설로서 옳은 것은?

2018년 경채

① 옥내소화전
② 옥외소화전
③ 연결살수설비
④ 연결송수관

040 특정소방대상물별로 설치하여야 하는 소방시설의 정비 등에 대한 설명이다. (   ) 안에 들어갈 내용으로 옳은 것은?

2021년 경채

- 제12조 제1항에 따라 대통령령으로 소방시설을 정할 때에는 특정소방대상물의 (가) 등을 고려하여야 한다.
- 소방청장은 건축 환경 및 화재위험특성 변화사항을 효과적으로 반영할 수 있도록 소방시설 규정을 (나) 이상 정비하여야 한다.

	(가)	(나)
①	규모·용도 및 수용인원 및 이용자특성	3년에 1회
②	위치·구조 및 수용인원 및 이용자특성	4년에 1회
③	규모·용도 및 가연물의 종류 및 양	5년에 1회
④	위치·구조 및 가연물의 종류 및 양	10년에 1회

041 수용인원 산정방법으로 옳지 않은 것은? 2019년 공채

① 침대가 있는 숙박시설은 해당 특정소방물의 종사자수에 침대 수(2인용 침대는 2개로 산정)를 합한 수로 한다.
② 침대가 없는 숙박시설은 해당 특정소방대상물의 종사자수에 바닥면적의 합계를 3m²로 나누어 얻은 수를 합한 수로 한다.
③ 강의실 용도로 쓰이는 특정소방대상물은 해당 용도로 사용하는 바닥면적의 합계를 1.9m²로 나누어 얻은 수로 한다.
④ 문화 및 집회시설은 해당 용도로 사용하는 바닥면적의 합계를 3m²로 나누어 얻은 수로 한다.

042 특정소방대상물의 바닥면적이 다음과 같을 때 「소방시설 설치 및 관리에 관한 법률 시행령」에 따른 수용인원은 총 몇 명인가? (단, 바닥면적을 산정할 때에는 복도, 계단 및 화장실을 포함하지 않으며, 계산 결과 소수점 이하의 수는 반올림한다) 2023년 공채

- 관람석이 없는 강당 1개, 바닥면적 460m²
- 강의실 10개, 각 바닥면적 57m²
- 휴게실 1개, 바닥면적 38m²

① 380명 ② 400명
③ 420명 ④ 440명

043 수용인원의 산정방법에 따라 다음의 특정소방대상물에 대한 수용인원을 옳게 산정한 것은? 2022년 경채

바닥면적이 95m²인 강의실[단, 바닥면적을 산정할 때에는 복도(「건축법 시행령」 제2조 제11호에 따른 준불연재료 이상의 것을 사용하여 바닥에서 천장까지 벽으로 구획한 것을 말한다), 계단 및 화장실의 바닥면적을 포함하지 않으며, 계산 결과 소수점 이하의 수는 반올림한다]

① 21명 ② 32명
③ 50명 ④ 60명

044 다음 중 수용인원이 가장 적은 곳은? 2018년 경채

① 종사자 3명이 근무하는 숙박시설로 침대 수 110개(2인용 90개와 1인용 20개가 있다)
② 종사자 3명이 근무하는 숙박시설로 바닥면적이 600제곱미터
③ 강의실 용도로 쓰이는 특정소방대상물로 바닥면적이 400제곱미터
④ 운동시설로서 관람 의자가 없고 바닥면적이 900제곱미터

045 임시소방시설 종류 및 설치에서 인화성 물품을 취급하는 작업 등으로 옳지 않은 것은? 2018년 경채

① 행정안전부령이 정하여 고시하는 폭발성 부유분진을 발생시킬 수 있는 작업
② 전열기구, 가열전선 등 열을 발생시키는 기구를 취급하는 작업
③ 용접·용단 등 불을 발생시키거나 화기를 취급하는 작업
④ 인화성·가연성·폭발성 물질을 취급하거나 가연성 가스를 발생시키는 작업

046 임시소방시설을 설치하여야 하는 공사와 임시소방시설의 설치기준으로 옳지 않은 것은? 2020년 경채

① 특정소방대상물의 용도변경을 위한 공사를 시공하는 자는 공사 현장에서 인화성(引火性) 물품을 취급하는 작업을 하기 전에 설치 및 철거가 쉬운 임시소방시설을 설치하고 유지·관리하여야 한다.
② 옥내소화전이 설치된 특정소방대상물의 용도변경을 위한 내부 인테리어 변경공사를 시공하는 자는 간이 소화장치를 설치해야만 한다.
③ 무창층으로서 바닥면적 150제곱미터의 증축 작업현장에는 간이피난유도선을 설치해야 한다.
④ 소방서장은 용접·용단 등 불꽃을 발생시키거나 화기(火氣)를 취급하는 작업현장에 임시소방시설 또는 소방시설이 설치 또는 유지·관리되지 아니할 때에는 해당 시공자에게 필요한 조치를 하도록 명할 수 있다.

047 다음 중 임시소방시설 종류로서 옳지 않은 것은? 2018년 공채

① 소화기
② 스프링클러설비
③ 비상경보장치
④ 간이피난유도선

048 연면적 2,500제곱미터인 신축공사 작업현장의 바닥면적 200제곱미터인 지하층에서 용접작업을 하려고 한다. 해당 작업 현장에 설치하여야 할 임시소방시설로 옳지 않은 것은? 2020년 경채

① 소화기
② 간이소화장치
③ 비상경보장치
④ 간이피난유도선

049 건축허가등의 동의대상물 중 화재위험작업 공사현장에 설치하여야 하는 임시소방시설의 종류와 설치기준으로 옳지 않은 것은?   2018년 경채

① 가연성 가스를 발생시키는 화재위험작업현장에는 소화기를 설치하여야 한다.
② 바닥면적 150제곱미터 이상인 지하층 또는 무창층의 화재위험작업현장에는 간이소화장치를 설치하여야 한다.
③ 바닥면적 150제곱미터 이상인 지하층 또는 무창층의 화재위험작업현장에는 비상경보장치를 설치하여야 한다.
④ 바닥면적 150제곱미터 이상인 지하층 또는 무창층의 화재위험작업현장에는 간이피난유도선을 설치하여야 한다.

050 「소방시설 설치 및 관리에 관한 법률」 및 같은 법 시행령상 임시소방시설의 종류와 설치기준으로 옳은 것은?   2025년 공채·경채

① 간이소화장치는 연면적 2천제곱미터 이상인 공사의 화재위험작업현장에 설치한다.
② 가스누설경보기는 바닥면적이 100제곱미터 이상인 지하층 또는 무창층의 화재위험작업현장에 설치한다.
③ 비상경보장치는 연면적 300제곱미터 이상인 공사의 화재위험작업현장에 설치한다.
④ 방화포는 용접·용단 등의 작업 시 발생하는 불티로부터 가연물이 점화되는 것을 방지해주는 천 또는 불연성 물품으로서 소방청장이 정하는 성능을 갖추고 있어야 한다.

051 소방용품인 분말형태의 소화약제를 사용하는 소화기의 내용연수로 옳은 것은?   2018년 공채

① 10년
② 15년
③ 20년
④ 25년

052 「소방시설 설치 및 관리에 관한 법률」 및 같은 법 시행령상 내용연수 설정대상 소방용품에 관한 설명이다. (   ) 안에 들어갈 내용으로 옳은 것은?   2024년 경채

> 특정소방대상물의 관계인은 내용연수가 경과한 소방용품을 교체해야 한다. 이 경우 내용연수를 설정해야 하는 소방용품은 (ㄱ)를 사용하는 소화기로 하며, 내용연수는 (ㄴ)년으로 한다.

	ㄱ	ㄴ
①	분말형태의 소화약제	10
②	강화액 소화약제	10
③	분말형태의 소화약제	7
④	강화액 소화약제	7

053 「소방시설 설치 및 관리에 관한 법률」상 중앙소방기술심의위원회의 심의사항으로 옳지 않은 것은?　2023년 공채

① 화재안전기준에 관한 사항
② 소방시설에 하자가 있는지의 판단에 관한 사항
③ 소방시설의 설계 및 공사감리의 방법에 관한 사항
④ 소방시설의 구조 및 원리 등에서 공법이 특수한 설계 및 시공에 관한 사항

054 중앙소방기술심의위원회의 심의사항에 관한 내용 중 옳지 않은 것은?　2018년 경채

① 화재안전기준, 공법이 특수한 설계 및 시공에 관한 사항
② 소방시설공사의 하자를 판단하는 기준에 관한 사항
③ 연면적 10만제곱미터 이상의 특정소방대상물에 설치된 소방시설의 설계·시공·감리의 하자유무에 관한 사항
④ 소방본부장 또는 소방서장이 심의에 부치는 사항

055 방염성능기준 이상의 실내장식물 등을 설치하여야 하는 특정소방대상물로 옳지 않은 것은?　2019년 공채

① 숙박시설
② 의료시설
③ 노유자시설
④ 운동시설 중 수영장

056 방염성능기준 이상의 실내장식물 등을 설치하여야 하는 특정소방대상물을 모두 고른 것은?　2020년 경채

> ㄱ. 근린생활시설 중 의원
> ㄴ. 방송통신시설 중 방송국 및 촬영소
> ㄷ. 근린생활시설 중 체력단련장

① ㄱ
② ㄱ, ㄴ
③ ㄴ, ㄷ
④ ㄱ, ㄴ, ㄷ

057 다음 중 방염대상물품이 아닌 것은? 2018년 경채

① 영화상영관에 설치된 섬유류, 합성수지류 원료로 제작된 의자, 소파
② 「다중이용업소의 안전관리에 관한 특별법 시행령」에 따른 골프 연습장에 설치하는 스크린
③ 카펫, 두께가 2밀리미터 미만인 벽지류(종이벽지는 제외한다)
④ 창문에 설치하는 커튼류(블라인드를 포함한다)

058 소방대상물의 방염에 대한 설명으로 옳지 않은 것은? 2018년 경채

① 「건축법 시행령」에 따라 산정한 층수가 11층 이상인 특정소방대상물(아파트는 제외)은 방염성능기준 이상의 실내장식물 등을 설치하여야 한다.
② 창문에 설치하는 커튼류(블라인드 포함)는 제조 또는 가공공정에서 방염처리를 한 물품에 해당된다.
③ 방염성능검사 합격표시를 위조하거나 변조하여 사용한 자는 300만원 이하의 과태료에 처한다.
④ 대통령령에서 규정하는 방염성능기준 범위는 탄화한 면적의 경우 50제곱센티미터 이내, 탄화한 길이는 20센티미터 이내이다.

059 방염성능기준으로 옳지 않은 것은? 2022년 공채

① 불꽃에 의하여 완전히 녹을 때까지 불꽃의 접촉 횟수는 3회 이상일 것
② 탄화(炭化)한 면적은 50제곱센티미터 이내, 탄화한 길이는 20센티미터 이내일 것
③ 소방청장이 정하여 고시한 방법으로 발연량(發煙量)을 측정하는 경우 최대연기밀도는 500 이하일 것
④ 버너의 불꽃을 제거한 때부터 불꽃을 올리며 연소하는 상태가 그칠 때까지 시간은 20초 이내이며, 버너의 불꽃을 제거한 때부터 불꽃을 올리지 아니하고 연소하는 상태가 그칠 때까지 시간은 30초 이내일 것

060 다음 중 방염성능기준에 대한 설명 중 순서대로 빈칸에 들어갈 말로 옳은 것을 고르면?   2018년 공채

ㄱ. 버너에 불꽃을 제거한 때부터 불꽃을 올리며 연소하는 상태가 그칠 때까지 시간은 (   ) 이내
ㄴ. 버너에 불꽃을 제거한 때부터 불꽃을 올리지 아니하고 연소하는 상태가 그칠 때까지 시간은 (   ) 이내
ㄷ. 탄화한 면적은 (   ) 이내, 탄화된 길이는 (   ) 이내
ㄹ. 소방청장이 정하여 고시하는 방법으로 발연량을 측정하는 경우 최대연기밀도는 (   ) 이하

① 30초, 20초, 50cm², 10cm, 200
② 20초, 30초, 50cm², 20cm, 400
③ 20초, 20초, 50cm², 10cm, 200
④ 30초, 30초, 50cm², 10cm, 400

061 방염성능기준에 대한 설명이다. (   ) 안에 들어갈 숫자로 옳은 것은?   2020년 경채

- 버너의 불꽃을 제거한 때부터 불꽃을 올리며 연소하는 상태가 그칠 때까지 시간은 (가)초 이내일 것
- 버너의 불꽃을 제거한 때부터 불꽃을 올리지 아니하고 연소하는 상태가 그칠 때까지 시간은 (나)초 이내일 것

	(가)	(나)
①	10	30
②	10	50
③	20	30
④	20	50

062 「소방시설 설치 및 관리에 관한 법률」 및 같은 법 시행령상 방염성능기준으로 옳은 것은? (단, 소방청장이 정하여 고시하는 구체적인 방염성능기준은 제외한다.)   2025년 경채

① 불꽃에 의하여 완전히 녹을 때까지 불꽃의 접촉 횟수는 2회 이상일 것
② 탄화한 면적은 50제곱센티미터 이내, 탄화한 길이는 30센티미터 이내일 것
③ 소방청장이 정하여 고시한 방법으로 발연량을 측정하는 경우 최대연기밀도는 500 이하일 것
④ 버너의 불꽃을 제거한 때부터 불꽃을 올리며 연소하는 상태가 그칠 때까지 시간은 20초 이내일 것

03 소방시설등의 자체점검

001 자체점검에 대한 설명으로 옳은 것은?   2021년 공채

① 소방시설관리업자만 할 수 있다.
② 소방시설등의 작동점검은 포함하지 않는다.
③ 건축물의 사용승인일이 속하는 다음 달에 실시한다.
④ 스프링클러설비가 설치된 특정소방대상물은 종합점검을 받아야 한다.

002 다음 중 종합점검의 대상으로 옳은 것을 고르면?   2018년 공채

① 물분무등소화설비가 설치된 연면적 3,000제곱미터 이상인 특정소방대상물
② 아파트는 연면적 5,000제곱미터 이상 또는 7층 이상인 것
③ 「공공기관의 소방안전관리에 관한 규정」에 따른 공공기관 중 연면적이 600제곱미터 이상인 것으로 옥내소화전설비 또는 자동화재탐지설비가 설치된 것
④ 제연설비가 설치된 터널

003 「소방시설 설치 및 관리에 관한 법률 시행령」상 소화펌프 고장 등 대통령령으로 정하는 중대위반사항으로 옳지 않은 것은?   2024년 공채·경채

① 화재수신기의 고장으로 화재경보음이 자동으로 울리지 않거나 화재수신기와 연동된 소방시설의 작동이 불가능한 경우
② 소화배관 등이 폐쇄·차단되어 소화수(消火水) 또는 소화약제가 자동 방출되지 않는 경우
③ 소화용수설비 주변 불법 주정차로 인하여 화재를 진압하는 데 필요한 물을 공급하기 어려운 경우
④ 방화문 또는 자동방화셔터가 훼손되거나 철거되어 본래의 기능을 못 하는 경우

04 소방시설관리사 및 소방시설관리업

001 소방시설관리사의 자격의 취소·정지 사유로 옳지 않은 것은? 2019년 공채

① 동시에 둘 이상의 업체에 취업한 경우
② 등록사항의 변경신고를 하지 아니한 경우
③ 소방시설관리사증을 다른 자에게 빌려준 경우
④ 대행인력의 배치기준·자격·방법 등 준수사항을 지키지 아니한 경우

002 「소방시설 설치 및 관리에 관한 법률 시행령」상 전문소방시설관리업의 보조 기술인력 등록기준으로 옳은 것은? 2023년 공채

① 특급점검자 이상의 기술인력: 2명 이상
② 중급·고급점검자 이상의 기술인력: 각 1명 이상
③ 초급·중급점검자 이상의 기술인력: 각 1명 이상
④ 초급·중급·고급점검자 이상의 기술인력: 각 2명 이상

003 「소방시설 설치 및 관리에 관한 법률」 및 같은 법 시행규칙상 관리업자가 점검하는 경우 50층 이상 또는 성능위주설계를 한 특정소방대상물의 규모 등에 따른 점검인력의 배치로 옳은 것만을 <보기>에서 고른 것은? 2025년 공채·경채

<보기>
ㄱ. 주된 점검인력: 소방시설관리사 경력 5년인 특급점검자 1명
ㄴ. 주된 점검인력: 소방시설관리사 경력 3년인 특급점검자 1명
ㄷ. 보조 점검인력: 고급점검자 1명 및 중급점검자 1명
ㄹ. 보조 점검인력: 고급점검자 1명 및 초급점검자 1명

① ㄱ, ㄷ
② ㄱ, ㄹ
③ ㄴ, ㄷ
④ ㄴ, ㄹ

004 소방시설관리업의 등록을 반드시 취소하여야 하는 사유로 옳지 않은 것은?

2021년 경채

① 자체점검 등을 하지 아니한 경우
② 소방시설관리업자가 피성년후견인인 경우
③ 거짓이나 그 밖의 부정한 방법으로 등록한 경우
④ 다른 자에게 등록증이나 등록수첩을 빌려준 경우

005 「소방시설 설치 및 관리에 관한 법률 시행규칙」상 행정처분 시 감경사유로 옳지 않은 것은?

2023년 공채

① 경미한 위반사항으로, 유도등이 일시적으로 점등되지 않는 경우
② 경미한 위반사항으로, 스프링클러설비 헤드가 살수반경에 미치지 못하는 경우
③ 위반행위가 사소한 부주의나 오류가 아닌 고의에 의한 것으로 인정되는 경우
④ 위반 행위자가 처음 해당 위반행위를 한 경우로서 5년 이상 소방시설관리사의 업무, 소방시설관리업 등을 모범적으로 해 온 사실이 인정되는 경우

05 소방용품의 품질관리

001 다음 중 형식승인을 받아야 하는 소방용품이 아닌 것은?   2018년 경채

① 소화설비를 구성하는 제품 또는 기기로서 자동소화장치
② 경보설비를 구성하는 제품 또는 기기로서 가스누설경보기, 누전경보기
③ 피난설비를 구성하는 제품 또는 기기로서 피난유도선
④ 소화용으로 사용하는 제품 또는 기기로서 방염제(방염액·방염도료·방염성 물질 포함)

002 「소방시설 설치 및 관리에 관한 법률」 및 같은 법 시행령상 소방청장의 형식승인을 받아야 하는 소방용품으로 옳지 않은 것은?   2024년 경채

① 분말자동소화장치
② 주거용 주방자동소화장치
③ 상업용 주방자동소화장치
④ 캐비닛형 자동소화장치

003 「소방시설 설치 및 관리에 관한 법률」상 소방용품의 형식승인 및 성능인증 등에 관한 설명으로 옳지 않은 것은?   2025년 경채

① 형식승인을 받은 자는 그 소방용품에 대하여 소방청장이 실시하는 제품검사를 받아야 한다.
② 형식승인의 방법·절차 등과 제품검사의 구분·방법·순서·합격표시 등에 필요한 사항은 행정안전부령으로 정한다.
③ 하나의 소방용품에 성능인증 사항이 두 가지 이상 결합된 경우에는 해당 성능인증 시험을 일부 실시하고 하나의 성능인증을 할 수 있다.
④ 외국의 공인기관으로부터 인정받은 신기술 제품은 형식승인을 위한 시험 중 일부를 생략하여 형식승인을 할 수 있다.

06 보칙

001 소방시설법상 청문 사유로 옳지 않은 것은?   2021년 경채

① 성능인증의 취소
② 전문기관의 지정취소 및 업무정지
③ 소방용품의 형식승인 취소 및 제품검사 중지
④ 소방시설 설계업 및 방염업의 등록취소 및 영업정지

07 벌칙

001 과태료 부과 개별기준으로 옳은 것은? 2022년 경채

① 소방시설을 설치하지 않은 경우: 과태료 200만원
② 법 제15조 제1항을 위반하여 공사현장에 임시소방시설을 설치·유지·관리하지 않은 경우: 과태료 200만원
③ 수신반, 동력(감시)제어반 또는 소방시설용 비상전원을 차단하거나, 고장난 상태로 방치하거나, 임의로 조작하여 자동으로 작동이 되지 않도록 한 경우: 과태료 200만원
④ 소방시설이 작동하는 경우 소화배관을 통하여 소화수가 방수되지 않는 상태 또는 소화약제가 방출되지 않는 상태로 방치한 경우: 과태료 300만원

002 방염성능검사에 합격하지 아니한 물품에 합격표시를 하거나 합격표시를 위조하거나 변조하여 사용한 자에 대한 벌칙의 기준으로 옳은 것은? 2020년 경채

① 300만원 이하의 벌금
② 1천만원 이하의 벌금
③ 1년 이하의 징역 또는 1천만원 이하의 벌금
④ 3년 이하의 징역 또는 3천만원 이하의 벌금

003 「소방시설 설치 및 관리에 관한 법률」상 벌칙으로 옳은 것은? 2025년 경채

① 소방용품에 대하여 형식승인의 변경승인을 받지 아니한 자는 3년 이하의 징역 또는 1천5백만원 이하의 벌금에 처한다.
② 소방시설에 폐쇄·차단 등의 행위를 한 자는 5년 이하의 징역 또는 5천만원 이하의 벌금에 처한다.
③ 방염성능의 검사를 위반하여 방염성능검사에 합격하지 아니한 물품에 합격표시를 하거나 합격표시를 위조하거나 변조하여 사용한 자는 500만원 이하의 벌금에 처한다.
④ 성능위주설계평가단의 업무를 수행하면서 알게 된 비밀을 이 법에서 정한 목적 외의 용도로 사용하거나 다른 사람 또는 기관에 제공하거나 누설한 자는 500만원 이하의 벌금에 처한다.

004 과태료 부과대상으로 옳은 것은? 2019년 경채

① 소방시설·피난시설 등이 법령에 위반된 것을 발견하였음에도 필요한 조치를 할 것을 요구하지 아니한 소방 안전관리자
② 특정소방대상물에 소방안전관리자 또는 소방안전관리보조자를 선임하지 아니한 자
③ 특정소방대상물에 화재안전기준을 위반하여 소방시설을 설치 또는 유지·관리한 자
④ 방염성능검사에 합격하지 아니한 물품에 합격표시를 하거나 합격표시를 위조하거나 변조하여 사용한 자

fire.Hackers.com

PART 3

화재의 예방 및 안전관리에 관한 법률

해커스소방
이영철 소방관계법규
단원별 기출문제집

01 / 총칙
02 / 화재의 예방 및 안전관리 기본계획의 수립·시행
03 / 화재안전조사
04 / 화재의 예방조치 등
05 / 소방대상물의 소방안전관리
06 / 특별관리시설물의 소방안전관리
07 / 보칙
08 / 벌칙

01 총칙

001 다음 ( )에 들어갈 적합한 용어를 차례대로 옳게 나열한 것은?

「화재의 예방 및 안전관리에 관한 법률」은 화재의 (　　　)와/과 (　　　)에 필요한 사항을 규정함으로써 화재로부터 국민의 생명·신체 및 재산을 보호하고 공공의 안전과 복리증진에 이바지함을 목적으로 한다.

① 예방, 안전관리
② 관리, 안전관리
③ 보존, 관리
④ 경계, 관리

002 「화재의 예방 및 안전관리에 관한 법률」상 용어의 정의로 옳지 않은 것은? 2024년 경채

① "예방"이란 화재의 위험으로부터 사람의 생명·신체 및 재산을 보호하기 위하여 화재발생을 사전에 제거하거나 방지하기 위한 모든 활동을 말한다.
② "안전관리"란 화재로 인한 피해를 최소화하기 위한 예방, 대비, 대응 등의 활동을 말한다.
③ "화재예방안전진단"이란 화재가 발생할 경우 사회·경제적으로 피해 규모가 클 것으로 예상되는 소방대상물에 대하여 화재위험요인을 조사하고 그 위험성을 평가하여 개선대책을 수립하는 것을 말한다.
④ "화재안전조사"란 소방청장, 소방본부장 또는 소방서장이 화재원인, 피해상황, 대응활동 등을 파악하기 위하여 자료의 수집, 관계인등에 대한 질문, 현장 확인, 감식, 감정 및 실험 등을 하는 일련의 행위를 말한다.

02 화재의 예방 및 안전관리 기본계획의 수립·시행

정답 및 해설 p. 38

001 화재의 예방 및 안전관리 기본계획 등의 수립 및 시행에 관한 내용으로 옳은 것은? 2019년 공채

① 기본계획에는 화재안전분야 국제경쟁력 향상에 관한 사항이 포함되어야 한다.
② 소방본부장은 기본계획을 시행하기 위하여 5년마다 시행계획을 수립·시행하여야 한다.
③ 기본계획은 행정안전부령으로 정하는 바에 따라 소방본부장이 관계 중앙행정기관의 장과 협의하여 수립한다.
④ 국가는 화재예방정책을 체계적·효율적으로 추진하고 이에 필요한 기반 확충을 위하여 화재의 예방 및 안전관리에 관한 기본계획을 10년마다 수립·시행하여야 한다.

002 화재의 예방 및 안전관리 기본계획 등의 수립 및 시행에 관한 내용으로 옳지 않은 것은? 2022년 경채

① 소방청장은 화재예방정책을 체계적·효율적으로 추진하고 이에 필요한 기반 확충을 위하여 화재의 예방 및 안전관리에 관한 기본계획(이하 "기본계획"이라 한다)을 10년마다 수립·시행하여야 한다.
② 소방청장은 기본계획을 시행하기 위하여 매년 시행계획을 수립·시행하여야 한다.
③ 기본계획, 시행계획 및 세부시행계획 등의 수립·시행에 관하여 필요한 사항은 대통령령으로 정한다.
④ 소방청장은 기본계획 및 시행계획을 수립하기 위하여 필요한 경우에는 관계 중앙행정기관의 장 또는 시·도지사에게 관련 자료의 제출을 요청할 수 있다.

003 「화재의 예방 및 안전관리에 관한 법률」 및 같은 법 시행령상 화재의 예방 및 안전관리 기본계획 등의 수립·시행에 관한 설명이다. 'ㄱ, ㄴ'에 들어갈 내용으로 옳은 것은? 2025년 공채·경채

- 소방청장은 화재예방정책을 체계적·효율적으로 추진하고 이에 필요한 기반 확충을 위하여 화재의 예방 및 안전관리에 관한 기본계획을 (ㄱ)년마다 수립·시행하여야 한다.
- 소방청장은 기본계획을 시행하기 위한 계획을 계획 시행 전년도 (ㄴ)까지 수립해야 한다.

	ㄱ	ㄴ
①	5	10월 31일
②	5	12월 31일
③	7	10월 31일
④	7	12월 31일

03 화재안전조사

정답 및 해설 p. 39

001 화재안전조사에 관한 설명으로 옳지 않은 것은? 2019년 경채

① 소방청장, 소방본부장 또는 소방서장은 관할구역에 있는 소방대상물, 관계 지역 또는 관계인에 대하여 소방시설 등이 이 법 또는 소방 관계 법령에 적합하게 설치·유지·관리되고 있는지, 소방대상물에 화재, 재난·재해 등의 발생 위험이 있는지 등을 확인하기 위하여 관계 공무원으로 하여금 화재안전조사를 하게 할 수 있다.
② 개인의 주거에 대하여는 관계인의 승낙이 있거나 화재 발생의 우려가 뚜렷하여 긴급한 필요가 있는 때에 한정하여 화재안전조사를 실시할 수 있다.
③ 국가적 행사 등 주요 행사가 개최되는 장소 및 그 주변의 관계 지역에 대하여 소방안전관리 실태를 점검할 필요가 있는 경우 화재안전조사를 실시할 수 있다.
④ 화재안전조사위원회는 위원장 1명을 제외한 7명 이내의 위원으로 성별을 고려하여 구성한다.

002 화재안전조사의 방법·절차 등에 대한 설명으로 옳지 않은 것은? 2022년 공채

① 소방관서장은 화재안전조사를 마친 때에는 그 조사 결과를 관계인에게 서면 또는 구두로 통지할 수 있다.
② 소방관서장은 화재안전조사를 실시하려는 경우 사전에 관계인에게 조사대상, 조사기간 및 조사사유 등을 우편, 전화, 전자메일 또는 문자전송 등을 통하여 통지하고 이를 대통령령으로 정하는 바에 따라 인터넷 홈페이지나 전산시스템 등을 통하여 공개하여야 한다.
③ 화재안전조사의 연기를 승인한 경우라도 연기기간이 끝나기 전에 연기사유가 없어졌거나 긴급히 조사를 하여야 할 사유가 발생하였을 때에는 관계인에게 통보하고 화재안전조사를 할 수 있다.
④ 화재안전조사의 연기를 신청하려는 자는 화재안전조사 시작 3일 전까지 연기신청서에 화재안전조사를 받기가 곤란함을 증명할 수 있는 서류를 첨부하여 소방관서장에게 제출하여야 한다.

003 화재안전조사에 관한 설명으로 옳지 않은 것은? 2018년 공채

① 화재안전조사는 관계인의 승낙 없이 소방대상물의 공개시간 또는 근무시간 이외에는 할 수 없다.
② 화재안전조사권자는 소방관서장이다.
③ 화재안전조사 결과에 따른 조치명령으로 인한 손실을 보상하는 경우 시가(時價)로 한다.
④ 화재안전조사 업무를 수행하면서 알게 된 비밀을 목적 외의 용도로 사용한 자는 300만원 이하의 벌금에 처한다.

004 화재안전조사에 관한 설명으로 옳지 않은 것은? 2018년 경채

① 개인의 주거에 대한 화재안전조사는 관계인의 승낙이 있거나 화재발생의 우려가 뚜렷하여 긴급한 필요가 있는 때에 한정한다.
② 소방관서장은 화재안전조사를 실시하려는 경우 사전에 관계인에게 조사대상, 조사기간 및 조사사유 등을 우편, 전화, 전자메일 또는 문자전송 등을 통하여 통지하여야 한다.
③ 소방관서장은 주관적이고 공정한 기준에 따라 화재안전조사의 대상을 선정하여야 하며, 소방관서장은 화재안전조사의 대상을 객관적이고 공정하게 선정하기 위하여 필요하면 화재안전조사위원회를 구성하여 화재안전조사의 대상을 선정할 수 있다.
④ 화재안전조사위원회는 위원장 1명을 포함한 7명 이내의 위원으로 성별을 고려하여 구성한다.

005 「화재의 예방 및 안전관리에 관한 법률」 및 같은 법 시행령상 화재안전조사를 효율적으로 실시하기 위하여 합동으로 조사반을 편성할 수 있는 기관으로 옳지 않은 것은? (단, 소방청장이 정하여 고시하는 소방 관련 법인 또는 단체는 제외한다.) 2025년 경채

① 「소방기본법」에 따른 한국소방안전원
② 「소방시설공사업법」에 따른 한국소방시설협회
③ 「소방산업의 진흥에 관한 법률」에 따른 한국소방산업기술원
④ 「화재로 인한 재해보상과 보험가입에 관한 법률」에 따른 한국화재보험협회

006 화재안전조사단의 편성·운영 등에 관한 설명으로 옳지 않은 것은? 2022년 경채

① 조사단은 단장을 포함하여 50명 이내의 단원으로 성별을 고려하여 구성한다.
② 소방관서장은 소방본부에는 중앙화재안전조사단을, 소방서에는 지방화재안전조사단을 편성하여 운영할 수 있다.
③ 조사단의 단장은 단원 중에서 소방관서장이 임명 또는 위촉한다.
④ 조사단의 단원은 소방관서장이 임명 또는 위촉한다.

007 화재안전조사위원회에 대한 내용이다. ( ) 안에 들어갈 말로 옳은 것은? 2022년 경채

> ( )은/는 화재안전조사의 대상을 객관적이고 공정하게 선정하기 위하여 필요한 경우 화재안전조사위원회를 구성하여 화재안전조사의 대상을 선정할 수 있다.

① 소방청장
② 시·도지사
③ 소방관서장
④ 소방본부장

008 「화재의 예방 및 안전관리에 관한 법률」 및 같은 법 시행령상 화재안전조사 결과에 따른 조치명령, 손실보상의 내용으로 옳지 않은 것은? 2023년 경채

① 화재안전조사 결과에 따른 소방대상물의 조치명령권자는 소방관서장이다.
② 화재안전조사 결과에 따른 조치명령으로 소방청장 또는 시·도지사가 손실을 보상하는 경우에는 시가(時價)의 2배로 보상해야 한다.
③ 소방청장 또는 시·도지사는 보상금액에 관한 협의가 성립되지 않은 경우에는 그 보상금액을 지급하거나 공탁하고 이를 상대방에게 알려야 한다.
④ 소방관서장은 화재안전조사 결과에 따른 소방대상물의 위치·구조·설비 또는 관리의 상황이 화재예방을 위하여 보완될 필요가 있거나 화재가 발생하면 인명 또는 재산의 피해가 클 것으로 예상되는 때에는 행정안전부령으로 정하는 바에 따라 관계인에게 그 소방대상물의 개수(改修)·이전·제거, 사용의 금지 또는 제한, 사용폐쇄, 공사의 정지 또는 중지, 그 밖에 필요한 조치를 명할 수 있다.

009 화재안전조사 결과에 따른 조치명령과 손실보상에 관한 설명으로 옳지 않은 것은? 2019년 경채

① 시·도지사가 손실을 보상하는 경우에는 원가로 보상하여야 한다.
② 손실보상에 관하여는 시·도지사와 손실을 입은 자가 협의하여야 한다.
③ 보상금액에 관한 협의가 성립되지 아니한 경우에는 시·도지사는 그 보상금액을 지급하거나 공탁하고 이를 상대방에게 알려야 한다.
④ 보상금의 지급 또는 공탁의 통지에 불복하는 자는 지급 또는 공탁의 통지를 받은 날부터 30일 이내에 관할 토지수용위원회에 재결을 신청할 수 있다.

04 화재의 예방조치 등

정답 및 해설 p. 41

001 화재의 예방조치 등에 대한 설명이다. (　) 안의 내용으로 옳은 것은?   2018년 경채

> 소방관서장은 함부로 버려두거나 그냥 둔 위험물 또는 불에 탈 수 있는 물건을 보관하는 경우에는 그 날부터 (　　)일 동안 해당 소방관서의 인터넷 홈페이지에 그 사실을 공고하여야 한다.

① 7　　　　　　　　　　　　② 10
③ 12　　　　　　　　　　　　④ 14

002 화재의 예방조치 등으로 옳지 않은 것은?   2021년 공채

① 소방관서장은 보관기간이 종료되는 때에는 보관하고 있는 옮긴물건등을 매각하여야 한다.
② 옮긴물건등의 보관기간은 소방청, 소방본부 또는 소방서의 인터넷 홈페이지에 공고하는 기간의 종료일 다음 날부터 7일로 한다.
③ 옮긴물건등을 보관하는 경우에는 그 날부터 14일 동안 소방청, 소방본부 또는 소방서의 인터넷 홈페이지에 그 사실을 공고 하여야 한다.
④ 시·도지사는 폐기된 옮긴물건등의 소유자가 보상을 요구하는 경우에는 보상금액에 대하여 소유자와 협의를 거쳐 이를 보상하여야 한다.

003 보일러 등의 위치·구조 및 관리와 화재예방을 위하여 불의 사용에 있어서 지켜야 하는 사항 중 '난로'에 대한 설명이다. (　) 안의 내용으로 옳게 연결된 것은? (단, ㉠, ㉡ 순이다)   2018년 경채

> 연통은 천장으로부터 (㉠)미터 이상 떨어지고, 건물 밖으로 (㉡)미터 이상 나오게 설치하여야 한다.

① 0.5, 0.6　　　　　　　　　② 0.6, 0.6
③ 0.5, 0.5　　　　　　　　　④ 0.6, 0.5

004 불을 사용하는 설비의 관리기준 등에 대한 설명이다. (   ) 안에 들어갈 숫자로 옳은 것은? [단, 순서대로 (가), (나), (다), (라) 순이다]   2019년 공채

- 보일러: 보일러와 벽·천장 사이의 거리는 (가)미터 이상 되도록 하여야 한다.
- 난로: 연통는 천장으로부터 (나)미터 이상 떨어지고, 건물 밖으로 0.6미터 이상 나오게 설치하여야 한다.
- 건조설비: 건조설비와 벽·천장 사이의 거리는 (다)미터 이상 되도록 하여야 한다.
- 음식조리를 위하여 설치하는 설비: 열을 발생하는 조리기구는 반자 또는 선반으로부터 (라)미터 이상 떨어지게 해야 한다.

① 0.5, 0.6, 0.6, 0.6
② 0.6, 0.6, 0.5, 0.6
③ 0.6, 0.5, 0.6, 0.6
④ 0.6, 0.6, 0.5, 0.5

005 「화재의 예방 및 안전관리에 관한 법률 시행령」상 불을 사용하는 설비의 관리기준 등에 관한 내용으로 옳지 않은 것은?   2023년 경채

① 보일러: 가연성 벽·바닥 또는 천장과 접촉하는 증기기관 또는 연통의 부분은 규조토 등 난연성 또는 불연성 단열재로 덮어씌워야 한다.
② 난로: 가연성 벽·바닥 또는 천장과 접촉하는 연통의 부분은 규조토 등 난연성 또는 불연성 단열재로 덮어씌워야 한다.
③ 건조설비: 실내에 설치하는 경우에 벽·천장 및 바닥은 준불연재료로 해야 한다.
④ 노·화덕설비: 노 또는 화덕을 설치하는 장소의 벽·천장은 불연재료로 된 것이어야 한다.

006 보일러 등의 위치·구조 및 관리와 화재예방을 위하여 불의 사용에 있어서 지켜야 하는 사항으로, 용접 또는 용단 작업장에서 지켜야 할 사항이다. (   ) 안에 들어갈 내용으로 옳은 것은? (단, 「산업 안전보건법」 제38조의 적용을 받는 사업장의 경우에는 적용하지 아니한다)   2020년 공채

- 용접 또는 용단 작업자로부터 (가) 이내에 소화기를 갖추어 둘 것
- 용접 또는 용단 작업장 주변 (나) 이내에는 가연물을 쌓아두거나 놓아두지 말 것. 다만, 가연물의 제거가 곤란하여 방호포 등으로 방호조치를 한 경우는 제외한다.

	(가)	(나)
①	반경 5m	반경 10m
②	반경 6m	반경 12m
③	직경 5m	직경 10m
④	직경 6m	직경 12m

007 보일러 등의 위치·구조 및 관리와 화재예방을 위하여 불의 사용에 있어서 지켜야 하는 사항으로 옳은 것은?

2021년 경채

① 노·화덕설비를 실내에 설치하는 경우에는 콘크리트바닥 또는 금속 외의 불연재료로 된 바닥 위에 설치하여야 한다.
② 「공연법」 제2조 제4호의 규정에 의한 공연장에서 이동식 난로는 절대 사용하여서는 아니 된다.
③ 보일러를 실내에 설치하는 경우에는 콘크리트바닥 또는 금속 외의 난연재료로 된 바닥 위에 설치하여야 한다.
④ 액체연료를 사용하는 보일러의 연료탱크는 보일러 본체로부터 수평거리 1미터 이상의 간격을 두어 설치하여야 한다.

008 보일러 등의 위치·구조 및 관리와 화재예방을 위하여 불의 사용에 있어서 지켜야 하는 사항으로 옳지 않은 것은?

2019년 경채

① '보일러'와 벽·천장 사이의 거리는 0.6미터 이상 되도록 하여야 한다.
② '난로' 연통은 천장으로부터 0.6미터 이상 떨어지고, 건물 밖으로 0.6미터 이상 나오게 설치하여야 한다.
③ '건조설비'와 벽·천장 사이의 거리는 0.5미터 이상 되도록 하여야 한다.
④ '불꽃을 사용하는 용접·용단기구' 작업장에서는 용접 또는 용단 작업자로부터 반경 10미터 이내에 소화기를 갖추어야 한다.

009 일반음식점에서 조리를 위하여 불을 사용하는 설비를 설치할 때 지켜야 할 사항으로 옳지 않은 것은?

2020년 경채

① 주방시설에는 동물 또는 식물의 기름을 제거할 수 있는 필터 등을 설치할 것
② 열을 발생하는 조리기구는 반자 또는 선반으로부터 0.5미터 이상 떨어지게 할 것
③ 주방설비에 부속된 배기덕트는 두께 0.5밀리미터 이상의 아연도금강판 또는 이와 동등 이상의 내식성 불연재료로 설치할 것
④ 열을 발생하는 조리기구로부터 0.15미터 이내의 거리에 있는 가연성 주요구조부는 단열성이 있는 불연재료로 덮어 씌울 것

010 「화재의 예방 및 안전관리에 관한 법률 시행령」상 불을 사용하는 설비의 관리기준에 관한 내용으로 옳은 것은? 2024년 공채·경채

① 경유·등유 등 액체 연료탱크는 보일러 본체로부터 수평거리 0.5미터 이상의 간격을 두어 설치한다.
② 화목(火木) 등 고체연료를 사용하는 연통의 배출구는 보일러 본체보다 1미터 이상 높게 설치한다.
③ 음식조리를 위하여 설치하는 설비의 경우, 열을 발생하는 조리기구로부터 0.15미터 이내의 거리에 있는 가연성 주요구조부는 단열성이 있는 불연재료로 덮어 씌운다.
④ 대통령령에서 규정한 사항 외에 화재 발생 우려가 있는 설비 또는 기구의 종류, 해당 설비 또는 기구의 위치·구조 및 관리와 화재 예방을 위하여 불을 사용할 때 지켜야 하는 사항은 행정안전부령으로 정한다.

011 다음 중 특수가연물에 해당하는 것으로 옳지 않은 것은? 2018년 공채

① 면화류 200kg 이상
② 나무껍질 350kg 이상
③ 가연성 액체류 2m³ 이상
④ 넝마, 사류 1,000kg 이상

012 「화재의 예방 및 안전관리에 관한 법률 시행령」상 규정하고 있는 특수가연물의 품명과 기준수량의 연결이 옳지 않은 것은? 2018년 경채

① 면화류: 1,000kg 이상
② 사류: 1,000kg 이상
③ 볏짚류: 1,000kg 이상
④ 넝마 및 종이부스러기: 1,000kg 이상

013 화재가 발생하는 경우 불길이 빠르게 번지는 고무류·면화류 등 대통령령으로 정하는 특수가연물의 저장 및 취급기준 중 다음 ( ) 안에 들어갈 숫자로 옳은 것은? (단, 석탄·목탄류의 경우는 제외한다) 2020년 경채

> 살수설비를 설치하거나, 방사능력 범위에 해당 특수가연물이 포함되도록 대형수동식소화기를 설치하는 경우에는 쌓는 높이를 (가)미터 이하, 쌓는 부분의 바닥면적을 (나)제곱미터 이하로 할 수 있다.

	(가)	(나)
①	10	200
②	10	300
③	15	200
④	15	300

014 다음 중 특수가연물 저장 및 취급기준으로 옳지 않은 것은? 2018년 경채

① 특수가연물을 저장 및 취급하는 장소에는 품명·최대수량 및 화기취급의 금지표시를 설치할 것
② 쌓는 부분의 바닥면적은 200제곱미터 이하일 것(발전용으로 저장하는 석탄·목탄류 제외)
③ 품명별로 구분하여 쌓을 것(발전용으로 저장하는 석탄·목탄류 제외)
④ 쌓는 부분의 바닥면적 사이는 실내 1.2미터 이상이 되도록 할 것(발전용으로 저장하는 석탄·목탄류 제외)

015 「화재의 예방 및 안전관리에 관한 법률 시행령」상 화재의 확대가 빠른 특수가연물의 저장 및 취급 기준으로 옳은 것은? [단, 석탄·목탄류를 발전용(發電用)으로 저장하는 경우는 제외한다] 2024년 경채

① 실외에 쌓아 저장하는 경우 쌓는 부분이 대지경계선, 도로 및 인접 건축물과 최소 6미터 이상 간격을 둘 것. 다만, 쌓는 높이보다 0.9미터 이상 높은 내화구조 벽체를 설치한 경우는 그렇지 않다.
② 실내에 쌓아 저장하는 경우 주요구조부는 불연재료 또는 준불연재료여야 하고, 다른 종류의 특수가연물과 같은 공간에 보관하지 않을 것. 다만, 방화구조의 벽으로 분리하는 경우는 그렇지 않다.
③ 쌓는 부분 바닥면적의 사이는 실내의 경우 1미터 또는 쌓는 높이의 1/2 중 큰 값 이상으로 간격을 둘 것
④ 쌓는 부분 바닥면적의 사이는 실외의 경우 3미터 또는 쌓는 높이의 1/2 중 큰 값 이상으로 간격을 둘 것

016 「화재의 예방 및 안전관리에 관한 법률 시행령」상 특수가연물의 저장 및 취급 기준에서 특수가연물 표지에 관한 내용으로 옳지 않은 것은? 2023년 공채

① 특수가연물 표지 중 화기엄금 표시 부분의 바탕은 붉은색으로, 문자는 백색으로 할 것
② 특수가연물 표지는 한 변의 길이가 0.3미터 이상, 다른 한 변의 길이가 0.6미터 이상인 직사각형으로 할 것
③ 특수가연물 표지의 바탕은 검은색으로, 문자는 흰색으로 할 것. 다만, "화기엄금" 표시 부분은 제외한다.
④ 특수가연물을 저장 또는 취급하는 장소에는 품명, 최대저장수량, 단위부피당 질량 또는 단위체적당 질량, 관리책임자 성명·직책, 연락처 및 화기취급의 금지표시가 포함된 특수가연물 표지를 설치해야 한다.

017 다음 중 시·도지사가 화재예방강화지구로 지정할 필요가 있는 지역을 화재예방강화지구로 지정하지 아니하는 경우 요청할 수 있는 사람은? 2018년 공채

① 행정안전부장관
② 소방서장
③ 소방본부장
④ 소방청장

018 「소방기본법」상 화재예방강화지구의 지정에 대한 내용으로 옳지 않은 것은? 2018년 공채

① 소방본부장 또는 소방서장은 화재가 발생하는 경우 그로 인하여 피해가 클 것으로 예상되는 지역을 화재예방강화지구로 지정할 수 있다.
② 석유화학제품을 생산하는 공장이 있는 지역을 화재예방강화지구로 지정할 수 있다.
③ 위험물의 저장 및 처리시설이 밀집한 지역을 화재예방강화지구로 지정할 수 있다.
④ 공장·창고가 밀집한 지역을 화재예방강화지구로 지정할 수 있다.

019 화재예방강화지구로 지정할 수 있는 대상을 모두 고른 것은? 2020년 경채

ㄱ. 시장지역
ㄴ. 목조건물이 밀집한 지역
ㄷ. 위험물의 저장 및 처리 시설이 밀집한 지역
ㄹ. 석유화학제품을 생산하는 공장이 있는 지역

① ㄱ, ㄴ
② ㄷ, ㄹ
③ ㄱ, ㄷ, ㄹ
④ ㄱ, ㄴ, ㄷ, ㄹ

020 「화재의 예방 및 안전관리에 관한 법률」상 화재예방강화지구로 지정할 수 있는 지역으로 옳은 것만을 <보기>에서 있는 대로 고른 것은? (단, 소방관서장이 화재예방강화지구로 지정할 필요가 있다고 인정하는 지역은 제외한다) 2024년 경채

<보기>
ㄱ. 시장지역
ㄴ. 목조건물이 밀집한 지역
ㄷ. 전력용 및 통신용 지하구가 있는 지역
ㄹ. 소방시설·소방용수시설 또는 소방출동로가 없는 지역
ㅁ. 「물류시설의 개발 및 운영에 관한 법률」 제2조 제6호에 따른 물류단지

① ㄱ, ㄴ, ㄷ
② ㄱ, ㄷ, ㄹ
③ ㄱ, ㄴ, ㄹ, ㅁ
④ ㄴ, ㄷ, ㄹ, ㅁ

021 화재예방강화지구의 관리에 대한 설명이다. (   ) 안에 들어갈 내용으로 옳은 것은? 2022년 공채

- 소방관서장은 화재예방강화지구 안의 소방대상물의 위치·구조 및 설비 등에 대한 화재안전조사를 연 (ㄱ)회 이상 실시하여야 한다.
- 소방관서장은 화재예방강화지구 안의 관계인에 대하여 소방상 필요한 훈련 및 교육을 연 (ㄴ)회 이상 실시할 수 있다.
- 소방관서장은 소방상 필요한 훈련 및 교육을 실시하고자 하는 때에는 화재예방강화지구 안의 관계인에게 훈련 또는 교육 (ㄷ)일 전까지 그 사실을 통보하여야 한다.

	ㄱ	ㄴ	ㄷ
①	1	1	5
②	1	1	10
③	2	2	5
④	2	2	10

022 화재예방강화지구에 대한 내용으로 옳지 않은 것은? 2021년 경채

① 시·도지사는 화재안전조사의 결과 등을 대통령령으로 정하는 화재예방강화지구 관리대장에 작성하고 관리하여야 한다.
② 소방관서장은 화재예방강화지구 안의 관계인에 대하여 소방상 필요한 훈련 및 교육을 연 1회 이상 실시할 수 있다.
③ 소방관서장은 화재예방강화지구 안의 소방 대상물의 위치·구조 및 설비 등에 대한 화재안전조사를 연 1회 이상 실시하여야 한다.
④ 소방관서장은 소방상 필요한 훈련 및 교육을 실시하고자 하는 때에는 화재예방강화지구 안의 관계인에게 훈련 또는 교육 10일 전까지 그 사실을 통보하여야 한다.

023 화재예방강화지구에 관한 설명으로 옳은 것은? 2019년 경채

① 소방관서장은 화재예방강화지구 안의 소방대상물의 위치·구조 및 설비 등에 대한 화재안전조사를 연 2회 이상 실시하여야 한다.
② 소방관서장은 화재예방강화지구 안의 관계인에 대하여 소방상 필요한 훈련 및 교육을 연 1회 이상 실시할 수 있다.
③ 소방관서장은 소방상 필요한 훈련 및 교육을 실시하고자 하는 때에 화재예방강화지구 안의 관계인에게 훈련 또는 교육 30일 전까지 그 사실을 통보하여야 한다.
④ 소방청장은 화재예방강화지구의 지정 현황 등을 화재예방강화지구 관리대장에 작성하고 관리하여야 한다.

024 다음 중 빈칸에 순서대로 들어갈 말로 적절한 것은? 2018년 경채

> 가. 화재예방강화지구에서 소방관서장은 소방상 필요한 훈련 및 교육을 실시하고자 하는 때에는 화재예방강화지구 안의 관계인에게 훈련 또는 교육 (㉠)일 전까지 그 사실을 통보하여야 한다.
> 나. 특수가연물의 쌓는 높이는 (㉡)미터 이하가 되도록 하고, 쌓는 부분의 바닥면적은 50제곱미터(석탄·목탄류의 경우에는 (㉢)제곱미터) 이하가 되도록 할 것. 다만, 살수설비를 설치하거나, 방사능력 범위에 해당 특수가연물이 포함되도록 대형수동식소화기를 설치하는 경우에는 쌓는 높이를 (㉣)미터 이하, 쌓는 부분의 바닥면적을 (㉤)제곱미터(석탄·목탄류의 경우에는 300제곱미터) 이하로 할 수 있다.

① 7, 7, 200, 14, 100
② 7, 10, 200, 15, 200
③ 10, 7, 200, 14, 100
④ 10, 10, 200, 15, 200

025 「화재의 예방 및 안전관리에 관한 법률」 및 같은 법 시행령상 화재안전영향평가심의회의 위원이 될 수 있는 사람 중 옳지 않은 것은? 2025년 경채

① 가스안전공사에서 화재안전 관련 업무를 수행하는 사람으로서 가스안전공사 사장이 추천하는 사람
② 소방청에서 화재안전 관련 업무를 수행하는 소방준감 이상의 소방공무원 중에서 소방청장이 지명하는 사람
③ 보건복지부에서 화재안전 관련 법령이나 정책을 담당하는 고위공무원단에 속하는 일반직공무원으로 보건복지부 장관이 지명한 사람
④ 「고등교육법」에 따른 학교 또는 이에 준하는 학교나 공인된 연구기관에서 조교수 이상의 직(職) 또는 이에 상당하는 직에 있거나 있었던 사람으로서 화재안전 또는 관련 법령이나 정책에 전문성이 있는 사람

05 소방대상물의 소방안전관리

001 특정소방대상물(소방안전관리대상물은 제외한다) 관계인의 업무로 옳지 않은 것은?   2020년 경채

① 소방계획서의 작성 및 시행
② 화기(火氣) 취급의 감독
③ 소방시설이나 그 밖의 소방 관련 시설의 유지·관리
④ 피난시설, 방화구획 및 방화시설의 유지·관리

002 특급 소방안전관리대상물의 소방안전관리자로 선임할 수 없는 사람은? (단, 다음 어느 하나에 해당하는 사람으로서 자격증을 발급받은 사람을 말한다)   2022년 경채

① 소방기술사 또는 소방시설관리사의 자격이 있는 사람
② 소방공무원으로 10년 이상 근무한 경력이 있는 사람
③ 소방설비기사의 자격을 취득한 후 5년 이상 1급 소방안전관리대상물의 소방안전관리자로 근무한 실무경력이 있는 사람
④ 소방설비산업기사의 자격을 취득한 후 7년 이상 1급 소방안전관리대상물의 소방안전관리자로 근무한 실무경력이 있는 사람

003 「화재의 예방 및 안전관리에 관한 법률 시행령」상 소방공무원으로 9년간 근무한 경력자가 발급받을 수 있는 최상위의 소방안전관리자 자격으로 선임할 수 있는 소방안전관리대상물로 옳은 것은?   2024년 공채·경채

① 가연성 가스를 1천톤 이상 저장·취급하는 시설
② 지상으로부터 높이가 200미터 이상인 아파트
③ 지상으로부터 높이가 120미터 이상인 업무시설
④ 연면적이 10만제곱미터 이상인 의료시설

004 1급 소방안전관리대상물로 옳은 것은? 2019년 공채

① 지하구
② 동·식물원
③ 가연성 가스를 1천톤 이상 저장·취급하는 시설
④ 철강 등 불연성 물품을 저장·취급하는 창고

005 「화재의 예방 및 안전관리에 관한 법률」 및 같은 법 시행령상 소방안전관리업무의 전담이 필요한 소방안전관리대상물에 해당하지 않는 것은? (단, 다른 법령에 특별한 규정이 있는 경우는 제외한다.) 2025년 공채·경채

① 지상 60층인 아파트
② 지하 3층, 지상 12층인 백화점
③ 연면적 11만제곱미터인 국제공항
④ 가연성 가스 1백톤을 저장·취급하는 공장

006 소방안전관리보조자를 두어야 하는 특정소방대상물에 대한 설명이다. (   ) 안에 들어갈 용어로 옳은 것은? 2020년 공채

- 「건축법 시행령」 별표 1 제2호 가목에 따른 아파트[(가)세대 이상인 아파트만 해당한다]
- 아파트를 제외한 연면적이 (나) 이상인 특정소방대상물

	(가)	(나)
①	150	1만제곱미터
②	150	1만5천제곱미터
③	300	1만제곱미터
④	300	1만5천제곱미터

007 「화재의 예방 및 안전관리에 관한 법률」 및 같은 법 시행령상 소방안전관리보조자의 인원기준에 따른 'ㄱ, ㄴ'의 최소 선임 인원은?

2025년 공채·경채

<보기>
ㄱ. 「건축법 시행령」에 따른 아파트로서 920세대
ㄴ. 「소방시설 설치 및 관리에 관한 법률」에 따른 판매시설로서 연면적 31,000제곱미터 (단, 기타 조건은 제외한다.)

	ㄱ	ㄴ
①	3명	2명
②	3명	3명
③	5명	2명
④	5명	3명

008 「화재의 예방 및 안전관리에 관한 법률」 및 같은 법 시행규칙상 소방안전관리자의 선임신고 등에 관한 설명이다. (   ) 안에 들어갈 내용으로 옳은 것은?

2023년 공채

- 소방안전관리대상물의 관계인이 소방안전관리자를 선임한 경우에는 선임한 날부터 (ㄱ)일 이내에 선임사실을 소방본부장 또는 소방서장에게 신고하여야 한다.
- 소방안전관리대상물의 관계인은 소방안전관리자를 선임사유가 발생한 날부터 (ㄴ)일 이내에 선임해야 한다.

	ㄱ	ㄴ
①	14	30
②	14	60
③	30	30
④	30	60

009 「화재의 예방 및 안전관리에 관한 법률」상 건설현장 소방안전관리대상물의 소방안전관리자의 업무에 관한 내용으로 옳지 않은 것은?

2023년 공채

① 건설현장의 소방계획서의 작성
② 화기취급의 감독, 화재위험작업의 허가 및 관리
③ 공사진행 단계별 피난안전구역, 피난로 등의 확보와 관리
④ 건설현장 작업자를 제외한 책임자에 대한 소방안전 교육 및 훈련

010 「화재의 예방 및 안전관리에 관한 법률」 및 같은 법 시행령상 소방안전관리자를 선임해야 하는 건설현장 소방안전관리대상물에 해당하지 않는 것은?   2023년 공채

① 신축을 하려는 부분의 연면적이 5천제곱미터인 냉동·냉장창고
② 신축을 하려는 부분의 연면적의 합계가 2만제곱미터인 복합건축물
③ 증축을 하려는 부분의 연면적의 합계가 3만제곱미터인 업무시설
④ 증축을 하려는 부분의 연면적이 5천제곱미터이고, 지상층의 층수가 10층인 업무시설

011 「화재의 예방 및 안전관리에 관한 법률 시행령」상 건설현장 소방안전관리대상물에 관한 내용이다. ( ) 안에 들어갈 내용으로 옳은 것은?   2024년 공채·경채

- 신축·증축·개축·재축·이전·용도변경 또는 대수선을 하려는 부분의 연면적의 합계가 (ㄱ) 이상인 것
- 신축·증축·개축·재축·이전·용도변경 또는 대수선을 하려는 부분의 연면적이 (ㄴ) 이상인 것으로서 다음 각 목의 어느 하나에 해당하는 것
  가. 지하층의 층수가 2개 층 이상인 것
  나. 지상층의 층수가 (ㄷ) 이상인 것
  다. 냉동창고, 냉장창고 또는 냉동·냉장창고

	ㄱ	ㄴ	ㄷ
①	1만5천제곱미터	5천제곱미터	6층
②	1만5천제곱미터	5천제곱미터	11층
③	1만5천제곱미터	1만제곱미터	6층
④	1만제곱미터	5천제곱미터	11층

012 다음 중 권원이 분리되어 있는 특정소방대상물에 안전관리자를 선임하여야 하는 대상물로 옳지 않은 것은?   2018년 공채

① 지하층을 제외한 층수가 13층인 복합건축물
② 지하가(지하의 인공구조물 안에 설치된 상점 및 사무실, 그 밖에 비슷한 시설이 연속하여 지하도에 접하여 설치된 것과 그 지하도를 합한 것)
③ 복합건축물로서 연면적이 1만5천제곱미터 이상인 것
④ 판매시설 중 도매시장 및 소매시장, 전통시장

013 관리의 권원이 분리된 특정소방대상물로 옳지 않은 것은? 2021년 공채

① 판매시설 중 도매시장, 소매시장 및 전통시장
② 복합건축물로서 지하층을 제외한 층수가 11층 이상인 것
③ 근린생활시설로서 연면적 3만제곱미터 이상인 것
④ 지하가

014 특정소방대상물로서 그 관리의 권원(權原)이 분리되어 있는 것 가운데 소방본부장이나 소방서장이 공동으로 소방안전관리자를 선임하도록 지정할 수 있는 대상물로 옳지 않은 것은? 2021년 경채

① 판매시설 중 상점
② 복합건축물로서 연면적이 3만제곱미터 이상인 것
③ 복합건축물로서 지하층을 제외한 층수가 11층 이상인 것
④ 지하가(지하의 인공구조물 안에 설치된 상점 및 사무실, 그 밖에 이와 비슷한 시설이 연속하여 지하도에 접하여 설치된 것과 그 지하도를 합한 것을 말한다)

015 「화재의 예방 및 안전관리에 관한 법률」 및 같은 법 시행령, 시행규칙상 소방안전관리대상물 근무자 및 거주자 등에 대한 소방훈련 등에 관한 내용으로 옳지 않은 것은? 2024년 공채·경채

① 소방안전관리대상물의 관계인은 소방훈련과 교육을 연 1회 이상 실시해야 한다.
② 1급 소방안전관리대상물의 관계인은 소방훈련 및 교육을 한 날부터 30일 이내에 소방훈련 및 교육 결과를 행정안전부령으로 정하는 바에 따라 소방본부장 또는 소방서장에게 제출해야 한다.
③ 소방서장은 특급 소방안전관리대상물의 관계인으로 하여금 소방훈련과 교육을 소방기관과 합동으로 실시하게 할 수 있다.
④ 소방안전관리대상물의 관계인은 소방훈련과 교육을 실시했을 때에는 그 실시 결과를 소방훈련·교육 실시 결과 기록부에 기록하고, 이를 소방훈련 및 교육을 실시한 날부터 1년간 보관해야 한다.

016 소방안전관리대상물의 관계인이 피난시설의 위치, 피난경로 또는 대피 요령이 포함된 피난유도 안내정보를 근무자 또는 거주자에게 정기적으로 제공해야 하는 방법으로 옳지 않은 것은? 2021년 공채

① 연 1회 피난안내 교육을 실시하는 방법
② 분기별 1회 이상 피난안내방송을 실시하는 방법
③ 피난안내도를 층마다 보기 쉬운 위치에 게시하는 방법
④ 엘리베이터, 출입구 등 시청이 용이한 지역에 피난안내 영상을 제공하는 방법

017 「화재의 예방 및 안전관리에 관한 법률」 및 같은 법 시행규칙상 소방안전관리대상물의 관계인이 소방안전관리자를 선임한 경우 소방안전관리대상물의 출입자가 쉽게 알 수 있도록 게시해야 하는 사항으로 옳지 않은 것은? 2024년 공채·경채

① 소방안전관리자의 성명 및 선임일자
② 소방안전관리대상물의 명칭 및 등급
③ 소방안전관리대상물의 용도 및 수용인원
④ 소방안전관리자의 근무 위치(화재수신기 또는 종합방재실을 말한다)

018 「화재의 예방 및 안전관리에 관한 법률」 및 같은 법 시행령상 불특정 다수인이 이용하는 특정소방대상물의 근무자등에게 불시에 소방훈련과 교육을 실시할 수 있는 소방안전관리대상물을 <보기>에서 고른 것은? (단, 소방본부장 또는 소방서장이 소방훈련·교육이 필요하다고 인정하는 특정소방대상물은 제외한다.) 2025년 공채·경채

<보기>
ㄱ. 「소방시설 설치 및 관리에 관한 법률 시행령」에 따른 의료시설 중 한방병원
ㄴ. 「소방시설 설치 및 관리에 관한 법률 시행령」에 따른 수련시설 중 유스호스텔
ㄷ. 「소방시설 설치 및 관리에 관한 법률 시행령」에 따른 교육연구시설 중 특수학교
ㄹ. 「소방시설 설치 및 관리에 관한 법률 시행령」에 따른 교정시설 및 군사시설 중 교도소

① ㄱ, ㄷ
② ㄱ, ㄹ
③ ㄴ, ㄷ
④ ㄴ, ㄹ

06 특별관리시설물의 소방안전관리

001 소방안전 특별관리시설물로 옳지 않은 것은? 2021년 경채

① 「위험물안전관리법」 제2조 제1항 제3호의 제조소
② 「전통시장 및 상점가 육성을 위한 특별법」 제2조 제1호의 전통시장으로서 대통령령으로 정하는 전통시장
③ 「영화 및 비디오물의 진흥에 관한 법률」 제2조 제10호의 영화상영관 중 수용인원 1,000명 이상인 영화상영관
④ 「문화유산의 보존 및 활용에 관한 법률」 제2조 제3항의 지정문화유산 및 「자연유산의 보존 및 활용에 관한 법률」 제2조 제5호에 따른 천연기념물등인 시설(시설이 아닌 지정문화유산 및 천연기념물등을 보호하거나 소장하고 있는 시설을 포함한다)

002 「화재의 예방 및 안전관리에 관한 법률 시행령」상 화재예방안전진단 대상의 시설기준으로 옳지 않은 것은? 2024년 공채·경채

① 발전소 중 연면적이 5천제곱미터 이상인 발전소
② 항만시설 중 여객이용시설 및 지원시설의 연면적이 5천제곱미터 이상인 항만시설
③ 철도시설 중 역 시설의 연면적이 5천제곱미터 이상인 철도시설
④ 가스공급시설 중 가연성 가스 탱크의 저장용량의 합계가 30톤 이상이거나 저장용량이 10톤 이상인 가연성 가스 탱크가 있는 가스공급시설

003 「화재의 예방 및 안전관리에 관한 법률」 및 같은 법 시행령상 화재 등 재난이 발생할 경우 사회·경제적으로 피해가 큰 시설에 대하여 소방안전 특별관리를 하여야 하는 시설물 기준에 해당하지 않는 것은? 2025년 경채

① 「도시가스사업법」에 따른 가스공급시설
② 「전통시장 및 상점가 육성을 위한 특별법」에 따른 전통시장으로서 점포가 500개 이상인 것
③ 「물류시설의 개발 및 운영에 관한 법률」에 따른 물류창고로서 연면적 1만5천제곱미터 이상인 것
④ 「영화 및 비디오물의 진흥에 관한 법률」에 따른 영화상영관 중 수용인원 1천명 이상인 영화상영관

004 「화재의 예방 및 안전관리에 관한 법률」상 화재예방안전진단의 범위에 해당하는 것만을 <보기>에서 있는 대로 고른 것은?

2023년 공채

<보기>
ㄱ. 소방계획 및 피난계획 수립에 관한 사항
ㄴ. 소방시설등의 유지·관리에 관한 사항
ㄷ. 비상대응조직 및 교육훈련에 관한 사항
ㄹ. 화재 위험성 평가에 관한 사항

① ㄱ
② ㄱ, ㄴ
③ ㄱ, ㄴ, ㄷ
④ ㄱ, ㄴ, ㄷ, ㄹ

005 「화재의 예방 및 안전관리에 관한 법률」 및 같은 법 시행령상 소방안전 특별관리시설물의 관계인은 화재의 예방 및 안전관리를 체계적·효율적으로 수행하기 위하여 화재예방안전진단을 받아야 한다. 화재예방안전진단의 범위에 해당하는 것만을 <보기>에서 고른 것은?

2025년 공채·경채

<보기>
ㄱ. 화재 위험성 평가에 관한 사항
ㄴ. 소방시설등의 유지·관리에 관한 사항
ㄷ. 화재안전 경영계획 수립과 시행에 관한 사항
ㄹ. 피난시설, 방화구획 및 방화시설의 관리에 관한 사항
ㅁ. 화재 등의 재난 발생 후 재발방지 대책의 수립 및 그 이행에 관한 사항

① ㄱ, ㄴ, ㅁ
② ㄱ, ㄷ, ㄹ
③ ㄴ, ㄷ, ㄹ
④ ㄴ, ㄹ, ㅁ

006 「화재의 예방 및 안전관리에 관한 법률」 및 같은 법 시행령, 시행규칙상 화재예방안전진단 실시 절차 등에 대한 설명으로 옳은 것은?

2025년 경채

① 화재예방안전진단 결과에 따른 안전등급은 매우 우수, 우수, 양호, 보통, 미흡 및 불량으로 구분한다.
② 안전등급이 양호·보통인 경우 안전등급을 통보받은 날부터 5년이 경과한 날이 속하는 해의 다음 해에 화재예방안전진단을 받아야 한다.
③ 화재예방안전진단 신청을 받은 안전원 또는 진단기관은 위험요인 조사, 위험성 평가, 위험성 감소 대책 수립의 절차에 따라 화재예방안전진단을 실시한다.
④ 소방안전 특별관리시설물의 관계인은 「건축법」에 따른 사용승인 또는 「소방시설공사업법」에 따른 완공검사를 받은 날부터 7년이 경과한 날이 속하는 해에 최초의 화재예방안전진단을 받아야 한다.

07 보칙

001 「화재의 예방 및 안전관리에 관한 법령」상 소방안전관리자의 자격취소 시 청문을 실시하는 권한이 있는 자로 옳은 것은?

① 소방청장 또는 시·도지사
② 소방청장 또는 소방본부장
③ 소방본부장 또는 시·도지사
④ 소방본부장 또는 소방대장

002 「화재의 예방 및 안전관리에 관한 법령」상 소방대상물의 자율적인 안전관리를 유도하기 위하여 안전관리상태가 우수한 소방대상물을 선정하여 우수 소방대상물 표지를 발급하고, 소방대상물의 관계인을 포상할 수 있는 자로 옳은 것은?

① 시·도지사
② 소방청장
③ 소방본부장
④ 소방서장

08 벌칙

001 특수가연물의 저장 및 취급기준을 위반한 경우 과태료 부과 개별기준에 대한 내용 중 위반행위의 횟수에 따라 가중된 과태료 부과처분의 금액으로 옳은 것은? 2022년 공채

위반행위	과태료 금액(만원)		
	1차 위반	2차 위반	3차 이상 위반
특수가연물의 저장 및 취급 기준을 위반한 경우	㉠	㉡	㉢

	㉠	㉡	㉢
①	50	100	200
②	100	100	200
③	100	200	300
④	200	200	200

002 「화재의 예방 및 안전관리에 관한 법률」상 과태료 부과기준을 <보기>에서 찾아 옳게 짝지은 것은? 2025년 공채·경채

<보기>
ㄱ. 실무교육을 받지 아니한 소방안전관리자 및 소방안전관리보조자
ㄴ. 소방안전관리업무를 성실하게 수행할 수 있도록 지도·감독하지 아니한 소방안전관리대상물의 관계인
ㄷ. 피난유도 안내정보를 근무자 또는 거주자에게 정기적으로 제공하지 아니한 소방안전관리대상물의 관계인
ㄹ. 소방안전관리자 또는 소방안전관리보조자를 기간 내에 선임신고를 하지 아니한 소방안전관리대상물의 관계인
ㅁ. 소방훈련 및 교육을 한 날부터 30일 이내에 소방훈련 및 교육 결과를 행정안전부령으로 정하는 바에 따라 소방본부장 또는 소방서장에게 제출하지 아니한 소방안전관리대상물의 관계인

	300만원 이하 과태료	200만원 이하 과태료
①	ㄱ	ㄴ
②	ㄴ	ㄷ
③	ㄷ	ㄹ
④	ㄹ	ㅁ

fire.Hackers.com

PART 4

소방시설공사업법

해커스소방
이영철 소방관계법규
단원별 기출문제집

01 / 총칙
02 / 소방시설업
03 / 소방시설공사 등
04 / 소방기술자
05 / 소방시설업자협회
06 / 보칙
07 / 벌칙

01 총칙

001 「소방시설공사업법」에서 규정한 용어의 정의로 옳지 않은 것은?   2022년 공채

① "소방시설공사업"이란 설계도서에 따라 소방시설을 신설, 증설, 개설, 이전 및 정비하는 영업을 말한다.
② "소방시설설계업"이란 소방시설공사에 기본이 되는 공사계획, 설계도면, 설계 설명서, 기술계산서 및 이와 관련된 서류를 작성하는 영업을 말한다.
③ "발주자"란 소방시설의 설계, 시공, 감리 및 방염을 소방시설업자에게 도급한 자 및 도급받은 공사를 하도급하는 자를 말한다.
④ "소방공사감리업"이란 소방시설공사에 관한 발주자의 권한을 대행하여 소방시설공사가 설계도서와 관계법령에 따라 적법하게 시공되는지를 확인하고, 품질·시공 관리에 대한 기술지도를 하는 영업을 말한다.

002 「소방시설공사업법」에서 사용하는 용어의 정의로 옳지 않은 것은?   2018년 공채

① 소방시설공사업: 설계도서에 따라 소방시설을 신설·증설·개설·이전·정비하는 영업
② 소방시설설계업: 소방시설공사에 관한 발주자의 권한을 대행하여 소방시설공사가 설계도서와 관계법령에 따라 적법하게 시공되는지를 확인하는 영업
③ 감리원: 소방공사감리업자에 소속된 소방기술자로서 해당 소방시설공사를 감리하는 사람
④ 발주자: 소방시설의 설계, 시공, 감리 및 방염을 소방시설업자에게 도급하는 자(다만, 수급인으로서 도급받은 공사를 하도급하는 경우를 제외한다)

003 「소방시설공사업법」상 '소방시설업'의 영업에 해당하지 않는 것은? 2018년 공채

① 소방시설공사에 기본이 되는 공사계획, 설계도면, 설계설명서, 기술계산서 및 이와 관련된 서류를 작성하는 영업
② 설계도서에 따라 소방시설을 신설, 증설, 개설, 이전 및 정비하는 영업
③ 소방안전관리 업무의 대행 또는 소방시설등의 점검 및 유지·관리하는 영업
④ 방염대상물품에 대하여 방염처리하는 영업

004 다음 중 소방시설업의 종류로 옳은 것은? 2018년 공채

ㄱ. 소방공사감리업	ㄴ. 방염처리업
ㄷ. 소방시설공사업	ㄹ. 소방시설관리업
ㅁ. 소방시설설계업	ㅂ. 소방시설설비업

① ㄱ, ㄷ
② ㄱ, ㄴ, ㄷ
③ ㄱ, ㄴ, ㄷ, ㄹ
④ ㄱ, ㄴ, ㄷ, ㅁ

02 소방시설업

001 다음 중 소방시설공사업의 등록기준으로 옳은 것은? 2018년 공채

① 기술인력, 기술장비, 국가기술자격증
② 기술인력, 자본금
③ 공사실적, 장비, 시설
④ 도급실적, 자본금

002 「소방시설공사업법」상 소방시설업 등록의 결격사유에 해당하지 않는 사람은? 2022년 공채

① 피성년후견인
② 등록하려는 소방시설업 등록이 취소된 날부터 3년이 지난 사람
③ 「소방기본법」에 따른 금고 이상의 형의 집행유예를 선고받고 그 유예기간 중에 있는 사람
④ 「위험물안전관리법」에 따른 금고 이상의 실형을 선고 받고, 그 집행이 끝나거나(집행이 끝난 것으로 보는 경우를 포함한다) 면제된 날부터 1년이 지난 사람

003 「소방시설공사업법」상 소방시설업의 등록, 휴·폐업과 소방시설업자의 지위승계에 대한 내용으로 옳지 않은 것은? 2022년 공채

① 특정소방대상물의 소방시설공사등을 하려는 자는 업종별로 자본금, 기술인력 등 행정안전부령으로 정하는 요건을 갖추어 시·도지사에게 소방시설업을 등록하여야 한다.
② 소방시설업자가 사망하여 그 상속인이 종전의 소방시설업자의 지위를 승계하려는 경우에는 그 상속일, 양수일 또는 합병일부터 30일 이내에 행정안전부령으로 정하는 바에 따라 그 사실을 시·도지사에게 신고하여야 한다.
③ 소방시설업자는 소방시설업을 폐업하는 때에는 행정안전부령으로 정하는 바에 따라 시·도지사에게 신고하여야 하고 폐업신고를 받은 시·도지사는 소방시설업 등록을 말소하고 그 사실을 행정안전부령으로 정하는 바에 따라 공고하여야 한다.
④ 「민사집행법」에 따른 경매에 따라 소방시설업자의 소방시설의 전부를 인수한 자가 종전의 소방시설업자의 지위를 승계하려는 경우에는 그 인수일부터 30일 이내에 행정안전부령으로 정하는 바에 따라 그 사실을 시·도지사에게 신고하여야 한다.

004 「소방시설공사업법」상 소방시설업자가 소방시설공사등을 맡긴 특정소방대상물의 관계인에게 지체 없이 그 사실을 알려야 하는 사항으로 옳지 않은 것은?   2019년 공채

① 소방시설업을 휴업한 경우
② 소방시설업자의 지위를 승계한 경우
③ 소방시설업에 대한 행정처분 중 등록취소 처분을 받은 경우
④ 소방시설업에 대한 행정처분 중 영업정지 또는 경고 처분을 받은 경우

005 「소방시설공사업법」 및 같은 법 시행규칙상 소방시설업의 위반사항에 따른 2차 행정처분 기준이 같은 것만을 <보기>에서 모두 고른 것은? (단, 일반기준에 따른 처분의 가중 및 감경은 고려하지 않는다.)   2025년 공채·경채

<보기>
ㄱ. 도급받은 소방시설의 설계를 하도급한 경우
ㄴ. 동일한 특정소방대상물에 대한 시공과 감리를 함께 한 경우
ㄷ. 공사업자가 시공능력 평가에 관한 서류를 거짓으로 제출한 경우
ㄹ. 관계 공무원이 특정소방대상물에 출입하여 시설 등을 검사하고자 할 때 정당한 사유 없이 관계 공무원의 출입을 방해한 경우

① ㄱ, ㄴ
② ㄷ, ㄹ
③ ㄱ, ㄷ, ㄹ
④ ㄴ, ㄷ, ㄹ

006 「소방시설공사업법」상 (   ) 안에 들어갈 내용으로 옳은 것은?   2019년 공채

시·도지사는 소방시설공사업자가 소방시설 공사현장에 감리원 배치기준을 위반한 경우로서 영업정지가 그 이용자에게 불편을 주거나 그 밖에 공익을 해칠 우려가 있을 때에는 영업정지 처분을 갈음하여 (   ) 이하의 과징금을 부과할 수 있다.

① 1억원
② 2억원
③ 3억원
④ 4억원

03 소방시설공사 등

1 설계

001 「소방시설공사업 시행령」상 성능위주설계를 할 수 있는 자의 자격 및 기술인력으로 옳은 것은?

확인학습

① 일반 소방시설 설계업, 소방기술사 1명 이상
② 일반 소방시설 설계업, 소방설비기사(기계분야, 전기분야) 각 1명 이상
③ 전문 소방시설 설계업, 소방기술사 2명 이상
④ 전문 소방시설 설계업, 소방설비기사(기계분야, 전기분야) 각 2명 이상

002 「소방시설공사업법」및 같은 법 시행령상 소방시설설계에 관한 내용으로 옳지 않은 것은? 2024년 경채

① 소방시설설계업을 등록한 자는 이 법이나 이 법에 따른 명령과 화재안전기준에 맞게 소방시설을 설계하여야 한다.
② 지방소방기술심의위원회의 심의를 거쳐 소방시설의 구조와 원리 등에서 특수한 특정소방대상물로 인정된 경우는 화재안전기준을 따르지 아니할 수 있다.
③ 소방기술사 2명을 기술인력으로 보유한 전문소방시설설계업을 등록한 자는 성능위주설계를 할 수 있다.
④ 일반소방시설설계업(기계분야)을 등록한 자는 위험물제조소등에 설치되는 기계분야 소방시설을 설계할 수 있다.

2 시공

003 「소방시설공사업법 시행령」상 소방기술자의 배치기준을 설명한 것으로 옳지 않은 것은? 2023년 공채

① 연면적 20만제곱미터 이상인 특정소방대상물의 공사 현장에는 행정안전부령으로 정하는 특급기술자인 소방기술자(기계분야 및 전기분야)를 배치하여야 한다.
② 지하층을 포함한 층수가 16층 이상 40층 미만인 특정소방대상물의 공사 현장에는 행정안전부령으로 정하는 고급기술자 이상의 소방기술자(기계분야 및 전기분야)를 배치하여야 한다.
③ 연면적 5천제곱미터 이상 3만제곱미터 미만인 특정소방대상물(아파트는 제외)의 공사 현장에는 행정안전부령으로 정하는 중급기술자 이상의 소방기술자(기계분야 및 전기분야)를 배치하여야 한다.
④ 물분무등소화설비(호스릴 방식의 소화설비는 제외) 또는 제연설비가 설치되는 특정소방대상물의 공사 현장에는 행정안전부령으로 정하는 초급기술자 이상의 소방기술자(기계분야 및 전기분야)를 배치하여야 한다.

004 「소방시설공사업법」 및 같은 법 시행령상 소방공사업자는 소방기술자를 소방공사 현장에 배치하는 것이 원칙이지만, 발주자가 서면으로 승낙하는 경우에는 해당 공사가 중단된 기간 동안 소방기술자를 공사 현장에 배치하지 않을 수 있도록 되어 있는 예외사항이 있다. 다음 중 예외사항으로 옳지 않은 것은? 2021년 공채

① 발주자가 공사 중단을 요청하는 경우
② 소방공사감리원이 공사 중단을 요청하는 경우
③ 민원 또는 계절적 요인 등으로 해당 공정의 공사가 일정 기간 중단된 경우
④ 예산 부족 등 발주자의 책임 있는 사유 또는 천재지변 등 불가항력으로 공사가 일정 기간 중단된 경우

005 「소방시설공사업법 시행령」상 소방시설공사의 착공신고 대상으로 옳지 않은 것은? 2022년 공채

① 창고시설에 스프링클러설비의 방호구역을 증설하는 공사
② 공동주택에 자동화재탐지설비의 경계구역을 증설하는 공사
③ 위험물 제조소에 할로겐화합물 및 불활성기체 소화설비를 신설하는 공사
④ 업무시설에 옥내소화전설비(호스릴옥내소화전설비를 포함한다)를 신설하는 공사

006 「소방시설공사업법 시행령」상 소방시설공사의 착공신고 대상으로 옳지 않은 것은?　2018년 공채

① 비상경보설비를 신설하는 특정소방대상물 신축공사
② 자동화재속보설비를 신설하는 특정소방대상물 신축공사
③ 연결송수관설비의 송수구역을 증설하는 특정소방대상물 증축공사
④ 자동화재탐지설비의 경계구역을 증설하는 특정소방대상물 증축공사

007 「소방시설공사업법」 및 같은 법 시행령, 시행규칙상 공사업자가 착공신고 후 변경신고를 하여야 하는 행정안전부령으로 정하는 중요한 사항에 해당하지 않는 것은?　2025년 경채

① 시공자
② 소방공사 감리원
③ 설치되는 소방시설의 종류
④ 책임시공 및 기술관리 소방기술자

008 「소방시설공사업법 시행령」상 소방본부장 또는 소방서장의 소방시설공사 완공검사를 위한 현장확인 대상 특정소방대상물로 옳지 않은 것은?　2020년 공채

① 창고시설
② 스프링클러설비등이 설치되는 특정소방대상물
③ 연면적 1만제곱미터 이상이거나 11층 이상인 아파트
④ 가연성 가스를 제조·저장 또는 취급하는 시설 중 지상에 노출된 가연성 가스탱크의 저장용량 합계가 1천톤 이상인 시설

009 「소방시설공사업법 시행령」상 완공검사를 위한 현장확인 대상 특정소방대상물의 범위로 옳지 않은 것은?　2024년 공채·경채

① 스프링클러설비등이 설치되는 특정소방대상물
② 지하상가 및 「다중이용업소의 안전관리에 관한 특별법」에 따른 다중이용업소
③ 물분무등소화설비(호스릴 방식의 소화설비 제외)가 설치되는 특정소방대상물
④ 연면적 5천제곱미터 이상이거나 10층 이상인 특정소방대상물(아파트는 제외)

010 「소방시설공사업법 시행령」상 소방시설공사가 공사감리 결과보고서대로 완공되었는지를 현장에서 확인할 수 있는 대상으로 옳은 것은? 2019년 공채

① 창고시설 또는 수련시설
② 호스릴소화설비를 설치하는 소방시설공사
③ 연면적 1만제곱미터 이상의 아파트에 설치하는 소방시설공사
④ 가연성 가스를 제조·저장 또는 취급하는 시설 중 지하에 매립된 가연성 가스탱크의 저장용량 합계가 1천톤 이상인 시설

011 「소방시설공사업법」상 소방시설공사의 하자보수에 관한 설명이다. (   ) 안에 들어갈 내용으로 옳은 것은? 2024년 경채

(ㄱ)은/는 정해진 기간에 소방시설의 하자가 발생하였을 때에는 공사업자에게 그 사실을 알려야 하며, 통보를 받은 공사업자는 (ㄴ)일 이내에 하자를 보수하거나 보수 일정을 기록한 하자보수계획을 (ㄱ)에게 (ㄷ)(으)로 알려야 한다.

	ㄱ	ㄴ	ㄷ
①	소방본부장 또는 소방서장	5	서면
②	감리업자	3	서면
③	관계인	5	구두
④	관계인	3	서면

012 하자보수 대상 소방시설 중 하자보수 보증기간이 다른 것은? 2020년 공채

① 비상조명등
② 비상방송설비
③ 비상콘센트설비
④ 무선통신보조설비

013 「소방시설공사업법 시행령」상 소방시설공사 결과 하자보수 대상과 하자보수 보증기간의 연결이 옳은 것은? (단, 하자보수대상 소방시설: 하자보수 보증기간이다) 2019년 공채

① 비상경보설비, 자동소화장치: 2년
② 무선통신보조설비, 비상조명등: 2년
③ 피난기구, 소화활동설비: 3년
④ 비상방송설비, 간이스프링클러설비: 3년

014 「소방시설공사업법 시행령」상 하자보수 대상 소방시설과 하자보수 보증기간으로 옳지 않은 것은?

2023년 경채

① 피난기구, 유도등, 비상조명등: 2년
② 비상경보설비, 비상조명등, 비상방송설비 및 무선통신보조설비: 2년
③ 옥내소화전설비, 스프링클러설비, 간이스프링클러설비, 자동화재탐지설비: 3년
④ 소화용수설비 및 소화활동설비(무선통신보조설비는 제외한다): 4년

3 감리

015 「소방시설공사업법」상 소방공사감리업자의 업무범위로 옳지 않은 것은?

2021년 공채

① 완공된 소방시설등의 성능시험
② 소방시설등의 설치계획표의 적법성 검토
③ 소방시설등 설계 변경 사항의 적합성 검토
④ 설계업자가 작성한 시공 상세 도면의 적합성 검토

016 「소방시설공사업법 시행령」상 상주공사감리 대상을 설명한 것이다. (　　) 안에 들어갈 내용으로 옳은 것은?

2023년 공채

- 연면적 (ㄱ) 이상의 특정소방대상물(아파트는 제외한다)에 대한 소방시설의 공사
- 지하층을 포함한 층수가 (ㄴ) 이상인 아파트에 대한 소방시설의 공사

	ㄱ	ㄴ
①	3만제곱미터	16층 이상으로서 300세대
②	3만제곱미터	16층 이상으로서 500세대
③	5만제곱미터	16층 이상으로서 300세대
④	5만제곱미터	16층 이상으로서 500세대

017 「소방시설공사업법 시행령」상 상주 공사감리를 해야 하는 대상으로 옳은 것만을 <보기>에서 고른 것은?

2024년 공채·경채

<보기>
ㄱ. 연면적 3만제곱미터인 의료시설
ㄴ. 지하층을 포함한 층수가 20층이고 1,000세대인 아파트
ㄷ. 연면적 1만제곱미터인 복합건축물
ㄹ. 연면적 2만제곱미터인 판매시설

① ㄱ, ㄴ
② ㄱ, ㄷ
③ ㄴ, ㄹ
④ ㄷ, ㄹ

018 「소방시설공사업법」 및 같은 법 시행령, 시행규칙상 공사감리에 관한 내용으로 옳은 것은? 2021년 공채

① 감리업자가 감리원을 배치하였을 때에는 소방본부장 또는 소방서장의 동의를 받아야 한다.
② 소방본부장 또는 소방서장은 특정소방대상물에 대해서 감리업자를 공사감리자로 지정하여야 한다.
③ 지하층을 포함한 층수가 16층 이상으로서 300세대 이상인 아파트에 대한 소방시설공사는 상주공사 감리 대상이다.
④ 상주공사감리 대상인 경우 소방시설용 배관을 설치하거나 매립하는 때부터 완공검사증명서를 발급받을 때까지 소방공사감리현장에 감리원을 배치하여야 한다.

019 「소방시설공사업법 시행령」 별표 4 소방공사 감리원의 배치기준 및 배치기간에 따라 복합건축물(지하 5층, 지상 35층 규모)인 특정소방대상물 소방시설 공사현장의 소방공사 책임감리원으로 옳은 것은?

2022년 공채

① 특급감리원 중 소방기술사
② 특급감리원 이상의 소방공사 감리원(기계분야 및 전기분야)
③ 고급감리원 이상의 소방공사 감리원(기계분야 및 전기분야)
④ 중급감리원 이상의 소방공사 감리원(기계분야 및 전기분야)

020 다음 소방공사감리원의 배치기준 중 고급감리원을 배치하여야 하는 대상으로 옳은 것은? 2018년 공채

① 연면적 30,000제곱미터 이상 200,000제곱미터 미만의 특정소방대상물(아파트 제외)의 공사현장
② 지하층 포함한 층수가 16층 이상 40층 미만인 특정소방대상물의 공사현장
③ 물분무등소화설비 또는 호스릴소화설비가 설치되는 특정소방시설물의 공사현장
④ 물분무등소화설비(호스릴 제외) 또는 제연설비가 설치되는 특정소방시설물의 공사현장

021 「소방시설공사업법」상 감리업자가 감리를 할 때 위반 사항에 대하여 조치하여야 할 사항이다. ( ) 안에 들어갈 용어로 옳은 것은? 2020년 공채

> 감리업자는 감리를 할 때 소방시설공사가 설계도서나 화재안전기준에 맞지 아니할 때에는 (가)에게 알리고, (나)에게 그 공사의 시정 또는 보완 등을 요구하여야 한다.

	(가)	(나)
①	관계인	공사업자
②	관계인	소방서장
③	소방본부장	공사업자
④	소방본부장	소방서장

022 「소방시설공사업법 시행규칙」상 감리업자가 소방공사의 감리를 마쳤을 때, 소방공사감리 결과보고(통보)서를 알려야 하는 대상으로 옳지 않은 것은? 2018년 공채

① 소방시설공사의 도급인
② 특정소방대상물의 관계인
③ 소방시설설계업의 설계사
④ 특정소방대상물의 공사를 감리한 건축사

023 「소방시설공사업법 시행규칙」상 감리업자가 소방공사의 감리를 마쳤을 때 소방공사감리 결과보고(통보)서에 첨부하는 서류가 아닌 것은? 2023년 공채

① 착공신고 후 변경된 건축설계도면 1부
② 소방청장이 정하여 고시하는 소방시설 성능시험조사표 1부
③ 소방공사 감리일지(소방본부장 또는 소방서장에게 보고하는 경우에만 첨부) 1부
④ 특정소방대상물의 사용승인 신청서 등 사용승인 신청을 증빙할 수 있는 서류 1부

3-2 방염

024 「소방시설공사업」상 방염처리능력을 평가하여 공시할 수 있는 자는?   확인학습

① 시·도지사
② 소방청장
③ 소방본부장
④ 소방서장

4 도급

025 「소방시설공사업법」에 규정한 내용으로 옳지 않은 것은?   2021년 공채

① 특정소방대상물의 관계인 또는 발주자는 소방시설공사 등을 도급할 때에는 해당 소방시설업자에게 도급하여야 한다.
② 소방본부장이나 소방서장은 완공검사나 부분완공검사를 하였을 때에는 완공검사증명서나 부분완공검사증명서를 발급하여야 한다.
③ 관계인은 하자보수기간에 소방시설의 하자가 발생하였을 때에는 공사업자에게 그 사실을 알려야 하며, 통보를 받은 공사업자는 7일 이내에 하자를 보수하거나 보수 일정을 기록한 하자보수계획을 관계인에게 서면으로 알려야 한다.
④ 소방시설업의 등록을 한 후 정당한 사유 없이 1년이 지날 때까지 영업을 시작하지 아니하거나 계속하여 1년 이상 휴업함으로써 그 이용자에게 불편을 줄 때에는 영업정지처분을 갈음하여 2억원 이하의 과징금을 부과할 수 있다.

026 「소방시설공사업법 시행령」상 소방시설공사 분리 도급의 예외에 해당하는 것만을 <보기>에서 고른 것은?   2023년 공채

<보기>
ㄱ. 「재난 및 안전관리 기본법」에 따른 재난의 발생으로 긴급하게 착공해야 하는 공사인 경우
ㄴ. 국방 및 국가안보 등과 관련하여 기밀을 유지해야 하는 공사인 경우
ㄷ. 연면적이 3천제곱미터 이하인 특정소방대상물에 비상경보설비를 설치하는 공사인 경우
ㄹ. 「국가를 당사자로 하는 계약에 관한 법률 시행령」 및 「지방자치단체를 당사자로 하는 계약에 관한 법률 시행령」에 따른 원안입찰 또는 일부입찰
ㅁ. 「국가를 당사자로 하는 계약에 관한 법률 시행령」 및 「지방자치단체를 당사자로 하는 계약에 관한 법률 시행령」에 따른 실시설계 기술제안입찰 또는 기본설계 기술제안입찰
ㅂ. 국가유산수리 및 재개발·재건축 등의 공사로서 공사의 성질상 분리하여 도급하는 것이 곤란하다고 시·도지사가 인정하는 경우

① ㄱ, ㄴ, ㄷ
② ㄱ, ㄴ, ㅁ
③ ㄴ, ㄷ, ㅁ
④ ㄹ, ㅁ, ㅂ

027 「소방시설공사업법」상 공사의 도급에 관한 사항으로 옳지 않은 것은? 2020년 공채

① 특정소방대상물의 관계인 또는 발주자는 소방시설공사 등을 도급할 때에는 해당 소방시설업자에게 도급하여야 한다.
② 공사업자가 도급받은 소방시설공사의 도급금액 중 그 공사(하도급한 공사를 포함한다)의 근로자에게 지급하여야 할 노임(勞賃)에 해당하는 금액은 압류할 수 없다.
③ 도급을 받은 자는 소방시설공사의 전부를 한 번만 제3자에게 하도급할 수 있다.
④ 도급을 받은 자가 해당 소방시설공사 등을 하도급할 때에는 행정안전부령으로 정하는 바에 따라 미리 관계인과 발주자에게 알려야 한다.

028 「소방시설공사업법」 및 같은 법 시행규칙상 소방시설공사 시공능력평가신청서에 첨부하여야 하는 서류로 옳지 않은 것은? 2025년 공채·경채

① 국가 또는 지방자치단체가 발주한 국내 소방시설공사의 경우: 소득세법령에 따른 계산서(공급자 보관용) 사본
② 공사업자의 자기수요에 따른 소방시설공사의 경우: 그 공사의 감리자가 확인한 별지 서식에 따른 소방시설공사 실적증명서
③ 주한국제연합군으로부터 도급받은 소방시설공사의 경우: 거래하는 외국환은행이 발행한 외화입금증명서 및 도급계약서 사본
④ 해외 소방시설공사의 경우: 재외공관장이 발행한 해외공사 실적증명서 또는 공사계약서 사본이 첨부된 외국환은행이 발행한 외화입금증명서

04 소방기술자

정답 및 해설 p. 61

001 「소방시설공사업법」상 소방기술 경력 등의 인정 등에 관한 내용으로 옳은 것은?
2023년 공채

① 소방본부장, 소방서장은 소방기술의 효율적인 활용과 소방기술의 향상을 위하여 소방기술과 관련된 자격·학력 및 경력을 가진 사람을 소방기술자로 인정할 수 있다.
② 소방본부장, 소방서장은 소방기술과 관련된 자격·학력 및 경력을 인정받은 사람에게 소방기술 인정 자격수첩과 경력수첩을 발급할 수 있다.
③ 소방기술과 관련된 자격·학력 및 경력의 인정 범위와 자격수첩 및 경력수첩의 발급 절차 등에 관하여 필요한 사항은 대통령령으로 정한다.
④ 소방청장은 자격수첩 또는 경력수첩을 발급받은 사람이 거짓이나 그 밖의 부정한 방법으로 자격수첩 또는 경력수첩을 발급받은 경우에 그 자격을 취소하여야 한다.

002 「소방시설공사업법 시행규칙」상 소방기술과 관련된 자격·학력 및 경력의 인정범위에 관한 내용으로 옳은 것은?
2021년 공채

① 소방공무원으로서 3년간 근무한 경력이 있는 사람은 중급감리원의 업무를 수행할 수 있다.
② 학사학위를 취득한 후 소방 관련 업무를 10년간 수행한 사람은 특급기술자 업무를 수행할 수 있다.
③ 소방시설관리사 자격을 취득한 후 소방 관련 업무를 3년간 수행한 사람은 특급기술자 업무를 수행할 수 있다.
④ 소방설비기사 기계분야 자격을 취득한 후 소방 관련 업무를 8년간 수행한 사람은 해당 분야 특급감리원의 업무를 수행할 수 있다.

003 「소방시설공사업법 시행규칙」상 소방기술자 양성·인정 교육훈련기관의 지정 요건으로 옳지 않은 것은?
2023년 경채

① 교육과목별 교재 및 강사 매뉴얼을 갖출 것
② 소방기술자 양성·인정 교육훈련을 실시할 수 있는 전담인력을 6명 이상 갖출 것
③ 전국 2개 이상의 시·도에 이론교육과 실습교육이 가능한 교육·훈련장을 갖출 것
④ 교육훈련의 신청·수료, 성과측정, 경력관리 등에 필요한 교육훈련 관리시스템을 구축·운영할 것

05 소방시설업자협회

001
「소방시설공사업」상 소방시설업자협회에 대한 설명으로 옳지 않은 것은?

① 소방시설업자는 소방시설업자의 권익보호와 소방기술의 개발 등 소방시설업의 건전한 발전을 위하여 소방시설업자협회를 설립할 수 있다.
② 협회의 설립인가 절차, 정관의 기재사항 및 협회에 대한 감독에 관하여 필요한 사항은 소방청고시로 정한다.
③ 소방시설업의 기술발전과 소방기술의 진흥을 위한 조사·연구·분석 및 평가는 협회의 업무에 해당된다.
④ 협회에 관하여 이 법에 규정되지 아니한 사항은 「민법」중 사단법인에 관한 규정을 준용한다.

002
「소방시설공사업법 시행령」상 시·도지사가 소방시설업자협회에 위탁하는 업무로 옳은 것만을 <보기>에서 고른 것은?

2024년 공채·경채

<보기>
ㄱ. 소방시설업 등록신청의 접수 및 신청내용의 확인
ㄴ. 소방시설업 등록사항 변경신고의 접수 및 신고내용의 확인
ㄷ. 시공능력 평가 및 공시에 관한 업무
ㄹ. 소방시설업자의 지위승계 신고의 접수 및 신고내용의 확인
ㅁ. 소방시설업 휴업·폐업 또는 재개업 신고의 접수 및 신고내용의 확인
ㅂ. 방염처리능력 평가 및 공시에 관한 업무

① ㄱ, ㄴ, ㄹ, ㅁ
② ㄱ, ㄴ, ㅁ, ㅂ
③ ㄱ, ㄷ, ㄹ, ㅁ
④ ㄴ, ㄷ, ㄹ, ㅂ

06 보칙

001 「소방시설공사업법」상 행정처분 전에 청문을 하여야 하는 대상으로 옳지 않은 것은? 2019년 공채

① 소방시설업의 등록취소 처분
② 소방기술 인정 자격취소 처분
③ 소방시설업의 영업정지 처분
④ 소방기술 인정 자격정지 처분

002 「소방시설공사업법 시행령」상 업무의 위탁에 대한 설명으로 옳지 않은 것은? 2018년 공채

① 시·도지사는 소방시설업 등록신청의 접수 및 신청내용의 확인에 관한 업무를 소방시설업자협회에 위탁한다.
② 소방청장은 소방기술과 관련된 자격·학력·경력의 인정 업무를 소방시설업자협회, 소방기술과 관련된 법인 또는 단체에 위탁한다.
③ 소방청장은 소방시설공사업을 등록한 자의 시공능력 평가 및 공시에 관한 업무를 소방시설업자협회에 위탁한다.
④ 소방청장은 소방기술자 실무교육에 관한 업무를 소방청장이 지정하는 실무교육기관 또는 대한소방공제회에 위탁한다.

07 벌칙

001 「소방시설공사업법」상 벌칙 중 1년 이하의 징역 또는 1천만원 이하의 벌금에 해당하는 자로 옳지 않은 것은?

2020년 공채

① 소방시설업 등록을 하지 아니하고 영업을 한 자
② 영업정지처분을 받고 그 영업정지 기간에 영업을 한 자
③ 소방시설업자가 아닌 자에게 소방시설공사등을 도급한 자
④ 공사감리 결과의 통보 또는 공사감리 결과보고서의 제출을 거짓으로 한 자

PART 5

위험물안전관리법

해커스소방
이영철 소방관계법규
단원별 기출문제집

01 / 총칙
02 / 위험물시설의 설치 및 변경
03 / 위험물시설의 안전관리
04 / 위험물의 운반 등
05 / 감독 및 조치명령
06 / 보칙
07 / 벌칙
08 / 시행규칙 별표4 ~ 별표25

01 총칙

001 「위험물안전관리법」상 위험물에 대한 정의이다. (   ) 안에 들어갈 용어로 옳은 것은? 2020년 공채

> "위험물"이라 함은 (가) 또는 (나) 등의 성질을 가지는 것으로서 (다)이 정하는 물품을 말한다.

	(가)	(나)	(다)
①	인화성	가연성	대통령령
②	인화성	발화성	대통령령
③	휘발성	가연성	행정안전부령
④	인화성	휘발성	행정안전부령

002 「위험물안전관리법」상 용어의 정의에 관한 내용으로 옳지 않은 것은? 2020년 공채

① "취급소"라 함은 지정수량 이상의 위험물을 제조외의 목적으로 취급하기 위한 대통령령이 정하는 장소로서 「위험물안전관리법」에 따른 허가를 받은 장소를 말한다.
② "지정수량"이라 함은 위험물의 종류별로 위험성을 고려하여 대통령령이 정하는 수량으로서 제조소등의 설치허가 등에 있어서 최대의 기준이 되는 수량을 말한다.
③ "제조소등"이라 함은 제조소·저장소 및 취급소를 말한다.
④ "저장소"라 함은 지정수량 이상의 위험물을 저장하기 위하여 대통령령이 정하는 장소로서 「위험물안전관리법」에 따른 허가를 받은 장소를 말한다.

003 「위험물안전관리법 시행령」 및 같은 법 시행규칙상 위험물의 성질과 품명이 옳지 않은 것은? 2021년 공채

① 가연성 고체: 적린, 금속분
② 산화성 액체: 과염소산, 질산
③ 산화성 고체: 아이오딘산염류, 과아이오딘산
④ 자연발화성 및 금수성 물질: 황린, 아조화합물

004 「위험물안전관리법 시행령」상 제1류 위험물의 품명으로 옳은 것은? 　　2023년 경채
① 질산
② 과염소산
③ 과산화수소
④ 과염소산염류

005 「위험물안전관리법 시행령」상 위험물의 지정수량이 가장 큰 것은? 　　2019년 공채
① 브로민산염류
② 아염소산염류
③ 과염소산염류
④ 다이크로뮴산염류

006 「위험물안전관리법 시행령」상 위험물 지정수량으로 옳은 것은? 　　확인학습
① 히드라진: 2,000L
② 아염소산염류: 20kg
③ 황린: 30kg
④ 황: 50kg

007 「위험물안전관리법 시행규칙」상 위험등급Ⅱ의 위험물에 해당하는 것은? 　　2023년 경채
① 제3류 위험물 중 칼륨
② 제2류 위험물 중 적린
③ 제4류 위험물 중 특수인화물
④ 제1류 위험물 중 무기과산화물

008 「위험물안전관리법 시행령」별표 1에서 규정한 내용으로 옳지 않은 것은? 　　2022년 공채
① 황: 순도가 60중량퍼센트 이상인 것을 말한다.
② 인화성고체: 고형알코올 그 밖에 1기압에서 인화점이 섭씨 40도 미만인 고체를 말한다.
③ 철분: 철의 분말로서 53마이크로미터의 표준체를 통과하는 것이 50중량퍼센트 미만인 것을 말한다.
④ 가연성고체: 고체로서 화염에 의한 발화의 위험성 또는 인화의 위험성을 판단하기 위하여 고시로 정하는 시험에서 고시로 정하는 성질과 상태를 나타내는 것을 말한다.

009 「위험물안전관리법 시행령」상 용어에 대한 설명으로 옳지 않은 것은? 2018년 공채

① 특수인화물: 이황화탄소, 디에틸에테르 그 밖에 1기압에서 발화점이 섭씨 100도 이하인 것 또는 인화점이 섭씨 영하 20도 이하이고 비점이 섭씨 40도 이하인 것
② 제1석유류: 아세톤, 휘발유 그 밖에 1기압에서 인화점이 섭씨 70도 미만인 것
③ 제3석유류: 중유, 크레오소트유 그 밖에 1기압에서 인화점이 섭씨 70도 이상 섭씨 200도 미만인 것
④ 동식물유류: 동물의 지육 등 또는 식물의 종자나 과육으로부터 추출한 것으로서 1기압에서 인화점이 섭씨 250도 미만인 것

010 「위험물안전관리법 시행령」상 지정수량 이상의 위험물을 옥외저장소에 저장할 수 있는 것으로 옳지 않은 것은? [다만, 「국제해사기구에 관한 협약」에 의하여 설치된 국제해사기구가 채택한 「국제해상위험물규칙」(IMDG Code)에 적합한 용기에 수납된 위험물은 제외한다] 2023년 공채

① 제1류 위험물 중 염소산염류
② 제2류 위험물 중 황
③ 제4류 위험물 중 알코올류
④ 제6류 위험물

011 「위험물안전관리법」및 같은 법 시행령, 시행규칙상 위험물의 품명이 제3류 위험물에 해당하는 것은? 2025년 공채·경채

① 질산구아니딘
② 염소화규소화합물
③ 아이오딘의 산화물
④ 염소화아이소사이아누르산

02 위험물시설의 설치 및 변경

정답 및 해설 p. 66

001 다음 중 위험물의 설치 및 변경과 관련하여 옳지 않은 것은?   2018년 공채

① 제조소등을 설치하고자 하는 자는 시·도지사의 허가를 받아야 한다.
② 제조소등의 위치, 구조, 설비 중 변경하고자 하는 때는 시·도지사에게 신고하여야 한다.
③ 위험물의 품명, 수량, 지정수량의 배수를 변경하고자 할 때에는 시·도지사에게 신고를 하여야 한다.
④ 수산용의 난방시설을 위한 지정수량 10배의 저장소는 신고를 하지 않을 수 있다.

002 「위험물안전관리법」상 신고를 하지 아니하고 위험물의 품명·수량 또는 지정수량의 배수를 변경할 수 있는 경우로 옳은 것은?   2019년 공채

① 농예용으로 필요한 건조시설을 위한 지정수량 20배 이하의 취급소
② 축산용으로 필요한 난방시설을 위한 지정수량 20배 이하의 저장소
③ 수산용으로 필요한 건조시설을 위한 지정수량 30배 이하의 저장소
④ 공동주택의 중앙난방시설을 위한 지정수량 30배 이하의 취급소

003 「위험물안전관리법」상 제조소등의 위치·구조 또는 설비의 변경없이 취급하는 위험물의 품명을 변경하고자 할 때 시·도지사에게 신고하여야 하는 기준으로 옳은 것은?   2025년 경채

① 변경한 날부터 14일 이내
② 변경한 날부터 30일 이내
③ 변경하고자 하는 날의 1일 전까지
④ 변경하고자 하는 날의 14일 전까지

004 다음 중 완공검사의 신청시기로 옳지 않은 것은?   2018년 공채

① 지하탱크가 있는 제조소의 경우, 당해 지하탱크를 매설하기 전
② 이동탱크저장소의 경우, 이동저장탱크를 완공하고 상치장소를 확보하기 전
③ 이송취급소의 경우, 이송배관 공사의 전체 또는 일부를 완료한 후. 다만 지하, 하천 등에 매설하는 이송배관의 공사의 경우에는 이송배관을 매설하기 전
④ 전체공사가 완료된 후에 실시하기 곤란한 경우에는 위험물설비 또는 배관의 설치가 완료되어 기밀시험 또는 내압시험을 실시하는 시기

위험물시설의 안전관리

001 「위험물안전관리법」상 위험물안전관리자의 선임 등에 관한 사항이다. ( ) 안에 들어갈 숫자로 옳은 것은?
2020년 공채

- 위험물안전관리자를 선임한 제조소등의 관계인은 그 위험물안전관리자를 해임하거나 위험물안전관리자가 퇴직한 때에는 해임하거나 퇴직한 날부터 (가)일 이내에 다시 위험물안전관리자를 선임하여야 한다.
- 제조소등의 관계인은 위험물안전관리자를 선임한 경우에는 선임한 날부터 (나)일 이내에 행정안전부령으로 정하는 바에 따라 소방본부장 또는 소방서장에게 신고하여야 한다.

	(가)	(나)
①	15	14
②	15	30
③	30	14
④	30	30

002 다수의 제조소등을 설치하는 자가 1인의 안전관리자를 중복선임 할 수 있는 것은?
2018년 공채

① 보일러, 버너로 되어 있는 위험물을 소비하는 장치로 이루어진 5개의 일반취급소
② 동일구내에 있거나 상호 100m 이내에 있는 11개의 옥내저장소
③ 동일구내에 있거나 상호 100m 이내에 있는 11개의 옥외저장소
④ 동일구내에 있거나 상호 100m 이내에 있는 31개의 옥외탱크저장소

003 「위험물안전관리법 시행규칙」상 탱크안전성능시험자가 변경사항을 신고해야 하는 중요사항으로 옳지 않은 것은?
2024년 경채

① 영업소 소재지의 변경
② 기술능력의 변경
③ 보유장비의 변경
④ 상호 또는 명칭의 변경

004 「위험물안전관리법」 및 같은 법 시행령상 탱크시험자가 갖추어야 하는 필수장비의 종류에 해당하지 않는 것은?

2025년 공채·경채

① 자기탐상시험기
② 진공누설시험기
③ 초음파두께측정기
④ 영상초음파시험기

005 「위험물안전관리법」 및 같은 법 시행령상 관계인이 예방규정을 정하여야 하는 제조소등에 해당하지 않는 것은?

2023년 공채

① 4,000L의 알코올류를 취급하는 제조소
② 30,000kg의 황을 저장하는 옥외저장소
③ 2,500kg의 질산에스터류(제1종)를 저장하는 옥내저장소
④ 150,000L의 경유를 저장하는 옥외탱크저장소

006 「위험물안전관리법 시행규칙」상 관계인이 예방규정을 정하여야 하는 제조소등에 대한 기준이다. (   ) 안에 들어갈 내용으로 옳은 것은?

2022년 공채

- 지정수량의 (ㄱ)배 이상의 위험물을 취급하는 제조소
- 지정수량의 (ㄴ)배 이상의 위험물을 저장하는 옥내저장소
- 지정수량의 (ㄷ)배 이상의 위험물을 저장하는 옥외저장소
- 지정수량의 (ㄹ)배 이상의 위험물을 저장하는 옥외탱크저장소

	ㄱ	ㄴ	ㄷ	ㄹ
①	10	150	100	200
②	50	150	100	200
③	10	100	150	200
④	50	100	150	250

007 「위험물안전관리법 시행령」상 관계인이 예방규정을 정하여야 하는 제조소등으로 옳지 않은 것은?

2018년 공채

① 지정수량의 10배 이상의 위험물을 취급하는 제조소
② 지정수량의 50배 이상의 위험물을 저장하는 옥외저장소
③ 지정수량의 150배 이상의 위험물을 저장하는 옥내저장소
④ 암반탱크저장소

008 「위험물안전관리법 시행령」상 정기점검 대상인 저장소로 옳지 않은 것은?

2021년 공채

① 옥내탱크저장소
② 지하탱크저장소
③ 이동탱크저장소
④ 암반탱크저장소

009 「위험물안전관리법」 및 같은 법 시행령상 정기점검을 하여야 하는 제조소등에 해당하지 않는 것은?

2025년 공채·경채

① 지정수량의 10배의 위험물을 취급하는 제조소
② 지정수량의 100배의 위험물을 저장하는 옥내저장소
③ 지정수량의 150배의 위험물을 저장하는 옥외저장소
④ 지정수량의 5배의 위험물을 저장하는 이동탱크저장소

010 「위험물안전관리법 시행령」상 다량의 위험물을 저장·취급하는 제조소등에서 자체소방대를 설치하여야 하는 사업소로 옳지 않은 것은? 2022년 공채

① 최대수량의 합이 지정수량의 3천배 이상인 제4류 위험물을 취급하는 제조소
② 최대수량의 합이 지정수량의 3천배 이상인 제4류 위험물을 취급하는 일반취급소
③ 최대수량이 지정수량의 50만배 이상인 제4류 위험물을 저장하는 옥내탱크저장소
④ 최대수량이 지정수량의 50만배 이상인 제4류 위험물을 저장하는 옥외탱크저장소

011 다음은 자체소방대에 두는 화학소방자동차와 자체소방대원의 수에 관한 규정이다. 빈칸에 들어갈 숫자가 순서대로 바르게 짝지어진 것은? 2018년 공채

> 제조소 또는 일반취급소에서 취급하는 제4류 위험물의 최대수량의 합이 지정수량의 24만배 이상 48만배 미만인 사업소에는 화학소방자동차 (㉠)대와 자체소방대원 (㉡)인을 두어야 한다.

① 2, 10
② 2, 15
③ 3, 10
④ 3, 15

012 「위험물안전관리법 시행규칙」상 화학소방자동차에 갖추어야 하는 소화능력 또는 설비의 기준으로 옳은 것은? 2023년 공채

① 포수용액 방사차: 포수용액의 방사능력이 매분 1,000L 이상일 것
② 분말 방사차: 1,000kg 이상의 분말을 비치할 것
③ 할로겐화합물 방사차: 할로겐화합물의 방사능력이 매초 40kg 이상일 것
④ 이산화탄소 방사차: 1,000kg 이상의 이산화탄소를 비치할 것

04 위험물의 운반 등

001 「위험물안전관리법 시행규칙」상 위험물의 운반에 관한 기준 중 적재방법에 대한 내용으로 옳지 않은 것은? (다만, 덩어리 상태의 황을 운반하기 위하여 적재하는 경우 또는 위험물을 동일구내에 있는 제조소 등의 상호간에 운반하기 위하여 적재하는 경우는 제외한다) 2023년 공채

① 하나의 외장용기에는 다른 종류의 위험물을 수납하지 아니할 것
② 고체 위험물은 운반용기 내용적의 95% 이하의 수납율로 수납할 것
③ 액체 위험물은 운반용기 내용적의 98% 이하의 수납율로 수납하되, 55℃의 온도에서 누설되지 아니하도록 충분한 공간용적을 유지하도록 할 것
④ 자연발화물질 중 알킬알루미늄등은 운반용기 내용적의 95% 이하의 수납율로 수납하되, 55℃의 온도에서 10% 이상의 공간용적을 유지하도록 할 것

002 「위험물안전관리법 시행령」상 운송책임자의 감독 또는 지원을 받아 운송하여야 하는 위험물로 옳은 것은? 2018년 공채

① 알킬알루미늄, 알킬리튬   ② 마그네슘, 염소류
③ 적린, 금속분   ④ 황, 황산

003 「위험물안전관리법」 및 같은 법 시행령상 운송책임자의 감독 및 지원을 받아 운송해야 하는 위험물로 옳은 것은? 2024년 공채·경채

① 아세트알데히드   ② 유기과산화물
③ 알킬리튬   ④ 질산염류

004 「위험물안전관리법」 및 같은 법 시행규칙상 과염소산을 운반하고자 수납할 때 그 운반용기의 외부에 표기해야 하는 주의사항으로 옳은 것만을 <보기>에서 모두 고른 것은? (다만, UN의 위험물 운송에 관한 권고에서 정한 기준 또는 소방청장이 정하여 고시하는 기준은 고려하지 않는다.) 2025년 경채

<보기>
ㄱ. 가연물접촉주의   ㄴ. 공기접촉엄금
ㄷ. 화기엄금   ㄹ. 화기주의
ㅁ. 충격주의   ㅂ. 물기엄금

① ㄱ   ② ㄴ, ㄷ
③ ㄷ, ㅁ   ④ ㄱ, ㄹ, ㅁ, ㅂ

05 감독 및 조치명령

001 위험물의 누출·화재·폭발 등의 사고가 발생한 경우 사고의 원인 및 피해 등을 조사하여야 하는 자로 옳지 않은 것은? 2018년 공채

① 시·도지사
② 소방청장
③ 소방본부장
④ 소방서장

06 보칙

001 「위험물안전관리법 시행령」상 위험물 안전교육대상자가 아닌 것은?

① 안전관리자로 선임된 자
② 탱크시험자의 기술인력으로 종사하는 자
③ 위험물운반자로 종사하는 자
④ 자체소방대에 종사하는 자

07 벌칙

001 「위험물안전관리법」상 벌칙 기준이 다른 것은? 2020년 공채

① 제조소등의 사용정지명령을 위반한 자
② 변경허가를 받지 아니하고 제조소등을 변경한 자
③ 위험물의 저장 또는 취급에 관한 중요기준에 따르지 아니한 자
④ 위험물안전관리자 또는 그 대리자가 참여하지 아니한 상태에서 위험물을 취급한 자

08 시행규칙 별표4 ~ 별표25

1 별표4 - 제조소의 위치·구조 및 설비의 기준

001 「위험물안전관리법 시행규칙」상 제조소의 위치·구조 및 설비의 기준에 근거하여 취급하는 위험물의 최대수량이 지정수량의 20배인 경우, 제조소 주위에 보유하여야 하는 공지의 너비는? 2023년 공채

① 2m 이상
② 3m 이상
③ 4m 이상
④ 5m 이상

002 「위험물안전관리법 시행규칙」상 위험물 제조소의 표지 및 게시판에 대한 내용으로 옳지 않은 것은? 2022년 공채

① 게시판은 한변의 길이가 0.3m 이상, 다른 한변의 길이가 0.6m 이상인 직사각형으로 한다.
② 제4류 위험물에 있어서는 적색바탕에 백색문자로, "화기엄금"을 표시한다.
③ 알칼리금속의 과산화물은 청색바탕에 백색문자로, "물기엄금"을 표시한다.
④ 인화성고체에 있어서는 적색바탕에 백색문자로, "화기주의"를 표시한다.

003 「위험물안전관리법 시행규칙」상 위험물제조소에 저장 또는 취급하는 위험물에 따라 설치해야 하는 주의사항을 표시한 게시판의 내용으로 옳지 않은 것은? 2024년 공채·경채

① 제1류 위험물 중 알칼리금속의 과산화물 - 물기주의
② 제2류 위험물(인화성고체 제외) - 화기주의
③ 제3류 위험물 중 자연발화성물질 - 화기엄금
④ 제5류 위험물 - 화기엄금

004 「위험물안전관리법 시행규칙」상 제조소의 환기설비의 기준에 대한 설명으로 옳지 않은 것은?

2021년 공채

① 환기는 기계배기방식으로 할 것
② 환기구는 지상 2m 이상의 높이에 루푸팬방식으로 설치할 것
③ 바닥면적이 90m²일 경우 급기구의 면적은 450cm² 이상으로 할 것
④ 급기구는 낮은 곳에 설치하고 가는 눈의 구리망 등으로 인화방지망을 설치할 것

005 「위험물안전관리법 시행규칙」상 제조소의 위치·구조 및 설비의 기준에 대한 설명으로 옳지 않은 것은?

2019년 공채

① 환기설비는 자연배기방식으로 하여야 한다.
② 제6류 위험물을 취급하는 제조소는 안전거리 적용제외 대상이다.
③ "위험물 제조소"라는 표시를 한 표지의 바탕은 흑색으로, 문자는 백색으로 하여야 한다.
④ 제5류 위험물을 저장 또는 취급하는 제조소에는 "화기엄금"을 표시한 게시판을 설치하여야 한다.

006 다음 중 제조소에 설치하는 채광·조명 및 환기설비에 관한 내용으로 옳지 않은 것은?

2018년 공채

① 조명설비의 전선한 내화·내열전선으로 할 것
② 점멸스위치는 출입구 바깥부분에 설치할 것
③ 급기구는 높은 곳에 설치하고 가는 눈의 구리망 등으로 인화방지망을 설치할 것
④ 급기구는 당해 급기구가 설치된 실의 바닥면적 150제곱미터마다 1개 이상으로 할 것

007 「위험물안전관리법 시행규칙」상 고인화점위험물을 상온에서 취급하는 경우 제조소의 시설기준 중 일부 완화된 시설기준을 적용할 수 있는데, 고인화점위험물의 정의로 옳은 것은?

2019년 공채

① 인화점이 250℃ 이상인 인화성 액체
② 인화점이 100℃ 이상인 제4류 위험물
③ 인화점이 70℃ 이상 200℃ 미만인 제4류 위험물
④ 인화점이 70℃ 이상이고 가연성 액체량이 40중량퍼센트 이상인 제4류 위험물

2 별표6 - 옥외탱크저장소의 위치·구조 및 설비의 기준

008 「위험물안전관리법 시행규칙」상 옥외저장탱크의 위치·구조 및 설비 기준에 대한 설명으로 옳지 않은 것은?
2019년 공채

① 옥외저장탱크는 위험물의 폭발 등에 의하여 탱크 내의 압력이 비정상적으로 상승하는 경우에 내부의 가스 또는 증기를 상부로 방출할 수 있는 구조로 하여야 한다.
② 이황화탄소의 옥외저장탱크는 벽 및 바닥의 두께가 0.2미터 이상이고 누수가 되지 아니하는 철근콘크리트의 수조에 넣어 보관하여야 한다.
③ 옥외저장탱크의 배수관은 탱크의 밑판에 설치하여야 한다. 다만, 탱크와 배수관과의 결합부분이 지진 등에 의하여 손상을 받을 우려가 없는 방법으로 배수관을 설치하는 경우에는 탱크의 옆판에 설치할 수 있다.
④ 제3류 위험물 중 금수성물질(고체에 한한다)의 옥외저장탱크에는 방수성의 불연재료로 만든 피복설비를 설치하여야 한다.

009 「위험물안전관리법 시행규칙」상 옥외탱크저장소의 위치·구조 및 설비 기준에 대한 설명으로 옳지 않은 것은?
2022년 공채

① 저장 또는 취급하는 위험물의 최대수량이 지정수량의 500배 이하인 경우 보유 공지너비는 5미터 이상으로 해야 한다.
② 옥외탱크저장소 중 그 저장 또는 취급하는 액체위험물의 최대수량이 100만리터 이상의 것을 특정옥외탱크저장소라 한다.
③ 밸브 없는 통기관의 지름은 30밀리미터 이상으로 하고 끝부분은 수평면보다 45도 이상 구부려 빗물 등의 침투를 막는 구조로 한다.
④ 압력탱크(최대상용압력이 대기압을 초과하는 탱크를 말한다) 외의 탱크는 충수시험, 압력탱크는 최대상용압력의 1.5배의 압력으로 10분간 실시하는 수압시험에서 각각 새거나 변형되지 아니하여야 한다.

010 「위험물안전관리법 시행규칙」상 옥외탱크저장소의 위치·구조 및 설비의 기준에 관한 내용이다. 빈칸에 들어갈 숫자로 옳은 것은? 2021년 공채

> 가. 지정수량의 650배를 저장하는 옥외탱크저장소의 보유공지는 (ㄱ)미터 이상이다.
> 나. 펌프설비의 주위에는 너비 (ㄴ)미터 이상의 공지를 보유해야 한다. 다만, 방화상 유효한 격벽을 설치하는 경우와 제6류 위험물 또는 지정수량의 (ㄷ)배 이하 위험물의 옥외저장탱크의 펌프설비에 있어서는 그러하지 아니하다.

	ㄱ	ㄴ	ㄷ
①	3	3	20
②	3	5	10
③	5	3	10
④	5	5	20

011 「위험물안전관리법 시행규칙」상 인화성액체 위험물(이황화탄소를 제외한다)을 저장하는 옥외탱크저장소의 주위에 설치하는 방유제의 설치기준으로 옳지 않은 것은? 2024년 공채·경채

① 방유제는 높이 0.3m 이상 3m 이하로 할 것
② 방유제 내의 면적은 8만m² 이하로 할 것
③ 방유제 내의 간막이 둑은 흙 또는 철근콘크리트로 할 것
④ 높이가 1m를 넘는 방유제 및 간막이 둑의 안팎에는 방유제 내에 출입하기 위한 계단 또는 경사로를 약 50m마다 설치할 것

012 「위험물안전관리법」 및 같은 법 시행령, 시행규칙상 <보기>의 옥외저장탱크의 주위에 보유하여야 하는 최소 공지의 너비로 옳은 것은? 2025년 공채·경채

> <보기>
> • 위험물의 종류: 제4류 위험물 중 제1석유류(비수용성)
> • 저장하는 위험물의 최대수량: 400,000리터
> • 기준에 적합한 물분무설비에 의한 방호조치 여부: 있음

① 2.5미터
② 3.0미터
③ 4.5미터
④ 9.0미터

3 별표8 – 지하탱크저장소의 위치·구조 및 설비의 기준

013 지하저장탱크의 주위에 당해 탱크로부터 액체위험물의 누설을 검사하기 위한 관을 설치하여야 하는 기준으로 옳지 않은 것은?

2018년 공채

① 이중관으로 할 것. 다만 소공(小孔)이 없는 상부는 단관으로 할 수 있다.
② 재료는 금속관 또는 경질합성수지관으로 할 것
③ 관은 탱크전용실의 바닥 또는 탱크의 기초까지 닿게 할 것
④ 상부는 물이 침투하지 아니하는 구조로 하고, 뚜껑은 검사 시 쉽게 열 수 없도록 할 것

4 별표10 – 이동탱크저장소의 위치·구조 및 설비의 기준

014 「위험물안전관리법 시행규칙」상 이동탱크저장소의 이동저장탱크 구조에 관한 설명이다. (   ) 안에 들어갈 내용으로 옳은 것은?

2024년 공채·경채

> 이동저장탱크는 그 내부에 (ㄱ)L 이하마다 (ㄴ)mm 이상의 강철판 또는 이와 동등 이상의 강도·내열성 및 내식성이 있는 금속성의 것으로 칸막이를 설치하여야 한다.

	ㄱ	ㄴ
①	3,000	1.6
②	4,000	1.6
③	3,000	3.2
④	4,000	3.2

5 별표13 – 주유취급소의 위치·구조 및 설비의 기준

015 「위험물안전관리법 시행규칙」상 주유취급소의 고정주유설비 설치기준이다. (   ) 안에 들어갈 내용으로 옳은 것은?

2024년 경채

> 고정주유설비는 고정주유설비의 중심선을 기점으로 하여 도로경계선까지 (   )m 이상의 거리를 유지할 것

① 1
② 2
③ 3
④ 4

6 별표17 - 소화설비, 경보설비 및 피난설비의 기준

016 「위험물안전관리법 시행규칙」상 제조소등에 설치하는 소방시설의 설치에 대한 내용으로 옳지 않은 것은?

2021년 공채

① 제조소등에는 화재발생 시 소화가 곤란한 정도에 따라 그 소화에 적응성이 있는 소화설비를 설치하여야 한다.
② 제조소등에는 화재발생 시 소방공무원이 화재를 진압하거나 인명구조 활동을 할 수 있도록 소화활동설비를 설치하여야 한다.
③ 주유취급소 중 건축물의 2층 이상의 부분을 점포·휴게 음식점 또는 전시장의 용도로 사용하는 것과 옥내주유취급소에는 피난설비를 설치하여야 한다.
④ 지정수량의 10배 이상의 위험물을 저장 또는 취급하는 제조소등(이동탱크저장소 제외)에는 화재발생 시 이를 알릴 수 있는 경보설비를 설치하여야 한다.

017 「위험물안전관리법」 및 같은 법 시행규칙상 소화난이도 등급 I의 제조소등에 해당하지 않는 것은?

2025년 공채·경채

① 일반취급소: 연면적 500제곱미터의 경우
② 옥내저장소: 처마높이가 6미터인 단층건물의 경우
③ 옥외탱크저장소: 지정수량의 100배의 고체위험물을 저장하는 경우
④ 암반탱크저장소: 지정수량의 100배의 고체위험물만을 저장하는 경우

018 「위험물안전관리법 시행규칙」상 위험물 제조소등(이동탱크저장소를 제외한다)에 설치하는 경보설비로 옳지 않은 것은?

2020년 공채

① 확성장치
② 비상방송설비
③ 비상경보설비
④ 통합감시시설

019 「위험물안전관리법 시행규칙」상 소화설비의 설치기준으로 옳지 않은 것은?

2024년 공채·경채

① 위험물은 지정수량의 10배를 1소요단위로 할 것
② 저장소의 건축물은 외벽이 내화구조인 것은 연면적 100m²를 1소요단위로 할 것
③ 제조소등에 전기설비(전기배선, 조명기구 등은 제외한다)가 설치된 경우에는 당해 장소의 면적 100m²마다 소형수동식소화기를 1개 이상 설치할 것
④ 옥내소화전은 제조소등의 건축물의 층마다 당해 층의 각 부분에서 하나의 호스접속구까지의 수평거리가 25m 이하가 되도록 설치할 것

7 별표18 - 제조소등에서의 위험물의 저장 및 취급에 관한 기준

020 「위험물안전관리법 시행규칙」상 제조소등에서의 위험물의 저장 및 취급에 관한 기준 중 위험물의 유별 저장·취급의 공통기준으로 옳은 것은? 2023년 공채

① 제1류 위험물은 가연물과의 접촉·혼합이나 분해를 촉진하는 물품과의 접근 또는 과열·충격·마찰 등을 피하는 한편, 알카리금속의 과산화물 및 이를 함유한 것에 있어서는 물과의 접촉을 피하여야 한다.
② 제2류 위험물 중 자연발화성물질에 있어서는 불티·불꽃 또는 고온체와의 접근·과열 또는 공기와의 접촉을 피하고, 금수성물질에 있어서는 물과의 접촉을 피하여야 한다.
③ 제3류 위험물은 산화제와의 접촉·혼합이나 불티·불꽃·고온체와의 접근 또는 과열을 피하는 한편, 철분·금속분·마그네슘 및 이를 함유한 것에 있어서는 물이나 산과의 접촉을 피하고 인화성 고체에 있어서는 함부로 증기를 발생시키지 아니하여야 한다.
④ 제4류 위험물은 가연물과의 접촉·혼합이나 분해를 촉진하는 물품과의 접근 또는 과열을 피하여야 한다.

021 「위험물안전관리법 시행규칙」상 위험물의 저장기준에 관한 내용으로 옳지 않은 것은? 2024년 공채·경채

① 제3류 위험물 중 황린 그 밖에 물속에 저장하는 물품과 금수성물질은 동일한 저장소에서 저장하지 아니하여야 한다.
② 옥내저장소에서는 용기에 수납하여 저장하는 위험물의 온도가 55°C를 넘지 아니하도록 필요한 조치를 강구하여야 한다.
③ 옥외저장소에서 위험물을 수납한 용기를 선반에 저장하는 경우에는 10m 이하의 높이로 저장하여야 한다.
④ 보냉장치가 있는 이동저장탱크에 저장하는 아세트알데히드등 또는 디에틸에테르등의 온도는 당해 위험물의 비점 이하로 유지하여야 한다.

PART 6

소방의 화재조사에 관한 법률

해커스소방
이영철 소방관계법규
단원별 기출문제집

01 / 목적
02 / 화재조사의 실시 등
03 / 화재조사결과의 공표 등
04 / 화재조사 기반구축
05 / 벌칙

01 목적

001 「소방의 화재조사에 관한 법률」상 화재의 정의에 관한 설명으로 옳지 않은 것은? 2023년 경채

① 사람의 의도에 반하여 발생하거나 확대된 물리적 폭발현상
② 고의에 의하여 발생한 연소 현상으로서 소화할 필요가 있는 현상
③ 과실에 의하여 발생한 연소 현상으로서 소화할 필요가 있는 현상
④ 사람의 의도에 반하여 발생한 연소 현상으로서 소화할 필요가 있는 현상

02 화재조사의 실시 등

정답 및 해설 p. 76

001 화재조사를 할 수 있는 권한을 가진 자로 옳은 것은? 2018년 경채

① 행정안전부장관, 소방청장, 소방본부장
② 행정안전부장관, 소방본부장, 소방서장
③ 소방청장, 소방본부장, 소방서장
④ 소방청장, 경찰청장, 소방서장

002 「소방의 화재조사에 관한 법률 시행령」상 화재조사전담부서에 배치해야 하는 화재조사관의 최소 기준인 원으로 옳은 것은? 2024년 경채

① 1명
② 2명
③ 3명
④ 4명

003 「소방의 화재조사에 관한 법률」및 같은 법 시행령상 화재조사사항에 해당하는 것으로 <보기>에서 모두 고른 것은? 2025년 공채·경채

<보기>
ㄱ. 화재조사 증거물 수집에 관한 사항
ㄴ. 소방시설 등의 설치·관리에 관한 사항
ㄷ. 화재안전조사의 실시 결과에 관한 사항
ㄹ. 화재현장 보존조치 및 통제구역 설정에 관한 사항

① ㄱ, ㄴ
② ㄴ, ㄷ
③ ㄱ, ㄷ, ㄹ
④ ㄴ, ㄷ, ㄹ

004 「소방의 화재조사에 관한 법률」및 같은 법 시행규칙상 화재조사전담부서에서 갖추어야 할 장비와 시설 중 감식기기(16종)에 해당하지 않는 것은? 2023년 경채

① 금속현미경
② 절연저항계
③ 내시경현미경
④ 휴대용디지털현미경

005 「소방의 화재조사에 관한 법률」에 관한 내용으로 옳지 않은 것은? 2023년 경채

① 소방공무원과 경찰공무원은 화재조사에 필요한 증거물의 수집 및 보존에 관한 사항에 대하여 서로 협력하여야 한다.
② 소방관서장은 화재조사 결과의 공표 시 수사가 진행 중이거나 수사의 필요성이 인정되는 경우에는 관계 수사기관의 장과 공표 여부에 관하여 사전에 협의하여야 한다.
③ 화재조사를 하는 화재조사관은 관계인의 정당한 업무를 방해하거나 화재조사를 수행하면서 알게 된 비밀을 다른 용도로 사용하거나 다른 사람들에게 누설하여서는 아니 된다.
④ 소방청장, 소방본부장 또는 소방서장이 화재원인, 피해상황, 대응활동 등을 파악하기 위하여 자료의 수집, 감정 및 실험을 하는 행위는 화재조사에 포함되지 않는다.

006 「소방의 화재조사에 관한 법률 시행령」상 화재조사 절차로 옳지 않은 것은? 2024년 경채

① 현장출동 중 조사
② 화재현장 조사
③ 사전조사
④ 정밀조사

007 「소방의 화재조사에 관한 법률」 및 같은 법 시행령, 시행규칙상 화재조사 증거물 수집 등에 관한 설명으로 옳지 않은 것은? 2025년 경채

① 화재조사 증거물을 수집하는 경우 증거물의 수집과정을 사진 촬영 또는 영상 녹화의 방법으로 기록해야 한다.
② 소방관서장은 화재조사를 위하여 필요한 최소한의 범위에서 화재조사관에게 증거물을 수집하여 검사·시험·분석 등을 하게 할 수 있다.
③ 소방관서장은 수집한 증거물이 화재와 관련이 없다고 인정되는 경우와 화재조사가 완료되는 등 증거물을 보관할 필요가 없게 된 경우에는 증거물을 반환할 수 있다.
④ 소방관서장은 화재조사를 위하여 필요한 경우 증거물을 수집하여 검사·시험·분석 등을 할 수 있다. 다만, 범죄수사와 관련된 증거물인 경우에는 수사기관의 장과 협의하여 수집할 수 있다.

03 화재조사결과의 공표 등

001 「소방의 화재조사에 관한 법률」상 화재조사결과의 공표 등에 대한 설명으로 옳지 않은 것은? 확인학습

① 소방청장은 국민이 유사한 화재로부터 피해를 입지 않도록 하기 위한 경우 등 필요한 경우 화재조사 결과를 공표할 수 있다. 다만, 수사가 진행 중이거나 수사의 필요성이 인정되는 경우에는 관계 수사기관의 장과 공표 여부에 관하여 사전에 협의하여야 한다.
② 공표의 범위·방법 및 절차 등에 관하여 필요한 사항은 행정안전부령으로 정한다.
③ 소방관서장은 화재조사 결과를 중앙행정기관의 장, 지방자치단체의 장, 그 밖의 관련 기관·단체의 장 또는 관계인 등에게 통보하여 유사한 화재가 발생하지 않도록 필요한 조치를 취할 것을 요청할 수 있다.
④ 소방관서장은 화재와 관련된 이해관계인 또는 화재발생 내용 입증이 필요한 사람이 화재를 증명하는 서류(화재증명원) 발급을 신청하는 때에는 화재증명원을 발급하여야 한다.

002 「소방의 화재조사에 관한 법률」 및 같은 법 시행규칙상 화재조사 결과의 공표에 관한 설명으로 옳은 것은? 2025년 경채

① 화재조사 결과의 공표는 관보에 공고하거나, 「신문 등의 진흥에 관한 법률」에 따른 신문 또는 「방송법」에 따른 방송을 이용하는 등 일반인이 쉽게 알 수 있는 방법으로 한다.
② 소방관서장은 화재조사 결과를 공표하는 경우 수사가 진행 중이거나 수사의 필요성이 인정되는 경우에는 관계 수사기관의 장과 공표 여부에 관하여 사전에 협의하여야 한다.
③ 소방관서장이 국민이 유사한 화재로부터 피해를 입지않도록 하기 위하여 화재조사 결과를 공표하는 경우, 공표의 범위·방법 및 절차 등에 관하여 필요한 사항은 대통령령으로 정한다.
④ 소방관서장은 사회적 관심이 집중되어 국민의 알 권리 충족 등 공공의 이익을 위해 필요한 경우와 소방정책에 활용하기 위해 과학적·전문적인 화재조사가 필요한 경우에는 화재조사 결과를 공표하여야 한다.

04 화재조사 기반구축

001 「소방의 화재조사에 관한 법률」상 감정기관의 지정·운영 등에 대한 설명으로 옳지 않은 것은? 확인학습

① 소방청장은 과학적이고 전문적인 화재조사를 위하여 대통령령으로 정하는 시설과 전문인력 등 지정기준을 갖춘 기관을 화재감정기관(이하 "감정기관"이라 한다)으로 지정·운영하여야 한다.
② 시·도지사는 지정된 감정기관에서의 과학적 조사·분석 등에 소요되는 비용의 전부 또는 일부를 지원할 수 있다.
③ 거짓이나 그 밖의 부정한 방법으로 지정을 받은 경우에는 지정을 취소하여야 한다.
④ 소방청장은 감정기관의 지정을 취소하려면 청문을 하여야 한다.

002 「소방의 화재조사에 관한 법률 시행령」상 화재감정기관의 지정기준에서 전문인력 중 주된 기술인력 기준으로 옳지 않은 것은? 2024년 공채·경채

① 국가기술자격의 직무분야 중 화재감식평가 분야의 기사 자격 취득 후 화재조사 관련 분야에서 5년 이상 근무한 사람
② 화재조사관 자격 취득 후 화재조사 관련 분야에서 5년 이상 근무한 사람
③ 이공계 분야의 박사학위 취득 후 화재조사 관련 분야에서 2년 이상 근무한 사람
④ 소방청장이 인정하는 화재조사 관련 국제자격증을 소지한 사람

003 「소방의 화재조사에 관한 법률」 및 같은 법 시행령상 화재정보를 수집·관리할 때 활용하는 국가화재정보시스템의 운영에 관한 설명으로 옳은 것은?
2024년 공채·경채

① 시·도지사는 화재예방과 소방활동에 활용할 수 있는 국가화재정보시스템을 구축해 운영하여야 한다.
② 국가화재정보시스템을 활용하여 수집·관리해야 하는 화재정보는 화재원인, 화재피해상황, 화재유형별 화재위험성에 관한 사항 등이다.
③ 화재정보의 수집·관리 및 활용 등에 필요한 사항은 행정안전부령으로 정한다.
④ 국가화재정보시스템의 운영 및 활용 등에 필요한 사항은 시·도의 조례로 정한다.

004 「소방의 화재조사에 관한 법률」 및 같은 법 시행령, 시행규칙상 (   ) 안에 들어갈 수의 합으로 옳은 것은?
2025년 공채·경채

- 소방관서장은 화재조사의 필요성으로 관계인등의 출석을 요구하려면 출석일 (   )일 전까지 출석 일시와 장소 등을 관계인등에게 알려야 한다.
- 소방청장이 화재조사에 관한 시험을 실시하는 경우에는 시험의 과목·일시·장소 및 응시 자격·절차 등을 시험 실시 (   )일 전까지 소방청의 인터넷 홈페이지에 공고해야 한다.
- 소방청장은 화재감정기관 지정 절차에서 화재감정기관 지정신청서 또는 첨부서류에 보완이 필요하다고 판단되면 (   )일 이내의 기간을 정하여 보완을 요구할 수 있다.

① 40
② 43
③ 47
④ 50

05 벌칙

001 「소방의 화재조사에 관한 법률」상 벌칙에 관한 내용이다. (   ) 안에 들어갈 내용으로 옳은 것은?

2023년 경채

> 소방관서장은 화재조사를 위하여 필요한 경우에 관계인에게 보고 또는 자료 제출을 명하거나 화재조사관으로 하여금 해당 장소에 출입하여 화재조사를 하게 하거나 관계인등에게 질문하게 할 수 있다. 이에 따른 명령을 위반하여 보고 또는 자료 제출을 하지 아니하거나 거짓으로 보고 또는 자료를 제출한 사람은 (ㄱ)만원 이하의 (ㄴ)을/를 부과한다.

	ㄱ	ㄴ
①	200	벌금
②	200	과태료
③	300	벌금
④	300	과태료

fire.Hackers.com

부록

공채·경채 기출문제

해커스소방
이영철 소방관계법규
단원별 기출문제집

01 2025년 공채 기출문제
02 2025년 경채 기출문제
03 2024년 공채 기출문제
04 2024년 경채 기출문제

01 2025년 공채 기출문제

001 「소방기본법」 및 같은 법 시행규칙상 119종합상황실의 설치·운영에 관한 설명으로 옳은 것은?

① 소방청과 특별시·광역시·특별자치시·도 또는 특별자치도의 소방본부 및 소방서 중 하나 이상 설치·운영하여야 한다.
② 소방청장, 소방본부장 또는 소방서장은 신속한 소방활동을 위한 정보를 수집·전파하기 위하여 119종합상황실에 「소방청 119종합상황실 운영 규정」에 의한 전산·통신요원을 배치하고, 소방청장이 정하는 유·무선통신시설을 갖추어야 한다.
③ 소방본부에 설치하는 119종합상황실에는 「지방자치단체에 두는 국가공무원의 정원에 관한 법률」에도 불구하고 대통령령으로 정하는 바에 따라 경찰공무원을 둘 수 있으며, 119종합상황실의 설치·운영에 필요한 사항은 대통령령으로 정한다.
④ 119종합상황실의 실장은 하급소방기관에 대한 출동지령 또는 동급 이상의 소방기관 및 유관기관에 대한 지원요청, 재난상황의 수습에 필요한 정보수집 및 제공, 재난상황이 발생한 현장에 대한 지휘 및 피해현황의 파악 등의 업무를 행하고, 그에 관한 내용을 기록·관리하여야 한다.

002 「소방기본법」 및 같은 법 시행규칙상 소방용수시설 및 비상소화장치의 설치·관리 등에 관한 설명으로 옳지 않은 것은?

① 소방본부장 또는 소방서장은 원활한 소방활동을 위하여 소방용수시설, 소방대상물에 인접한 도로의 폭·교통상황 등에 대한 조사를 월 1회 이상 실시하여야 한다.
② 소방용수시설 조사결과는 전자적 처리가 불가능한 특별한 사유가 없으면 전자적 처리가 가능한 방법으로 작성·관리하여야 하고, 조사결과는 2년간 보관하여야 한다.
③ 비상소화장치함은 「소방시설 설치 및 관리에 관한 법률」에 따라 소방청장이 정하여 고시하는 형식승인 및 제품검사의 기술기준에 적합한 것으로 설치하여야 한다.
④ 저수조는 지면으로부터의 낙차가 4.5미터 이하로 하고, 흡수관의 투입구가 사각형의 경우에는 한 변의 길이가 60센티미터 이상, 원형의 경우에는 지름이 60센티미터 이상으로 설치하여야 한다.

003 「소방기본법」 및 같은 법 시행령, 시행규칙상 소방자동차 교통안전 분석 시스템 구축·운영에 관한 설명으로 옳지 않은 것은?

① 소방청장, 소방본부장 및 소방서장은 소방자동차 운행기록장치에 기록된 데이터를 6개월 동안 저장·관리해야 한다.
② 소방자동차 교통안전 분석 시스템의 구축·운영, 운행기록장치 데이터 및 전산자료의 보관·활용 등에 필요한 사항은 행정안전부령으로 정한다.
③ 소방화학차, 소방고가차, 무인방수차, 구조차는 행정안전부령으로 정하는 기준에 적합한 운행기록장치를 장착하고 운용해야 하는 소방자동차에 해당한다.
④ 소방청장, 소방본부장 및 소방서장은 운행기록장치 데이터 중 과속, 급감속, 급출발 등의 운행기록을 점검·분석해야 하고, 분석 결과를 소방자동차의 안전한 소방활동 수행에 필요한 교통안전정책의 수립, 교육·훈련 등에 활용할 수 있다.

004 「소방기본법」 및 같은 법 시행령상 소방활동 종사 사상자의 보상금액 등의 기준에 해당하는 것으로 <보기>에서 모두 고른 것은?

<보기>
ㄱ. 보상금의 환수 기준
ㄴ. 의료급여의 지급 기준
ㄷ. 사망자의 보상금액 기준
ㄹ. 부상등급별 보상금액 기준

① ㄱ, ㄷ
② ㄴ, ㄹ
③ ㄱ, ㄷ, ㄹ
④ ㄴ, ㄷ, ㄹ

005 「소방의 화재조사에 관한 법률」 및 같은 법 시행령상 화재조사 사항에 해당하는 것으로 <보기>에서 모두 고른 것은?

<보기>
ㄱ. 화재조사 증거물 수집에 관한 사항
ㄴ. 소방시설 등의 설치·관리에 관한 사항
ㄷ. 화재안전조사의 실시 결과에 관한 사항
ㄹ. 화재현장 보존조치 및 통제구역 설정에 관한 사항

① ㄱ, ㄴ
② ㄴ, ㄷ
③ ㄱ, ㄷ, ㄹ
④ ㄴ, ㄷ, ㄹ

006 「소방의 화재조사에 관한 법률」 및 같은 법 시행령, 시행규칙상 (   ) 안에 들어갈 수의 합으로 옳은 것은?

- 소방관서장은 화재조사의 필요성으로 관계인등의 출석을 요구하려면 출석일 (   )일 전까지 출석일시와 장소 등을 관계인등에게 알려야 한다.
- 소방청장이 화재조사에 관한 시험을 실시하는 경우에는 시험의 과목·일시·장소 및 응시 자격·절차 등을 시험 실시 (   )일 전까지 소방청의 인터넷 홈페이지에 공고해야 한다.
- 소방청장은 화재감정기관 지정 절차에서 화재감정기관 지정신청서 또는 첨부서류에 보완이 필요하다고 판단되면 (   )일 이내의 기간을 정하여 보완을 요구할 수 있다.

① 40　　　　　　　　　　② 43
③ 47　　　　　　　　　　④ 50

007 「소방시설공사업법」 및 같은 법 시행규칙상 소방시설업의 위반사항에 따른 2차 행정처분 기준이 같은 것만을 <보기>에서 모두 고른 것은? (단, 일반기준에 따른 처분의 가중 및 감경은 고려하지 않는다.)

<보기>
ㄱ. 도급받은 소방시설의 설계를 하도급한 경우
ㄴ. 동일한 특정소방대상물에 대한 시공과 감리를 함께한 경우
ㄷ. 공사업자가 시공능력 평가에 관한 서류를 거짓으로 제출한 경우
ㄹ. 관계 공무원이 특정소방대상물에 출입하여 시설 등을 검사하고자 할 때 정당한 사유 없이 관계 공무원의 출입을 방해한 경우

① ㄱ, ㄴ　　　　　　　　② ㄷ, ㄹ
③ ㄱ, ㄷ, ㄹ　　　　　　④ ㄴ, ㄷ, ㄹ

008 「소방시설공사업법」 및 같은 법 시행규칙상 소방시설공사 시공능력평가신청서에 첨부하여야 하는 서류로 옳지 않은 것은?

① 국가 또는 지방자치단체가 발주한 국내 소방시설공사의 경우: 소득세법령에 따른 계산서(공급자 보관용) 사본
② 공사업자의 자기수요에 따른 소방시설공사의 경우: 그 공사의 감리자가 확인한 별지 서식에 따른 소방시설공사 실적증명서
③ 주한국제연합군으로부터 도급받은 소방시설공사의 경우: 거래하는 외국환은행이 발행한 외화입금증명서 및 도급계약서 사본
④ 해외 소방시설공사의 경우: 재외공관장이 발행한 해외공사 실적증명서 또는 공사계약서 사본이 첨부된 외국환은행이 발행한 외화입금증명서

009 「화재의 예방 및 안전관리에 관한 법률」 및 같은 법 시행령상 화재의 예방 및 안전관리 기본계획 등의 수립·시행에 관한 설명이다. 'ㄱ, ㄴ'에 들어갈 내용으로 옳은 것은?

- 소방청장은 화재예방정책을 체계적·효율적으로 추진하고 이에 필요한 기반 확충을 위하여 화재의 예방 및 안전관리에 관한 기본계획을 (ㄱ)년마다 수립·시행하여야 한다.
- 소방청장은 기본계획을 시행하기 위한 계획을 계획 시행 전년도 (ㄴ)까지 수립해야 한다.

	ㄱ	ㄴ
①	5	10월 31일
②	5	12월 31일
③	7	10월 31일
④	7	12월 31일

010 「화재의 예방 및 안전관리에 관한 법률」 및 같은 법 시행령상 소방안전관리업무의 전담이 필요한 소방안전관리대상물에 해당하지 않는 것은? (단, 다른 법령에 특별한 규정이 있는 경우는 제외한다.)

① 지상 60층인 아파트
② 지하 3층, 지상 12층인 백화점
③ 연면적 11만제곱미터인 국제공항
④ 가연성 가스 1백톤을 저장·취급하는 공장

011 「화재의 예방 및 안전관리에 관한 법률」 및 같은 법 시행령상 불특정 다수인이 이용하는 특정소방대상물의 근무자등에게 불시에 소방훈련과 교육을 실시할 수 있는 소방안전관리대상물을 <보기>에서 고른 것은? (단, 소방본부장 또는 소방서장이 소방훈련·교육이 필요하다고 인정하는 특정소방대상물은 제외한다.)

<보기>
ㄱ. 「소방시설 설치 및 관리에 관한 법률 시행령」에 따른 의료시설 중 한방병원
ㄴ. 「소방시설 설치 및 관리에 관한 법률 시행령」에 따른 수련시설 중 유스호스텔
ㄷ. 「소방시설 설치 및 관리에 관한 법률 시행령」에 따른 교육연구시설 중 특수학교
ㄹ. 「소방시설 설치 및 관리에 관한 법률 시행령」에 따른 교정시설 및 군사시설 중 교도소

① ㄱ, ㄷ
② ㄱ, ㄹ
③ ㄴ, ㄷ
④ ㄴ, ㄹ

012 「화재의 예방 및 안전관리에 관한 법률」 및 같은 법 시행령상 소방안전 특별관리시설물의 관계인은 화재의 예방 및 안전관리를 체계적·효율적으로 수행하기 위하여 화재예방안전진단을 받아야 한다. 화재예방안전진단의 범위에 해당하는 것만을 <보기>에서 고른 것은?

<보기>
ㄱ. 화재 위험성 평가에 관한 사항
ㄴ. 소방시설등의 유지·관리에 관한 사항
ㄷ. 화재안전 경영계획 수립과 시행에 관한 사항
ㄹ. 피난시설, 방화구획 및 방화시설의 관리에 관한 사항
ㅁ. 화재 등의 재난 발생 후 재발방지 대책의 수립 및 그 이행에 관한 사항

① ㄱ, ㄴ, ㅁ
② ㄱ, ㄷ, ㄹ
③ ㄴ, ㄷ, ㄹ
④ ㄴ, ㄹ, ㅁ

013 「화재의 예방 및 안전관리에 관한 법률」상 과태료 부과기준을 <보기>에서 찾아 옳게 짝지은 것은?

<보기>
ㄱ. 실무교육을 받지 아니한 소방안전관리자 및 소방안전관리보조자
ㄴ. 소방안전관리업무를 성실하게 수행할 수 있도록 지도·감독하지 아니한 소방안전관리대상물의 관계인
ㄷ. 피난유도 안내정보를 근무자 또는 거주자에게 정기적으로 제공하지 아니한 소방안전관리대상물의 관계인
ㄹ. 소방안전관리자 또는 소방안전관리보조자를 기간 내에 선임신고를 하지 아니한 소방안전관리대상물의 관계인
ㅁ. 소방훈련 및 교육을 한 날부터 30일 이내에 소방훈련 및 교육 결과를 행정안전부령으로 정하는 바에 따라 소방본부장 또는 소방서장에게 제출하지 아니한 소방안전관리대상물의 관계인

	300만원 이하 과태료	200만원 이하 과태료
①	ㄱ	ㄴ
②	ㄴ	ㄷ
③	ㄷ	ㄹ
④	ㄹ	ㅁ

014 「화재의 예방 및 안전관리에 관한 법률」 및 같은 법 시행령상 소방안전관리보조자의 인원기준에 따른 'ㄱ, ㄴ'의 최소 선임인원은?

> ㄱ. 「건축법 시행령」에 따른 아파트로서 920세대
> ㄴ. 「소방시설 설치 및 관리에 관한 법률」에 따른 판매시설로서 연면적 31,000제곱미터(단, 기타 조건은 제외한다.)

	ㄱ	ㄴ
①	3명	2명
②	3명	3명
③	5명	2명
④	5명	3명

015 「소방시설 설치 및 관리에 관한 법률」 및 같은 법 시행령상 간이스프링클러설비를 설치해야 하는 특정소방대상물의 기준으로 옳은 것은?

① 숙박시설로 사용되는 바닥면적의 합계가 300제곱미터 이상 600제곱미터 미만인 시설
② 교육연구시설 내에 합숙소로서 바닥면적 50제곱미터 이상인 경우에는 모든 층
③ 근린생활시설 중 조산원 및 산후조리원으로서 연면적 660제곱미터 미만인 시설
④ 의료시설 중 정신의료기관 또는 의료재활시설로 사용되는 바닥면적의 합계가 200제곱미터 이상 600제곱미터 미만인 시설

016 「소방시설 설치 및 관리에 관한 법률」 및 같은 법 시행규칙상 관리업자가 점검하는 경우 50층 이상 또는 성능위주설계를 한 특정소방대상물의 규모 등에 따른 점검인력의 배치로 옳은 것만을 <보기>에서 고른 것은?

> <보기>
> ㄱ. 주된 점검인력: 소방시설관리사 경력 5년인 특급점검자 1명
> ㄴ. 주된 점검인력: 소방시설관리사 경력 3년인 특급점검자 1명
> ㄷ. 보조 점검인력: 고급점검자 1명 및 중급점검자 1명
> ㄹ. 보조 점검인력: 고급점검자 1명 및 초급점검자 1명

① ㄱ, ㄷ
② ㄱ, ㄹ
③ ㄴ, ㄷ
④ ㄴ, ㄹ

017 「소방시설 설치 및 관리에 관한 법률」 및 같은 법 시행령상 임시소방시설의 종류와 설치기준으로 옳은 것은?

① 간이소화장치는 연면적 2천제곱미터 이상인 공사의 화재위험작업현장에 설치한다.
② 가스누설경보기는 바닥면적이 100제곱미터 이상인 지하층 또는 무창층의 화재위험작업현장에 설치한다.
③ 비상경보장치는 연면적 300제곱미터 이상인 공사의 화재위험작업현장에 설치한다.
④ 방화포는 용접·용단 등의 작업 시 발생하는 불티로부터 가연물이 점화되는 것을 방지해주는 천 또는 불연성 물품으로서 소방청장이 정하는 성능을 갖추고 있어야 한다.

018 「소방시설 설치 및 관리에 관한 법률」 및 같은 법 시행규칙상 차량용 소화기의 설치 또는 비치기준으로 옳은 것만을 <보기>에서 모두 고른 것은?

<보기>
ㄱ. 대형 이상의 특수자동차는 능력단위 2 이상인 소화기 1개 이상 또는 능력단위 1 이상인 소화기 2개 이상을 사용하기 쉬운 곳에 설치한다.
ㄴ. 중형 이하의 특수자동차는 능력단위 1 이상인 소화기 1개 이상을 사용하기 쉬운 곳에 설치한다.
ㄷ. 경형승합자동차는 능력단위 1 이상의 소화기 1개 이상을 사용하기 쉬운 곳에 설치 또는 비치한다.
ㄹ. 승용자동차는 능력단위 1 이상의 소화기 1개 이상을 사용하기 쉬운 곳에 설치 또는 비치한다.

① ㄱ, ㄴ
② ㄷ, ㄹ
③ ㄱ, ㄴ, ㄷ
④ ㄱ, ㄴ, ㄷ, ㄹ

019 「소방시설 설치 및 관리에 관한 법률」 및 같은 법 시행령상 특정소방대상물 중 근린생활시설에 해당하지 않는 것은?

① 의원, 치과의원, 한의원, 침술원, 접골원, 조산원, 산후조리원
② 단란주점은 같은 건축물에 해당 용도로 쓰는 바닥면적의 합계가 200제곱미터인 것
③ 의약품 판매소, 의료기기 판매소 및 자동차영업소로서 같은 건축물에 해당 용도로 쓰는 바닥면적의 합계가 500제곱미터인 것
④ 금융업소, 사무소, 부동산중개사무소, 결혼상담소 등 소개업소, 출판사, 서점, 그 밖에 이와 비슷한 것으로서 같은 건축물에 해당 용도로 쓰는 바닥면적의 합계가 300제곱미터인 것

020 「소방시설 설치 및 관리에 관한 법률」상 특정소방대상물에 설치하는 소방시설의 관리 등에 관한 내용으로 옳은 것만을 <보기>에서 모두 고른 것은?

<보기>
ㄱ. 소방본부장이나 소방서장은 소방시설이 화재안전기준에 따라 설치·관리되고 있지 아니할 때에는 해당 특정소방대상물의 관계인에게 필요한 조치를 명할 수 있다.
ㄴ. 소방본부장이나 소방서장은 기존의 특정소방대상물이 증축되거나 용도변경되는 경우에는 대통령령으로 정하는 바에 따라 증축 또는 용도변경 당시의 소방시설의 설치에 관한 대통령령 또는 화재안전기준을 적용한다.
ㄷ. 소방본부장이나 소방서장은 특정소방대상물에 설치하여야 하는 소방시설 가운데 기능과 성능이 유사한 스프링클러설비, 물분무등소화설비, 비상경보설비 및 비상방송설비 등의 소방시설의 경우에는 대통령령으로 정하는 바에 따라 유사한 소방시설의 설치를 면제할 수 있다.
ㄹ. 소방본부장이나 소방서장은 대통령령 또는 화재안전기준이 변경되어 그 기준이 강화되는 경우 기존의 특정소방대상물(건축물의 신축·개축·재축·이전 및 대수선 중인 특정소방대상물을 포함한다)의 소방시설에 대하여는 변경 전의 대통령령 또는 화재안전기준을 적용한다. 다만, 자동화재탐지설비의 경우에는 대통령령 또는 화재안전기준의 변경으로 강화된 기준을 적용할 수 있다.

① ㄱ, ㄴ
② ㄴ, ㄷ
③ ㄱ, ㄷ, ㄹ
④ ㄱ, ㄴ, ㄷ, ㄹ

021 「위험물안전관리법」 및 같은 법 시행령, 시행규칙상 <보기>의 옥외저장탱크의 주위에 보유하여야 하는 최소 공지의 너비로 옳은 것은?

<보기>
• 위험물의 종류: 제4류 위험물 중 제1석유류(비수용성)
• 저장하는 위험물의 최대수량: 400,000리터
• 기준에 적합한 물분무설비에 의한 방호조치 여부: 있음

① 2.5미터
② 3.0미터
③ 4.5미터
④ 9.0미터

022 「위험물안전관리법」 및 같은 법 시행령상 정기점검을 하여야 하는 제조소등에 해당하지 않는 것은?

① 지정수량의 10배의 위험물을 취급하는 제조소
② 지정수량의 100배의 위험물을 저장하는 옥내저장소
③ 지정수량의 150배의 위험물을 저장하는 옥외저장소
④ 지정수량의 5배의 위험물을 저장하는 이동탱크저장소

023 「위험물안전관리법」 및 같은 법 시행규칙상 소화난이도 등급 I의 제조소등에 해당하지 않는 것은?

① 일반취급소: 연면적 500제곱미터의 경우
② 옥내저장소: 처마높이가 6미터인 단층건물의 경우
③ 옥외탱크저장소: 지정수량의 100배의 고체위험물을 저장하는 경우
④ 암반탱크저장소: 지정수량의 100배의 고체위험물만을 저장하는 경우

024 「위험물안전관리법」 및 같은 법 시행령상 탱크시험자가 갖추어야 하는 필수장비의 종류에 해당하지 않는 것은?

① 자기탐상시험기
② 진공누설시험기
③ 초음파두께측정기
④ 영상초음파시험기

025 「위험물안전관리법」 및 같은 법 시행령, 시행규칙상 위험물의 품명이 제3류 위험물에 해당하는 것은?

① 질산구아니딘
② 염소화규소화합물
③ 아이오딘의 산화물
④ 염소화아이소사이아누르산

2025년 공채 시험(부록 제1회)의 전체 문항은 2025년 경채 시험(부록 제2회)의 일부 문항과 동일하게 출제되었습니다. 학습에 참고해 주시기 바랍니다.

02 2025년 경채 기출문제

001 「소방기본법」상 용어의 정의에 대한 설명으로 옳은 것은?

① "관계지역"이란 특정소방대상물이 있는 장소로서 화재의 예방·경계·진압, 구조·구급 등의 활동에 필요한 지역을 말한다.
② "현장지휘관"이란 소방본부장 또는 소방서장 등 화재, 재난·재해, 그 밖의 위급한 상황이 발생한 현장에서 소방대를 지휘하는 사람을 말한다.
③ "소방서장"이란 특별시·광역시·특별자치시·도 또는 특별자치도에서 화재의 예방·경계·진압·조사 및 구조·구급 등의 업무를 담당하는 부서의 장을 말한다.
④ "소방대"란 화재를 진압하고 화재, 재난·재해, 그 밖의 위급한 상황에서 구조·구급 활동 등을 하기 위하여 관련 법령에 따라 소방공무원, 의무소방원 등으로 구성된 조직체를 말한다.

002 「소방기본법」 및 같은 법 시행규칙상 119종합상황실의 설치·운영에 관한 설명으로 옳은 것은?

① 소방청과 특별시·광역시·특별자치시·도 또는 특별자치도의 소방본부 및 소방서 중 하나 이상 설치·운영하여야 한다.
② 소방청장, 소방본부장 또는 소방서장은 신속한 소방활동을 위한 정보를 수집·전파하기 위하여 119종합상황실에 「소방청 119종합상황실 운영 규정」에 의한 전산·통신요원을 배치하고, 소방청장이 정하는 유·무선통신시설을 갖추어야 한다.
③ 소방본부에 설치하는 119종합상황실에는 「지방자치단체에 두는 국가공무원의 정원에 관한 법률」에도 불구하고 대통령령으로 정하는 바에 따라 경찰공무원을 둘 수 있으며, 119종합상황실의 설치·운영에 필요한 사항은 대통령령으로 정한다.
④ 119종합상황실의 실장은 하급소방기관에 대한 출동지령 또는 동급 이상의 소방기관 및 유관기관에 대한 지원요청, 재난상황의 수습에 필요한 정보수집 및 제공, 재난상황이 발생한 현장에 대한 지휘 및 피해현황의 파악 등의 업무를 행하고, 그에 관한 내용을 기록·관리하여야 한다.

003 「소방기본법」 및 같은 법 시행규칙상 소방용수시설 및 비상소화장치의 설치·관리 등에 관한 설명으로 옳지 않은 것은?

① 소방본부장 또는 소방서장은 원활한 소방활동을 위하여 소방용수시설, 소방대상물에 인접한 도로의 폭·교통상황 등에 대한 조사를 월 1회 이상 실시하여야 한다.
② 소방용수시설 조사결과는 전자적 처리가 불가능한 특별한 사유가 없으면 전자적 처리가 가능한 방법으로 작성·관리하여야 하고, 조사결과는 2년간 보관하여야 한다.
③ 비상소화장치함은 「소방시설 설치 및 관리에 관한 법률」에 따라 소방청장이 정하여 고시하는 형식승인 및 제품검사의 기술기준에 적합한 것으로 설치하여야 한다.
④ 저수조는 지면으로부터의 낙차가 4.5미터 이하로 하고, 흡수관의 투입구가 사각형의 경우에는 한 변의 길이가 60센티미터 이상, 원형의 경우에는 지름이 60센티미터 이상으로 설치하여야 한다.

004 「소방기본법」 및 같은 법 시행령, 시행규칙상 소방자동차 교통안전 분석 시스템 구축·운영에 관한 설명으로 옳지 않은 것은?

① 소방청장, 소방본부장 및 소방서장은 소방자동차 운행기록장치에 기록된 데이터를 6개월 동안 저장·관리해야 한다.
② 소방자동차 교통안전 분석 시스템의 구축·운영, 운행기록장치 데이터 및 전산자료의 보관·활용 등에 필요한 사항은 행정안전부령으로 정한다.
③ 소방화학차, 소방고가차, 무인방수차, 구조차는 행정안전부령으로 정하는 기준에 적합한 운행기록장치를 장착하고 운용해야 하는 소방자동차에 해당한다.
④ 소방청장, 소방본부장 및 소방서장은 운행기록장치 데이터 중 과속, 급감속, 급출발 등의 운행기록을 점검·분석해야 하고, 분석 결과를 소방자동차의 안전한 소방활동 수행에 필요한 교통안전정책의 수립, 교육·훈련 등에 활용할 수 있다.

005 「소방기본법」 및 같은 법 시행령상 소방활동 종사 사상자의 보상금액 등의 기준에 해당하는 것으로 <보기>에서 모두 고른 것은?

<보기>
ㄱ. 보상금의 환수 기준
ㄴ. 의료급여의 지급 기준
ㄷ. 사망자의 보상금액 기준
ㄹ. 부상등급별 보상금액 기준

① ㄱ, ㄷ
② ㄴ, ㄹ
③ ㄱ, ㄷ, ㄹ
④ ㄴ, ㄷ, ㄹ

006 「소방기본법」상 벌칙에 관한 설명에서, '가~라'에 들어갈 내용으로 옳은 것은?

- 소방대상물에 화재, 재난·재해, 그 밖의 위급한 상황이 발생한 경우에는 소방본부, 소방서 또는 관계 행정기관에 지체 없이 알려야 하나 이를 위반하여 정당한 사유 없이 화재, 재난·재해, 그 밖의 위급한 상황을 소방본부, 소방서 또는 관계 행정기관에 알리지 아니한 관계인은 (가)만원 이하의 (나)을/를(에) 부과한다(처한다).
- 소방본부장, 소방서장 또는 소방대장은 화재 진압 등 소방활동을 위하여 필요할 때에는 소방용수 외에 댐·저수지 또는 수영장 등의 물을 사용하거나 수도의 개폐장치 등을 조작할 수 있으나 이를 위반하여 정당한 사유 없이 물의 사용이나 수도의 개폐장치의 사용 또는 조작을 하지 못하게 하거나 방해한 자는 (다)만원 이하의 (라)을/를(에) 부과한다(처한다).

	가	나	다	라
①	100	과태료	500	벌금
②	100	벌금	500	과태료
③	500	과태료	100	벌금
④	500	벌금	100	과태료

007 「소방의 화재조사에 관한 법률」 및 같은 법 시행령상 화재조사 사항에 해당하는 것으로 <보기>에서 모두 고른 것은?

<보기>
ㄱ. 화재조사 증거물 수집에 관한 사항
ㄴ. 소방시설 등의 설치·관리에 관한 사항
ㄷ. 화재안전조사의 실시 결과에 관한 사항
ㄹ. 화재현장 보존조치 및 통제구역 설정에 관한 사항

① ㄱ, ㄴ
② ㄴ, ㄷ
③ ㄱ, ㄷ, ㄹ
④ ㄴ, ㄷ, ㄹ

008 「소방의 화재조사에 관한 법률」 및 같은 법 시행규칙상 화재조사 결과의 공표에 관한 설명으로 옳은 것은?

① 화재조사 결과의 공표는 관보에 공고하거나, 「신문 등의 진흥에 관한 법률」에 따른 신문 또는 「방송법」에 따른 방송을 이용하는 등 일반인이 쉽게 알 수 있는 방법으로 한다.
② 소방관서장은 화재조사 결과를 공표하는 경우 수사가 진행 중이거나 수사의 필요성이 인정되는 경우에는 관계 수사기관의 장과 공표 여부에 관하여 사전에 협의하여야 한다.
③ 소방관서장이 국민이 유사한 화재로부터 피해를 입지 않도록 하기 위하여 화재조사 결과를 공표하는 경우, 공표의 범위·방법 및 절차 등에 관하여 필요한 사항은 대통령령으로 정한다.
④ 소방관서장은 사회적 관심이 집중되어 국민의 알 권리 충족 등 공공의 이익을 위해 필요한 경우와 소방정책에 활용하기 위해 과학적·전문적인 화재조사가 필요한 경우에는 화재조사 결과를 공표하여야 한다.

009 「소방의 화재조사에 관한 법률」 및 같은 법 시행령, 시행규칙상 화재조사 증거물 수집 등에 관한 설명으로 옳지 않은 것은?

① 화재조사 증거물을 수집하는 경우 증거물의 수집과정을 사진 촬영 또는 영상 녹화의 방법으로 기록해야 한다.
② 소방관서장은 화재조사를 위하여 필요한 최소한의 범위에서 화재조사관에게 증거물을 수집하여 검사·시험·분석 등을 하게 할 수 있다.
③ 소방관서장은 수집한 증거물이 화재와 관련이 없다고 인정되는 경우와 화재조사가 완료되는 등 증거물을 보관할 필요가 없게 된 경우에는 증거물을 반환할 수 있다.
④ 소방관서장은 화재조사를 위하여 필요한 경우 증거물을 수집하여 검사·시험·분석 등을 할 수 있다. 다만, 범죄수사와 관련된 증거물인 경우에는 수사기관의 장과 협의하여 수집할 수 있다.

010 「소방의 화재조사에 관한 법률」 및 같은 법 시행령, 시행규칙상 (   ) 안에 들어갈 수의 합으로 옳은 것은?

> • 소방관서장은 화재조사의 필요성으로 관계인등의 출석을 요구하려면 출석일 (   )일 전까지 출석 일시와 장소 등을 관계인등에게 알려야 한다.
> • 소방청장이 화재조사에 관한 시험을 실시하는 경우에는 시험의 과목·일시·장소 및 응시 자격·절차 등을 시험 실시 (   )일 전까지 소방청의 인터넷 홈페이지에 공고해야 한다.
> • 소방청장은 화재감정기관 지정 절차에서 화재감정기관 지정신청서 또는 첨부서류에 보완이 필요하다고 판단되면 (   )일 이내의 기간을 정하여 보완을 요구할 수 있다.

① 40 ② 43
③ 47 ④ 50

011 「소방시설공사업법」 및 같은 법 시행령, 시행규칙상 공사업자가 착공신고 후 변경신고를 하여야 하는 행정안전부령으로 정하는 중요한 사항에 해당하지 않는 것은?

① 시공자
② 소방공사 감리원
③ 설치되는 소방시설의 종류
④ 책임시공 및 기술관리 소방기술자

012 「소방시설공사업법」 및 같은 법 시행규칙상 소방시설업의 위반사항에 따른 2차 행정처분 기준이 같은 것만을 <보기>에서 모두 고른 것은? (단, 일반기준에 따른 처분의 가중 및 감경은 고려하지 않는다.)

<보기>
ㄱ. 도급받은 소방시설의 설계를 하도급한 경우
ㄴ. 동일한 특정소방대상물에 대한 시공과 감리를 함께한 경우
ㄷ. 공사업자가 시공능력 평가에 관한 서류를 거짓으로 제출한 경우
ㄹ. 관계 공무원이 특정소방대상물에 출입하여 시설 등을 검사하고자 할 때 정당한 사유 없이 관계 공무원의 출입을 방해한 경우

① ㄱ, ㄴ
② ㄷ, ㄹ
③ ㄱ, ㄷ, ㄹ
④ ㄴ, ㄷ, ㄹ

013 「소방시설공사업법」 및 같은 법 시행규칙상 소방시설공사 시공능력평가신청서에 첨부하여야 하는 서류로 옳지 않은 것은?

① 국가 또는 지방자치단체가 발주한 국내 소방시설공사의 경우: 소득세법령에 따른 계산서(공급자 보관용) 사본
② 공사업자의 자기수요에 따른 소방시설공사의 경우: 그 공사의 감리자가 확인한 별지 서식에 따른 소방시설공사 실적증명서
③ 주한국제연합군으로부터 도급받은 소방시설공사의 경우: 거래하는 외국환은행이 발행한 외화입금증명서 및 도급계약서 사본
④ 해외 소방시설공사의 경우: 재외공관장이 발행한 해외공사 실적증명서 또는 공사계약서 사본이 첨부된 외국환은행이 발행한 외화입금증명서

014 「화재의 예방 및 안전관리에 관한 법률」 및 같은 법 시행령상 화재의 예방 및 안전관리 기본계획 등의 수립·시행에 관한 설명이다. 'ㄱ, ㄴ'에 들어갈 내용으로 옳은 것은?

- 소방청장은 화재예방정책을 체계적·효율적으로 추진하고 이에 필요한 기반 확충을 위하여 화재의 예방 및 안전관리에 관한 기본계획을 (ㄱ)년마다 수립·시행하여야 한다.
- 소방청장은 기본계획을 시행하기 위한 계획을 계획 시행 전년도 (ㄴ)까지 수립해야 한다.

	ㄱ	ㄴ
①	5	10월 31일
②	5	12월 31일
③	7	10월 31일
④	7	12월 31일

015 「화재의 예방 및 안전관리에 관한 법률」 및 같은 법 시행령상 화재안전조사를 효율적으로 실시하기 위하여 합동으로 조사반을 편성할 수 있는 기관으로 옳지 않은 것은? (단, 소방청장이 정하여 고시하는 소방 관련 법인 또는 단체는 제외한다.)

① 「소방기본법」에 따른 한국소방안전원
② 「소방시설공사업법」에 따른 한국소방시설협회
③ 「소방산업의 진흥에 관한 법률」에 따른 한국소방산업기술원
④ 「화재로 인한 재해보상과 보험가입에 관한 법률」에 따른 한국화재보험협회

016 「화재의 예방 및 안전관리에 관한 법률」 및 같은 법 시행령상 소방안전관리업무의 전담이 필요한 소방안전관리대상물에 해당하지 않는 것은? (단, 다른 법령에 특별한 규정이 있는 경우는 제외한다.)

① 지상 60층인 아파트
② 지하 3층, 지상 12층인 백화점
③ 연면적 11만제곱미터인 국제공항
④ 가연성 가스 1백톤을 저장·취급하는 공장

017 「화재의 예방 및 안전관리에 관한 법률」 및 같은 법 시행령상 불특정 다수인이 이용하는 특정소방대상물의 근무자등에게 불시에 소방훈련과 교육을 실시할 수 있는 소방안전관리대상물을 <보기>에서 고른 것은? (단, 소방본부장 또는 소방서장이 소방훈련·교육이 필요하다고 인정하는 특정소방대상물은 제외한다.)

<보기>
ㄱ. 「소방시설 설치 및 관리에 관한 법률 시행령」에 따른 의료시설 중 한방병원
ㄴ. 「소방시설 설치 및 관리에 관한 법률 시행령」에 따른 수련시설 중 유스호스텔
ㄷ. 「소방시설 설치 및 관리에 관한 법률 시행령」에 따른 교육연구시설 중 특수학교
ㄹ. 「소방시설 설치 및 관리에 관한 법률 시행령」에 따른 교정시설 및 군사시설 중 교도소

① ㄱ, ㄷ ② ㄱ, ㄹ
③ ㄴ, ㄷ ④ ㄴ, ㄹ

018 「화재의 예방 및 안전관리에 관한 법률」 및 같은 법 시행령상 화재 등 재난이 발생할 경우 사회·경제적으로 피해가 큰 시설에 대하여 소방안전 특별관리를 하여야 하는 시설물 기준에 해당하지 않는 것은?

① 「도시가스사업법」에 따른 가스공급시설
② 「전통시장 및 상점가 육성을 위한 특별법」에 따른 전통시장으로서 점포가 500개 이상인 것
③ 「물류시설의 개발 및 운영에 관한 법률」에 따른 물류창고로서 연면적 1만5천제곱미터 이상인 것
④ 「영화 및 비디오물의 진흥에 관한 법률」에 따른 영화상영관 중 수용인원 1천명 이상인 영화상영관

019 「화재의 예방 및 안전관리에 관한 법률」 및 같은 법 시행령상 소방안전 특별관리시설물의 관계인은 화재의 예방 및 안전관리를 체계적·효율적으로 수행하기 위하여 화재예방안전진단을 받아야 한다. 화재예방안전진단의 범위에 해당하는 것만을 <보기>에서 고른 것은?

<보기>
ㄱ. 화재 위험성 평가에 관한 사항
ㄴ. 소방시설등의 유지·관리에 관한 사항
ㄷ. 화재안전 경영계획 수립과 시행에 관한 사항
ㄹ. 피난시설, 방화구획 및 방화시설의 관리에 관한 사항
ㅁ. 화재 등의 재난 발생 후 재발방지 대책의 수립 및 그 이행에 관한 사항

① ㄱ, ㄴ, ㅁ
② ㄱ, ㄷ, ㄹ
③ ㄴ, ㄷ, ㄹ
④ ㄴ, ㄹ, ㅁ

020 「화재의 예방 및 안전관리에 관한 법률」 및 같은 법 시행령, 시행규칙상 화재예방안전진단 실시 절차 등에 대한 설명으로 옳은 것은?

① 화재예방안전진단 결과에 따른 안전등급은 매우 우수, 우수, 양호, 보통, 미흡 및 불량으로 구분한다.
② 안전등급이 양호·보통인 경우 안전등급을 통보받은 날부터 5년이 경과한 날이 속하는 해의 다음 해에 화재예방안전진단을 받아야 한다.
③ 화재예방안전진단 신청을 받은 안전원 또는 진단기관은 위험요인 조사, 위험성 평가, 위험성 감소대책 수립의 절차에 따라 화재예방안전진단을 실시한다.
④ 소방안전 특별관리시설물의 관계인은 「건축법」에 따른 사용승인 또는 「소방시설공사업법」에 따른 완공검사를 받은 날부터 7년이 경과한 날이 속하는 해에 최초의 화재예방안전진단을 받아야 한다.

021 「화재의 예방 및 안전관리에 관한 법률」상 과태료 부과기준을 <보기>에서 찾아 옳게 짝지은 것은?

<보기>
ㄱ. 실무교육을 받지 아니한 소방안전관리자 및 소방안전관리보조자
ㄴ. 소방안전관리업무를 성실하게 수행할 수 있도록 지도·감독하지 아니한 소방안전관리대상물의 관계인
ㄷ. 피난유도 안내정보를 근무자 또는 거주자에게 정기적으로 제공하지 아니한 소방안전관리대상물의 관계인
ㄹ. 소방안전관리자 또는 소방안전관리보조자를 기간 내에 선임신고를 하지 아니한 소방안전관리대상물의 관계인
ㅁ. 소방훈련 및 교육을 한 날부터 30일 이내에 소방훈련 및 교육 결과를 행정안전부령으로 정하는 바에 따라 소방본부장 또는 소방서장에게 제출하지 아니한 소방안전관리대상물의 관계인

	300만원 이하 과태료	200만원 이하 과태료
①	ㄱ	ㄴ
②	ㄴ	ㄷ
③	ㄷ	ㄹ
④	ㄹ	ㅁ

022 「화재의 예방 및 안전관리에 관한 법률」 및 같은 법 시행령상 화재안전영향평가심의회의 위원이 될 수 있는 사람 중 옳지 않은 것은?

① 가스안전공사에서 화재안전 관련 업무를 수행하는 사람으로서 가스안전공사 사장이 추천하는 사람
② 소방청에서 화재안전 관련 업무를 수행하는 소방준감 이상의 소방공무원 중에서 소방청장이 지명하는 사람
③ 보건복지부에서 화재안전 관련 법령이나 정책을 담당하는 고위공무원단에 속하는 일반직공무원으로 보건복지부 장관이 지명한 사람
④ 「고등교육법」에 따른 학교 또는 이에 준하는 학교나 공인된 연구기관에서 조교수 이상의 직(職) 또는 이에 상당하는 직에 있거나 있었던 사람으로서 화재안전 또는 관련 법령이나 정책에 전문성이 있는 사람

023 「화재의 예방 및 안전관리에 관한 법률」 및 같은 법 시행령상 소방안전관리보조자의 인원기준에 따른 'ㄱ, ㄴ'의 최소 선임인원은?

> ㄱ. 「건축법 시행령」에 따른 아파트로서 920세대
> ㄴ. 「소방시설 설치 및 관리에 관한 법률」에 따른 판매시설로서 연면적 31,000제곱미터(단, 기타 조건은 제외한다.)

	ㄱ	ㄴ
①	3명	2명
②	3명	3명
③	5명	2명
④	5명	3명

024 「소방시설 설치 및 관리에 관한 법률」 및 같은 법 시행령상 간이스프링클러설비를 설치해야 하는 특정소방대상물의 기준으로 옳은 것은?

① 숙박시설로 사용되는 바닥면적의 합계가 300제곱미터 이상 600제곱미터 미만인 시설
② 교육연구시설 내에 합숙소로서 바닥면적 50제곱미터 이상인 경우에는 모든 층
③ 근린생활시설 중 조산원 및 산후조리원으로서 연면적 660제곱미터 미만인 시설
④ 의료시설 중 정신의료기관 또는 의료재활시설로 사용되는 바닥면적의 합계가 200제곱미터 이상 600제곱미터 미만인 시설

025 「소방시설 설치 및 관리에 관한 법률」 및 같은 법 시행규칙상 관리업자가 점검하는 경우 50층 이상 또는 성능위주설계를 한 특정소방대상물의 규모 등에 따른 점검인력의 배치로 옳은 것만을 <보기>에서 고른 것은?

> <보기>
> ㄱ. 주된 점검인력: 소방시설관리사 경력 5년인 특급점검자 1명
> ㄴ. 주된 점검인력: 소방시설관리사 경력 3년인 특급점검자 1명
> ㄷ. 보조 점검인력: 고급점검자 1명 및 중급점검자 1명
> ㄹ. 보조 점검인력: 고급점검자 1명 및 초급점검자 1명

① ㄱ, ㄷ
② ㄱ, ㄹ
③ ㄴ, ㄷ
④ ㄴ, ㄹ

026 「소방시설 설치 및 관리에 관한 법률」 및 같은 법 시행령상 임시소방시설의 종류와 설치기준으로 옳은 것은?

① 간이소화장치는 연면적 2천제곱미터 이상인 공사의 화재위험작업현장에 설치한다.
② 가스누설경보기는 바닥면적이 100제곱미터 이상인 지하층 또는 무창층의 화재위험작업현장에 설치한다.
③ 비상경보장치는 연면적 300제곱미터 이상인 공사의 화재위험작업현장에 설치한다.
④ 방화포는 용접·용단 등의 작업 시 발생하는 불티로부터 가연물이 점화되는 것을 방지해주는 천 또는 불연성 물품으로서 소방청장이 정하는 성능을 갖추고 있어야 한다.

027 「소방시설 설치 및 관리에 관한 법률」 및 같은 법 시행령상 방염성능기준으로 옳은 것은? (단, 소방청장이 정하여 고시하는 구체적인 방염성능기준은 제외한다.)

① 불꽃에 의하여 완전히 녹을 때까지 불꽃의 접촉 횟수는 2회 이상일 것
② 탄화한 면적은 50제곱센티미터 이내, 탄화한 길이는 30센티미터 이내일 것
③ 소방청장이 정하여 고시한 방법으로 발연량을 측정하는 경우 최대연기밀도는 500 이하일 것
④ 버너의 불꽃을 제거한 때부터 불꽃을 올리며 연소하는 상태가 그칠 때까지 시간은 20초 이내일 것

028 「소방시설 설치 및 관리에 관한 법률」 및 같은 법 시행령상 성능위주설계를 해야 하는 특정소방대상물의 범위에 해당하는 것은?

① 연면적 10만제곱미터 이상인 특정소방대상물
② 하나의 건축물에 영화상영관이 10개 이상인 특정소방대상물(다만, 대통령령으로 정하는 비상설상영장은 제외)
③ 50층 이상(지하층은 제외한다)이거나 지상으로부터 높이가 150미터 이상인 아파트
④ 철도 및 도시철도 시설로 연면적 2만제곱미터 이상인 특정소방대상물

029 「소방시설 설치 및 관리에 관한 법률」 및 같은 법 시행규칙상 차량용 소화기의 설치 또는 비치기준으로 옳은 것만을 <보기>에서 모두 고른 것은?

<보기>
ㄱ. 대형 이상의 특수자동차는 능력단위 2 이상인 소화기 1개 이상 또는 능력단위 1 이상인 소화기 2개 이상을 사용하기 쉬운 곳에 설치한다.
ㄴ. 중형 이하의 특수자동차는 능력단위 1 이상인 소화기 1개 이상을 사용하기 쉬운 곳에 설치한다.
ㄷ. 경형승합자동차는 능력단위 1 이상의 소화기 1개 이상을 사용하기 쉬운 곳에 설치 또는 비치한다.
ㄹ. 승용자동차는 능력단위 1 이상의 소화기 1개 이상을 사용하기 쉬운 곳에 설치 또는 비치한다.

① ㄱ, ㄴ
② ㄷ, ㄹ
③ ㄱ, ㄴ, ㄷ
④ ㄱ, ㄴ, ㄷ, ㄹ

030 「소방시설 설치 및 관리에 관한 법률」 및 같은 법 시행령상 특정소방대상물 중 근린생활시설에 해당하지 않는 것은?

① 의원, 치과의원, 한의원, 침술원, 접골원, 조산원, 산후조리원
② 단란주점은 같은 건축물에 해당 용도로 쓰는 바닥면적의 합계가 200제곱미터인 것
③ 의약품 판매소, 의료기기 판매소 및 자동차영업소로서 같은 건축물에 해당 용도로 쓰는 바닥면적의 합계가 500제곱미터인 것
④ 금융업소, 사무소, 부동산중개사무소, 결혼상담소 등 소개업소, 출판사, 서점, 그 밖에 이와 비슷한 것으로서 같은 건축물에 해당 용도로 쓰는 바닥면적의 합계가 300제곱미터인 것

031 「소방시설 설치 및 관리에 관한 법률」상 벌칙으로 옳은 것은?

① 소방용품에 대하여 형식승인의 변경승인을 받지 아니한 자는 3년 이하의 징역 또는 1천5백만원 이하의 벌금에 처한다.
② 소방시설에 폐쇄·차단 등의 행위를 한 자는 5년 이하의 징역 또는 5천만원 이하의 벌금에 처한다.
③ 방염성능의 검사를 위반하여 방염성능검사에 합격하지 아니한 물품에 합격표시를 하거나 합격표시를 위조하거나 변조하여 사용한 자는 500만원 이하의 벌금에 처한다.
④ 성능위주설계평가단의 업무를 수행하면서 알게 된 비밀을 이 법에서 정한 목적 외의 용도로 사용하거나 다른 사람 또는 기관에 제공하거나 누설한 자는 500만원 이하의 벌금에 처한다.

032 「소방시설 설치 및 관리에 관한 법률」상 특정소방대상물에 설치하는 소방시설의 관리 등에 관한 내용으로 옳은 것만을 <보기>에서 모두 고른 것은?

<보기>
ㄱ. 소방본부장이나 소방서장은 소방시설이 화재안전기준에 따라 설치·관리되고 있지 아니할 때에는 해당 특정소방대상물의 관계인에게 필요한 조치를 명할 수 있다.
ㄴ. 소방본부장이나 소방서장은 기존의 특정소방대상물이 증축되거나 용도변경되는 경우에는 대통령령으로 정하는 바에 따라 증축 또는 용도변경 당시의 소방시설의 설치에 관한 대통령령 또는 화재안전기준을 적용한다.
ㄷ. 소방본부장이나 소방서장은 특정소방대상물에 설치하여야 하는 소방시설 가운데 기능과 성능이 유사한 스프링클러설비, 물분무등소화설비, 비상경보설비 및 비상방송설비 등의 소방시설의 경우에는 대통령령으로 정하는 바에 따라 유사한 소방시설의 설치를 면제할 수 있다.
ㄹ. 소방본부장이나 소방서장은 대통령령 또는 화재안전기준이 변경되어 그 기준이 강화되는 경우 기존의 특정소방대상물(건축물의 신축·개축·재축·이전 및 대수선 중인 특정소방대상물을 포함한다)의 소방시설에 대하여는 변경 전의 대통령령 또는 화재안전기준을 적용한다. 다만, 자동화재탐지설비의 경우에는 대통령령 또는 화재안전기준의 변경으로 강화된 기준을 적용할 수 있다.

① ㄱ, ㄴ
② ㄴ, ㄷ
③ ㄱ, ㄷ, ㄹ
④ ㄱ, ㄴ, ㄷ, ㄹ

033 「소방시설 설치 및 관리에 관한 법률」상 소방용품의 형식승인 및 성능인증 등에 관한 설명으로 옳지 않은 것은?

① 형식승인을 받은 자는 그 소방용품에 대하여 소방청장이 실시하는 제품검사를 받아야 한다.
② 형식승인의 방법·절차 등과 제품검사의 구분·방법·순서·합격표시 등에 필요한 사항은 행정안전부령으로 정한다.
③ 하나의 소방용품에 성능인증 사항이 두 가지 이상 결합된 경우에는 해당 성능인증 시험을 일부 실시하고 하나의 성능인증을 할 수 있다.
④ 외국의 공인기관으로부터 인정받은 신기술 제품은 형식승인을 위한 시험 중 일부를 생략하여 형식승인을 할 수 있다.

034 「위험물안전관리법」상 제조소등의 위치·구조 또는 설비의 변경없이 취급하는 위험물의 품명을 변경하고자 할 때 시·도지사에게 신고하여야 하는 기준으로 옳은 것은?

① 변경한 날부터 14일 이내
② 변경한 날부터 30일 이내
③ 변경하고자 하는 날의 1일 전까지
④ 변경하고자 하는 날의 14일 전까지

035 「위험물안전관리법」 및 같은 법 시행령, 시행규칙상 <보기>의 옥외저장탱크의 주위에 보유하여야 하는 최소 공지의 너비로 옳은 것은?

<보기>
• 위험물의 종류: 제4류 위험물 중 제1석유류(비수용성)
• 저장하는 위험물의 최대수량: 400,000리터
• 기준에 적합한 물분무설비에 의한 방호조치 여부: 있음

① 2.5미터 ② 3.0미터
③ 4.5미터 ④ 9.0미터

036 「위험물안전관리법」 및 같은 법 시행령상 정기점검을 하여야 하는 제조소등에 해당하지 않는 것은?

① 지정수량의 10배의 위험물을 취급하는 제조소
② 지정수량의 100배의 위험물을 저장하는 옥내저장소
③ 지정수량의 150배의 위험물을 저장하는 옥외저장소
④ 지정수량의 5배의 위험물을 저장하는 이동탱크저장소

037 「위험물안전관리법」 및 같은 법 시행규칙상 소화난이도 등급 I의 제조소등에 해당하지 않는 것은?

① 일반취급소: 연면적 500제곱미터의 경우
② 옥내저장소: 처마높이가 6미터인 단층건물의 경우
③ 옥외탱크저장소: 지정수량의 100배의 고체위험물을 저장하는 경우
④ 암반탱크저장소: 지정수량의 100배의 고체위험물만을 저장하는 경우

038 「위험물안전관리법」 및 같은 법 시행령상 탱크시험자가 갖추어야 하는 필수장비의 종류에 해당하지 않는 것은?

① 자기탐상시험기
② 진공누설시험기
③ 초음파두께측정기
④ 영상초음파시험기

039 「위험물안전관리법」 및 같은 법 시행규칙상 과염소산을 운반하고자 수납할 때 그 운반용기의 외부에 표기해야 하는 주의사항으로 옳은 것만을 <보기>에서 모두 고른 것은? (다만, UN의 위험물 운송에 관한 권고에서 정한 기준 또는 소방청장이 정하여 고시하는 기준은 고려하지 않는다.)

<보기>
ㄱ. 가연물접촉주의   ㄷ. 화기엄금
ㅁ. 충격주의   ㄴ. 공기접촉엄금
ㄹ. 화기주의   ㅂ. 물기엄금

① ㄱ
② ㄴ, ㄷ
③ ㄷ, ㅁ
④ ㄱ, ㄹ, ㅁ, ㅂ

040 「위험물안전관리법」 및 같은 법 시행령, 시행규칙상 위험물의 품명이 제3류 위험물에 해당하는 것은?

① 질산구아니딘
② 염소화규소화합물
③ 아이오딘의 산화물
④ 염소화아이소사이아누르산

03 2024년 공채 기출문제

정답 및 해설 p. 94

001 「소방기본법」 및 같은 법 시행령상 과태료 부과기준으로 옳은 것은?

① 정당한 사유 없이 관계인의 소방활동 등에 따른 법을 위반하여 화재, 재난·재해, 그 밖의 위급한 상황을 소방본부, 소방서 또는 관계 행정기관에 알리지 아니한 관계인에게는 200만원 이하의 과태료를 부과한다.
② 소방자동차 전용구역에 차를 주차하거나 전용구역에의 진입을 가로막는 등의 방해행위를 한 자에게는 100만원 이하의 과태료를 부과한다.
③ 위반행위의 횟수에 따른 과태료의 가중된 부과기준은 최근 2년간 같은 위반행위로 과태료 부과처분을 받은 경우에 적용한다.
④ 위반행위자가 법 위반상태를 시정하거나 해소하기 위하여 노력한 사실이 인정되는 경우, 부과권자는 개별기준에 따른 과태료의 3분의 1 범위에서 그 금액을 줄여 부과할 수 있다.

002 「소방기본법」상 화재로 오인할 만한 우려가 있는 불을 피우거나 연막(煙幕) 소독을 하려는 자가 시·도의 조례로 정하는 바에 따라 관할 소방본부장 또는 소방서장에게 신고해야 하는 지역으로 옳지 않은 것은? (단, 각 시·도에서 별도로 정하는 지역은 제외한다)

① 공장·창고가 밀집한 지역
② 노후·불량 건축물이 밀집한 지역
③ 위험물의 저장 및 처리시설이 밀집한 지역
④ 석유화학제품을 생산하는 공장이 있는 지역

003 「소방기본법」 및 같은 법 시행규칙상 소방지원활동으로 옳지 않은 것은?

① 소방시설 오작동 신고에 따른 조치활동
② 낙하 등이 우려되는 고드름 등의 제거활동
③ 자연재해에 따른 제설 등 지원활동
④ 공연 등 각종 행사 시 사고에 대비한 근접대기 등 지원활동

004 「소방기본법 시행규칙」상 현장지휘훈련을 받아야 할 소방공무원의 계급으로 옳은 것은?

① 소방장
② 소방위
③ 소방준감
④ 소방총감

005 「소방시설공사업법 시행령」상 완공검사를 위한 현장확인 대상 특정소방대상물의 범위로 옳지 않은 것은?

① 스프링클러설비등이 설치되는 특정소방대상물
② 지하상가 및 「다중이용업소의 안전관리에 관한 특별법」에 따른 다중이용업소
③ 물분무등소화설비(호스릴 방식의 소화설비 제외)가 설치되는 특정소방대상물
④ 연면적 5천제곱미터 이상이거나 10층 이상인 특정소방대상물(아파트는 제외)

006 「소방시설공사업법 시행령」상 시·도지사가 소방시설업자협회에 위탁하는 업무로 옳은 것만을 <보기>에서 고른 것은?

<보기>
ㄱ. 소방시설업 등록신청의 접수 및 신청내용의 확인
ㄴ. 소방시설업 등록사항 변경신고의 접수 및 신고내용의 확인
ㄷ. 시공능력 평가 및 공시에 관한 업무
ㄹ. 소방시설업자의 지위승계 신고의 접수 및 신고내용의 확인
ㅁ. 소방시설업 휴업·폐업 또는 재개업 신고의 접수 및 신고내용의 확인
ㅂ. 방염처리능력 평가 및 공시에 관한 업무

① ㄱ, ㄴ, ㄹ, ㅁ
② ㄱ, ㄴ, ㅁ, ㅂ
③ ㄱ, ㄷ, ㄹ, ㅁ
④ ㄴ, ㄷ, ㄹ, ㅂ

007 「소방시설공사업법 시행령」상 상주공사감리를 해야 하는 대상으로 옳은 것만을 <보기>에서 고른 것은?

<보기>
ㄱ. 연면적 3만제곱미터인 의료시설
ㄴ. 지하층을 포함한 층수가 20층이고 1,000세대인 아파트
ㄷ. 연면적 1만제곱미터인 복합건축물
ㄹ. 연면적 2만제곱미터인 판매시설

① ㄱ, ㄴ
② ㄱ, ㄷ
③ ㄴ, ㄹ
④ ㄷ, ㄹ

008 「화재의 예방 및 안전관리에 관한 법률 시행령」상 화재예방안전진단 대상의 시설기준으로 옳지 않은 것은?

① 발전소 중 연면적이 5천제곱미터 이상인 발전소
② 항만시설 중 여객이용시설 및 지원시설의 연면적이 5천제곱미터 이상인 항만시설
③ 철도시설 중 역 시설의 연면적이 5천제곱미터 이상인 철도시설
④ 가스공급시설 중 가연성 가스 탱크의 저장용량의 합계가 30톤 이상이거나 저장용량이 10톤 이상인 가연성 가스 탱크가 있는 가스공급시설

009 「화재의 예방 및 안전관리에 관한 법률 시행령」상 불을 사용하는 설비의 관리기준에 관한 내용으로 옳은 것은?

① 경유·등유 등 액체 연료탱크는 보일러 본체로부터 수평거리 0.5미터 이상의 간격을 두어 설치한다.
② 화목(火木) 등 고체연료를 사용하는 연통의 배출구는 보일러 본체보다 1미터 이상 높게 설치한다.
③ 음식조리를 위하여 설치하는 설비의 경우, 열을 발생하는 조리기구로부터 0.15미터 이내의 거리에 있는 가연성 주요구조부는 단열성이 있는 불연재료로 덮어 씌운다.
④ 대통령령에서 규정한 사항 외에 화재 발생 우려가 있는 설비 또는 기구의 종류, 해당 설비 또는 기구의 위치·구조 및 관리와 화재 예방을 위하여 불을 사용할 때 지켜야 하는 사항은 행정안전부령으로 정한다.

010 「화재의 예방 및 안전관리에 관한 법률 시행령」상 건설현장 소방안전관리대상물에 관한 내용이다. ( ) 안에 들어갈 내용으로 옳은 것은?

- 신축·증축·개축·재축·이전·용도변경 또는 대수선을 하려는 부분의 연면적의 합계가 (ㄱ) 이상인 것
- 신축·증축·개축·재축·이전·용도변경 또는 대수선을 하려는 부분의 연면적이 (ㄴ) 이상인 것으로서 다음 각 목의 어느 하나에 해당하는 것
  가. 지하층의 층수가 2개 층 이상인 것
  나. 지상층의 층수가 (ㄷ) 이상인 것
  다. 냉동창고, 냉장창고 또는 냉동·냉장창고

	ㄱ	ㄴ	ㄷ
①	1만5천제곱미터	5천제곱미터	6층
②	1만5천제곱미터	5천제곱미터	11층
③	1만5천제곱미터	1만제곱미터	6층
④	1만제곱미터	5천제곱미터	11층

011 「화재의 예방 및 안전관리에 관한 법률」 및 같은 법 시행령, 시행규칙상 소방안전관리대상물 근무자 및 거주자 등에 대한 소방훈련 등에 관한 내용으로 옳지 않은 것은?

① 소방안전관리대상물의 관계인은 소방훈련과 교육을 연 1회 이상 실시해야 한다.
② 1급 소방안전관리대상물의 관계인은 소방훈련 및 교육을 한 날부터 30일 이내에 소방훈련 및 교육 결과를 행정안전부령으로 정하는 바에 따라 소방본부장 또는 소방서장에게 제출해야 한다.
③ 소방서장은 특급 소방안전관리대상물의 관계인으로 하여금 소방훈련과 교육을 소방기관과 합동으로 실시하게 할 수 있다.
④ 소방안전관리대상물의 관계인은 소방훈련과 교육을 실시했을 때에는 그 실시 결과를 소방훈련·교육 실시 결과 기록부에 기록하고, 이를 소방훈련 및 교육을 실시한 날부터 1년간 보관해야 한다.

012 「화재의 예방 및 안전관리에 관한 법률」 및 같은 법 시행규칙상 소방안전관리대상물의 관계인이 소방안전관리자를 선임한 경우 소방안전관리대상물의 출입자가 쉽게 알 수 있도록 게시해야 하는 사항으로 옳지 않은 것은?

① 소방안전관리자의 성명 및 선임일자
② 소방안전관리대상물의 명칭 및 등급
③ 소방안전관리대상물의 용도 및 수용인원
④ 소방안전관리자의 근무 위치(화재수신기 또는 종합방재실을 말한다)

013 「화재의 예방 및 안전관리에 관한 법률 시행령」상 소방공무원으로 9년간 근무한 경력자가 발급받을 수 있는 최상위의 소방안전관리자 자격으로 선임할 수 있는 소방안전관리대상물로 옳은 것은?

① 가연성 가스를 1천톤 이상 저장·취급하는 시설
② 지상으로부터 높이가 200미터 이상인 아파트
③ 지상으로부터 높이가 120미터 이상인 업무시설
④ 연면적이 10만제곱미터 이상인 의료시설

014 「위험물안전관리법 시행규칙」상 위험물의 저장기준에 관한 내용으로 옳지 않은 것은?

① 제3류 위험물 중 황린 그 밖에 물속에 저장하는 물품과 금수성물질은 동일한 저장소에서 저장하지 아니하여야 한다.
② 옥내저장소에서는 용기에 수납하여 저장하는 위험물의 온도가 55℃를 넘지 아니하도록 필요한 조치를 강구하여야 한다.
③ 옥외저장소에서 위험물을 수납한 용기를 선반에 저장하는 경우에는 10m 이하의 높이로 저장하여야 한다.
④ 보냉장치가 있는 이동저장탱크에 저장하는 아세트알데히드등 또는 디에틸에테르등의 온도는 당해 위험물의 비점 이하로 유지하여야 한다.

015 「위험물안전관리법 시행규칙」상 소화설비의 설치기준으로 옳지 않은 것은?

① 위험물은 지정수량의 10배를 1소요단위로 할 것
② 저장소의 건축물은 외벽이 내화구조인 것은 연면적 100㎡를 1소요단위로 할 것
③ 제조소등에 전기설비(전기배선, 조명기구 등은 제외한다)가 설치된 경우에는 당해 장소의 면적 100㎡마다 소형수동식소화기를 1개 이상 설치할 것
④ 옥내소화전은 제조소등의 건축물의 층마다 당해 층의 각 부분에서 하나의 호스접속구까지의 수평거리가 25m 이하가 되도록 설치할 것

016 「위험물안전관리법」 및 같은 법 시행령상 운송책임자의 감독 및 지원을 받아 운송해야 하는 위험물로 옳은 것은?

① 아세트알데히드
② 유기과산화물
③ 알킬리튬
④ 질산염류

017 「위험물안전관리법 시행규칙」상 위험물제조소에 저장 또는 취급하는 위험물에 따라 설치해야 하는 주의사항을 표시한 게시판의 내용으로 옳지 않은 것은?

① 제1류 위험물 중 알칼리금속의 과산화물 – 물기주의
② 제2류 위험물(인화성고체 제외) – 화기주의
③ 제3류 위험물 중 자연발화성물질 – 화기엄금
④ 제5류 위험물 – 화기엄금

018 「위험물안전관리법 시행규칙」상 인화성액체 위험물(이황화탄소를 제외한다)을 저장하는 옥외탱크저장소의 주위에 설치하는 방유제의 설치기준으로 옳지 않은 것은?

① 방유제는 높이 0.3m 이상 3m 이하로 할 것
② 방유제 내의 면적은 8만㎡ 이하로 할 것
③ 방유제 내의 간막이 둑은 흙 또는 철근콘크리트로 할 것
④ 높이가 1m를 넘는 방유제 및 간막이 둑의 안팎에는 방유제 내에 출입하기 위한 계단 또는 경사로를 약 50m마다 설치할 것

019 「위험물안전관리법 시행규칙」상 이동탱크저장소의 이동저장탱크 구조에 관한 설명이다. ( ) 안에 들어갈 내용으로 옳은 것은?

> 이동저장탱크는 그 내부에 (ㄱ)L 이하마다 (ㄴ)mm 이상의 강철판 또는 이와 동등 이상의 강도·내열성 및 내식성이 있는 금속성의 것으로 칸막이를 설치하여야 한다.

	ㄱ	ㄴ
①	3,000	1.6
②	4,000	1.6
③	3,000	3.2
④	4,000	3.2

020 「소방시설 설치 및 관리에 관한 법률 시행령」상 특정소방대상물의 간이스프링클러설비 설치면제 기준이다. ( ) 안에 들어갈 설비에 해당하지 않는 것은?

> 간이스프링클러설비를 설치해야 하는 특정소방대상물에 ( ), ( ) 또는 ( )를 화재안전기준에 적합하게 설치한 경우에는 그 설비의 유효범위에서 설치가 면제된다.

① 옥내소화전설비
② 스프링클러설비
③ 물분무소화설비
④ 미분무소화설비

021 「소방시설 설치 및 관리에 관한 법률 시행령」상 건축허가등의 동의대상물에 해당하지 않는 것은?

① 층수가 6층인 건축물
② 연면적 400제곱미터인 건축물
③ 지하층이 있는 건축물로서 바닥면적이 150제곱미터 이상인 층이 있는 것
④ 특정소방대상물 중 노유자(老幼者)시설로서 연면적 100제곱미터인 건축물

022 「소방시설 설치 및 관리에 관한 법률」 및 같은 법 시행령상 소방청장이 정하는 내진설계 기준에 맞게 설치해야 하는 소방시설로 옳은 것만을 나열한 것은?

① 옥내소화전설비, 옥외소화전설비
② 스프링클러설비, 간이스프링클러설비
③ 포소화설비, 이산화탄소소화설비
④ 연결송수관설비, 연결살수설비

023 「소방시설 설치 및 관리에 관한 법률 시행령」상 소화펌프 고장 등 대통령령으로 정하는 중대위반사항으로 옳지 않은 것은?

① 화재수신기의 고장으로 화재경보음이 자동으로 울리지 않거나 화재수신기와 연동된 소방시설의 작동이 불가능한 경우
② 소화배관 등이 폐쇄·차단되어 소화수(消火水) 또는 소화약제가 자동 방출되지 않는 경우
③ 소화용수설비 주변 불법 주정차로 인하여 화재를 진압하는 데 필요한 물을 공급하기 어려운 경우
④ 방화문 또는 자동방화셔터가 훼손되거나 철거되어 본래의 기능을 못 하는 경우

024 「소방의 화재조사에 관한 법률 시행령」상 화재감정기관의 지정기준에서 전문인력 중 주된 기술인력 기준으로 옳지 않은 것은?

① 국가기술자격의 직무분야 중 화재감식평가 분야의 기사 자격 취득 후 화재조사 관련 분야에서 5년 이상 근무한 사람
② 화재조사관 자격 취득 후 화재조사 관련 분야에서 5년 이상 근무한 사람
③ 이공계 분야의 박사학위 취득 후 화재조사 관련 분야에서 2년 이상 근무한 사람
④ 소방청장이 인정하는 화재조사 관련 국제자격증을 소지한 사람

025 「소방의 화재조사에 관한 법률」 및 같은 법 시행령상 화재정보를 수집·관리할 때 활용하는 국가화재정보시스템의 운영에 관한 설명으로 옳은 것은?

① 시·도지사는 화재예방과 소방활동에 활용할 수 있는 국가화재정보시스템을 구축해 운영하여야 한다.
② 국가화재정보시스템을 활용하여 수집·관리해야 하는 화재정보는 화재원인, 화재피해상황, 화재유형별 화재위험성에 관한 사항 등이다.
③ 화재정보의 수집·관리 및 활용 등에 필요한 사항은 행정안전부령으로 정한다.
④ 국가화재정보시스템의 운영 및 활용 등에 필요한 사항은 시·도의 조례로 정한다.

2024년 공채 시험(부록 제3회)의 전체 문항은 2024년 경채 시험(부록 제4회)의 일부 문항과 동일하게 출제되었습니다. 학습에 참고해 주시기 바랍니다.

04 2024년 경채 기출문제

정답 및 해설 p. 99

001 「소방기본법 시행규칙」상 소방신호의 종류 및 방법에 관한 내용으로 옳은 것은?

① 해제신호의 타종신호 방법은 난타이다.
② 훈련신호의 타종신호 방법은 연3타 반복이다.
③ 발화신호의 싸이렌신호 방법은 5초 간격을 두고 30초씩 3회이다.
④ 경계신호의 싸이렌신호 방법은 10초 간격을 두고 30초씩 3회이다.

002 「소방기본법」 및 같은 법 시행령상 과태료 부과기준으로 옳은 것은?

① 정당한 사유 없이 관계인의 소방활동 등에 따른 법을 위반하여 화재, 재난·재해, 그 밖의 위급한 상황을 소방본부, 소방서 또는 관계 행정기관에 알리지 아니한 관계인에게는 200만원 이하의 과태료를 부과한다.
② 소방자동차 전용구역에 차를 주차하거나 전용구역에의 진입을 가로막는 등의 방해행위를 한 자에게는 100만원 이하의 과태료를 부과한다.
③ 위반행위의 횟수에 따른 과태료의 가중된 부과기준은 최근 2년간 같은 위반행위로 과태료 부과처분을 받은 경우에 적용한다.
④ 위반행위자가 법 위반상태를 시정하거나 해소하기 위하여 노력한 사실이 인정되는 경우, 부과권자는 개별기준에 따른 과태료의 3분의 1 범위에서 그 금액을 줄여 부과할 수 있다.

003 「소방기본법」상 화재로 오인할 만한 우려가 있는 불을 피우거나 연막(煙幕) 소독을 하려는 자가 시·도의 조례로 정하는 바에 따라 관할 소방본부장 또는 소방서장에게 신고해야 하는 지역으로 옳지 않은 것은? (단, 각 시·도에서 별도로 정하는 지역은 제외한다)

① 공장·창고가 밀집한 지역
② 노후·불량 건축물이 밀집한 지역
③ 위험물의 저장 및 처리시설이 밀집한 지역
④ 석유화학제품을 생산하는 공장이 있는 지역

004 「소방기본법」상 소방박물관 등의 설립과 운영에 관한 내용이다. (　) 안에 들어갈 내용으로 옳은 것은?

- 소방의 역사와 안전문화를 발전시키고 국민의 안전의식을 높이기 위하여 (ㄱ)은/는 소방박물관을, (ㄴ)은/는 소방체험관을 설립하여 운영할 수 있다.
- 소방박물관의 설립과 운영에 필요한 사항은 (ㄷ)(으)로 정하고, 소방체험관의 설립과 운영에 필요한 사항은 (ㄷ)(으)로 정하는 기준에 따라 (ㄹ)(으)로 정한다.

	ㄱ	ㄴ	ㄷ	ㄹ
①	시·도지사	소방청장	행정안전부령	시·도의 조례
②	시·도지사	소방청장	시·도의 조례	행정안전부령
③	소방청장	시·도지사	시·도의 조례	행정안전부령
④	소방청장	시·도지사	행정안전부령	시·도의 조례

005 「소방기본법」 및 같은 법 시행규칙상 소방지원활동으로 옳지 않은 것은?

① 소방시설 오작동 신고에 따른 조치활동
② 낙하 등이 우려되는 고드름 등의 제거활동
③ 자연재해에 따른 제설 등 지원활동
④ 공연 등 각종 행사 시 사고에 대비한 근접대기 등 지원활동

006 「소방기본법 시행규칙」상 현장지휘훈련을 받아야 할 소방공무원의 계급으로 옳은 것은?

① 소방장　　　　　　　　　② 소방위
③ 소방준감　　　　　　　　④ 소방총감

007 「소방기본법」상 한국소방안전원의 업무에 관한 내용으로 옳지 않은 것은?

① 소방안전에 관한 국제협력
② 소방기술과 안전관리에 관한 각종 간행물 발간
③ 화재 예방과 안전관리의식 고취를 위한 대국민 홍보
④ 소방기술과 소방산업의 국외시장 개척에 관한 사업추진

008 「소방시설공사업법 시행령」상 완공검사를 위한 현장확인 대상 특정소방대상물의 범위로 옳지 않은 것은?

① 스프링클러설비등이 설치되는 특정소방대상물
② 지하상가 및 「다중이용업소의 안전관리에 관한 특별법」에 따른 다중이용업소
③ 물분무등소화설비(호스릴 방식의 소화설비 제외)가 설치되는 특정소방대상물
④ 연면적 5천제곱미터 이상이거나 10층 이상인 특정소방대상물(아파트는 제외)

009 「소방시설공사업법 시행령」상 시·도지사가 소방시설업자협회에 위탁하는 업무로 옳은 것만을 <보기>에서 고른 것은?

<보기>
ㄱ. 소방시설업 등록신청의 접수 및 신청내용의 확인
ㄴ. 소방시설업 등록사항 변경신고의 접수 및 신고내용의 확인
ㄷ. 시공능력 평가 및 공시에 관한 업무
ㄹ. 소방시설업자의 지위승계 신고의 접수 및 신고내용의 확인
ㅁ. 소방시설업 휴업·폐업 또는 재개업 신고의 접수 및 신고내용의 확인
ㅂ. 방염처리능력 평가 및 공시에 관한 업무

① ㄱ, ㄴ, ㄹ, ㅁ
② ㄱ, ㄴ, ㅁ, ㅂ
③ ㄱ, ㄷ, ㄹ, ㅁ
④ ㄴ, ㄷ, ㄹ, ㅂ

010 「소방시설공사업법」 및 같은 법 시행령상 소방시설설계에 관한 내용으로 옳지 않은 것은?

① 소방시설설계업을 등록한 자는 이 법이나 이 법에 따른 명령과 화재안전기준에 맞게 소방시설을 설계하여야 한다.
② 지방소방기술심의위원회의 심의를 거쳐 소방시설의 구조와 원리 등에서 특수한 특정소방대상물로 인정된 경우는 화재안전기준을 따르지 아니할 수 있다.
③ 소방기술사 2명을 기술인력으로 보유한 전문소방시설설계업을 등록한 자는 성능위주설계를 할 수 있다.
④ 일반소방시설설계업(기계분야)을 등록한 자는 위험물제조소등에 설치되는 기계분야 소방시설을 설계할 수 있다.

011 「소방시설공사업법」상 소방시설공사의 하자보수에 관한 설명이다. (   ) 안에 들어갈 내용으로 옳은 것은?

(ㄱ)은/는 정해진 기간에 소방시설의 하자가 발생하였을 때에는 공사업자에게 그 사실을 알려야 하며, 통보를 받은 공사업자는 (ㄴ)일 이내에 하자를 보수하거나 보수 일정을 기록한 하자보수계획을 (ㄱ)에게 (ㄷ)(으)로 알려야 한다.

	ㄱ	ㄴ	ㄷ
①	소방본부장 또는 소방서장	5	서면
②	감리업자	3	서면
③	관계인	5	구두
④	관계인	3	서면

012 「소방시설공사업법 시행령」상 상주 공사감리를 해야 하는 대상으로 옳은 것만을 <보기>에서 고른 것은?

<보기>
ㄱ. 연면적 3만제곱미터인 의료시설
ㄴ. 지하층을 포함한 층수가 20층이고 1,000세대인 아파트
ㄷ. 연면적 1만제곱미터인 복합건축물
ㄹ. 연면적 2만제곱미터인 판매시설

① ㄱ, ㄴ
② ㄱ, ㄷ
③ ㄴ, ㄹ
④ ㄷ, ㄹ

013 「화재의 예방 및 안전관리에 관한 법률」상 화재예방강화지구로 지정할 수 있는 지역으로 옳은 것만을 <보기>에서 있는 대로 고른 것은? (단, 소방관서장이 화재예방강화지구로 지정할 필요가 있다고 인정하는 지역은 제외한다)

<보기>
ㄱ. 시장지역
ㄴ. 목조건물이 밀집한 지역
ㄷ. 전력용 및 통신용 지하구가 있는 지역
ㄹ. 소방시설·소방용수시설 또는 소방출동로가 없는 지역
ㅁ. 「물류시설의 개발 및 운영에 관한 법률」 제2조 제6호에 따른 물류단지

① ㄱ, ㄴ, ㄷ
② ㄱ, ㄷ, ㄹ
③ ㄱ, ㄴ, ㄹ, ㅁ
④ ㄴ, ㄷ, ㄹ, ㅁ

014 「화재의 예방 및 안전관리에 관한 법률 시행령」상 화재예방안전진단 대상의 시설기준으로 옳지 않은 것은?

① 발전소 중 연면적이 5천제곱미터 이상인 발전소
② 항만시설 중 여객이용시설 및 지원시설의 연면적이 5천제곱미터 이상인 항만시설
③ 철도시설 중 역 시설의 연면적이 5천제곱미터 이상인 철도시설
④ 가스공급시설 중 가연성 가스 탱크의 저장용량의 합계가 30톤 이상이거나 저장용량이 10톤 이상인 가연성 가스 탱크가 있는 가스공급시설

015 「화재의 예방 및 안전관리에 관한 법률」상 용어의 정의로 옳지 않은 것은?

① "예방"이란 화재의 위험으로부터 사람의 생명·신체 및 재산을 보호하기 위하여 화재발생을 사전에 제거하거나 방지하기 위한 모든 활동을 말한다.
② "안전관리"란 화재로 인한 피해를 최소화하기 위한 예방, 대비, 대응 등의 활동을 말한다.
③ "화재예방안전진단"이란 화재가 발생할 경우 사회·경제적으로 피해 규모가 클 것으로 예상되는 소방대상물에 대하여 화재위험요인을 조사하고 그 위험성을 평가하여 개선대책을 수립하는 것을 말한다.
④ "화재안전조사"란 소방청장, 소방본부장 또는 소방서장이 화재원인, 피해상황, 대응활동 등을 파악하기 위하여 자료의 수집, 관계인등에 대한 질문, 현장 확인, 감식, 감정 및 실험 등을 하는 일련의 행위를 말한다.

016 「화재의 예방 및 안전관리에 관한 법률 시행령」상 불을 사용하는 설비의 관리기준에 관한 내용으로 옳은 것은?

① 경유·등유 등 액체 연료탱크는 보일러 본체로부터 수평거리 0.5미터 이상의 간격을 두어 설치한다.
② 화목(火木) 등 고체연료를 사용하는 연통의 배출구는 보일러 본체보다 1미터 이상 높게 설치한다.
③ 음식조리를 위하여 설치하는 설비의 경우, 열을 발생하는 조리기구로부터 0.15미터 이내의 거리에 있는 가연성 주요구조부는 단열성이 있는 불연재료로 덮어 씌운다.
④ 대통령령에서 규정한 사항 외에 화재 발생 우려가 있는 설비 또는 기구의 종류, 해당 설비 또는 기구의 위치·구조 및 관리와 화재 예방을 위하여 불을 사용할 때 지켜야 하는 사항은 행정안전부령으로 정한다.

017 「화재의 예방 및 안전관리에 관한 법률 시행령」상 화재의 확대가 빠른 특수가연물의 저장 및 취급 기준으로 옳은 것은? [단, 석탄·목탄류를 발전용(發電用)으로 저장하는 경우는 제외한다]

① 실외에 쌓아 저장하는 경우 쌓는 부분이 대지경계선, 도로 및 인접 건축물과 최소 6미터 이상 간격을 둘 것. 다만, 쌓는 높이보다 0.9미터 이상 높은 내화구조 벽체를 설치한 경우는 그렇지 않다.
② 실내에 쌓아 저장하는 경우 주요구조부는 불연재료 또는 준불연재료여야 하고, 다른 종류의 특수가연물과 같은 공간에 보관하지 않을 것. 다만, 방화구조의 벽으로 분리하는 경우는 그렇지 않다.
③ 쌓는 부분 바닥면적의 사이는 실내의 경우 1미터 또는 쌓는 높이의 1/2 중 큰 값 이상으로 간격을 둘 것
④ 쌓는 부분 바닥면적의 사이는 실외의 경우 3미터 또는 쌓는 높이의 1/2 중 큰 값 이상으로 간격을 둘 것

018 「화재의 예방 및 안전관리에 관한 법률 시행령」상 건설현장 소방안전관리대상물에 관한 내용이다. ( ) 안에 들어갈 내용으로 옳은 것은?

- 신축·증축·개축·재축·이전·용도변경 또는 대수선을 하려는 부분의 연면적의 합계가 (ㄱ) 이상인 것
- 신축·증축·개축·재축·이전·용도변경 또는 대수선을 하려는 부분의 연면적이 (ㄴ) 이상인 것으로서 다음 각 목의 어느 하나에 해당하는 것
  가. 지하층의 층수가 2개 층 이상인 것
  나. 지상층의 층수가 (ㄷ) 이상인 것
  다. 냉동창고, 냉장창고 또는 냉동·냉장창고

	ㄱ	ㄴ	ㄷ
①	1만5천제곱미터	5천제곱미터	6층
②	1만5천제곱미터	5천제곱미터	11층
③	1만5천제곱미터	1만제곱미터	6층
④	1만제곱미터	5천제곱미터	11층

019 「화재의 예방 및 안전관리에 관한 법률」 및 같은 법 시행령, 시행규칙상 소방안전관리대상물 근무자 및 거주자 등에 대한 소방훈련 등에 관한 내용으로 옳지 않은 것은?

① 소방안전관리대상물의 관계인은 소방훈련과 교육을 연 1회 이상 실시해야 한다.
② 1급 소방안전관리대상물의 관계인은 소방훈련 및 교육을 한 날부터 30일 이내에 소방훈련 및 교육 결과를 행정안전부령으로 정하는 바에 따라 소방본부장 또는 소방서장에게 제출해야 한다.
③ 소방서장은 특급 소방안전관리대상물의 관계인으로 하여금 소방훈련과 교육을 소방기관과 합동으로 실시하게 할 수 있다.
④ 소방안전관리대상물의 관계인은 소방훈련과 교육을 실시했을 때에는 그 실시 결과를 소방훈련·교육 실시 결과 기록부에 기록하고, 이를 소방훈련 및 교육을 실시한 날부터 1년간 보관해야 한다.

020 「화재의 예방 및 안전관리에 관한 법률」 및 같은 법 시행규칙상 소방안전관리대상물의 관계인이 소방안전관리자를 선임한 경우 소방안전관리대상물의 출입자가 쉽게 알 수 있도록 게시해야 하는 사항으로 옳지 않은 것은?

① 소방안전관리자의 성명 및 선임일자
② 소방안전관리대상물의 명칭 및 등급
③ 소방안전관리대상물의 용도 및 수용인원
④ 소방안전관리자의 근무 위치(화재수신기 또는 종합방재실을 말한다)

021 「화재의 예방 및 안전관리에 관한 법률 시행령」상 소방공무원으로 9년간 근무한 경력자가 발급받을 수 있는 최상위의 소방안전관리자 자격으로 선임할 수 있는 소방안전관리대상물로 옳은 것은?

① 가연성 가스를 1천톤 이상 저장·취급하는 시설
② 지상으로부터 높이가 200미터 이상인 아파트
③ 지상으로부터 높이가 120미터 이상인 업무시설
④ 연면적이 10만제곱미터 이상인 의료시설

022 「위험물안전관리법 시행규칙」상 위험물의 저장기준에 관한 내용으로 옳지 않은 것은?

① 제3류 위험물 중 황린 그 밖에 물속에 저장하는 물품과 금수성물질은 동일한 저장소에서 저장하지 아니하여야 한다.
② 옥내저장소에서는 용기에 수납하여 저장하는 위험물의 온도가 55℃를 넘지 아니하도록 필요한 조치를 강구하여야 한다.
③ 옥외저장소에서 위험물을 수납한 용기를 선반에 저장하는 경우에는 10m 이하의 높이로 저장하여야 한다.
④ 보냉장치가 있는 이동저장탱크에 저장하는 아세트알데히드등 또는 디에틸에테르등의 온도는 당해 위험물의 비점 이하로 유지하여야 한다.

023 「위험물안전관리법 시행규칙」상 소화설비의 설치기준으로 옳지 않은 것은?

① 위험물은 지정수량의 10배를 1소요단위로 할 것
② 저장소의 건축물은 외벽이 내화구조인 것은 연면적 100m²를 1소요단위로 할 것
③ 제조소등에 전기설비(전기배선, 조명기구 등은 제외한다)가 설치된 경우에는 당해 장소의 면적 100m²마다 소형수동식소화기를 1개 이상 설치할 것
④ 옥내소화전은 제조소등의 건축물의 층마다 당해 층의 각 부분에서 하나의 호스접속구까지의 수평거리가 25m 이하가 되도록 설치할 것

024 「위험물안전관리법」 및 같은 법 시행령상 운송책임자의 감독 및 지원을 받아 운송해야 하는 위험물로 옳은 것은?

① 아세트알데히드
② 유기과산화물
③ 알킬리튬
④ 질산염류

025 「위험물안전관리법 시행규칙」상 주유취급소의 고정주유설비 설치기준이다. (　) 안에 들어갈 내용으로 옳은 것은?

> 고정주유설비는 고정주유설비의 중심선을 기점으로 하여 도로경계선까지 (　)m 이상의 거리를 유지할 것

① 1
② 2
③ 3
④ 4

026 「위험물안전관리법 시행규칙」상 위험물제조소에 저장 또는 취급하는 위험물에 따라 설치해야 하는 주의사항을 표시한 게시판의 내용으로 옳지 않은 것은?

① 제1류 위험물 중 알칼리금속의 과산화물 — 물기주의
② 제2류 위험물(인화성고체 제외) — 화기주의
③ 제3류 위험물 중 자연발화성물질 — 화기엄금
④ 제5류 위험물 — 화기엄금

027 「위험물안전관리법 시행규칙」상 인화성액체 위험물(이황화탄소를 제외한다)을 저장하는 옥외탱크저장소의 주위에 설치하는 방유제의 설치기준으로 옳지 않은 것은?

① 방유제는 높이 0.3m 이상 3m 이하로 할 것
② 방유제 내의 면적은 8만m² 이하로 할 것
③ 방유제 내의 간막이 둑은 흙 또는 철근콘크리트로 할 것
④ 높이가 1m를 넘는 방유제 및 간막이 둑의 안팎에는 방유제 내에 출입하기 위한 계단 또는 경사로를 약 50m마다 설치할 것

028 「위험물안전관리법 시행규칙」상 탱크안전성능시험자가 변경사항을 신고해야 하는 중요사항으로 옳지 않은 것은?

① 영업소 소재지의 변경
② 기술능력의 변경
③ 보유장비의 변경
④ 상호 또는 명칭의 변경

029 「위험물안전관리법 시행규칙」상 이동탱크저장소의 이동저장탱크 구조에 관한 설명이다. ( ) 안에 들어갈 내용으로 옳은 것은?

> 이동저장탱크는 그 내부에 (ㄱ)L 이하마다 (ㄴ)mm 이상의 강철판 또는 이와 동등 이상의 강도·내열성 및 내식성이 있는 금속성의 것으로 칸막이를 설치하여야 한다.

	ㄱ	ㄴ
①	3,000	1.6
②	4,000	1.6
③	3,000	3.2
④	4,000	3.2

030 「소방시설 설치 및 관리에 관한 법률」 및 같은 법 시행령상 소방청장의 형식승인을 받아야 하는 소방용품으로 옳지 않은 것은?

① 분말자동소화장치
② 주거용 주방자동소화장치
③ 상업용 주방자동소화장치
④ 캐비닛형 자동소화장치

031 「소방시설 설치 및 관리에 관한 법률」 및 같은 법 시행령상 내용연수 설정대상 소방용품에 관한 설명이다. ( ) 안에 들어갈 내용으로 옳은 것은?

> 특정소방대상물의 관계인은 내용연수가 경과한 소방용품을 교체해야 한다. 이 경우 내용연수를 설정해야 하는 소방용품은 (ㄱ)를 사용하는 소화기로 하며, 내용연수는 (ㄴ)년으로 한다.

	ㄱ	ㄴ
①	분말형태의 소화약제	10
②	강화액 소화약제	10
③	분말형태의 소화약제	7
④	강화액 소화약제	7

032 「소방시설 설치 및 관리에 관한 법률 시행령」상 특정소방대상물의 간이스프링클러설비 설치면제 기준이다. ( ) 안에 들어갈 설비에 해당하지 않는 것은?

> 간이스프링클러설비를 설치해야 하는 특정소방대상물에 ( ), ( ) 또는 ( )를 화재안전기준에 적합하게 설치한 경우에는 그 설비의 유효범위에서 설치가 면제된다.

① 옥내소화전설비 ② 스프링클러설비
③ 물분무소화설비 ④ 미분무소화설비

033 「소방시설 설치 및 관리에 관한 법률 시행령」상 건축허가등의 동의대상물에 해당하지 않는 것은?

① 층수가 6층인 건축물
② 연면적 400제곱미터인 건축물
③ 지하층이 있는 건축물로서 바닥면적이 150제곱미터 이상인 층이 있는 것
④ 특정소방대상물 중 노유자(老幼者)시설로서 연면적 100제곱미터인 건축물

034 「소방시설 설치 및 관리에 관한 법률」 및 같은 법 시행령상 소방청장이 정하는 내진설계 기준에 맞게 설치해야 하는 소방시설로 옳은 것만을 나열한 것은?

① 옥내소화전설비, 옥외소화전설비
② 스프링클러설비, 간이스프링클러설비
③ 포소화설비, 이산화탄소소화설비
④ 연결송수관설비, 연결살수설비

035 「소방시설 설치 및 관리에 관한 법률 시행령」상 특정소방대상물 중 지하구에 관한 설명이다. ( ) 안에 들어갈 내용으로 옳은 것은?

> 전력·통신용의 전선이나 가스·냉난방용의 배관 또는 이와 비슷한 것을 집합 수용하기 위하여 설치한 지하 인공구조물로서 사람이 점검 또는 보수를 하기 위하여 출입이 가능한 것 중 다음의 어느 하나에 해당하는 것
> 1) 전력 또는 통신사업용 지하 인공구조물로서 전력구(케이블 접속부가 없는 경우는 제외한다) 또는 통신구 방식으로 설치된 것
> 2) 1) 외의 지하 인공구조물로서 폭이 (ㄱ)m 이상이고 높이가 (ㄴ)m 이상이며 길이가 (ㄷ)m 이상인 것

	ㄱ	ㄴ	ㄷ
①	1.2	1.5	50
②	1.2	1.5	100
③	1.8	2	50
④	1.8	2	100

036 「소방시설 설치 및 관리에 관한 법률 시행령」상 소화펌프 고장 등 대통령령으로 정하는 중대위반사항으로 옳지 않은 것은?

① 화재수신기의 고장으로 화재경보음이 자동으로 울리지 않거나 화재수신기와 연동된 소방시설의 작동이 불가능한 경우
② 소화배관 등이 폐쇄·차단되어 소화수(消火水) 또는 소화약제가 자동 방출되지 않는 경우
③ 소화용수설비 주변 불법 주정차로 인하여 화재를 진압하는 데 필요한 물을 공급하기 어려운 경우
④ 방화문 또는 자동방화셔터가 훼손되거나 철거되어 본래의 기능을 못 하는 경우

037 「소방의 화재조사에 관한 법률 시행령」상 화재감정기관의 지정기준에서 전문인력 중 주된 기술인력 기준으로 옳지 않은 것은?

① 국가기술자격의 직무분야 중 화재감식평가 분야의 기사 자격 취득 후 화재조사 관련 분야에서 5년 이상 근무한 사람
② 화재조사관 자격 취득 후 화재조사 관련 분야에서 5년 이상 근무한 사람
③ 이공계 분야의 박사학위 취득 후 화재조사 관련 분야에서 2년 이상 근무한 사람
④ 소방청장이 인정하는 화재조사 관련 국제자격증을 소지한 사람

038 「소방의 화재조사에 관한 법률 시행령」상 화재조사 절차로 옳지 않은 것은?

① 현장출동 중 조사 ② 화재현장 조사
③ 사전조사 ④ 정밀조사

039 「소방의 화재조사에 관한 법률 시행령」상 화재조사전담부서에 배치해야 하는 화재조사관의 최소 기준인원으로 옳은 것은?

① 1명 ② 2명
③ 3명 ④ 4명

040 「소방의 화재조사에 관한 법률」 및 같은 법 시행령상 화재정보를 수집·관리할 때 활용하는 국가화재정보시스템의 운영에 관한 설명으로 옳은 것은?

① 시·도지사는 화재예방과 소방활동에 활용할 수 있는 국가화재정보시스템을 구축해 운영하여야 한다.
② 국가화재정보시스템을 활용하여 수집·관리해야 하는 화재정보는 화재원인, 화재피해상황, 화재유형별 화재위험성에 관한 사항 등이다.
③ 화재정보의 수집·관리 및 활용 등에 필요한 사항은 행정안전부령으로 정한다.
④ 국가화재정보시스템의 운영 및 활용 등에 필요한 사항은 시·도의 조례로 정한다.

2026 대비 최신개정판

해커스소방
이영철
소방관계법규 단원별 기출문제집

개정 2판 1쇄 발행 2025년 9월 5일

지은이	이영철 편저
펴낸곳	해커스패스
펴낸이	해커스소방 출판팀

주소	서울특별시 강남구 강남대로 428 해커스소방
고객센터	1588-4055
교재 관련 문의	gosi@hackerspass.com
	해커스소방 사이트(fire.Hackers.com) 교재 Q&A 게시판
학원 강의 및 동영상강의	fire.Hackers.com

ISBN	979-11-7404-071-8 (13350)
Serial Number	02-01-01

저작권자 ⓒ 2025, 이영철

이 책의 모든 내용, 이미지, 디자인, 편집 형태는 저작권법에 의해 보호받고 있습니다.
서면에 의한 저자와 출판사의 허락 없이 내용의 일부 혹은 전부를 인용, 발췌하거나 복제, 배포할 수 없습니다.

소방공무원 1위,
해커스소방 fire.Hackers.com

해커스소방

· 해커스 스타강사의 **소방관계법규 무료 특강**
· **해커스소방 학원 및 인강**(교재 내 인강 할인쿠폰 수록)
· 정확한 성적 분석으로 약점 극복이 가능한 **소방 합격예측 온라인 모의고사**(교재 내 응시권 및 해설강의 수강권 수록)

한경비즈니스 선정 2024 한국품질만족도 교육(온·오프라인 소방학원) 부문 1위

해커스소방 인강
수강료 100% 환급 평생패스

소방 패스 자세히 보기

[환급] 환급신청 기간 내 조건 충족 및 신청 시 (교재비 환급대상 제외, 제세공과금 본인부담)
[연장] 신청기간 내 당해시험 불합격 인증 시, 1년씩 기간 연장 *상품 유의사항 필수 확인

공·경채 전 강좌 & 가산점 & 검정제 전 강좌
합격까지 평생 무제한 수강!

- 화학개론 조응수
- 소방관계법규 김진성
- 응급처치학 마성조
- 컴퓨터일반 곽후근
- 소방학/관계법규 이영철
- 소방학/관계법규 김정희
- 행정법 홍대겸
- 행정법 김대현

전 강사 & 전 강좌 무제한 수강

자격증/가산점 강의 무료 제공
지텔프 비비안
한능검 안지영

소방 합격 시 수강료 100% 환급

[환급] 환급신청 기간 내 조건 충족 및 신청 시
(교재비 환급대상 제외, 제세공과금 본인부담)

해커스소방 fire.Hackers.com
문의 1588-4055

2026 대비 최신개정판

해커스소방
**이영철
소방관계법규** 단원별 기출문제집

약점 보완 해설집

해커스소방

해커스소방
이영철
소방관계법규
단원별 기출문제집

약점 보완 해설집

PART 1 소방기본법

01 | 총칙

정답
p. 12

001	④	002	②	003	②	004	①	005	④
006	④	007	①	008	②	009	③	010	②
011	④	012	②	013	③	014	①	015	④
016	②	017	②	018	②	019	③		

001 용어의 정의 답 ④

㉠ 소방대상물
㉡ 관계지역
㉢ 관계인
㉣ 소방본부장
㉤ 소방대
㉥ 소방대장

📖 **개념플러스**
- 차량: 지하철, 도시철도 등은 차량이 아니다. 즉, 자동차만 의미한다.
- 한강유람선: 소방대상물에 해당된다. 소방은 수난구조대가 있음
- 선박구조물: 선박제조(선박을 만드는 곳).
- 산림: 산이나 숲
- 인공구조물: 굴뚝, 광고탑

002 소방대의 구성원 답 ②

소방대: 소방공무원, 의무소방원, 의용소방대원

(선지분석)
ㄱ. 소방안전관리자: 소방계획을 수립하고 소방안전을 교육하며 소방대상물관리 및 유지·보수한다.
  1. 특정소방대상물 소방안전관리자(특급, 1급, 2급, 3급)
  2. 건설현장 소방안전관리자
  3. 관리권한이 분리된 대상물 소방안전관리자[지하상가 등]
  4. 공공기관등 소방안전관리자[학교 등]
ㄷ. 자체소방대원
  1. 제조소 또는 일반취급소에서 취급하는 제4류 위험물의 최대수량의 합이 지정수량의 3천배 이상
  2. 옥외탱크저장소에 저장하는 제4류 위험물의 최대수량이 지정수량의 50만배 이상

ㅁ. 자위소방대원: 일반공장, 근린생활 등 화재 시 소방활동 또는 관리하는 직원들을 말한다.

📖 **개념플러스**
"소방대"(消防隊)란 화재를 진압하고 화재, 재난·재해, 그 밖의 위급한 상황에서 구조·구급 활동 등을 하기 위하여 다음 사람으로 구성된 조직체를 말한다.
1. 소방공무원[소방관]
2. 의무소방원[국방(병역)의 의무]
3. 의용소방대원[지역주민]

003 소방대장 답 ②

"소방대장"(消防隊長)이란 소방본부장 또는 소방서장 등 화재, 재난·재해, 그 밖의 위급한 상황이 발생한 현장에서 소방대를 지휘하는 사람을 말한다.

(선지분석)
① 관계인: 소유자, 관리자, 점유자
③ 소방대: 소방공무원, 의무소방원, 의용소방대원
④ 소방본부장: 시·도 화재예방·경계·진압·조사 및 구조·구급 등의 업무를 담당하는 부서의 장

004 용어의 정의 답 ①

(선지분석)
② 이웃 지역도 포함: 관계지역 – 소방대상물이 있는 장소 및 그 이웃 지역으로 화재의 예방·경계·진압, 구조·구급 등의 활동에 필요한 지역
③ 항해 중인 선박 제외: 소방대상물 – 건축물, 차량, 항구에 매어둔 선박(정박 중인), 선박건조구조물, 산림, 그 밖의 인공 구조물 또는 물건
④ 본부가 아닌 현장에서 지휘: 소방대장 – 소방본부장 또는 소방서장 등 화재, 재난·재해, 그 밖의 위급한 상황이 발생한 현장에서 소방대를 지휘하는 사람

005 용어의 정의 답 ④

"소방대"란 화재를 진압하고 화재, 재난·재해, 그 밖의 위급한 상황에서 구조·구급 활동 등을 하기 위하여 ① 소방공무원, ② 의무소방원, ③ 의용소방대원 사람으로 구성된 조직체를 말한다.

| 006 | 용어의 정의 | 답 ④ |

선지분석
① "관계지역"이란 소방대상물이 있는 장소 및 그 이웃 지역으로서 화재의 예방·경계·진압, 구조·구급 등의 활동에 필요한 지역을 말한다.
② "소방대장"(消防隊長)이란 소방본부장 또는 소방서장 등 화재, 재난·재해, 그 밖의 위급한 상황이 발생한 현장에서 소방대를 지휘하는 사람을 말한다.
③ "소방본부장"이란 특별시·광역시·특별자치시·도 또는 특별자치도(이하 "시·도"라 한다)에서 화재의 예방·경계·진압·조사 및 구조·구급 등의 업무를 담당하는 부서의 장을 말한다.

| 007 | 소방기관의 설치 등 | 답 ① |

시·도의 화재 예방·경계·진압 및 조사, 소방안전 교육·홍보와 화재, 재난·재해, 그 밖의 위급한 상황에서의 구조·구급 등의 업무[소방업무]를 수행하는 소방기관의 설치에 필요한 사항은 (대통령령)으로 정한다.

| 008 | 소방기관의 설치 | 답 ② |

「소방기본법」제3조【소방기관의 설치 등】① 시·도의 화재 예방·경계·진압 및 조사, 소방안전교육·홍보와 화재, 재난·재해, 그 밖의 위급한 상황에서의 구조·구급 등의 업무(이하 "소방업무"라 한다)를 수행하는 소방기관의 설치에 필요한 사항은 대통령령으로 정한다.
② 소방업무를 수행하는 소방본부장 또는 소방서장은 그 소재지를 관할하는 특별시장·광역시장·특별자치시장·도지사 또는 특별자치도지사(이하 "시·도지사"라 한다)의 지휘와 감독을 받는다.
③ 제2항에도 불구하고 소방청장은 화재 예방 및 대형 재난 등 필요한 경우 시·도 소방본부장 및 소방서장을 지휘·감독할 수 있다.
④ 시·도에서 소방업무를 수행하기 위하여 시·도지사 직속으로 소방본부를 둔다.

개념플러스
소방청 직속으로 소방본부를 두는 게 아니고 시·도지사 직속으로 소방본부를 둔다.

| 009 | 119종합상황실의 설치·운영권자 | 답 ③ |

119종합상황실 설치 및 운영권자: 소방청장, 소방본부장, 소방서장

개념플러스
- 119종합상황실 설치·운영: 소방청, 소방본부, 소방서
- 119종합상황실을 업무: 재난상황에 대한 정보수집, 분석 / 판단·전파, 상황관리 / 현장지휘, 조정·통제 등의 업무

| 010 | 119종합상활실의 설치 및 운영 목적 | 답 ② |

소방청장, 소방본부장 및 소방서장은 화재, 재난·재해, 그 밖에 구조·구급이 필요한 상황이 발생하였을 때에 신속한 소방활동(소방업무를 위한 모든 활동을 말한다. 이하 같다)을 위한 정보의 수집·분석과 판단·전파, 상황관리, 현장 지휘 및 조정·통제 등의 업무를 수행하기 위하여 119종합상황실을 설치·운영하여야 한다.

| 011 | 119종합상황실의 설치·운영 | 답 ④ |

선지분석
① 소방청과 특별시·광역시·특별자치시·도 또는 특별자치도의 소방본부 및 소방서에 각각 설치·운영하여야 한다.
② 소방청장, 소방본부장 또는 소방서장은 신속한 소방활동을 위한 정보를 수집·전파하기 위하여 119종합상황실에 「소방력 기준에 관한 규칙」에 의한 전산·통신요원을 배치하고, 소방청장이 정하는 유·무선통신시설을 갖추어야 한다.
③ 소방본부에 설치하는 119종합상황실에는 「지방자치단체에 두는 국가공무원의 정원에 관한 법률」에도 불구하고 대통령령으로 정하는 바에 따라 경찰공무원을 둘 수 있으며, 119종합상황실의 설치·운영에 필요한 사항은 행정안전부령으로 정한다.

| 012 | 소방기술민원센터의 설치·운영기준 | 답 ① |

1. 소방청장 및 본부장은 소방청 또는 소방본부에 각각 소방기술민원센터를 설치·운영한다.
2. 소방기술민원센터는 센터장을 포함하여 18명 이내로 구성한다.
3. 소방기술민원센터는 다음의 업무를 수행한다.
    ① 소방시설, 소방공사와 위험물 안전관리 등과 관련된 법령해석 등의 민원(이하 "소방기술민원"이라 한다)의 처리
    ② 소방기술민원과 관련된 질의회신집 및 해설서 발간
    ③ 소방기술민원과 관련된 정보시스템의 운영·관리
    ④ 소방기술민원과 관련된 현장 확인 및 처리
    ⑤ 그 밖에 소방기술민원과 관련된 업무로서 소방청장 또는 소방본부장이 필요하다고 인정하여 지시하는 업무

013 소방기술민원센터 답 ③

소방청장 또는 소방본부장은 소방기술민원센터의 업무수행을 위하여 필요하다고 인정하는 경우에는 관계 기관의 장에게 소속 공무원 또는 직원의 파견을 요청할 수 있다.

014 소방박물관 등의 설립과 운영 답 ①

소방의 역사와 안전문화를 발전시키고 국민의 안전 의식을 높이기 위하여 (가: 소방청장)은 소방박물관을, (나: 시·도지사)는 소방체험관(화재 현장에서의 피난 등을 체험할 수 있는 체험관을 말한다)을 설립하여 운영할 수 있다.

📄 **개념플러스**

소방박물관의 설립과 운영에 필요한 사항은 행정안전부령으로 정하고, 소방체험관의 설립과 운영에 필요한 사항은 행정안전부령으로 정하는 기준에 따라 시·도의 조례로 정한다.

015 소방박물관 등의 설립과 운영 답 ④

- 소방의 역사와 안전문화를 발전시키고 국민의 안전의식을 높이기 위하여 (ㄱ: 소방청장)은 소방박물관을, (ㄴ: 시·도지사)는 소방체험관(화재 현장에서의 피난 등을 체험할 수 있는 체험관을 말한다. 이하 이 조에서 같다)을 설립하여 운영할 수 있다.
- 소방박물관의 설립과 운영에 필요한 사항은 (ㄷ: 행정안전부령)으로 정하고, 소방체험관의 설립과 운영에 필요한 사항은 (ㄷ: 행정안전부령)으로 정하는 기준에 따라 (ㄹ: 시·도의 조례)로 정한다.

016 소방업무에 관한 종합계획의 수립·시행 답 ②

(가: 소방청장)은 화재, 재난·재해, 그 밖의 위급한 상황으로부터 국민의 생명·신체 및 재산을 보호하기 위하여 소방업무에 관한 종합계획을 (나: 5년)마다 수립·시행하여야 하고, 이에 필요한 재원을 확보하도록 노력하여야 한다.

📄 **개념플러스** 화재예방, 경계, 진압, 조사, 구조구급, 교육, 홍보 등

> **참고** 소방업무에 관한 종합계획, 세부계획, 세부계획추진실적 등의 평가

017 소방업무에 관한 종합계획의 수립·시행 답 ②

시·도지사는 관할 지역의 특성을 고려하여 종합계획의 시행에 필요한 세부계획을 매년 수립하여 소방청장에게 제출하여야 한다.

📄 **개념플러스**

종합계획에는 다음의 사항이 포함되어야 한다.
1. 소방서비스의 질 향상을 위한 정책의 기본방향
2. 소방업무에 필요한 체계의 구축, 소방기술의 연구·개발 및 보급
3. 소방업무에 필요한 장비의 구비
4. 소방전문인력 양성
5. 소방업무에 필요한 기반조성
6. 소방업무의 교육 및 홍보(제21조에 따른 소방자동차의 우선 통행 등에 관한 홍보를 포함한다)
7. 그 밖에 소방업무의 효율적 수행을 위하여 필요한 사항으로서 대통령령으로 정하는 사항
   ① 재난·재해 환경 변화에 따른 소방업무에 필요한 대응체계 마련
   ② 장애인, 노인, 임산부, 영유아 및 어린이 등 이동이 어려운 사람을 대상으로 한 소방 활동에 필요한 조치

018 소방업무 답 ②

- 종합계획 수립 및 시행자: 소방청장(5년), 전년도 10월 31일
- 종합계획의 시행에 필요한 세부계획: 시·도지사는 관할 지역의 특성을 고려하여 매년 수립하여 소방청장에게 제출(전년도 12월 31일)하여야 하며, 세부계획에 따른 소방업무를 성실히 수행한다.

019 소방 관련 시설 등의 설립 또는 설치 답 ③

선지분석
① 소방체험관: 행정안전부령으로 정하는 기준에 따라 시·도 조례
② 119종합상황실: 행정안전부령
④ 비상소화장치: 행정안전부령

02 | 소방장비 및 소방용수시설

정답
p. 18

001	②	002	④	003	③	004	③	005	①
006	④	007	②	008	③	009	①	010	②
011	①	012	①	013	①	014	②	015	④
016	④	017	④	018	①						

001 소방장비 등 국고보조 대상사업의 범위   답 ②

소방용수시설 설치는 국고보조 대상이 아니다.

📄 **개념플러스** 국고보조 대상사업 범위

1. 소방활동장비, 설비
   ① 소방자동차
   ② 소방헬리콥터 및 소방정
   ③ 소방전용통신설비 및 전산설비
   ④ 그 밖에 방화복 등 소방활동에 필요한 소방장비
2. 소방관서용 청사의 건축

참고
국가는 소방장비의 구입 등 시·도의 소방업무에 필요한 경비의 일부를 보조한다.

002 국고보조 대상사업 범위   답 ④

소방전기·기계설비 구입 및 설치는 해당하지 않는다.

📄 **개념플러스** 소방장비 등의 국고보조

1. 소방활동장비, 설비
   ① 소방자동차
   ② 소방헬리콥터 및 소방정
   ③ 소방전용통신설비 및 전산설비
   ④ 그 밖에 방화복 등 소방활동에 필요한 소방장비
2. 소방관서용 청사의 건축

003 소방장비 등에 대한 국고보조   답 ③

국가는 소방장비의 구입 등 시·도의 소방업무에 필요한 경비의 일부를 보조한다.

📄 **개념플러스**
- 소방기본법상 국고보조대상사업의 범위와 기준율에 대한 위임: 대통령령 정한다.
- 소방활동장비 및 설비의 종류와 규격에 대한 위임: 행정안전부령으로 정한다.
- 소방기본법 시행령 상 국고보조대상사업의 기준율에 대한 위임: 보조금 관리에 관한 법률 시행령 정한다.

004 소방력의 기준   답 ③

소방자동차 등 소방장비의 분류·표준화와 그 관리 등에 필요한 사항은 따로 법률에서 정한다. – 소방장비에 대한 법률이 있다.

선지분석
① 소방업무를 수행하는 데에 필요한 소방력에 관한 기준은 행정안전부령으로 정한다.
② 시·도지사는 소방력의 기준에 따라 관할구역의 소방력을 확충하기 위하여 필요한 계획을 수립하여 시행하여야 한다.
④ 국가는 소방장비의 구입 등 시·도의 소방업무에 필요한 경비의 일부를 보조하고, 보조 대상사업의 범위와 기준 보조율은 대통령령으로 정한다.

📄 **개념플러스**
- 일반적으로 ~관한 기준: 행정안전부령
- 불을 사용하는 설비에 관한 기준: 대통령령

005 소방활동장비의 종류와 규격   답 ①

구조정은 마력기준이 없다(「소방기본법 시행규칙」 별표 1).

📄 **개념플러스**

| 소방정 | 소방정 | 100톤 이상급, 50톤급 |
| | 구조정 | 30톤급 |

006 소방용수시설   답 ④

소방용수시설의 종류로는 소화전, 급수탑, 저수조가 있다.

📄 **개념플러스**

시·도지사는 소방활동에 필요한 소화전(消火栓)·급수탑(給水塔)·저수조(貯水槽)("소방용수시설"이라 한다)를 설치하고 유지·관리하여야 한다. 다만, 「수도법」 제45조에 따라 소화전을 설치하는 일반수도사업자는 관할 소방서장과 사전협의를 거친 후 소화전을 설치하여야 하며, 설치 사실을 관할 소방서장에게 통지하고, 그 소화전을 유지·관리하여야 한다.

참고 상수도소화용수설비
- 소방시설 중 소화용수설비의 종류이다.
- 관계인이 설치하고 유지·관리한다.

007 소방용수시설 및 비상소화장치   답 ②

시·도지사는 설치된 소방용수시설에 대하여 소방용수표지를 보기 쉬운 곳에 설치하여야 한다.

> 📄 **개념플러스**
> - 형식승인 및 제품검사의 기술기준: 의무사항 임
> - 성능인증 및 제품검사의 기술기준: 의무사항 아니며, 신청에 한한다.

비상소화장치 구성: 비상소화장치함, 소화전, 소방호스, 관창

008 비상소화장치함   답 ③

1. 비상소화장치함은 「소방시설 설치 및 관리에 관한 법률」에 따라 소방청장이 정하여 고시하는 성능인증 및 제품검사의 기술기준에 적합한 것으로 설치하여야 한다.
2. 소방호스 및 관창은 「소방시설 설치 및 관리에 관한 법률」 제37조 제5항에 따라 소방청장이 정하여 고시하는 형식승인 및 제품검사의 기술기준에 적합한 것으로 설치할 것

비상소화장치 구성: 비상소화장치함, 소화전, 소방호스, 관창

009 소방용수시설 설치 기준   답 ①

시·도지사는 소방활동에 필요한 소방용수시설을 설치하고 유지·관리하여야 하고, 「수도법」 제45조에 따라 소화전을 설치하는 일반수도사업자는 관할 소방서장과 사전협의를 거친 후 소화전을 설치하여야 하며, 설치 사실을 관할 소방서장에게 통지하고, 그 소화전은 일반수도사업자가 유지·관리하여야 한다.

> 📄 **개념플러스**
> 1. 「수도법」에 따라 소화전 설치 시 일반수도사업자가 유지·관리한다.
> 2. 소방용수시설 및 지리조사
>   ① 소방본부장 또는 소방서장: 월 1회 이상
>   ② 조사결과: 2년간 보관

<소화전>   <급수탑>

010 소방용수시설 및 지리조사   답 ②

지리조사는 소방대상물에 인접한 도로의 폭·교통상황, 도로주변의 토지의 고저·건축물의 개황을 포함한 소방활동에 필요한 사항이다.

> 📄 **개념플러스** 소방용수시설 및 지리조사
> 1. 소방본부장 또는 소방서장은 원활한 소방활동을 위하여 다음의 조사를 월 1회 이상 실시하여야 한다.
>   ① 법 제10조의 규정에 의하여 설치된 소방용수시설에 대한 조사
>   ② 소방대상물에 인접한 도로의 폭·교통상황, 도로주변의 토지의 고저·건축물의 개황 그 밖의 소방활동에 필요한 지리에 대한 조사
> 2. 조사결과는 전자적 처리가 불가능한 특별한 사유가 없으면 전자적 처리가 가능한 방법으로 작성·관리하여야 한다.
> 3. 조사결과를 2년간 보관하여야 한다.

| 011 | 저수조의 설치기준 | 답 ① |

지면으로부터의 낙차가 4.5미터 이하일 것

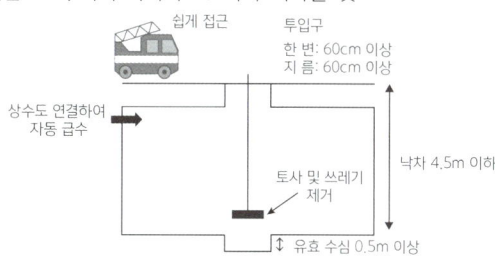

📄 개념플러스 저수조의 설치기준

1. 지면으로부터의 낙차가 4.5미터 이하일 것
2. 흡수부분의 수심이 0.5미터 이상일 것
3. 소방펌프자동차가 쉽게 접근할 수 있도록 할 것
4. 흡수에 지장이 없도록 토사 및 쓰레기 등을 제거할 수 있는 설비를 갖출 것
5. 흡수관의 투입구가 사각형의 경우에는 한 변의 길이가 60센티미터 이상, 원형의 경우에는 지름이 60센티미터 이상일 것.
6. 저수조에 물을 공급하는 방법은 상수도에 연결하여 자동으로 급수되는 구조일 것

| 012 | 소방용수표지 | 답 ① |

- 맨홀 뚜껑은 지름 (ㄱ: 648)밀리미터 이상의 것으로 할 것. 다만, 승하강식 소화전의 경우에는 이를 적용하지 않는다.
- 맨홀 뚜껑 부근에는 (ㄴ: 노란색) 반사도료로 폭 (ㄷ: 15) 센티미터의 선을 그 둘레를 따라 칠할 것

📄 개념플러스

맨홀 뚜껑에는 "소화전·주정차금지" 또는 "저수조·주정차금지"의 표시를 할 것

<승하강식 소화전>   <지하식 소화전>

| 013 | 소방용수표지 기준 | 답 ① |

지상에 설치하는 소화전, 저수조 또는 급수탑의 경우
- 안쪽 문자: 흰색(바깥쪽 문자: 노란색)
- 내측바탕: 붉은색
- 외측바탕: 파란색
- 반사재료를 사용할 것

📄 개념플러스

지상에 설치하는 소화전, 저수조 또는 급수탑 안쪽 문자는 흰색, 바깥쪽 문자는 노란색으로, 안쪽 바탕은 붉은색, 바깥쪽 바탕은 파란색으로 하고, 반사재료를 사용해야 한다.

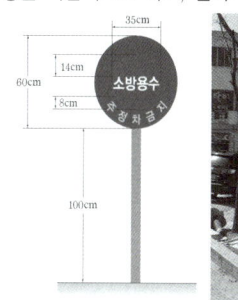 

| 014 | 소방용수시설의 설치기준 | 답 ② |

(선지분석)

① 소방용호스와 연결하는 소화전의 연결금속구의 구경은 65밀리미터로 할 것
③ 저수조에 물을 공급하는 방법은 상수도에 연결하여 자동으로 급수되는 구조일 것
④ 급수탑의 개폐밸브는 지상에서 1.5미터 이상 1.7미터 이하의 위치에 설치하도록 할 것

📄 개념플러스 소방용수시설의 설치기준

[공통기준]
1. 주거지역·상업지역 및 공업지역에 설치하는 경우: 소방대상물과의 수평거리를 100미터 이하
2. 가목 외의 지역에 설치하는 경우: 소방대상물과의 수평거리를 140미터 이하
   - 예 • 주거지역[주택], 상업지역[판매], 공업지역[공장]: 수평거리를 100미터 이하
     • 녹지지역[산림]: 수평거리를 140미터 이하

| 015 | 비상소화장치 설치 대상 지역 | 답 ④ |

모두 다 해당한다.

> **개념플러스** 비상소화장치 설치 대상 지역
>
> 1. 화재예방강화지구
>   ① 시장지역
>   ② 공장·창고가 밀집한 지역
>   ③ 목조건물이 밀집한 지역
>   ④ 노후·불량건축물이 밀집한 지역
>   ⑤ 위험물의 저장 및 처리 시설이 밀집한 지역
>   ⑥ 석유화학제품을 생산하는 공장이 있는 지역
>   ⑦ 산업단지
>   ⑧ 소방시설·소방용수시설 또는 소방출동로가 없는 지역
>   ⑨ 물류단지
>   ⑩ 그 밖에 ①부터 ⑨까지에 준하는 지역으로서 소방관서장이 화재예방강화지구로 지정할 필요가 있다고 인정하는 지역
> 2. 시·도지사가 법 제10조 제2항에 따른 비상소화장치의 설치가 필요하다고 인정하는 지역

| 016 | 소방업무의 응원 | 답 ④ |

시·도지사는 소방업무의 응원을 요청하는 경우를 대비하여 출동 대상지역 및 규모와 필요한 경비의 부담 등에 관하여 필요한 사항을 행정안전부령으로 정하는 바에 따라 이웃하는 시·도지사와 협의하여 미리 규약(規約)으로 정하여야 한다.

> **개념플러스** 소방업무의 응원
>
> - 요청자: 소방본부장, 소방서장
> - 요청대상: 소방활동상 긴급한 경우
> - 지휘권: 소방본부장, 소방서장(요청한 측)
> - 비용부담: 시도지사(요청한 측)

| 017 | 상호응원협정 | 답 ④ |

시·도지사는 소방업무를 요청하는 경우를 대비하여 출동 대상지역 및 규모와 필요한 경비의 부담 등에 관하여 필요한 사항을 행정안전부령으로 정하는 바에 따라 이웃하는 시·도지사와 협의하여 미리 규약으로 정하여야 한다.

> **개념플러스** 소방업무의 응원
>
> - 요청자: 소방본부장, 소방서장
> - 요청대상: 소방활동상 긴급한 경우
> - 지휘권: 소방본부장, 소방서장(요청한 측)
> - 비용부담: 시도지사(요청한 측)

| 018 | 소방력의 동원 | 답 ① |

(가: 소방청장)은 해당 시·도의 소방력만으로는 소방활동을 효율적으로 수행하기 어려운 화재, 재난·재해, 그 밖의 구조·구급이 필요한 상황이 발생하거나 특별히 국가적 차원에서 소방활동을 수행할 필요가 인정될 때에는 각 (나: 시·도지사)에게 행정안전부령으로 정하는 바에 따라 소방력을 동원할 것을 요청할 수 있다.

03 | 소방활동 등

정답
p. 24

001	④	002	①	003	②	004	③	005	②
006	③	007	①	008	②	009	①	010	②
011	③	012	③	013	②	014	②	015	②
016	②	017	②	018	②	019	②	020	④
021	②	022	②	023	②	024	②	025	③
026	④	027	④	028	②	029	②	030	④
031	①	032	③	033	②	034	④	035	①
036	③								

| 001 | 소방지원활동 | 답 ④ |

위해동물, 벌 등의 포획 및 퇴치활동은 생활안전활동에 해당한다.

> **개념플러스** 소방지원활동
>
> 소방청장·소방본부장 또는 소방서장은 소방지원활동을 하게 할 수 있다.
> 1. 산불에 대한 예방·진압 등 지원활동
> 2. 자연재해에 따른 급수·배수 및 제설 등 지원활동
> 3. 집회·공연 등 각종 행사 시 사고에 대비한 근접대기 등 지원활동
> 4. 화재, 재난·재해로 인한 피해복구 지원활동
> 5. 그 밖에 행정안전부령으로 정하는 활동
>   ① 군·경찰 등 유관기관에서 실시하는 훈련지원 활동
>   ② 소방시설 오작동 신고에 따른 조치활동
>   ③ 방송제작 또는 촬영 관련 지원활동

002 소방지원활동 — 답 ①

붕괴, 낙하 등이 우려되는 고드름 등의 제거활동은 생활안전활동이다.

> **개념플러스** 생활안전활동
>
> 소방청장·소방본부장 또는 소방서장은 생활안전활동을 하게 하여야 한다.
> 1. 붕괴, 낙하 등이 우려되는 고드름, 나무, 위험 구조물 등의 제거활동
> 2. 위해동물, 벌 등의 포획 및 퇴치 활동
> 3. 끼임, 고립 등에 따른 위험제거 및 구출 활동
> 4. 단전사고 시 비상전원 또는 조명의 공급
> 5. 그 밖에 방치하면 급박해질 우려가 있는 위험을 예방하기 위한 활동

003 소방지원활동 — 답 ②

낙하 등이 우려되는 고드름 등의 제거활동: 생활안전활동에 해당된다.

> **개념플러스** 소방지원활동
>
> 소방청장·소방본부장 또는 소방서장은 공공의 안녕질서 유지 또는 복리증진을 위하여 필요한 경우 소방활동 외에 다음의 활동(이하 "소방지원활동"이라 한다)을 하게 할 수 있다.
> 1. 산불에 대한 예방·진압 등 지원활동
> 2. 자연재해에 따른 급수·배수 및 제설 등 지원활동
> 3. 집회·공연 등 각종 행사 시 사고에 대비한 근접대기 등 지원활동
> 4. 화재, 재난·재해로 인한 피해복구 지원활동
> 5. 그 밖에 행정안전부령으로 정하는 활동
>   ① 군·경찰 등 유관기관에서 실시하는 훈련지원 활동
>   ② 소방시설 오작동 신고에 따른 조치활동
>   ③ 방송제작 또는 촬영 관련 지원활동

004 소방대의 생활안전활동 — 답 ③

③은 소방지원활동에 해당된다.

> **개념플러스** 생활안전활동
>
> 소방청장·소방본부장 또는 소방서장은 생활안전활동을 하게 하여야 한다.
> 1. 붕괴, 낙하 등이 우려되는 고드름, 나무, 위험 구조물 등의 제거활동
> 2. 위해동물, 벌 등의 포획 및 퇴치 활동
> 3. 끼임, 고립 등에 따른 위험제거 및 구출 활동
> 4. 단전사고 시 비상전원 또는 조명의 공급
> 5. 그 밖에 방치하면 급박해질 우려가 있는 위험을 예방하기 위한 활동

005 소방대의 생활안전활동 — 답 ②

소방시설 오작동 신고에 따른 조치활동은 소방지원활동이다.

006 생활안전활동 — 답 ③

생활안전활동의 종류(소방청장, 소방본부장, 소방서장)
- 붕괴, 낙하 등이 우려되는 고드름, 나무, 위험 구조물 등의 제거활동
- 위해동물, 벌 등의 포획 및 퇴치 활동
- 끼임, 고립 등에 따른 위험제거 및 구출 활동
- 단전사고 시 비상전원 또는 조명의 공급

참고
소방지원활동 – 자연재해 단수 시 물을 공급: 급수

007 소방지원활동과 생활안전활동 — 답 ①

구분	내용
소방지원활동 (소방청장, 소방본부장, 소방서장)	• 산불에 대한 예방·진압 등 지원활동 • 자연재해에 따른 급수·배수 및 제설 등 지원활동 • 집회·공연 등 각종 행사 시 사고에 대비한 근접대기 등 지원활동 • 화재, 재난·재해로 인한 피해복구 지원활동 • 그 밖에 행정안전부령으로 정하는 활동(군·경찰 등 유관기관 실시 훈련 지원 활동, 소방시설 오작동 신고 조치 활동, 방송제작 또는 촬영관련 지원 활동)
생활안전활동 (소방청장, 소방본부장, 소방서장)	• 붕괴, 낙하 등이 우려되는 고드름, 나무, 위험 구조물 등의 제거활동 • 위해동물, 벌 등의 포획 및 퇴치 활동 • 끼임, 고립 등에 따른 위험제거 및 구출 활동 • 단전사고 시 비상전원 또는 조명의 공급 • 그 밖에 방치하면 급박해질 우려가 있는 위험을 예방하기 위한 활동

008 현장지휘훈련 — 답 ②

소방공무원 중 다음의 계급에 있는 사람
1. 소방정
2. 소방령
3. 소방경
4. 소방위

009 소방안전에 관한 교육과 훈련 — 답 ①

「장애인복지법」 제58조에 따른 장애인복지시설에 거주하거나 해당 시설을 이용하는 장애인

개념플러스 소방교육 및 훈련

1. 소방청장, 소방본부장 또는 소방서장은 소방업무를 전문적이고 효과적으로 수행하기 위하여 소방대원에게 필요한 교육·훈련을 실시하여야 한다.
2. 소방청장, 소방본부장 또는 소방서장은 화재를 예방하고 화재 발생 시 인명과 재산피해를 최소화하기 위하여 다음 각 호에 해당하는 사람을 대상으로 행정안전부령으로 정하는 바에 따라 소방안전에 관한 교육과 훈련을 실시할 수 있다. 이 경우 소방청장, 소방본부장 또는 소방서장은 해당 어린이집·유치원·학교·장애인복지시설·아동복지시설의 장 또는 노인복지시설의 장과 교육일정 등에 관하여 협의하여야 한다.
   ① 「영유아보육법」 제2조에 따른 어린이집의 영유아
   ② 「유아교육법」 제2조에 따른 유치원의 유아
   ③ 「초·중등교육법」 제2조에 따른 학교의 학생
   ④ 「장애인복지법」 제58조에 따른 장애인복지시설에 거주하거나 해당 시설을 이용하는 장애인
   ⑤ 「아동복지법」 제52조에 따른 아동복지시설에 거주하거나 해당 시설을 이용하는 아동
   ⑥ 「노인복지법」 제31조에 따른 노인복지시설에 거주하거나 해당 시설을 이용하는 노인

---

010 소방안전교육사시험 응시자격   답 ②

ㄴ, ㄹ, ㅂ이 옳은 내용이다.

(선지분석)
ㄱ. 「영유아보육법」 제21조에 따라 보육교사 자격을 취득한 후 3년 이상의 보육업무 경력이 있는 사람
ㄷ. 「의료법」 제7조에 따라 간호사 면허를 취득한 후 간호업무 분야에 1년 이상 종사한 사람
ㅁ. 「소방공무원법」 제2조에 따른 소방공무원으로 3년 이상 근무한 경력이 있는 사람

개념플러스 소방안전교육사시험 응시자격

- 5년: 의용소방대
- 3년: 소방공무원(2주교육), 보육교사, 2급응급구조사, 2급소방안전관리자, 안전관리분야 산업기사
- 1년: 간호사, 1급응급구조사, 1급소방안전관리자, 안전관리분야 기사
- 년도 무관: 어린이집 원장, 교원자격증, 특급소방안전관리자, 소방시설관리사, 안전관리분야 기술사(위험물 기능장)

---

011 소방안전교육사   답 ③

초등학교 등 교육기관에는 소방안전교육사를 배치하지 않는다.

개념플러스 소방안전교육사 배치기준

배치대상	배치기준(단위: 명)
1. 소방청	2 이상
2. 소방본부	2 이상
3. 소방서	1 이상
4. 한국소방안전원	본회: 2 이상 시·도지부: 1 이상
5. 한국소방산업기술원	2 이상

---

012 소방안전교육사   답 ③

2급 응급구조사는 3년 경력이면 안전교육사가 될 수 있다.

참고 소방안전교육사 시험등

- 제1차 시험은 선택형을, 제2차 시험은 논술형을 원칙으로 한다. 다만, 제2차 시험에는 주관식 단답형 또는 기입형을 포함할 수 있다.
- 소방안전교육사시험은 2년마다 1회 시행함을 원칙으로 하되, 소방청장이 필요하다고 인정하는 때에는 그 횟수를 증감할 수 있다.

---

013 소방안전교육사의 배치대상별 배치기준   답 ④

소방안전교육사의 배치대상별 배치기준에 따르면 소방청 (가: 2)명 이상, 소방본부 (나: 2)명 이상, 소방서 (다: 1)명 이상이다.

개념플러스 소방안전교육사 배치기준

배치대상	배치기준(단위: 명)
1. 소방청	2 이상
2. 소방본부	2 이상
3. 소방서	1 이상
4. 한국소방안전원	본회: 2 이상 시·도지부: 1 이상
5. 한국소방산업기술원	2 이상

---

014 소방신호   답 ①

(선지분석)
② 발화신호: 타종은 난타와 사이렌은 5초 간격을 두고 30초씩 3회 → 사이렌은 5초 간격 5초씩 3회
③ 해제신호: 타종은 상당한 간격을 두고 1타씩 반복, 사이렌은 3분간 1회 → 사이렌은 1분간 1회

④ 훈련신호: 타종은 연 2타 반복, 사이렌은 10초 간격을 두고 1분씩 3회 → 타종은 연3타 반복

개념플러스 소방신호의 방법

신호방법 종별	타종신호	싸이렌신호	그밖의 신호
경계신호	1타와 연2타를 반복	5초 간격을 두고 30초씩 3회	"통풍대" "게시판" 통풍대 / 게시판 화재경보발령중
발화신호	난타	5초 간격을 두고 5초씩 3회	
해제신호	상당한 간격을 두고 1타씩 반복	1분간 1회	"기"
훈련신호	연3타 반복	10초 간격을 두고 1분씩 3회	

비고
1. 소방신호의 방법은 그 전부 또는 일부를 함께 사용할 수 있다.
2. 게시판을 철거하거나 통풍대 또는 기를 내리는 것으로 소방활동이 해제되었음을 알린다.
3. 소방대의 비상소집을 하는 경우에는 훈련신호를 사용할 수 있다.

---

015 소방신호의 종류 및 방법 답 ②

신호방법 종별	타종신호	싸이렌신호	그밖의 신호
경계신호	1타와 연2타를 반복	5초 간격을 두고 30초씩 3회	"통풍대" "게시판" 통풍대 / 게시판 화재경보발령중
발화신호	난타	5초 간격을 두고 5초씩 3회	
해제신호	상당한 간격을 두고 1타씩 반복	1분간 1회	"기"
훈련신호	연3타 반복	10초 간격을 두고 1분씩 3회	

1. 소방신호의 방법은 그 전부 또는 일부를 함께 사용할 수 있다.
2. 게시판을 철거하거나 통풍대 또는 기를 내리는 것으로 소방활동이 해제되었음을 알린다.
3. 소방대의 비상소집을 하는 경우에는 훈련신호를 사용할 수 있다.

---

016 화재 등의 통지 답 ①

화재로 오인할 만한 우려가 있는 불을 피우거나 연막(煙幕) 소독을 하려는 자는 시·도의 조례로 정하는 바에 따라 관할 소방본부장 또는 소방서장에게 신고하여야 한다.
- 시장지역
- 공장·창고가 밀집한 지역
- 목조건물이 밀집한 지역
- 위험물의 저장 및 처리시설이 밀집한 지역
- 석유화학제품을 생산하는 공장이 있는 지역
- 그 밖에 시·도의 조례로 정하는 지역 또는 장소

개념플러스 화재오인우려 행위 시

1. 조치: 사전신고. 미신고: 20만원 이하의 과태료
2. 신고처: 시·도의 조례로 정하는 바에 따라 소방본부장, 소방서장
3. 신고대상: 시장, 공장·창고, 목조, 위험물, 석유화학제품, 시·도 조례로 정하는 곳

---

017 화재 등의 통지 답 ②

노후·불량 건축물이 밀집한 지역은 해당사항 없다.
1. 화재 등의 통지: 화재 현장 또는 구조·구급이 필요한 사고 현장을 발견한 사람은 그 현장의 상황을 소방본부, 소방서 또는 관계 행정기관에 지체 없이 알려야 한다.
2. 다음의 어느 하나에 해당하는 지역 또는 장소에서 화재로 오인할 만한 우려가 있는 불을 피우거나 연막(煙幕) 소독을 하려는 자는 시·도의 조례로 정하는 바에 따라 관할 소방본부장 또는 소방서장에게 신고하여야 한다.
   - 시장지역
   - 공장·창고가 밀집한 지역
   - 목조건물이 밀집한 지역
   - 위험물의 저장 및 처리시설이 밀집한 지역
   - 석유화학제품을 생산하는 공장이 있는 지역
   - 그 밖에 시·도의 조례로 정하는 지역 또는 장소

---

018 소방자동차 전용구역 답 ②

전용구역에 주차하거나 전용구역에의 진입을 가로막는 등의 방해행위를 한 자에게는 100만원 이하의 과태료를 부과한다.

> 📄 **개념플러스** 소방자동차 전용구역
>
> 1. 설치자: 건축주.
> 2. 대상: 아파트(100세대 이상), 기숙사(3층 이상)
> 3. 제외: 하나의 대지에 하나의 동(棟)으로 구성되고 「도로교통법」 제32조 또는 제33조에 따라 정차 또는 주차가 금지된 편도 2차선 이상의 도로에 직접 접하여 소방자동차가 도로에서 직접 소방활동이 가능한 공동주택은 제외한다.
>
>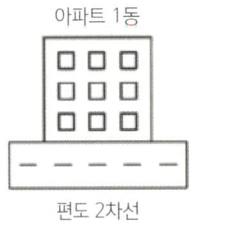
>
> 아파트 1동
> 편도 2차선

| **019** | 소방자동차 전용구역 방해행위의 기준 | 답 ② |

「주차장법」 제19조에 따른 부설주차장의 주차구획 내에 주차하는 행위
→ 부설주차장은 제외한다.

> 📄 **개념플러스**
>
> 전용구역의 앞면, 뒷면 또는 양 측면에 물건 등을 쌓거나 주차하는 행위. 다만, 「주차장법」 제19조에 따른 부설주차장의 주차구획 내에 주차하는 경우는 제외한다.

| **020** | 소방자동차의 우선 통행 | 답 ④ |

모든 차와 사람은 소방자동차가 화재진압을 위하여 사이렌을 사용하여 출동하는 경우 소방자동차의 우선 통행에 관하여는 「도로교통법」에서 정하는 바에 따른다.

| **021** | 소방자동차의 우선 통행 | 답 ② |

소방자동차의 우선통행에 관하여는 「도로교통법」에서 정하는 바에 따른다.

> 📄 **개념플러스**
>
> 1. 모든 차와 사람은 소방자동차(지휘를 위한 자동차와 구조·구급차를 포함한다)가 화재진압 및 구조·구급 활동을 위하여 출동을 할 때에는 이를 방해하여서는 아니 된다.
>   - 소방자동차 출동 방해: 5년 이하의 징역 또는 5천만원 이하의 벌금
> 2. 모든 차와 사람은 소방자동차가 화재진압 및 구조·구급 활동을 위하여 사이렌을 사용하여 출동하는 경우에는 다음의 행위를 하여서는 아니 된다.
>   ① 소방자동차에 진로를 양보하지 아니하는 행위
>   ② 소방자동차 앞에 끼어들거나 소방자동차를 가로막는 행위
>   ③ 그 밖에 소방자동차의 출동에 지장을 주는 행위
>   - 소방자동차 출동 지장: 200만원 이하의 과태료

| **022** | 소방자동차 전용구역의 설치 | 답 ② |

건축주는 소방자동차가 접근하기 쉽고 소방활동이 원활하게 수행될 수 있도록 공동주택의 각 동별 전면 또는 후면에 소방자동차 전용구역을 1개소 이상 설치하여야 한다.

전용구역의 설치 방법
- 외곽선 빗금무늬: 빗금두께 30센티미터, 빗금간격 50센티미터
- 색채: 황색. 백색: 문자 P, 소방차전용

| **023** | 소방자동차 전용구역의 설치 방법 | 답 ③ |

- 전용구역 노면표지의 외곽선은 빗금무늬로 표시하되, 빗금은 두께 (ㄱ: 30)센티미터로 하여 (ㄴ: 50)센티미터 간격으로 표시한다.
- 전용구역 노면표지 도료의 색채는 (ㄷ: 황색)을 기본으로 하되, 문자(P, 소방차 전용)는 백색으로 표시한다.

전용구역의 설치 방법
- 외곽선 빗금무늬: 빗금두께 30센티미터, 빗금간격 50센티미터
- 색채: 황색. 백색: 문자 P, 소방차전용

| **024** | 소방자동차 전용구역 방해 행위 | 답 ② |

부설주차장의 주차구획 내에 주차하는 경우는 제외한다.

> 📌 **개념플러스**
>
> 전용구역의 앞면, 뒷면 또는 양 측면에 물건 등을 쌓거나 주차하는 행위. 다만, 「주차장법」 제19조에 따른 부설주차장의 주차구획 내에 주차하는 경우는 제외한다.

025 소방자동차 전용구역   답 ③

선지분석

① 아파트 중 세대수가 100세대 이상인 아파트만 전용구역을 설치한다.
② 부설주차장의 주차구획 내에 주차하는 것은 전용구역 방해행위에 해당하지 않는다.
④ 공동주택의 건축주는 소방자동차가 접근하기 쉽고 소방활동이 원활하게 수행될 수 있도록 각 동별 전면 또는 후면에 소방자동차 전용구역(이하 "전용구역"이라 한다)을 1개소 이상 설치하여야 한다. 다만, 하나의 전용구역에서 여러 동에 접근하여 소방활동이 가능한 경우로서 소방청장이 정하는 경우에는 각 동별로 설치하지 아니할 수 있다.

026 소방자동차 교통안전분석 시스템 구축·운영   답 ④

1. 소방청장 및 소방본부장은 운행기록장치 데이터 중 과속, 급감속, 급출발 등의 운행기록을 점검·분석해야 한다.
2. 소방청장, 소방본부장 및 소방서장은 1.에 따른 분석 결과를 소방자동차의 안전한 소방활동 수행에 필요한 교통안전정책의 수립, 교육·훈련 등에 활용할 수 있다.

027 소방활동구역의 출입자   답 ④

소방대장이 소방 활동을 위하여 출입을 허가한 자가 출입할 수 있다.

> 📌 **개념플러스**   **소방 활동구역의 출입자**
>
> 1. 소방 활동구역 안에 있는 소방대상물의 소유자·관리자 또는 점유자
> 2. 전기·가스·수도·통신·교통의 업무에 종사하는 자로서 원활한 소방활동을 위하여 필요한 사람
> 3. 의사·간호사 그 밖의 구조·구급업무에 종사하는 사람
> 4. 취재인력 등 보도업무에 종사하는 사람
> 5. 수사업무에 종사하는 사람
> 6. 그 밖에 소방대장이 소방 활동을 위하여 출입을 허가한 사람
> ∨ 위반사항(소방활동구역의 설정에 출입): 200만원 이하의 과태료

028 소방활동구역의 출입자   답 ④

소방활동구역 안의 관계인만 소방활동구역에 출입할 수 있다.

> 📌 **개념플러스**   **소방 활동구역의 출입자**
>
> 1. 소방 활동구역 안에 있는 소방대상물의 소유자·관리자 또는 점유자
> 2. 전기·가스·수도·통신·교통의 업무에 종사하는 자로서 원활한 소방활동을 위하여 필요한 사람
> 3. 의사·간호사 그 밖의 구조·구급업무에 종사하는 사람
> 4. 취재인력 등 보도업무에 종사하는 사람
> 5. 수사업무에 종사하는 사람
> 6. 그 밖에 소방대장이 소방 활동을 위하여 출입을 허가한 사람
> ∨ 위반사항(소방활동구역의 설정에 출입): 200만원 이하의 과태료

029 소방활동 종사 명령   답 ③

소방활동에 종사한 사람은 시·도지사로부터 비용을 지급받는다.

> 📌 **개념플러스**   **소방활동 비용 지급의 예외**
>
> 소방활동에 종사한 사람은 시·도지사로부터 소방활동의 비용을 지급받을 수 있다. 다만, 다음의 어느 하나에 해당하는 사람의 경우에는 그러하지 아니하다.
> 1. 소방대상물에 화재, 재난·재해, 그 밖의 위급한 상황이 발생한 경우 그 관계인
> 2. 고의 또는 과실로 화재 또는 구조·구급 활동이 필요한 상황을 발생시킨 사람
> 3. 화재 또는 구조·구급 현장에서 물건을 가져간 사람

030 소방활동 비용 지급   답 ④

④는 비용지급의 제외 사항이다.

> 📌 **개념플러스**   **소방활동 비용 지급의 예외**
>
> 소방활동에 종사한 사람은 시·도지사로부터 소방활동의 비용을 지급받을 수 있다. 다만, 다음의 어느 하나에 해당하는 사람의 경우에는 그러하지 아니하다.
> 1. 소방대상물에 화재, 재난·재해, 그 밖의 위급한 상황이 발생한 경우 그 관계인
> 2. 고의 또는 과실로 화재 또는 구조·구급 활동이 필요한 상황을 발생시킨 사람
> 3. 화재 또는 구조·구급 현장에서 물건을 가져간 사람

| 031 | 소방활동에 필요한 처분 | 답 ① |

- 강제처분권자: 소방본부장, 소방서장 또는 소방대장
- 피난명령권자: 소방본부장, 소방서장 또는 소방대장
- 위험시설등에 대한 긴급조치권자: 소방본부장, 소방서장 또는 소방대장

| 032 | 강체처분 | 답 ① |

강제처분권자: 소방본부장, 소방서장 또는 소방대장

| 033 | 강제처분 | 답 ① |

강제처분은 소방본부장, 소방서장, 소방대장이 한다.

| 034 | 강제처분과 위험시설등에 대한 긴급조치 | 답 ④ |

④의 위험시설등에 대한 긴급조치는 소방본부장, 소방서장, 소방대장이 실시한다.

개념플러스 위험시설등에 대한 긴급조치

1. 소방본부장, 소방서장 또는 소방대장은 화재 진압 등 소방활동을 위하여 필요할 때에는 소방용수 외에 댐·저수지 또는 수영장 등의 물을 사용하거나 수도(水道)의 개폐장치 등을 조작할 수 있다.
2. 소방본부장, 소방서장 또는 소방대장은 화재 발생을 막거나 폭발 등으로 화재가 확대되는 것을 막기 위하여 가스·전기 또는 유류 등의 시설에 대하여 위험물질의 공급을 차단하는 등 필요한 조치를 할 수 있다.

| 035 | 소방대장의 권한 | 답 ① |

소방용수시설(소화전, 급수탑, 저수조)은 시·도지사가 유지·관리한다.

선지분석
② 소방본부장, 소방서장, 소방대장이 한다(강제처분).
③ 소방본부장, 소방서장, 소방대장이 한다(위험시설 긴급조치).
④ 소방본부장, 소방서장, 소방대장이 한다(종사명령).

| 036 | 권한 | 답 ③ |

화재위험 경보발령권자[화재예방법]: 소방관서장(소방청장, 소방본부장, 소방서장)

04 | 소방산업의 육성·진흥 및 지원등

정답 p. 35

| 001 | ② |

| 001 | 소방산업의 육성·진흥 및 지원 | 답 ② |

국가는 소방산업과 관련된 기술의 개발을 촉진하기 위하여 기술개발을 실시하는 자에게 그 기술개발에 드는 자금의 전부나 일부를 출연하거나 보조할 수 있다.

05 | 한국소방안전원

정답 p. 36

| 001 | ① | 002 | ④ | 003 | ④ |

| 001 | 한국소방안전원이 수행하는 업무 | 답 ① |

소방기술과 안전관리에 관한 인허가 업무는 안전원에서 수행하지 않는다.

개념플러스 한국소방안전원 업무

1. 소방기술과 안전관리에 관한 교육 및 조사·연구
2. 소방기술과 안전관리에 관한 각종 간행물 발간
3. 화재 예방과 안전관리의식 고취를 위한 대국민 홍보
4. 소방업무에 관하여 행정기관이 위탁하는 업무
5. 소방안전에 관한 국제협력
6. 그 밖에 회원에 대한 기술지원 등 정관으로 정하는 사항

| 002 | 한국소방안전원의 업무 | 답 ④ |

소방장비의 품질 확보, 품질 인증 및 신기술·신제품에 관한 인증 업무는 소방안전원의 업무가 아니다.
→ 한국소방산업기술원에서 실시한다.

| 003 | 한국소방안전원 | 답 ④ |

소방기술과 소방산업의 국외시장 개척에 관한 사업추진은 안전원업무에 해당사항 없다.

> 📄 **개념플러스** 안전원의 업무
>
> 1. 소방기술과 안전관리에 관한 교육 및 조사·연구
> 2. 소방기술과 안전관리에 관한 각종 간행물 발간
> 3. 화재 예방과 안전관리의식 고취를 위한 대국민 홍보
> 4. 소방업무에 관하여 행정기관이 위탁하는 업무
> 5. 소방안전에 관한 국제협력
> 6. 그 밖에 회원에 대한 기술지원 등 정관으로 정하는 사항

06 | 보칙

정답
p. 37

| 001 | ③ | 002 | ① | 003 | ④ | 004 | ② | 005 | ③ |

001 손실보상심의위원회 답 ③

위험물 또는 물건의 보관기간 경과 후 매각이나 폐기로 손실을 입은 자
→ 손실보상심의위원회의 심사 의결사항이 아니다.

선지분석

③ 안전한 장소로 옮긴다. → 공고기간[14일] → 공고기간종료 → 종료 다음날로부터 보관[7일] → 매각 또는 폐기 → 관계자 보상요구[협의보상]
∨ 소방관서장은 매각되거나 폐기된 옮긴물건등의 소유자가 보상을 요구하는 경우에는 보상금액에 대하여 소유자와의 협의를 거쳐 이를 보상해야 한다.

[손실보상]
- 기본법 - 소방청장, 시·도지사
- 화재예방법 - 소방관서장(소방청장, 소방본부장, 소방서장)

> 📄 **개념플러스** 소방청장 또는 시·도지사는 손실보상심의위원회의 심사·의결에 따라 정당한 보상
>
> 1. 생활안전활동에 따른 조치로 인하여 손실을 입은 자
> 2. 소방활동 종사 명령 전단에 따른 소방활동 종사로 인하여 사망 하거나 부상을 입은 자
> 3. 강제처분으로 인하여 손실을 입은 자. 다만, 같은 조 제3항에 해당하는 경우로서 법령을 위반하여 소방자동차의 통행과 소방활동에 방해가 된 경우는 제외한다.
> 4. 위험물시설(전기, 가스, 유류) 등에 대한 긴급조치에 따른 조치로 인하여 손실을 입은 자
> 5. 그 밖에 소방기관 또는 소방대의 적법한 소방업무 또는 소방활동으로 인하여 손실을 입은 자

002 손실보상 답 ①

- 손실보상을 청구할 수 있는 권리는 손실이 있음을 안 날부터 (가: 3)년, 손실이 발생한 날부터 (나: 5)년간 행사하지 아니하면 시효의 완성으로 소멸한다.
- 소방청장등은 손실보상심의위원회의 심사·의결을 거쳐 특별한 사유가 없으면 보상금 지급 청구서를 받은 날부터 (다: 60)일 이내에 보상금 지급 여부 및 보상 금액을 결정하여야 한다.
- 소방청장등은 결정일부터 (라: 10)일 이내에 행정안전부령으로 정하는 바에 따라 결정 내용을 청구인에게 통지하고, 보상금을 지급하기로 결정한 경우에는 특별한 사유가 없으면 통지한 날부터 (마: 30)일 이내에 보상금을 지급하여야 한다.

> **참고**
> 60일 이내: 보상금결정 → 10일 이내: 청구인 통지 → 30일 이내: 보상금 지급(예금계좌, 현금)

003 손실보상심의위원회 답 ④

소방활동에 방해가 되는 불법주차 차량을 제거하거나 이동시키는 처분으로 인하여 손실을 입은 자
→ 불법주차에 대해서는 손실보상하지 않는다.

> 📄 **개념플러스** 손실보상심의위원회의 심사 의결 사항
>
> 1. 생활안전활동 조치로 인한 손실 입은 자
> 2. 소방활동 종사로 인해 사망하거나 부상 입은 자
> 3. 강제처분 2항(긴급한 경우), 3항(정차된 차량 제거)에 의해 손실을 입은 자(다만, 법령을 위반하여 소방자동차의 통행과 소방활동에 방해가 된 경우는 제외한다)
> 4. 위험시설 등에 대한 긴급조치로 인해 손실을 입은 자
> 5. 그 밖에 소방업무 또는 소방활동으로 인하여 손실을 입은 자

004 손실보상 답 ②

- 소방청장등(소방청장, 시·도지사)은 손실보상심의위원회를 구성·운영할 수 있다.
- 손실보상심의위원회는 위원장 1명을 포함하여 5명 이상 7명 이하의 위원으로 구성한다. 다만, 청구금액이 100만원 이하인 사건에 대해서는 위원 3명으로만 구성할 수 있다.

> **참고**
> 60일 이내: 보상금결정 → 10일 이내: 청구인 통지 → 30일 이내: 보상금 지급(예금계좌, 현금)

005 소방활동 종사 사상자의 보상금액 등의 기준 답 ③

소방기본법 시행령 [별표 2의4]
소방활동 종사 사상자의 보상금액 등의 기준(제11조 제3항 관련)
1. 사망자의 보상금액 기준
   「의사상자 등 예우 및 지원에 관한 법률 시행령」 제12조 제1항에 따라 보건복지부장관이 결정하여 고시하는 보상금에 따른다.
2. 부상등급의 기준
   「의사상자 등 예우 및 지원에 관한 법률 시행령」 제2조 및 별표 1에 따른 부상범위 및 등급에 따른다.
3. 부상등급별 보상금액 기준
   「의사상자 등 예우 및 지원에 관한 법률 시행령」 제12조 제2항 및 별표 2에 따른 의상자의 부상등급별 보상금에 따른다.
4. 보상금 지급순위의 기준
   「의사상자 등 예우 및 지원에 관한 법률」 제10조의 규정을 준용한다.
5. 보상금의 환수 기준
   「의사상자 등 예우 및 지원에 관한 법률」 제19조의 규정을 준용한다.

07 | 벌칙

정답
p. 39

| 001 | ② | 002 | ④ | 003 | ① | 004 | ② | 005 | ③ |

001 벌금의 상한 답 ②

② 5년 이하의 징역 또는 5천만원 이하의 벌금

(선지분석)
①, ③, ④ 100만원 이하의 벌금

002 벌칙 기준 답 ④

피난명령 위반 시 100만원 이하의 벌금에 처한다.

003 과태료 부과대상 답 ①

500만원 이하의 과태료

(선지분석)
② 100만원 이하의 벌금
③ 5년 이하의 징역 또는 5천만원 이하의 벌금
④ 5년 이하의 징역 또는 5천만원 이하의 벌금

004 과태료 부과기준 답 ②

(선지분석)
① 500만원 이하의 과태료
③ 위반행위의 횟수에 따른 과태료의 가중된 부과기준은 최근 1년간 같은 위반행위로 과태료 부과처분을 받은 경우에 적용한다.
④ 부과권자는 다음의 어느 하나에 해당하는 경우에는 제2호의 개별기준에 따른 과태료의 2분의 1 범위에서 그 금액을 줄여 부과할 수 있다. 다만, 과태료를 체납하고 있는 위반행위자에 대해서는 그렇지 않다.
 • 위반행위가 사소한 부주의나 오류로 인한 것으로 인정되는 경우
 • 위반행위자가 법 위반상태를 시정하거나 해소하기 위하여 노력한 사실이 인정되는 경우
 • 위반행위자가 화재 등 재난으로 재산에 현저한 손실을 입거나 사업 여건의 악화로 그 사업이 중대한 위기에 처하는 등 사정이 있는 경우
 • 그 밖에 위반행위의 정도, 위반행위의 동기와 그 결과 등을 고려하여 감경할 필요가 있다고 인정되는 경우

005 벌칙 기준 답 ③

• 소방대상물에 화재, 재난·재해, 그 밖의 위급한 상황이 발생한 경우에는 소방본부, 소방서 또는 관계 행정기관에 지체 없이 알려야 하나 이를 위반하여 정당한 사유 없이 화재, 재난·재해, 그 밖의 위급한 상황을 소방본부, 소방서 또는 관계 행정기관에 알리지 아니한 관계인은 (가: 500만원) 이하의 (나: 과태료)를 부과한다(처한다).
• 소방본부장, 소방서장 또는 소방대장은 화재 진압 등 소방활동을 위하여 필요할 때에는 소방용수 외에 댐·저수지 또는 수영장 등의 물을 사용하거나 수도의 개폐장치 등을 조작할 수 있으나 이를 위반하여 정당한 사유 없이 물의 사용이나 수도의 개폐장치의 사용 또는 조작을 하지 못하게 하거나 방해한 자는 (다: 100만원) 이하의 (라: 벌금)을 부과한다(처한다).

PART 2 소방시설 설치 및 관리에 관한 법률

01 | 총칙

정답
p. 44

001	②	002	②	003	③	004	①	005	②
006	②	007	④	008	④	009	③	010	③
011	③	012	①	013	④	014	③	015	⑤
016	②

001 무창층의 개구부 요건   답 ②

내부 또는 외부에서 쉽게 열리는 구조여야 한다.

> **📄 개념플러스 무창층**
>
> 무창층이란 지상층 중 다음의 요건을 모두 갖춘 개구부(건축물에서 채광·환기·통풍 또는 출입 등을 위하여 만든 창·출입구, 그 밖에 이와 비슷한 것을 말한다. 이하 같다)의 면적의 합계가 해당 층의 바닥면적의 30분의 1 이하가 되는 층을 말한다.
> 1. 크기는 지름 50센티미터 이상의 원이 통과할 수 있을 것
> 2. 해당 층의 바닥면으로부터 개구부 밑부분까지의 높이가 1.2미터 이내일 것
> 3. 도로 또는 차량이 진입할 수 있는 빈터를 향할 것
> 4. 화재 시 건축물로부터 쉽게 피난할 수 있도록 창살이나 그 밖의 장애물이 설치되지 않을 것
> 5. 내부 또는 외부에서 쉽게 부수거나 열 수 있을 것
>
> **참고**
>
> | 개구부(창문 등) 조건 | 무창층 |
> | --- | --- |
> | (그림: 50cm 이상 원, 1.2m 이내, 바닥) 개구부(창, 출입구) 통해 피난 또는 구조
• 내부, 외부 쉽게 열 수 있을 것
• 열고 나가면 빈터 향할 것
• 쉽게 피난할 수 있도록 창살이나 장애물이 설치되지 않을 것 | 1. 지상층 가운데
2. 개구부의 면적의 합계가 해당 층의 바닥면적의 30분의 1 이하가 되는 층
예 지상층 바닥면적 300m²이라면 $300m^2 \times \dfrac{1}{30} = 10m^2$ 이하의 개구부(창문)이 있으면 무창층 |

002 무창층의 개구부 요건   답 ②

- 크기는 지름 (가: 50)센티미터 이상의 원이 (나: 통과)할 수 있는 크기일 것
- 해당 층의 바닥면으로부터 개구부 (다: 밑부분)까지의 높이가 (라: 1.2)미터 이내일 것

> **참고** 무창층 개구부
>
>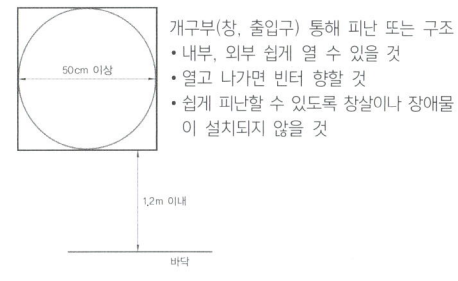
>
> 개구부(창, 출입구) 통해 피난 또는 구조
> • 내부, 외부 쉽게 열 수 있을 것
> • 열고 나가면 빈터 향할 것
> • 쉽게 피난할 수 있도록 창살이나 장애물이 설치되지 않을 것

003 피난구조설비   답 ③

시각경보기는 경보설비에 해당한다.

> **📄 개념플러스 피난구조설비**
>
> 화재가 발생할 경우 피난하기 위하여 사용하는 기구 또는 설비
> 1. **피난기구**: 피난사다리, 구조대, 완강기, 그 밖에 화재안전기준으로 정하는 것
> 2. **인명구조기구**: 방열복, 방화복, 공기호흡기, 인공소생기
> 3. **유도등**: 피난유도선, 피난구유도등, 통로유도등, 객석유도등, 유도표지
> 4. 비상조명등 및 휴대용비상조명등

004 인명구조기구   답 ①

구조대는 피난기구의 종류이다.

> **📄 개념플러스 피난구조설비**
>
> 화재가 발생할 경우 피난하기 위하여 사용하는 기구 또는 설비
> 1. **피난기구**: 피난사다리, 구조대, 완강기, 그 밖에 화재안전기준으로 정하는 것
> 2. **인명구조기구**: 방열복, 방화복, 공기호흡기, 인공소생기
> 3. **유도등**: 피난유도선, 피난구유도등, 통로유도등, 객석유도등, 유도표지
> 4. 비상조명등 및 휴대용비상조명등

005 근린생활시설   답 ②

단란주점은 150m² 미만일 때 근린생활시설로 분류한다. 150m² 이상은 위락시설로 분류한다.

(선지분석)

① 같은 건축물에 금융업소로 쓰는 바닥면적의 합계가 200제곱미터인 것
 → 500제곱미터 미만 - 근린생활시설
 → 500제곱미터 이상 - 업무시설
③ 같은 건축물에 골프연습장으로 쓰는 바닥면적의 합계가 450제곱미터인 것
 → 500제곱미터 미만 - 근린생활시설
 → 500제곱미터 이상 - 운동시설
④ 같은 건축물에 미용원으로 쓰는 바닥면적의 합계가 800제곱미터인 것 → 면적과 관계없이 근린생활시설

006 특정소방대상물의 분류   답 ②

(선지분석)

② • 단란주점은 바닥면적의 합계 150제곱미터 미만 근린생활시설
 • 단란주점은 바닥면적의 합계 150제곱미터 이상 위락시설
③ 의약품 판매소, 의료기기 판매소 및 자동차영업소로서 같은 건축물에 해당 용도로 쓰는 바닥면적의 합계가 1천제곱미터 미만인 것
④ 금융업소, 사무소, 부동산중개사무소, 결혼상담소 등 소개업소, 출판사, 서점, 그 밖에 이와 비슷한 것으로서 같은 건축물에 해당 용도로 쓰는 바닥면적의 합계가 500제곱미터 미만인 것

007 특정소방대상물의 분류   답 ④

수련시설에는 생활권, 자연권 수련시설, 유스호스텔이 있다.

> **개념플러스 수련시설**
>
> 1. 생활권 수련시설: 「청소년활동 진흥법」에 따른 청소년수련관, 청소년문화의집, 청소년특화시설, 그 밖에 이와 비슷한 것
> 2. 자연권 수련시설: 「청소년활동 진흥법」에 따른 청소년수련원, 청소년야영장, 그 밖에 이와 비슷한 것
> 3. 「청소년활동 진흥법」에 따른 유스호스텔

008 소화활동설비   답 ④

비상조명등 설비는 피난구조설비의 종류 중 하나이다.

> **개념플러스 소화활동설비**
>
> • 화재를 진압하거나 인명구조활동을 위하여 사용하는 설비
> • 종류: 제연설비, 연결송수관설비, 연결살수설비, 비상콘센트설비, 무선통신보조설비, 연소방지설비

009 지하구   답 ③

가. 전력·통신용의 전선이나 가스·냉난방용의 배관 또는 이와 비슷한 것을 집합수용하기 위하여 설치한 지하 인공구조물로서 사람이 점검 또는 보수를 하기 위하여 출입이 가능한 것 중 다음의 어느 하나에 해당하는 것
 1) 전력 또는 통신사업용 지하 인공구조물로서 전력구(케이블 접속부가 없는 경우에는 제외한다) 또는 통신구 방식으로 설치된 것
 2) 1) 외의 지하 인공구조물로서 폭이 (가: 1.8)미터 이상이고 높이가 (나: 2)미터 이상이며 길이가 (다: 50)미터 이상인 것
나. 「국토의 계획 및 이용에 관한 법률」 제2조 제9호에 따른 (라: 공동구)

(참고) 지하 인공구조물(지하구)

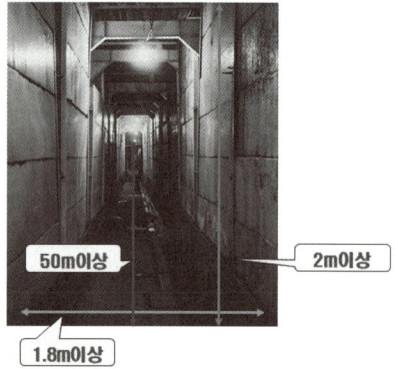

010 지하구   답 ③

지하 인공구조물로서 폭이 1.8m 이상이고 높이가 2m 이상이며 길이가 50m 이상인 것

> **개념플러스 지하구**
>
> 1. 전력·통신용의 전선이나 가스·냉난방용의 배관 또는 이와 비슷한 것을 집합수용하기 위하여 설치한 지하 인공구조물로서 사람이 점검 또는 보수를 하기 위하여 출입이 가능한 것 중 다음의 어느 하나에 해당하는 것
> ① 전력 또는 통신사업용 지하 인공구조물로서 전력구(케이블 접속부가 없는 경우는 제외한다) 또는 통신구 방식으로 설치된 것

② ① 외의 지하 인공구조물로서 폭이 1.8m 이상이고 높이가 2m 이상이며 길이가 50m 이상인 것
2. 「국토의 계획 및 이용에 관한 법률」 제2조 제9호에 따른 공동구

| 011 | 특정소방대상물 | 답 ③ |

선지분석
① "특정소방대상물"이란 소방시설을 설치하여야 하는 소방대상물로서 대통령령으로 정하는 것을 말한다.
② 전력 또는 통신사업용 외의 지하 인공구조물로서 폭이 1.8미터 이상이고 높이가 2미터 이상이며 길이가 50미터 이상인 것
④ 450m²는 근린생활시설에 해당한다. 다중이용업 중 고시원업의 시설로서 독립된 주거의 형태를 갖추지 않은 것으로서 같은 건축물에 해당 용도로 쓰는 바닥면적의 합계가 500m² 이상인 고시원은 숙박시설에 해당한다.

| 012 | 소방대상물 | 답 ① |

- 벽이 없는 구조로서 그 길이가 (가: 6m) 이하인 경우
- 벽이 있는 구조로서 그 길이가 (나: 10m) 이하인 경우. 다만, 벽 높이가 바닥에서 천장까지의 높이의 (다: 2분의 1) 이상인 경우에는 벽이 있는 구조로 보고, 벽 높이가 바닥에서 천장까지의 높이의 (다: 2분의 1) 미만인 경우에는 벽이 없는 구조로 본다.

참고
둘 이상의 특정소방대상물이 내화구조로 된 연결통로로 연결된 경우 이를 하나의 소방대상물로 보는 기준등

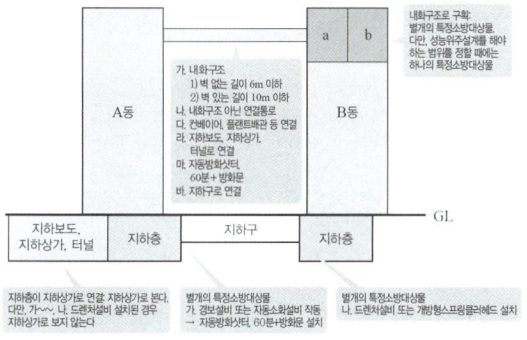

| 013 | 하나의 소방대상물 | 답 ④ |

내화구조로 된 연결통로가 벽이 없는 구조로서 그 길이가 6m 이하인 경우

| 014 | 경보설비 | 답 ③ |

누전차단기는 해당하지 않는다.

개념플러스 경보설비를 구성하는 제품 또는 기기
1. 누전경보기 및 가스누설경보기
2. 경보설비 구성하는 발신기, 수신기, 중계기, 감지기 및 음향장치(경종 해당)

| 015 | 의료시설 | 답 ③ |

노인의료 복지시설: 노유자시설, 한방의원: 근린생활시설

개념플러스 의료시설
1. 병원: 종합병원, 병원, 치과병원, 한방병원, 요양병원
2. 격리병원: 전염병원, 마약진료소, 그 밖에 이와 비슷한 것
3. 정신의료기관
4. 「장애인복지법」 제58조 제1항 제4호에 따른 장애인 의료재활시설

| 016 | 특정소방대상물 | 답 ② |

선지분석
① • 관람석의 바닥면적의 합계가 1,000제곱미터 이상인 체육관 → 문화 및 집회시설
  • 관람석이 없거나 관람석의 바닥면적이 1,000제곱미터 미만인 체육관 → 운동시설
③ 자동차운전학원 → 항공기 및 자동차 관련시설
④ 식물원 → 문화 및 집회시설

02 | 소방시설등의 설치·관리 및 방염

정답
p. 49

001	②	002	①	003	④	004	①	005	②
006	④	007	④	008	④	009	③	010	④
011	④	012	③	013	④	014	①	015	④
016	①	017	④	018	④	019	②	020	④
021	①	022	②	023	①	024	①	025	②
026	③	027	①	028	①	029	③	030	②
031	②	032	①	033	③	034	①	035	④
036	④	037	④	038	①	039	①	040	①
041	④	042	①	043	④	044	①	045	①
046	②	047	②	048	②	049	①	050	④
051	④	052	①	053	②	054	①	055	①
056	④	057	①	058	③	059	③	060	②
061	③	062	④							

001 건축허가등의 동의   답 ②

건축허가등을 할 때에 소방본부장이나 소방서장의 동의를 받아야 하는 건축물 등의 범위는 대통령령으로 정한다.

참고 건축허가등의 동의의 흐름도

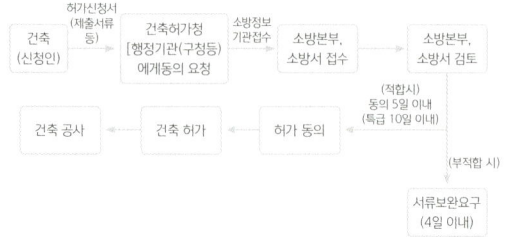

1. 제출서류 등: 설계도서(건축, 소방), 소방시설 설치계획표, 임시소방시설 설치계획서, 설계업자등록증, 자격을 갖춘 설계기술인력, 계약서 등
2. 건축 허가청: 일반적으로 시, 군, 구
3. 소방본부, 소방서검토: 적합여부, 소방자동차 전용구역 설치
4. 사용승인에 대한 동의: 완공검사증명서 발급하는 것으로 동의를 갈음할 수 있다.
   ① 건축법 규정에 의한 허가의 권한을 가진 자: 시장, 군수, 구청장(지방공사 - SH, GH 등)
   ② 주택법 규정에 의한 허가의 권한을 가진 자: 국토교통부장관(국가공기업 - LH 등)
   ③ 학교시설사업 촉진법 규정에 의한 허가의 권한을 가진 자: 교육부장관(대학교), 교육감(초, 중, 고)

002 동의를 받아야 하는 건축물   답 ①

연면적 200제곱미터 이상인 특정소방대상물 중 노유자(老幼者)시설 및 수련시설

개념플러스 건축허가등의 동의 대상

1. 연면적(「건축법 시행령」 제119조 제1항 제4호에 따라 산정된 면적을 말한다. 이하 같다)이 400제곱미터 이상인 건축물이나 시설. 다만, 다음 각 목의 어느 하나에 해당하는 건축물이나 시설은 해당 목에서 정한 기준 이상인 건축물이나 시설로 한다.
   가. 학교시설: 100제곱미터
   나. 노유자(老幼者) 시설 및 수련시설: 200제곱미터
   다. 정신의료기관(입원실이 없는 정신건강의학과 의원은 제외): 300제곱미터
   라. 장애인 의료재활시설 300제곱미터
2. 지하층 또는 무창층이 있는 건축물로서 바닥면적이 150제곱미터(공연장의 경우에는 100제곱미터) 이상인 층이 있는 것
3. 차고·주차장 또는 주차 용도로 사용되는 시설로서 다음 각 목의 어느 하나에 해당하는 것
   가. 차고·주차장으로 사용되는 바닥면적이 200제곱미터 이상인 층이 있는 건축물이나 주차시설
   나. 승강기 등 기계장치에 의한 주차시설로서 자동차 20대 이상을 주차할 수 있는 시설
4. 층수가 6층 이상인 건축물
5. 항공기 격납고, 관망탑, 항공관제탑, 방송용 송수신탑
6. 의원(입원실이 있는 것으로 한정)·조산원·산후조리원, 위험물 저장 및 처리 시설, 발전시설 중 풍력발전소·전기저장시설, 지하구(地下溝)
7. 제1호 나목에 해당하지 않는 노유자 시설(200제곱미터 미만) 중 다음 각 목의 어느 하나에 해당하는 시설. 다만, 가목 2) 및 나목부터 바목까지의 시설 중 단독주택 또는 공동주택에 설치되는 시설은 제외한다.
   가. 노인 관련 시설 중 다음의 어느 하나에 해당하는 시설
      1) 노인주거복지시설, 노인의료복지시설, 재가노인복지시설
      2) 학대피해노인 전용쉼터
   나. 아동복지시설(아동상담소, 아동전용시설 및 지역아동센터는 제외)
   다. 장애인 거주시설
   라. 정신질환자 관련 시설(공동생활가정을 제외한 재활훈련시설과 종합시설 중 24시간 주거를 제공하지 않는 시설은 제외)
   마. 노숙인 관련 시설 중 노숙인자활시설, 노숙인재활시설 및 노숙인요양시설
   바. 결핵환자나 한센인이 24시간 생활하는 노유자 시설

참고
가목2) 및 나목 ~ 바목: 단독주택, 공동주택에 설치가 되면 건축허가 동의대상이 아니다.

8. 요양병원. 다만, 의료재활시설은 제외한다.
9. 공장 또는 창고시설로서 수량의 750배 이상의 특수가연물을 저장·취급하는 것
10. 가스시설로서 지상에 노출된 탱크의 저장용량의 합계가 100톤 이상인 것

003 건축허가등의 동의대상물   답 ④

특정소방대상물 중 노유자(老幼者)시설 및 수련시설 연면적 200제곱미터인 건축물

> **📄 개념플러스 건축허가등의 동의대상물**
>
> 연면적이 400제곱미터 이상인 건축물이나 시설. 다만, 다음 각 목의 어느 하나에 해당하는 건축물이나 시설은 해당 목에서 정한 기준 이상인 건축물이나 시설로 한다.
> 1. 건축등을 하려는 학교시설: 100제곱미터
> 2. 노유자(老幼者) 시설 및 수련시설: 200제곱미터
> 3. 정신의료기관(입원실이 없는 정신건강의학과 의원은 제외하며, 이하 "정신의료기관"이라 한다): 300제곱미터
> 4. 장애인 의료재활시설(이하 "의료재활시설"이라 한다): 300제곱미터

004 동의를 받아야 하는 건축물   답 ①

연면적이 400제곱미터 이상인 특정소방대상물

005 건축허가등의 동의대상물의 범위   답 ②

ㄱ, ㄴ, ㄹ이 옳은 내용이다.
차고·주차장으로 사용되는 바닥면적이 200제곱미터 이상인 층이 있는 건축물이나 주차시설이 건축허가등의 동의대상에 해당한다.

> **참고**
> 정신의료기관, 장애인 의료재활시설로 사용되는 면적이 300제곱미터 이상인 건축물

006 노유자시설   답 ④

노인주거복지시설, 노인의료복지시설 및 재가노인복지시설은 건축허가등의 동의를 받아야 하는 시설 중에 하나이다.

> **선지분석**
> ①, ②, ③ 공동주택이나 단독주택에 설치되어 동의 대상이 아니다.

> **📄 개념플러스**
>
> 제1호 나목에 해당하지 않는 노유자 시설(200제곱미터 미만) 중 다음 각 목의 어느 하나에 해당하는 시설. 다만, 가목2) 및 나목부터 바목까지의 시설 중 단독주택 또는 공동주택에 설치되는 시설은 제외한다.
> 가. 노인 관련 시설 중 다음의 어느 하나에 해당하는 시설
>   1) 노인주거복지시설, 노인의료복지시설, 재가노인복지시설
>   2) 학대피해노인 전용쉼터
> 나. 아동복지시설(아동상담소, 아동전용시설 및 지역아동센터는 제외)
> 다. 장애인 거주시설
> 라. 정신질환자 관련 시설(공동생활가정을 제외한 재활훈련시설과 종합시설 중 24시간 주거를 제공하지 않는 시설은 제외)
> 마. 노숙인 관련 시설 중 노숙인자활시설, 노숙인재활시설 및 노숙인요양시설
> 바. 결핵환자나 한센인이 24시간 생활하는 노유자 시설
>
> **참고**
> 가목2) 및 나목 ~ 바목: 단독주택, 공동주택에 설치가 되면 건축허가 동의대상이 아니다.

007 내진설계기준 소방시설   답 ④

옥내소화전설비, 스프링클러설비, 물분무등소화설비를 말한다.

> **📄 개념플러스**
>
> 내진설계는 소방시설 중 소화설비(옥외소화전 제외)만 한다. 즉 옥내소화전설비, 스프링클러설비 및 물분무등소화설비(9가지)를 말한다.
>
> **참고 물분부등 소화설비**
> - 수계소화설비: 물분무, 미분무, 포, 강화액
> - 가스계소화설비: 이산화탄소, 할론, 할로겐화합물 및 불활성기체, 분말, 고체에어졸

008 내진설계기준 소방시설   답 ④

내진설계를 해야 되는 소방시설은 옥내소화전, 스프링클러, 물분무등소화설비가 있다.

009 내진설계 기준   답 ③

소방청장이 정하는 내진설계 기준에 맞게 설치해야 하는 소방시설: 옥내소화전설비, 스프링클러설비 및 물분무등소화설비를 말한다.

> **📄 개념플러스 물분무등소화설비**
>
> 1. 물분무소화설비
> 2. 미분무소화설비
> 3. 포소화설비
> 4. 이산화탄소소화설비
> 5. 할론소화설비
> 6. 할로겐화합물 및 불활성기체 소화설비
> 7. 분말소화설비
> 8. 강화액소화설비
> 9. 고체에어로졸소화설비

010 성능위주설계   답 ④

30층 이상(지하층을 포함한다)이거나 지상으로부터 높이가 120미터 이상인 특정소방대상물(아파트 등은 제외한다)

> **개념플러스** 성능위주설계대상
>
> 1. 연면적 20만m² 이상 특정소방대상물.(아파트등 제외)
> 2. 50층 이상, 높이가 200미터 이상(아파트등)
> 3. 30층 이상(지하층 포함), 높이가 120미터 이상(아파트등 제외)
> 4. 연면적 3만m² 이상인 철도, 도시철도시설, 공항시설
> 5. 창고시설 중 연면적 10만m² 이상, 지하층의 층수가 2개 층 이상이고 지하층의 바닥면적의 합계가 3만m² 이상인 것
> 6. 하나의 건축물에 영화상영관이 10개 이상
> 7. 지하연계 복합건축물
> 8. 수저(水底)터널 또는 길이가 5천미터 이상 터널

011 성능위주설계   답 ④

(선지분석)

① 높이 120미터인 아파트 → 높이 200미터인 아파트
② 연면적 2만제곱미터인 철도역사 → 3만제곱미터 이상만 해당
③ 연면적 10만제곱미터인 특정소방대상물(단, 아파트 등은 제외) → 연면적 20만제곱미터 이상 시 해당

참고 성능위주설계대상 요약정리

연면적	• 창고 10만m²↑ 또는 지하 2층↑이고 바닥면적 3만m², 20만m²↑ • 철공 3만m²↑
아파트	50층↑(지하층 제외) 지상 200m↑
아파트 제외	30층↑(지하층 포함) 지상 120m↑

012 특정소방대상물의 범위   답 ③

(선지분석)

① 연면적 30만제곱미터의 아파트 → 아파트 제외
② 연면적 2만5천제곱미터의 철도시설 → 연면적이 3만제곱미터 이상만 해당
④ 연면적 3만제곱미터, 높이 90미터, 지하층 포함 25층인 종합병원 → 높이 120미터 이상이거나 지하층 포함한 층수가 30층 이상 시 해당

013 성능위주설계   답 ④

(선지분석)

① 연면적 10만제곱미터 이상인 특정소방대상물로서 기숙사 → 20만제곱미터 이상 시 해당
② 건축물의 높이가 100미터 이상인 특정소방대상물로서 아파트 → 아파트는 200미터 이상 시 해당
③ 지하층을 포함한 층수가 20층 이상인 특정소방대상물로서 복합건축물 → 지하층을 포함한 층수가 30층 이상일 때 해당

014 성능위주설계   답 ②

지하 5층, 지상 25층인 관광호텔은 지하층 포함 30층 이상인 건물에서는 성능위주설계를 실시한다.

(선지분석)

① 높이가 100미터인 아파트 → 아파트는 200미터 이상 시 해당
③ 영화상영관이 9개인 소방대상물 → 10개 이상만 해당
④ 연면적 2만제곱미터인 철도 및 도시철도 시설 → 연면적 3만제곱미터 이상일 때 해당

015 성능위주설계   답 ②

(선지분석)

① 연면적 20만제곱미터 이상인 특정소방대상물
③ 50층 이상(지하층은 제외한다)이거나 지상으로부터 높이가 200미터 이상인 아파트
④ 철도 및 도시철도 시설로 연면적 3만제곱미터 이상인 특정소방대상물

참고

성능위주설계를 해야 하는 특정소방대상물의 범위(신축하는 것만 해당한다)

1. 연면적 20만제곱미터 이상인 특정소방대상물. 다만, 별표 2 제1호 가목에 따른 아파트등(이하 "아파트등"이라 한다)은 제외한다.
2. 50층 이상(지하층은 제외한다)이거나 지상으로부터 높이가 200미터 이상인 아파트등
3. 30층 이상(지하층을 포함한다)이거나 지상으로부터 높이가 120미터 이상인 특정소방대상물(아파트등은 제외한다)
4. 연면적 3만제곱미터 이상인 특정소방대상물로서 다음 각 목의 어느 하나에 해당하는 특정소방대상물
   가. 별표 2 제6호 나목의 철도 및 도시철도 시설
   나. 별표 2 제6호 다목의 공항시설
5. 별표 2 제16호의 창고시설 중 연면적 10만제곱미터 이상인 것 또는 지하층의 층수가 2개 층 이상이고 지하층의 바닥면적의 합계가 3만제곱미터 이상인 것

6. 하나의 건축물에「영화 및 비디오물의 진흥에 관한 법률」 제2조 제10호에 따른 영화상영관이 10개 이상인 특정소방대상물
7. 「초고층 및 지하연계 복합건축물 재난관리에 관한 특별법」 제2조 제2호에 따른 지하연계 복합건축물에 해당하는 특정소방대상물
8. 별표 2 제27호의 터널 중 수저(水底)터널 또는 길이가 5천미터 이상인 것

016 의무적으로 설치하여야 하는 소방시설 | 답 ①

공동주택 소유자가 의무적으로 설치하는 소방시설은 소화기 및 단독경보형감지기를 말한다.

> **개념플러스** 주택에 설치하는 소방시설
>
> 1. 주택의 소유자는 소화기 등 대통령령으로 정하는 소방시설 설치(주택용소방시설)을 설치하여야 한다[소화기, 단독경보형감지기].
>   ①「건축법」제2조 제2항 제1호의 단독주택
>   ②「건축법」제2조 제2항 제2호의 공동주택(아파트 및 기숙사는 제외한다)
> 2. 국가 및 지방자치단체는 주택용소방시설의 설치 및 국민의 자율적인 안전관리를 촉진하기 위하여 필요한 시책을 마련하여야 한다.
> 3. 주택용소방시설의 설치기준 및 자율적인 안전관리 등에 관한 사항은 특별시·광역시·특별자치시·도 또는 특별자치도(이하 "시·도"라 한다)의 조례로 정한다.

017 대통령령으로 정하는 소방시설 | 답 ④

주택에 설치하는 소방시설은 소화기 및 단독경보형 감지기이다.

018 차량용 소화기의 설치 또는 비치기준 | 답 ④

모두 옳은 지문이다.

자동차	크기	능력단위 및 소화기
승용자동차	-	1단위 - 1개
승합자동차	경형	1단위 - 1개
	15인 이하	2단위 - 1개, 1단위 - 2개
	16인 이상 35인 이하	2단위 - 2개
	36인 이상	3단위 - 1개 및 2단위 - 1개 다만, 3단위 - 1개 추가
화물자동차 및 특수자동차	중형	1단위 - 1개
	대형	2단위 - 1개, 1단위 - 2개

> **참고**
> 「소방시설 설치 및 관리에 관한 법률」 - 5인승 이상의 승용자동차 및 같은 법 시행규칙상 - 승용자동차

019 스프링클러를 설치해야 하는 특정소방대상물 | 답 ②

ㄴ. 교육연구시설 내에 있는 합숙소로서 연면적 100m²인 경우 → 간이스프링클러 설치대상
ㄷ. 숙박시설로 사용되는 바닥면적의 합계가 500m²인 경우 → 600m² 이상일 때만 설치

> **개념플러스** 스프링클러설비를 설치해야 하는 특정소방대상물(위험물 저장 및 처리 시설 중 가스시설 및 지하구는 제외)
>
> 1. 층수가 6층 이상인 특정소방대상물의 경우에는 모든 층.
> 2. 기숙사(교육연구시설·수련시설 내에 있는 학생 수용을 위한 것을 말한다) 또는 복합건축물로서 연면적 5천m² 이상인 경우에는 모든 층
> 3. 문화 및 집회시설(동·식물원은 제외한다), 종교시설(주요구조부가 목조인 것은 제외한다), 운동시설(물놀이형 시설 및 바닥이 불연재료이고 관람석이 없는 운동시설은 제외한다)로서 다음의 어느 하나에 해당하는 경우에는 모든 층
>   ① 수용인원이 100명 이상인 것
>   ② 영화상영관의 용도로 쓰는 층의 바닥면적이 지하층 또는 무창층인 경우에는 500m² 이상, 그 밖의 층의 경우에는 1천m² 이상인 것
>   ③ 무대부가 지하층·무창층 또는 4층 이상의 층에 있는 경우에는 무대부의 면적이 300m² 이상인 것
>   ④ 무대부가 다) 외의 층에 있는 경우에는 무대부의 면적이 500m² 이상인 것
> 4. 판매시설, 운수시설 및 창고시설(물류터미널로 한정한다)로서 바닥면적의 합계가 5천m² 이상이거나 수용인원이 500명 이상인 경우에는 모든 층
> 5. 다음의 어느 하나에 해당하는 용도로 사용되는 시설의 바닥면적의 합계가 600m² 이상인 것은 모든 층
>   ① 근린생활시설 중 조산원 및 산후조리원
>   ② 의료시설 중 정신의료기관
>   ③ 의료시설 중 종합병원, 병원, 치과병원, 한방병원 및 요양병원
>   ④ 노유자 시설
>   ⑤ 숙박이 가능한 수련시설
>   ⑥ 숙박시설
> 6. 창고시설(물류터미널은 제외한다)로서 바닥면적 합계가 5천m² 이상인 경우에는 모든 층
> 7. 특정소방대상물의 지하층·무창층(축사는 제외한다) 또는 층수가 4층 이상인 층으로서 바닥면적이 1천m² 이상인 층이 있는 경우에는 해당 층
> 8. 랙식 창고(rack warehouse): 랙(물건을 수납할 수 있는 선반이나 이와 비슷한 것을 말한다. 이하 같다)을 갖춘 것으로서 천장 또는 반자(반자가 없는 경우에는 지붕의 옥내에 면하는 부분을 말한다)의 높이가 10m를 초과하고, 랙이 설치된 층의 바닥면적의 합계가 1천5백m² 이상인 경우에는 모든 층

9. 공장 또는 창고시설로서 다음의 어느 하나에 해당하는 시설
   ① 수량의 1천배 이상의 특수가연물을 저장·취급하는 시설
   ② 중·저준위방사성폐기물의 저장시설 중 소화수를 수집·처리하는 설비가 있는 저장시설
10. 지붕 또는 외벽이 불연재료가 아니거나 내화구조가 아닌 공장 또는 창고시설로서 다음의 어느 하나에 해당하는 것
    ① 창고시설(물류터미널로 한정한다) 중 4)에 해당하지 않는 것으로서 바닥면적의 합계가 2천5백m² 이상이거나 수용인원이 250명 이상인 경우에는 모든 층
    ② 창고시설(물류터미널은 제외한다) 중 6)에 해당하지 않는 것으로서 바닥면적의 합계가 2천5백m² 이상인 경우에는 모든 층
    ③ 공장 또는 창고시설 중 7)에 해당하지 않는 것으로서 지하층·무창층 또는 층수가 4층 이상인 것 중 바닥면적이 500m² 이상인 경우에는 모든 층
    ④ 랙식 창고 중 8)에 해당하지 않는 것으로서 바닥면적의 합계가 750m² 이상인 경우에는 모든 층
    ⑤ 공장 또는 창고시설 중 9)가)에 해당하지 않는 것으로서 「화재의 예방 및 안전관리에 관한 법률 시행령」 별표 2에서 정하는 수량의 500배 이상의 특수가연물을 저장·취급하는 시설
11. 교정 및 군사시설 중 다음의 어느 하나에 해당하는 경우에는 해당 장소
    ① 보호감호소, 교도소, 구치소 및 그 지소, 보호관찰소, 갱생보호시설, 치료감호시설, 소년원 및 소년분류심사원의 수용거실
    ② 「출입국관리법」 제52조 제2항에 따른 보호시설(외국인보호소의 경우에는 보호대상자의 생활공간으로 한정한다)로 사용하는 부분. 다만, 보호시설이 임차건물에 있는 경우는 제외한다.
    ③ 「경찰관 직무집행법」 제9조에 따른 유치장
12. 지하가로서 연면적 1천m² 이상인 것
13. 발전시설 중 전기저장시설
14. 1.부터 13.까지의 특정소방대상물에 부속된 보일러실 또는 연결통로 등

3. 의료시설 중 다음의 어느 하나에 해당하는 시설
   ① 종합병원, 병원, 치과병원, 한방병원 및 요양병원(의료재활시설은 제외)으로 사용되는 바닥면적의 합계가 600m² 미만인 시설
   ② 정신의료기관 또는 의료재활시설로 사용되는 바닥면적의 합계가 300m² 이상 600m² 미만인 시설
   ③ 정신의료기관 또는 의료재활시설로 사용되는 바닥면적의 합계가 300m² 미만이고, 창살(철재·플라스틱 또는 목재 등으로 사람의 탈출 등을 막기 위하여 설치한 것을 말하며, 화재 시 자동으로 열리는 구조로 되어 있는 창살은 제외한다)이 설치된 시설
4. 교육연구시설 내에 합숙소로서 연면적 100m² 이상인 경우에는 모든 층
5. 노유자 시설로서 다음의 어느 하나에 해당하는 시설
   ① 제7조제1항제7호 각 목에 따른 시설[같은 호 가목2) 및 같은 호 나목부터 바목까지의 시설 중 단독주택 또는 공동주택에 설치되는 시설은 제외하며, 이하 "노유자 생활시설"이라 한다]
   ② 가)에 해당하지 않는 노유자 시설로 해당 시설로 사용하는 바닥면적의 합계가 300m² 이상 600m² 미만인 시설
   ③ 가)에 해당하지 않는 노유자 시설로 해당 시설로 사용하는 바닥면적의 합계가 300m² 미만이고, 창살(철재·플라스틱 또는 목재 등으로 사람의 탈출 등을 막기 위하여 설치한 것을 말하며, 화재 시 자동으로 열리는 구조로 되어 있는 창살은 제외한다)이 설치된 시설
6. 숙박시설로 사용되는 바닥면적의 합계가 300m² 이상 600m² 미만인 시설
7. 건물을 임차하여 「출입국관리법」 제52조 제2항에 따른 보호시설로 사용하는 부분
8. 복합건축물(별표 2 제30호 나목의 복합건축물만 해당한다)로서 연면적 1천m² 이상인 것은 모든 층

020 　 간이스프링클러설비 　 답 ④

근린생활시설 중 조산원 및 산후조리원으로서 해당 용도로 사용 되는 바닥면적의 합계가 600m² 이상인 것
→ 600m² 이상 시 스프링클러를 설치한다.

개념플러스 간이스프링클러설비를 설치해야 하는 특정소방대상물

1. 공동주택 중 연립주택 및 다세대주택(주택전용간이스프링클러설비를 설치한다)
2. 근린생활시설 중 다음의 어느 하나에 해당하는 것
   ① 근린생활시설로 사용하는 부분의 바닥면적 합계가 1천m² 이상인 것은 모든 층
   ② 의원, 치과의원 및 한의원으로서 입원실이 있는 시설
   ③ 조산원 및 산후조리원으로서 연면적 600m² 미만인 시설

021 　 간이스프링클러설비 　 답 ①

선지분석
② 교육연구시설 내에 합숙소로서 연면적 100m² 이상인 경우에는 모든 층
③ 근린생활시설 중 조산원 및 산후조리원으로서 연면적 600m² 미만인 시설
④ 정신의료기관 또는 의료재활시설로 사용되는 바닥면적의 합계가 300m² 이상 600m² 미만인 시설

참고
간이스프링클러설비를 설치해야 하는 특정소방대상물은 다음의 어느 하나에 해당하는 것으로 한다.
1. 공동주택 중 연립주택 및 다세대주택(연립주택 및 다세대주택에 설치하는 간이스프링클러설비는 화재안전기준에 따른 주택전용 간이스프링클러설비를 설치한다)
2. 근린생활시설 중 다음의 어느 하나에 해당하는 것
   ① 근린생활시설로 사용하는 부분의 바닥면적 합계가 1천m² 이상인 것은 모든 층
   ② 의원, 치과의원 및 한의원으로서 입원실 또는 인공신장실이 있는 시설

③ 조산원 및 산후조리원으로서 연면적 600m² 미만인 시설
3. 의료시설 중 다음의 어느 하나에 해당하는 시설
   ① 종합병원, 병원, 치과병원, 한방병원 및 요양병원(의료재활시설은 제외한다)으로 사용되는 바닥면적의 합계가 600m² 미만인 시설
   ② 정신의료기관 또는 의료재활시설로 사용되는 바닥면적의 합계가 300m² 이상 600m² 미만인 시설
   ③ 정신의료기관 또는 의료재활시설로 사용되는 바닥면적의 합계가 300m² 미만이고, 창살(철재·플라스틱 또는 목재 등으로 사람의 탈출 등을 막기 위하여 설치한 것을 말하며, 화재 시 자동으로 열리는 구조로 되어 있는 창살은 제외한다)이 설치된 시설
4. 교육연구시설 내에 합숙소로서 연면적 100m² 이상인 경우에는 모든 층
5. 노유자 시설로서 다음의 어느 하나에 해당하는 시설
   ① 제7조 제1항 제7호 각 목에 따른 시설[같은 호 가목2) 및 같은 호 나목부터 바목까지의 시설 중 단독주택 또는 공동주택에 설치되는 시설은 제외하며, 이하 "노유자 생활시설"이라 한다]
   ② 가)에 해당하지 않는 노유자 시설로 해당 시설로 사용하는 바닥면적의 합계가 300m² 이상 600m² 미만인 시설
   ③ 가)에 해당하지 않는 노유자 시설로 해당 시설로 사용하는 바닥면적의 합계가 300m² 미만이고, 창살(철재·플라스틱 또는 목재 등으로 사람의 탈출 등을 막기 위하여 설치한 것을 말하며, 화재 시 자동으로 열리는 구조로 되어 있는 창살은 제외한다)이 설치된 시설
6. 숙박시설로 사용되는 바닥면적의 합계가 300m² 이상 600m² 미만인 시설
7. 건물을 임차하여 「출입국관리법」 제52조 제2항에 따른 보호시설로 사용하는 부분
8. 복합건축물(별표 2 제30호 나목의 복합건축물만 해당한다)로서 연면적 1천m² 이상인 것은 모든 층

022 소방시설의 기준 답 ②

(선지분석)

① 길이가 500m인 터널에는 옥내소화전설비를 설치하여야 한다. → 1,000m 이상인 터널에 설치
③ 물류터미널을 제외한 창고시설로 바닥면적 합계가 3천m²인 경우에는 모든 층에 스프링클러설비를 설치하여야 한다. → 바닥면적 합계가 5천m² 이상일 때 설치
④ 근린생활시설 종합병원, 병원, 치과병원, 한방병원 및 요양병원(의료재활시설은 제외한다)으로 사용되는 바닥면적의 합계가 500m² 미만인 시설에는 간이스프링클러를 설치한다. → 600m² 미만인 시설에 설치

023 단독경보형 감지기 답 ①

(선지분석)

② 연면적 600m²인 유치원 → 400m² 미만 해당
③ 연면적 2,500m²인 교육연구시설 또는 수련시설 내의 합숙소 또는 기숙사 → 2,000m² 미만 해당
④ 복합건축물 → 복합건출물은 해당 없음

📘 개념플러스 **단독 경보형 감지기 설치대상**

1. 연면적 400m²↓ 유치원
2. 연면적 2천m²↓ 교육연구시설 또는 수련시설 내의 합숙소 또는 기숙사
3. 수련시설(자·탐 설치대상이 아닌 것 중 숙박시설이 있는 것만 해당)
4. 공동주택 중 연립주택 및 다세대주택(연동형으로 설치)

024 제연설비 답 ①

가. 지하가(터널은 제외한다)로서 연면적 (ㄱ: 1000)m² 이상인 것
나. 문화 및 집회시설, 종교시설, 운동시설로서 무대부의 바닥면적이 (ㄴ: 200)m² 이상 또는 문화 및 집회시설 중 영화상영관으로서 수용인원 (ㄷ: 100)명 이상인 것

📘 개념플러스 **제연설비를 설치해야 하는 특정소방대상물은**

1. 문화 및 집회시설, 종교시설, 운동시설 중 무대부의 바닥면적이 200m² 이상인 경우에는 해당 무대부
2. 문화 및 집회시설 중 영화상영관으로서 수용위원 100명 이상인 경우에는 해당 영화상영관
3. 지하층이나 무창층에 설치된 근린생활시설, 판매시설, 운수시설, 숙박시설, 위락시설, 의료시설, 노유자 시설 또는 창고시설(물류터미널로 한정한다)로서 해당 용도로 사용되는 바닥면적의 합계가 1천m² 이상인 경우 해당 부분
4. 운수시설 중 시외버스정류장, 철도 및 도시철도 시설, 공항시설 및 항만시설의 대기실 또는 휴게시설로서 지하층 또는 무창층의 바닥면적이 1천m² 이상인 경우에는 모든 층
5. 지하상가로서 연면적 1천m² 이상인 것
6. 예상 교통량, 경사도 등 터널의 특성을 고려하여 행정안전부령으로 정하는 터널
7. 특정소방대상물(갓복도형 아파트등은 제외한다)에 부설된 특별피난계단, 비상용 승강기의 승강장 또는 피난용 승강기의 승강장

025 단독경보형 감지기 답 ②

연면적 400m² 미만의 어린이회관은 해당하지 않는다.

026 간이스프링클러 답 ③

복합건축물(별표 2 제30호 나목의 복합건축물만 해당한다)로 연면적이 1000m² 이상일 때 간이스프링클러 설비를 설치한다.

참고 제30호 나목
하나의 건축물이 근린생활시설, 판매시설, 업무시설, 숙박시설 또는 위락시설의 용도와 주택의 용도로 함께 사용되는 것

027 물분무등소화설비 답 ②

연면적 600m² 이상인 주차용 건축물
→ 800m² 이상인 경우에 설치한다.

개념플러스 물분무등소화설비(가스시설 또는 지하구 제외)

항공기격납고	-
차고, 주차용 건축물 또는 철골 조립식 주차시설	연면적 800m²↑
건축물 내부 설치된 차고 또는 주차장	해당 용도 바닥면적 200m²↑
기계장치 주차시설	20대↑

028 인명구조기구 답 ①

방열복 또는 방화복 인공소생기 및 공기호흡기	지하층 포함 층수 7층 이상 관광호텔
방열복 또는 방화복 공기호흡기	지하층 포함 층수 5층 이상 병원
공기호흡기	가) 수용인원 100명 이상인 문화 및 집회시설 중 영화상영관 나) 판매시설 중 대규모점포 다) 운수시설 중 지하역사 라) 지하상가 마) 이산화탄소소화설비(호스릴이산화탄소소화설비는 제외)를 설치해야 하는 특정소방대상물

029 강화된 기준을 적용하여야 하는 소방시설 답 ③

ㄱ, ㄴ, ㅁ이 옳은 내용이다.

개념플러스 강화된 기준 적용 소방 시설

1. 소화기구
2. 비상경보설비
3. 자동화재탐지설비, 자동화재속보설비
4. 피난구조설비
5. 지하구 및 공동구에 설치하는 소방시설
   ① 노유자(老幼者)시설에 설치하는 간이스프링클러설비 및 자동화재탐지설비 및 단독경보형감지기
   ② 의료시설에 설치하는 스프링클러설비, 간이스프링클러설비, 자동화재탐지설비 및 자동화재속보설비
   ③ 공동구, 전력 및 통신사업용 지하구에 설치하는 소화기, 자동소화장치, 자동화재탐지설비, 통합감시시설, 유도등, 연소방지설비

030 특정소방대상물의 증축 답 ④

- 소방본부장 또는 소방서장은 특정소방대상물이 증축되는 경우에는 기존 부분을 포함한 특정소방대상물의 전체에 대하여 증축 당시의 소방시설의 설치에 관한 대통령령 또는 화재안전기준을 적용해야 한다.
- 소방본부장이나 소방서장은 기존의 특정소방대상물이 증축되거나 용도변경되는 경우에는 대통령령으로 정하는 바에 따라 증축 또는 용도변경 당시의 소방시설의 설치에 관한 대통령령 또는 화재안전기준을 적용한다.

F6	6층 증축	F6	
F5		F5	
F4		F4	
F3		F3	3층 용도 변경
F2		F2	
F1		F1	
B1		B1	
B2		B2	

▲ 전체 소방시설   ▲ 3층만 소방시설

031 소방설비 답 ②

- 노유자(老幼者)시설에 설치하는 간이스프링클러설비 및 자동화재탐지설비 및 단독경보형감지기
- 의료시설에 설치하는 스프링클러설비, 간이스프링클러설비, 자동화재탐지설비 및 자동화재속보설비
- 공동구, 전력 및 통신사업용 지하구에 설치하는 소화기, 자동소화장치, 자동화재탐지설비, 통합감시시설, 유도등, 연소방지설비

032 특정소방대상물의 소방시설 설치면제 기준 답 ①

간이스프링클러설비를 설치하여야 하는 특정소방대상물에 스프링클러설비, 물분무소화설비 또는 미분무소화설비를 화재안전기준에 적합하게 설치한 경우에는 그 설비의 유효범위에서 설치가 면제된다.

참고 간이스프링클러설비, 연소방지설비 면제
스프링클러설비, 물분무소화설비 또는 미분무소화설비설치

033 유사한 소방시설의 설치면제의 기준   답 ③

간이스프링클러를 설치하여야 하는 특정소방대상물에 (㉠ 스프링클러설비), (㉡ 물분무소화설비), 또는 미분무소화설비를 화재안전기준에 적합하게 설치한 경우에는 그 설비의 유효범위에서 설치가 면제된다.

참고 간이스프링클러설비, 연소방지설비 면제
스프링클러설비, 물분무소화설비 또는 미분무소화설비설치

034 특정소방대상물의 간이스프링클러설비 설치면제 기준   답 ①

- 옥내소화전설비는 해당사항 없다.
- 간이스프링클러설비를 설치해야 하는 특정소방대상물에 스프링클러설비, 물분무소화설비 또는 미분무소화설비를 화재안전기준에 적합하게 설치한 경우에는 그 설비의 유효범위에서 설치가 면제된다.

035 소방시설기준 적용의 특례   답 ④

용도변경으로 인하여 천장·바닥·벽 등에 고정되어 있는 가연성 물질의 양이 줄어드는 경우에는 용도변경되는 부분에 대해서만 용도변경 당시의 소방시설의 설치에 관한 대통령령 또는 화재안전기준을 적용한다.
→ 특정소방대상물 전체에 대하여 용도변경 전에 적용되던 소방시설의 설치에 관한 대통령령 또는 화재안전기준을 적용한다.
1. 특정소방대상물의 구조·설비가 화재연소 확대 요인이 적어지거나 피난 또는 화재진압활동이 쉬워지도록 변경되는 경우
2. 용도변경으로 인하여 천장·바닥·벽 등에 고정되어 있는 가연성 물질의 양이 줄어드는 경우

개념플러스 소방시설기준 적용의 특례
1. 기존 부분과 증축 부분이 내화구조(耐火構造)로 된 바닥과 벽으로 구획된 경우
2. 기존 부분과 증축 부분이 자동방화셔터 또는 60분+ 방화문으로 구획되어 있는 경우
3. 자동차 생산공장 등 화재 위험이 낮은 특정소방대상물 내부에 연면적 33제곱미터 이하의 직원 휴게실을 증축하는 경우
4. 자동차 생산공장 등 화재 위험이 낮은 특정소방대상물에 캐노피(기둥으로 받치거나 매달아 놓은 덮개를 말하며, 3면 이상에 벽이 없는 구조의 것을 말한다)를 설치하는 경우

036 용어 설명   답 ④

기존 부분과 증축 부분이 내화구조로 된 바닥과 벽으로 구획된 경우

037 소방시설의 관리 등   답 ④

모두 옳은 지문이다.

038 소방시설기준 적용의 특례   답 ③

소방본부장 또는 소방서장은 특정소방대상물이 용도변경되는 경우에는 특정소방대상물의 전체에 대하여 용도변경 당시의 소방시설의 설치에 관한 대통령령 또는 화재안전기준을 적용하여야 한다.
→ 용도변경되는 부분에 대해서만 용도변경 당시의 소방시설의 설치에 관한 대통령령 또는 화재안전기준을 적용한다.

039 소방시설   답 ③

정수장, 수영장, 목욕장, 농예·축산·어류양식용 시설, 그 밖에 이와 비슷한 용도로 사용되는 것에는 자동화재탐지설비, 상수도소화용수설비 및 연결살수설비를 설치하지 않아도 된다.

개념플러스 소방시설을 설치하지 않을 수 있는 특정소방대상물 및 소방시설의 범위(제16조 관련)

구분	특정소방대상물	설치하지 않을 수 있는 소방시설
1. 화재 위험도가 낮은 특정소방대상물	석재, 불연성금속, 불연성 건축재료 등의 가공공장·기계조립공장 또는 불연성 물품을 저장하는 창고	옥외소화전 및 연결살수설비
2. 화재안전기준을 적용하기 어려운 특정소방대상물	펄프공장의 작업장, 음료수 공장의 세정 또는 충전을 하는 작업장, 그 밖에 이와 비슷한 용도로 사용하는 것	스프링클러설비, 상수도소화용수설비 및 연결살수설비
	정수장, 수영장, 목욕장, 농예·축산·어류양식용 시설, 그 밖에 이와 비슷한 용도로 사용되는 것	자동화재탐지설비, 상수도소화용수설비 및 연결살수설비
3. 화재안전기준을 달리적용해야 하는 특수한 용도 또는 구조를 가진 특정소방대상물	원자력발전소, 중·저준위방사성폐기물의 저장시설	연결송수관설비 및 연결살수설비
4. 「위험물 안전관리법」 제19조에 따른 자체소방대가 설치된 특정소방대상물	자체소방대가 설치된 제조소등에 부속된 사무실	옥내소화전설비, 소화용수설비, 연결살수설비 및 연결송수관설비

040 소방시설의 정비 답 ①

- 제12조 제1항에 따라 대통령령으로 소방시설을 정할 때에는 특정소방대상물의 (가: 규모·용도·수용인원 및 이용자특성) 등을 고려하여야 한다.
- 소방청장은 건축 환경 및 화재위험특성 변화사항을 효과적으로 반영할 수 있도록 소방시설 규정을 (나: 3년에 1회) 이상 정비하여야 한다.

> 📄 **개념플러스**
>
> 「소방시설 설치 및 관리에 관한 법률」제14조【특정소방대상물별로 설치하여야 하는 소방시설의 정비 등】① 제12조 제1항에 따라 대통령령으로 소방시설을 정할 때에는 특정소방대상물의 규모·용도·수용인원 및 이용자 특성 등을 고려하여야 한다.
> ② 소방청장은 건축 환경 및 화재위험특성 변화사항을 효과적으로 반영할 수 있도록 제1항에 따른 소방시설 규정을 3년에 1회 이상 정비하여야 한다.
> ③ 소방청장은 건축 환경 및 화재위험특성 변화 추세를 체계적으로 연구하여 제2항에 따른 정비를 위한 개선방안을 마련하여야 한다.
> ④ 제3항에 따른 연구의 수행 등에 필요한 사항은 행정안전부령으로 정한다.

041 수용인원 산정방법 답 ④

강당, 문화 및 집회시설, 운동시설, 종교시설: 해당 용도로 사용하는 바닥면적의 합계를 4.6m²로 나누어 얻은 수(관람석이 있는 경우 고정식 의자를 설치한 부분은 그 부분의 의자 수로 하고, 긴 의자의 경우에는 의자의 정면너비를 0.45m로 나누어 얻은 수로 한다)

042 수용인원 답 ③

- 강당 460/4.6 = 100명
- 강의실 57/1.9 = 30명 → 강의실 10개 = 300명
- 휴게실 38/1.9 = 20명
- ∴ 총합 420명

참고 수용인원 산정

대상	용도	수용인원의 산정
숙박시설	침대가 있는 숙박시설	종사자 수 + 침대 수 (2인용 2명 산정)
	침대가 없는 숙박시설	종사자 수 + 바닥면적의 합계 $[m^2] \div 3[m^2]$
그 외	강의실·교무실·상담실·실습실·휴게실 용도	바닥면적의 합계 $[m^2] \div 1.9[m^2]$
	강당, 문화 및 집회시설 운동시설, 종교시설	바닥면적의 합계 $[m^2] \div 4.6[m^2]$
		고정식 의자 수
		고정식 긴의자 정면너비 $[m] \div 0.45[m]$
	그 밖의 특정소방대상물	바닥면적의 합계 $[m^2] \div 3[m^2]$

043 수용인원의 산정방법 답 ③

강의실은 바닥면적 1.9로 나눴을 때 나온 수로 한다.
→ $\frac{95}{1.9}$ = 50명이다.

044 수용인원 답 ④

④ $\frac{900}{4.6}$ = 195.6명 = 196명

선지분석
① 종사자 3명, 2인용 침대 90 × 2 = 180명, 1인용 침대 20명 ∴ 총합 203명
② 종사자 3명, $\frac{600}{3}$ = 200명 ∴ 총합: 203명
③ $\frac{400}{1.9}$ = 210.52명 = 211명

참고 수용인원산정

대상	용도	수용인원의 산정
숙박시설	침대가 있는 숙박시설	종사자 수 + 침대 수 (2인용 2명 산정)
	침대가 없는 숙박시설	종사자 수 + 바닥면적의 합계 $[m^2] \div 3[m^2]$
그 외	강의실·교무실·상담실·실습실·휴게실 용도	바닥면적의 합계 $[m^2] \div 1.9[m^2]$
	강당, 문화 및 집회시설 운동시설, 종교시설	바닥면적의 합계 $[m^2] \div 4.6[m^2]$
		고정식 의자 수
		고정식 긴의자 정면너비 $[m] \div 0.45[m]$
	그 밖의 특정소방대상물	바닥면적의 합계 $[m^2] \div 3[m^2]$

045 인화성 물품을 취급하는 작업 답 ①

대통령령으로 정하는(알루미늄, 마그네슘 등을 취급) 폭발성 부유분진을 발생 시킬 수 있는 작업

> 📄 **개념플러스** 인화성(引火性) 물품을 취급하는 작업 등 대통령령으로 정하는 작업
>
> 1. 인화성·가연성·폭발성 물질을 취급하거나 가연성 가스를 발생시키는 작업
> 2. 용접·용단(금속·유리·플라스틱 따위를 녹여서 절단하는 일을 말한다) 등 불꽃을 발생시키거나 화기(火氣)를 취급하는 작업
> 3. 전열기구, 가열전선 등 열을 발생시키는 기구를 취급하는 작업
> 4. 알루미늄, 마그네슘 등을 취급하여 폭발성 부유분진(공기 중에 떠다니는 미세한 입자를 말한다)을 발생시킬 수 있는 작업
> 5. 그 밖에 1.부터 4.까지와 비슷한 작업으로 소방청장이 정하여 고시하는 작업

046 임시소방시설 답 ②

옥내소화전이 설치된 특정소방대상물의 용도변경을 위한 내부인테리어 변경공사를 시공하는 자는 간이소화장치를 설치해야만 한다.
→ 옥내소화전 설치 시 간이소화장치를 면제할 수 있다.

> 📄 **개념플러스** 임시소방시설을 설치한 것으로 보는 소방시설
>
> 1. 간이소화장치를 설치한 것으로 보는 소방시설: 소방청장이 정하여 고시하는 기준에 맞는 소화기(연결송수관설비의 방수구 인근에 설치한 경우로 한정한다) 또는 옥내소화전설비
> 2. 비상경보장치를 설치한 것으로 보는 소방시설: 비상방송설비 또는 자동화재탐지설비
> 3. 간이피난유도선을 설치한 것으로 보는 소방시설: 피난유도선, 피난구유도등, 통로유도등 또는 비상조명등
>   ∨소화기, 방화포: 면제기준 없음

> 📄 **개념플러스** 임시소방시설을 설치해야 하는 공사의 종류와 규모
>
> 1. 소화기: 법 제6조 제1항에 따라 소방본부장 또는 소방서장의 동의를 받아야 하는 특정소방대상물의 신축·증축·개축·재축·이전·용도변경 또는 대수선 등을 위한 공사 중 법 제15조 제1항에 따른 화재위험작업의 현장에 설치한다.
> 2. 간이소화장치: 다음의 어느 하나에 해당하는 공사의 화재위험작업현장에 설치한다.
>   ① 연면적 3천m^2 이상
>   ② 지하층, 무창층 또는 4층 이상의 층. 이 경우 해당 층의 바닥면적이 600m^2 이상인 경우만 해당한다.
> 3. 비상경보장치: 다음의 어느 하나에 해당하는 공사의 화재위험작업현장에 설치한다.
>   ① 연면적 400m^2 이상
>   ② 지하층 또는 무창층. 이 경우 해당 층의 바닥면적이 150m^2 이상인 경우만 해당한다.
> 4. 가스누설경보기: 바닥면적이 150m^2 이상인 지하층 또는 무창층의 화재위험 작업현장에 설치한다.
> 5. 간이피난유도선: 바닥면적이 150m^2 이상인 지하층 또는 무창층의 화재위험작업현장에 설치한다.
> 6. 비상조명등: 바닥면적이 150m^2 이상인 지하층 또는 무창층의 화재위험작업현장에 설치한다.
> 7. 방화포: 용접·용단 작업이 진행되는 화재위험작업현장에 설치한다.
>   ∨방화포 면적기준(x)
>   ∨지하층 또는 무창층의 바닥면적이 150m^2 이상: 비상경보장치, 가스누설경보기, 간이피난유도선, 비상조명등

047 임시소방시설 답 ②

- 설치, 관리: 공사시공자
- 종류: 소화기, 간이소화장치, 비상경보장치, 가스누설경보기, 간이피난유도선, 방화포, 비상조명등

048 임시소방시설 답 ②

간이소화장치
1. 연면적 3천m^2 이상
2. 지하층, 무창층 또는 4층 이상의 층. 이 경우 해당 층의 바닥면적이 600m^2 이상인 경우만 해당한다.

(참고)
지하층 또는 무창층의 바닥면적이 150m^2 이상: 비상경보장치, 가스누설경보기, 간이피난유도선, 비상조명등

049 임시소방시설 답 ②

바닥면적 600m^2 이상인 지하층 또는 무창층의 화재위험작업현장에는 간이소화장치를 설치하여야 한다.

> 📄 **개념플러스** 간이소화장치
>
> 1. 연면적 3천m^2 이상
> 2. 지하층, 무창층 또는 4층 이상의 층. 이 경우 해당 층의 바닥면적이 600m^2 이상인 경우만 해당한다.

050 임시소방시설 답 ④

(선지분석)
① 간이소화장치는 연면적 3천제곱미터 이상인 공사의 화재위험작업현장에 설치한다.
② 가스누설경보기는 바닥면적이 150제곱미터 이상인 지하층 또는 무창층의 화재위험작업현장에 설치한다.
③ 비상경보장치는 연면적 400제곱미터 이상인 공사의 화재위험작업현장에 설치한다.

개념플러스 임시소방시설을 설치해야 하는 공사의 종류와 규모

1. 소화기: 법 제6조 제1항에 따라 소방본부장 또는 소방서장의 동의를 받아야 하는 특정소방대상물의 신축·증축·개축·재축·이전·용도변경 또는 대수선등을 위한 공사 중 법 제15조 제1항에 따른 화재위험작업의 현장(이하 이 표에서 "화재위험작업현장"이라 한다)에 설치한다.
2. 간이소화장치: 다음의 어느 하나에 해당하는 공사의 화재위험작업현장에 설치한다.
   ∨옥내소화전설비 설치대상 동일
   ① 연면적 3천m^2 이상
   ② 지하층, 무창층 또는 4층 이상의 층. 이 경우 해당 층의 바닥면적이 600m^2 이상인 경우만 해당한다.
3. 비상경보장치: 다음의 어느 하나에 해당하는 공사의 화재위험작업현장에 설치한다.
   ∨비상경보설비 설치대상 동일(공연장x)
   ① 연면적 400m^2 이상
   ② 지하층 또는 무창층. 이 경우 해당 층의 바닥면적이 150m^2 이상인 경우만 해당한다.
4. 가스누설경보기: 바닥면적이 150m^2 이상인 지하층 또는 무창층의 화재위험작업현장에 설치한다.
5. 간이피난유도선: 바닥면적이 150m^2 이상인 지하층 또는 무창층의 화재위험작업현장에 설치한다.
6. 비상조명등: 바닥면적이 150m^2 이상인 지하층 또는 무창층의 화재위험작업현장에 설치한다.
7. 방화포: 용접·용단 작업이 진행되는 화재위험작업현장에 설치한다.
   ∨ 방화포 면적기준(x)

지하층 또는 무창층의 바닥면적이 150m^2 이상: 비상경보장치, 가스누설경보기, 간이피난유도선, 비상조명등

---

051 소화기의 내용연수 답 ①

내용연수를 설정하여야 하는 소방용품은 분말형태의 소화약제를 사용하는 소화기(10년)로 한다.

참고
- 내용연수 연한에 필요한 사항: 대통령령
- 내용연수 사용기간 연장: 행정안전부령

---

052 내용연수 설정대상 소방용품 답 ①

1. 법 제17조 제1항 후단에 따라 내용연수를 설정해야 하는 소방용품은 분말형태의 소화약제를 사용하는 소화기로 한다.
2. 1.에 따른 소방용품의 내용연수는 10년으로 한다.

---

053 중앙소방기술심의위원회 답 ②

소방시설에 하자가 있는지의 판단에 관한 사항
→ 소방시설 하자는 지방소방기술심의위원회의 심의 사항이다.

개념플러스

구분	중앙위원회	지방위원회
설치기관	소방청	시·도
위원회 구성	위원장포함 60명 이내 (성별고려)	위원장포함 5~9명 위원으로 구성
분야별 소위원회	있음	없음
심의사항 (법)	• 화재안전기준 • 소방시설의 공법이 특수한 설계 및 시공 • 소방시설의 설계 및 공사감리방법 • 소방시설공사 하자판단 기준 • 신기술, 신공법 등 검토, 평가에 고도기술이 필요한 경우로서 중앙위원회 심의를 요청한 경우 • 대통령령이 정하는 사항	• 소방시설 하자가 있는지 판단 • 대통령령이 정하는 사항

심의사항 (시행령)	• 연면적 10만제곱미터 이상
	  - 소방시설의 설계, 시공, 감리 하자유무
	• 새로운 소방시설과 용품 등의 도입여부
	• 소방청장이 심의에 부치는 사항
		• 연면적 10만제곱미터 미만
		  - 소방시설의 설계, 시공, 감리 하자유무
		• 소방본부장, 서장
		  - 화재안전기준 또는 위험물제조소 등 시설기준 적용에 관하여 기술검토 요청
		• 시·도지사가 심의에 부치는 사항

참고
1. 중앙위원회
   - 소방시설공사의 하자를 판단하는 기준
     예 옥내소화전 공사에 대한 하자
   - 화재안전기준
2. 지방위원회
   - 소방시설에 하자가 있는지의 판단
     예 옥내소화전에 대한 하자
   - 화재안전기준 적용에 관한 기술검토요청

---

054 중앙소방기술심의위원회 답 ④

소방본부장 또는 소방서장이 심의에 부치는 사항
→ 소방청장이 심의에 부치는 사항이 해당한다.

📘 **개념플러스** 중앙기술심의원회와 지방소방기술 심의위원회

다음의 사항을 심의하기 위하여 소방청에 중앙소방기술심의위원회(이하 "중앙위원회"라 한다)를 둔다.
1. 화재안전기준에 관한 사항
2. 소방시설의 구조 및 원리 등에서 공법이 특수한 설계 및 시공에 관한 사항
3. 소방시설의 설계 및 공사감리의 방법에 관한 사항
4. 소방시설공사의 하자를 판단하는 기준에 관한 사항
5. 연면적 10만제곱미터 이상의 특정소방대상물에 설치된 소방시설의 설계·시공·감리의 하자 유무에 관한 사항
6. 새로운 소방시설과 소방용품 등의 도입 여부에 관한 사항
7. 그 밖에 소방기술과 관련하여 소방청장이 심의에 부치는 사항

---

055 방염성능기준 이상의 실내장식물 등을 설치 | 답 ④

수영장은 방염대상물품을 설치하지 않는다.

📘 **개념플러스** 방염성능기준 이상의 실내장식물 등을 설치해야 하는 특정소방대상물

1. 근린생활시설 중 의원, 치과의원, 한의원, 조산원, 산후조리원, 체력단련장, 공연장 및 종교집회장
2. 건축물의 옥내에 있는 다음 각 목의 시설. ∨옥외(×)
   가. 문화 및 집회시설
   나. 종교시설
   다. 운동시설(수영장은 제외한다)
3. 의료시설
4. 교육연구시설 중 합숙소
5. 노유자 시설
6. 숙박이 가능한 수련시설
7. 숙박시설
8. 방송통신시설 중 방송국 및 촬영소
9. 다중이용업의 영업소
10. 1.부터 9.까지의 시설에 해당하지 않는 것으로서 층수가 11층 이상인 것(아파트등은 제외한다)

---

056 방염성능기준 이상의 실내장식물 등을 설치 | 답 ④

모두 다 해당하는 내용이다.

📘 **개념플러스** 방염성능기준 이상의 실내장식물 등을 설치해야 하는 특정소방대상물

1. 근린생활시설 중 의원, 치과의원, 한의원, 조산원, 산후조리원, 체력단련장, 공연장 및 종교집회장
2. 건축물의 옥내에 있는 다음 각 목의 시설. ∨옥외(×)
   가. 문화 및 집회시설
   나. 종교시설
   다. 운동시설(수영장은 제외한다)
3. 의료시설
4. 교육연구시설 중 합숙소
5. 노유자 시설
6. 숙박이 가능한 수련시설
7. 숙박시설
8. 방송통신시설 중 방송국 및 촬영소
9. 다중이용업의 영업소
10. 1.부터 9.까지의 시설에 해당하지 않는 것으로서 층수가 11층 이상인 것(아파트등은 제외한다)

---

057 방염대상물품 | 답 ①

영화상영관의 소파, 의자는 의무설치 대상이 아니다.

📘 **개념플러스** 방염대상물품(대통령령으로 정하는 물품)

1. 제조 또는 가공 공정에서 방염처리를 한 다음의 물품(선처리제품)
   ① 창문에 설치하는 커튼류(블라인드를 포함한다)
   ② 카펫
   ③ 벽지류(두께가 2밀리미터 미만인 종이벽지는 제외한다)
   ④ 전시용 합판·목재 또는 섬유판, 무대용 합판·목재 또는 섬유판(합판·목재류의 경우 불가피하게 설치 현장에서 방염처리한 것을 포함)
   ⑤ 암막·무대막(영화상영관에 설치하는 스크린과 가상체험 체육시설업에 설치하는 스크린을 포함)
   ⑥ 섬유류 또는 합성수지류 등을 원료로 하여 제작된 소파·의자(단란주점영업, 유흥주점영업 및 노래연습장업의 영업장에 설치하는 것으로 한정)
2. 건축물 내부의 천장이나 벽에 부착하거나 설치하는 다음의 것(후처리제품)
   ① 종이류(두께 2밀리미터 이상인 것을 말한다)·합성수지류 또는 섬유류를 주원료로 한 물품
   ② 합판이나 목재
   ③ 간이 칸막이(접이식 등 이동 가능한 벽이나 천장 또는 반자가 실내에 접하는 부분까지 구획하지 않는 벽체를 말한다)
   ④ 흡음(吸音)을 위하여 설치하는 흡음재(흡음용 커튼을 포함)
   ⑤ 방음(防音)을 위하여 설치하는 방음재(방음용 커튼을 포함)

---

058 소방대상물의 방염 | 답 ③

방염성능검사 합격표시를 위조하거나 변조하여 사용한 자는 300만원 이하의 벌금에 처한다.

📘 **개념플러스** 방염성능기준: 소방청장이 고시

- 잔염시간: 버너의 불꽃을 제거한 때부터 불꽃을 올리며 그칠 때까지 시간은 20초 이내
- 잔신시간: 버너의 불꽃을 제거한 때부터 불꽃을 올리지 않고 그칠 때까지 시간은 30초 이내
- 탄화면적: 50cm² 이내, 길이: 20cm 이내
- 불꽃의 접촉 횟수: 3회 이상
- 발연량은 최대연기밀도: 400 이하

059 방염성능기준　　　답 ③

소방청장이 정하여 고시한 방법으로 발연량(發煙量)을 측정하는 경우 최대연기밀도는 400 이하일 것

> **개념플러스** 방염성능기준: 소방청장이 고시
> - 잔염시간: 버너의 불꽃을 제거한 때부터 불꽃을 올리며 그칠 때까지 시간은 20초 이내
> - 잔신시간: 버너의 불꽃을 제거한 때부터 불꽃을 올리지 않고 그칠 때까지 시간은 30초 이내
> - 탄화면적: 50cm^2 이내, 길이: 20cm 이내
> - 불꽃의 접촉 횟수: 3회 이상
> - 발연량은 최대연기밀도: 400 이하

060 방염성능기준　　　답 ②

ㄱ. 버너에 불꽃을 제거한 때부터 불꽃을 올리며 연소하는 상태가 그칠 때까지 시간은 (20초) 이내
ㄴ. 버너에 불꽃을 제거한 때부터 불꽃을 올리지 아니하고 연소하는 상태가 그칠 때까지 시간은 (30초) 이내
ㄷ. 탄화한 면적은 (50cm^2) 이내, 탄화된 길이는 (20cm) 이내
ㄹ. 소방청장이 정하여 고시하는 방법으로 발연량을 측정하는 경우 최대연기밀도는 (400) 이하

061 방염성능기준　　　답 ③

- 버너의 불꽃을 제거한 때부터 불꽃을 올리며 연소하는 상태가 그칠 때까지 시간은 (가: 20)초 이내일 것
- 버너의 불꽃을 제거한 때부터 불꽃을 올리지 아니하고 연소하는 상태가 그칠 때까지 시간은 (나: 30)초 이내일 것

> **개념플러스** 방염성능기준
> 1. 잔염(불꽃을 올리며) 시간: 20초 이내
> 2. 잔신: 불꽃을 올리지 아니하고) 시간: 30초 이내
> 3. 탄화면적: 50cm^2 이내
> 4. 탄화길이: 20cm 이내
> 5. 불꽃에 의하여 완전히 녹을 때까지 불꽃의 접촉 횟수: 3회 이상
> 6. 소방청장이 정하여 고시한 방법으로 발연량을 측정하는 경우 최대연기밀도: 400 이하

062 방염성능기준　　　답 ④

선지분석
① 불꽃에 의하여 완전히 녹을 때까지 불꽃의 접촉 횟수는 3회 이상일 것

② 탄화한 면적은 50제곱센티미터 이내, 탄화한 길이는 20센티미터 이내일 것
③ 소방청장이 정하여 고시한 방법으로 발연량을 측정하는 경우 최대연기밀도는 400 이하일 것

> **개념플러스** 방염성능기준
> 1. 버너의 불꽃을 제거한 때부터 불꽃을 올리며 연소하는 상태가 그칠 때까지 시간은 20초 이내일 것
> 2. 버너의 불꽃을 제거한 때부터 불꽃을 올리지 않고 연소하는 상태가 그칠 때까지 시간은 30초 이내일 것
> 3. 탄화(炭化)한 면적은 50제곱센티미터 이내, 탄화한 길이는 20센티미터 이내일 것
> 4. 불꽃에 의하여 완전히 녹을 때까지 불꽃의 접촉 횟수는 3회 이상일 것
> 5. 소방청장이 정하여 고시한 방법으로 발연량(發煙量)을 측정하는 경우 최대연기밀도는 400 이하일 것

03 | 소방시설등의 자체점검

정답

| 001 | ④ | 002 | ④ | 003 | ③ |

001 자체점검　　　답 ④

선지분석
① 소방시설관리업자만 할 수 있다. → 관계인도 가능하다. 즉, 관계인, 관리업자등[관리업자 또는 행정안전부령으로 정하는 기술자격자(소방안전관리자로 선임된 소방기술사, 소방시설관리사)]
② 소방시설등의 작동기능점검은 포함하지 않는다. → 작동점검도 포함한다.
③ 건축물의 사용승인일이 속하는 다음 달에 실시한다. → 해당 달에 실시한다.

> **개념플러스** 종합점검
> 1. 스프링클러설비가 설치된 특정소방대상물
> 2. 물분무등소화설비[호스릴(Hose Reel) 방식의 물분무등소화설비만을 설치한 경우는 제외한다]가 설치된 연면적 5,000m^2 이상인 특정소방대상물(위험물 제조소등은 제외한다)
> 3. 다중이용업의 영업장이 설치된 특정소방대상물로서 연면적이 2,000m^2 이상인 것
> 4. 제연설비가 설치된 터널
> 5. 공공기관 중 연면적이 1,000m^2 이상인 것으로서 옥내소화전설비 또는 자동화재탐지설비가 설치된 것. 다만, 「소방기본법」 제2조 제5호에 따른 소방대가 근무하는 공공기관은 제외한다.

| 002 | 종합점검 | 답 ④ |

선지분석
① 물분무등소화설비가 설치된 연면적 3,000제곱미터 이상인 특정소방대상물 → 5,000제곱미터 이상만 해당
② 아파트는 연면적 5,000제곱미터 이상 또는 7층 이상인 것 → 아파트에 스프링클러설비가 설치되었을 때만 해당한다.
③ 「공공기관의 소방안전관리에 관한 규정」에 따른 공공기관 중 연면적이 600제곱미터 이상인 것으로 옥내소화전설비 또는 자동화재탐지설비가 설치된 것 → 1,000제곱미터 이상일 때 해당한다.

📄 **개념플러스 종합점검**

1. 스프링클러설비가 설치된 특정소방대상물
2. 물분무등소화설비[호스릴(Hose Reel) 방식의 물분무등소화설비만을 설치한 경우는 제외한다]가 설치된 연면적 5,000m² 이상인 특정소방대상물(위험물 제조소등은 제외한다)
3. 다중이용업의 영업장이 설치된 특정소방대상물로서 연면적이 2,000m² 이상인 것
4. 제연설비가 설치된 터널
5. 공공기관 중 연면적이 1,000m² 이상인 것으로서 옥내소화전설비 또는 자동화재탐지설비가 설치된 것. 다만, 「소방기본법」 제2조 제5호에 따른 소방대가 근무하는 공공기관은 제외한다.

| 003 | 중대위반사항 | 답 ③ |

"소화펌프 고장 등 대통령령으로 정하는 중대위반사항"이란 다음의 어느 하나에 해당하는 경우를 말한다.
1. 소화펌프(가압송수장치를 포함한다), 동력·감시 제어반 또는 소방시설용 전원(비상전원을 포함한다)의 고장으로 소방시설이 작동되지 않는 경우
2. 화재 수신기의 고장으로 화재경보음이 자동으로 울리지 않거나 화재 수신기와 연동된 소방시설의 작동이 불가능한 경우
3. 소화배관 등이 폐쇄·차단되어 소화수(消火水) 또는 소화약제가 자동 방출되지 않는 경우
4. 방화문 또는 자동방화셔터가 훼손되거나 철거되어 본래의 기능을 못하는 경우

04 | 소방시설관리사 및 소방시설관리업

정답 p. 68

| 001 | ② | 002 | ④ | 003 | ① | 004 | ① | 005 | ③ |

| 001 | 소방시설관리사의 자격의 취소·정지 사유 | 답 ② |

변경신고를 하지 않은 경우는 해당하지 않는다.

📄 **개념플러스 자격취소 및 자격정지**

자격 취소	• 거짓이나 그 밖의 부정한 방법으로 시험에 합격한 경우 • 소방시설관리사증을 다른 자에게 빌려준 경우 • 동시에 둘 이상의 업체에 취업한 경우 • 소방시설관리사의 결격사유에 해당하게 된 경우

자격
정지
	• 대행인력의 배치기준·자격·방법 등 준수사항을 지키지 아니한 경우
	  (1차: 경고/ 2차: 6개월 정지/ 3차: 자격취소)
	• 점검을 하지 아니하거나
	  (1차: 1개월 정지/ 2차: 6개월 정지/ 3차: 자격취소)
	  거짓으로 한 경우
	  (1차: 경고/ 2차: 6개월 정지/ 3차: 자격취소)
	• 성실하게 자체점검 업무를 수행하지 아니한 경우
	  (1차: 경고/ 2차: 6개월 정지/ 3차: 자격취소)

| 002 | 보조 기술인력 등록기준 | 답 ④ |

• 주인력에는 관리사로서 실무경력 5년 이상, 관리사로서 실무경력 3년 이상이 필요하다.
• 보조 기술인력에는 초급·중급·고급점검자 이상의 기술인력 각 2명 이상이 필요하다.

📄 **개념플러스 소방시설관리업의 업종별 등록기준 및 영업범위(제45조 제1항 관련)**

기술인 력 등 업종별	기술인력	영업범위
전문 소방 시설 관리업	가. 주된 기술인력 　1) 소방시설관리사 자격을 취득한 후 소방 관련 실무 경력이 5년 이상인 사람 1명 이상 　2) 소방시설관리사 자격을 취득한 후 소방 관련 실무 경력이 3년 이상인 사람 1명 이상 나. 보조 기술인력 　1) 고급점검자 이상의 기술인력: 2명 이상	모든 특정소방대상물

	2) 중급점검자 이상의 기술인력: 2명 이상 3) 초급점검자 이상의 기술인력: 2명 이상		
일반 소방 시설 관리업	가. 주된 기술인력: 소방시설관리사 자격을 취득한 후 소방 관련 실무경력이 1년 이상인 사람 1명 이상 나. 보조 기술인력 1) 중급점검자 이상의 기술인력: 1명 이상 2) 초급점검자 이상의 기술인력: 1명 이상	특정소방대상물 중 「화재의예방 및 안전관리에 관한 법률 시행령」별표 4에 따른 1급, 2급, 3급 소방안전관리대상물 ∨특급소방안전관리대상물(x)	

003 관리업자 점검인력   답 ①

점검인력 배치기준

구분	주된 점검인력	보조 점검인력
가. 50층 이상 또는 성능위주설계를 한 특정소방대상물	소방시설관리사 경력 5년 이상인 특급점검자 1명 이상	고급점검자 이상의 기술인력 1명 이상 및 중급점검자 이상의 기술인력 1명 이상
나.「화재의 예방 및 안전관리에 관한 법률 시행령」별표 4 제1호에 따른 특급 소방안전관리대상물(가목의 특정소방대상물은 제외한다)	소방시설관리사 경력 3년 이상인 특급점검자 1명 이상	고급점검자 이상의 기술인력 1명 이상 및 초급점검자 이상의 기술인력 1명 이상
다.「화재의 예방 및 안전관리에 관한 법률 시행령」별표 4 제2호 및 제3호에 따른 1급 또는 2급 소방안전관리대상물	소방시설관리사 경력 1년 이상인 특급점검자 1명 이상	중급점검자 이상의 기술인력 1명 이상 및 초급점검자 이상의 기술인력 1명 이상
라.「화재의 예방 및 안전관리에 관한 법률 시행령」별표 4 제4호에 따른 3급 소방안전관리대상물	특급점검자 1명 이상	초급점검자 이상의 기술인력 2명 이상

004 등록 취소 사유   답 ①

자체점검 등을 하지 않는 것은 취소사유에 해당하지 않는다.
자체점검 등을 하지 않는 경우: 1차
→ 1개월 정지. 2차: 3개월 정지. 3차: 등록취소.

> **참고** 관리업, 관리사 취소

소방시설관리업 등록취소	소방시설관리사 자격취소
1. 거짓, 부정한 방법	1. 거짓, 부정한 방법
2. 결격사유(제30조 각 호의 어느 하나에 해당하게 된 경우)	2. 결격사유
3. 빌려준 경우	3. 빌려준 경우
	4. 이중취업

005 행정처분 시 감경사유   답 ③

고의로 의한 것이면 감경하지 않는다.

> **개념플러스** 감경사유
> 1. 위반행위가 사소한 부주의나 오류 등 과실로 인한 것으로 인정되는 경우
> 2. 위반의 내용·정도가 경미하여 관계인에게 미치는 피해가 적다고 인정되는 경우
> 3. 위반 행위자가 처음 해당 위반행위를 한 경우로서 5년 이상 소방시설관리사의 업무, 소방시설관리업 등을 모범적으로 해 온 사실이 인정되는 경우
> 4. 그 밖에 다음의 경미한 위반사항에 해당되는 경우
>   ① 스프링클러설비 헤드가 살수반경에 미치지 못하는 경우
>   ② 자동화재탐지설비 감지기 2개 이하가 설치되지 않은 경우
>   ③ 유도등이 일시적으로 점등되지 않는 경우
>   ④ 유도표지가 정해진 위치에 붙어 있지 않은 경우

05 | 소방용품의 품질관리

정답   p. 70

001	③	002	③	003	③

001 형식승인   답 ③

피난유도선, 유도표지는 소방용품에 해당하지 않는다.

(선지분석)
① 자동소화장치: 주거용, 상업용, 캐비닛형, 가스, 분말, 고체에어졸 중 상업용 주방자동소화장치는 소방용품이지만 형식승인은 받지 않는다.

> **개념플러스** 피난구조설비를 구성하는 제품 또는 기기
> 1. 피난사다리, 구조대, 완강기(지지대를 포함한다) 및 간이완강기(지지대를 포함한다)

2. 공기호흡기(충전기를 포함한다)
3. 피난구유도등, 통로유도등, 객석유도등 및 예비 전원이 내장된 비상조명등
∨ 피난유도선, 유도표지, 비상조명등, 휴대용비상조명등은 소방용품에 해당하지 않는다.

002 형식승인을 받아야 하는 소방용품 답 ③

형식승인 대상 소방용품: 법 제37조 제1항 본문에서 "대통령령으로 정하는 소방용품"이란 별표 3의 소방용품(같은 표 제1호 나목의 자동소화장치 중 상업용 주방자동소화장치는 제외한다)을 말한다. 즉, 상업용 주방자동소화장치는 형식승인을 받지 않는 소방용품이다.

003 소방용품의 형식승인 및 성능인증 답 ③

하나의 소방용품에 성능인증 사항이 두 가지 이상 결합된 경우에는 해당 성능인증 시험을 모두 실시하고 하나의 성능인증을 할 수 있다.

06 | 보칙

정답 p. 71

| 001 | ④ |

001 청문 사유 답 ④

소방시설 설계업 및 방염업의 등록취소 및 영업정지 → 공사업법상 청문사유에 해당한다.

📄 개념플러스 청문

소방청장 또는 시·도지사는 다음의 어느 하나에 해당하는 처분을 하려면 청문을 하여야 한다.
1. 관리사 자격의 취소 및 정지
2. 관리업의 등록취소 및 영업정지
3. 소방용품의 형식승인 취소 및 제품검사 중지
3의2. 성능인증의 취소
4. 우수품질인증의 취소
5. 전문기관의 지정취소 및 업무정지

참고 소방관계법규에 관련된 청문

1. 소방시설 설치 및 관리에 관한 법률[청문] – 소방청장, 시·도지사 실시

청문대상	취소	정지	중지
관리사	자격○	자격○	
관리업	등록○	영업○	
소방용품	형식승인○		제품검사○
성능인증	○		
우수품질인증	○		
전문기관	지정○	업무○	

2. 화재예방 및 안전관리에 관한 법률[청문] – 소방청장, 시·도지사 실시

청문대상	취소	정지	중지
소방안전관리자	자격○		
진단기관	지정○		

3. 소방시설공사업에 관한 법률[청문] – 명시되어 있지 않다.

청문대상	취소	정지	중지
소방시설업	등록○	영업○	
소방기술인정자격	자격○		

4. 위험물안전관리법에 관한 법률[청문] – 시·도지사, 소방본부장, 소방서장

청문대상	취소	정지	중지
제조소 등	설치허가○		
탱크시험자	등록○		

5. 청문처분권자:
   - 화재예방법, 소방시설법: 소방청장, 시·도지사
   - 위험물안전관리법: 시·도지사, 소방본부장, 소방서장
   - 소방시설공사업법: 명시되어 있지 않음

07 | 벌칙

정답 p. 72

| 001 | ③ | 002 | ① | 003 | ② | 004 | ③ |

001 과태료 부과 개별기준 답 ③

선지분석
① 소방시설을 설치하지 않은 경우: 과태료 300만원
② 법 제15조 제1항을 위반하여 공사현장에 임시소방시설을 설치·유지·관리하지 않은 경우: 과태료 300만원
④ 소방시설이 작동하는 경우 소화배관을 통하여 소화수가 방수되지 않는 상태 또는 소화약제가 방출되지 않는 상태로 방치한 경우: 과태료 200만원

개념플러스 과태료 개별기준

위반행위	근거 법조문	과태료 금액 (단위: 만원)		
		1차 위반	2차 위반	3차이상 위반
가. 법 제12조 제1항을 위반한 경우	법 제61조 제1항 제1호			
1) 2) 및 3)의 규정을 제외하고 소방시설을 최근 1년 이내에 2회 이상 화재안전기준에 따라 관리하지 않은 경우			100	
2) 소방시설을 다음에 해당하는 고장 상태 등으로 방치한 경우			200	
가) 소화펌프를 고장 상태로 방치한 경우				
나) 화재 수신기, 동력·감시 제어반 또는 소방시설용 전원(비상전원을 포함한다)을 차단하거나, 고장난 상태로 방치하거나, 임의로 조작하여 자동으로 작동이 되지 않도록 한 경우				
다) 소방시설이 작동할 때 소화배관을 통하여 소화수가 방수되지 않는 상태 또는 소화약제가 방출되지 않는 상태로 방치한 경우				
3) 소방시설을 설치하지 않은 경우			300	
나. 법 제15조 제1항을 위반하여 공사 현장에 임시소방시설을 설치·관리하지 않은 경우	법 제61조 제1항 제2호		300	
다. 법 제16조 제1항을 위반하여 피난시설, 방화구획 또는 방화시설을 폐쇄·훼손·변경하는 등의 행위를 한 경우	법 제61조 제1항 제3호	100	200	300
라. 법 제20조 제1항을 위반하여 방염대상물품을 방염성능기준 이상으로 설치하지 않은 경우	법 제61조 제1항 제4호		200	
마. 법 제22조 제1항 전단을 위반하여 점검능력평가를 받지 않고 점검을 한 경우	법 제61조 제1항 제5호		300	
바. 법 제22조 제1항 후단을 위반하여 관계인에게 점검 결과를 제출하지 않은 경우	법 제61조 제1항 제6호		300	
사. 법 제22조 제2항에 따른 점검인력의 배치기준 등 자체점검 시 준수사항을 위반한 경우	법 제61조 제1항 제7호		300	
아. 법 제23조 제3항을 위반하여 점검 결과를 보고하지 않거나 거짓으로 보고한 경우	법 제61조 제1항 제8호			
1) 지연 보고 기간이 10일 미만인 경우			50	
2) 지연 보고 기간이 10일 이상 1개월 미만인 경우			100	
3) 지연 보고 기간이 1개월 이상이거나 보고하지 않은 경우			200	
4) 점검 결과를 축소·삭제하는 등 거짓으로 보고한 경우			300	
자. 법 제23조 제4항을 위반하여 이행계획을 기간 내에 완료하지 않은 경우 또는 이행계획 완료 결과를 보고하지 않거나 거짓으로 보고한 경우	법 제61조 제1항 제9호			
1) 지연 완료 기간 또는 지연 보고기간이 10일 미만인 경우			50	
2) 지연 완료 기간 또는 지연 보고기간이 10일 이상 1개월 미만인 경우			100	
3) 지연 완료 기간 또는 지연 보고기간이 1개월 이상이거나, 완료 또는 보고를 하지 않은 경우			200	
4) 이행계획 완료 결과를 거짓으로 보고한 경우			300	
차. 법 제24조 제1항을 위반하여 점검기록표를 기록하지 않거나 특정소방대상물의 출입자가 쉽게 볼 수 있는 장소에 게시하지 않은 경우	법 제61조 제1항 제10호	100	200	300
카. 법 제31조 또는 제32조 제3항을 위반하여 신고를 하지 않거나 거짓으로 신고한 경우	법 제61조 제1항 제11호			
1) 지연 신고 기간이 1개월 미만인 경우			50	

2) 지연 신고 기간이 1개월 이상 3개월 미만인 경우		100		
3) 지연 신고 기간이 3개월 이상이거나 신고를 하지 않은 경우		200		
4) 거짓으로 신고한 경우		300		
타. 법 제33조 제3항을 위반하여 지위승계, 행정처분 또는 휴업·폐업의 사실을 특정소방대상물의 관계인에게 알리지 않거나 거짓으로 알린 경우	법 제61조 제1항 제12호	300		
파. 법 제33조 제4항을 위반하여 소속 기술인력의 참여 없이 자체점검을 한 경우	법 제61조 제1항 제13호	300		
하. 법 제34조 제2항에 따른 점검실적을 증명하는 서류 등을 거짓으로 제출한 경우	법 제61조 제1항 제14호	300		
거. 법 제52조 제1항에 따른 명령을 위반하여 보고 또는 자료제출을 하지 않거나 거짓으로 보고 또는 자료제출을 한 경우 또는 정당한 사유 없이 관계 공무원의 출입 또는 검사를 거부·방해 또는 기피한 경우	법 제61조 제1항 제15호	50	100	300

002　벌칙의 기준　　답 ①

방염성능검사에 합격하지 아니한 물품에 합격표시를 하거나, 합격표시를 위조하거나 변조하여 사용한 자에게는 300만원 이하의 벌금에 해당한다.

003　벌칙의 기준　　답 ②

(선지분석)

① 소방용품에 대하여 형식승인의 변경승인을 받지 아니한 자는 1년 이하의 징역 또는 1천만원 이하의 벌금에 처한다.
③ 방염성능의 검사를 위반하여 방염성능검사에 합격하지 아니한 물품에 합격표시를 하거나 합격표시를 위조하거나 변조하여 사용한 자는 300만원 이하의 벌금에 처한다.
④ 성능위주설계평가단의 업무를 수행하면서 알게 된 비밀을 이 법에서 정한 목적 외의 용도로 사용하거나 다른 사람 또는 기관에 제공하거나 누설한 자는 300만원 이하의 벌금에 처한다.

004　과태료 부과대상　　답 ③

특정소방대상물에 화재안전기준을 위반하여 소방시설을 설치 또는 유지·관리한 자는 300만원 이하의 과태료에 해당한다.

(선지분석)

①, ②, ④ 300만원 이하의 벌금에 해당한다.

PART 3 화재의 예방 및 안전관리에 관한 법률

01 | 총칙

정답 p. 76

| 001 | ① | 002 | ④ |

001 용어   답 ①

화재의 예방과 안전관리에 필요한 사항을 규정함으로써 화재로부터 국민의 생명·신체 및 재산을 보호하고 공공의 안전과 복리 증진에 이바지함을 목적으로 한다.

002 용어의 정의   답 ④

1. "화재안전조사"란 소방청장, 소방본부장 또는 소방서장(이하 "소방관서장"이라 한다)이 소방대상물, 관계지역 또는 관계인에 대하여 소방시설등(「소방시설 설치 및 관리에 관한 법률」 제2조 제1항 제2호에 따른 소방시설등을 말한다. 이하 같다)이 소방 관계 법령에 적합하게 설치·관리되고 있는지, 소방대상물에 화재의 발생 위험이 있는지 등을 확인하기 위하여 실시하는 현장조사·문서열람·보고요구 등을 하는 활동을 말한다.
2. "화재조사"란 소방청장, 소방본부장 또는 소방서장이 화재원인, 피해상황, 대응활동 등을 파악하기 위하여 자료의 수집, 관계인등에 대한 질문, 현장 확인, 감식, 감정 및 실험 등을 하는 일련의 행위를 말한다.

02 | 화재의 예방 및 안전관리 기본계획의 수립·시행

정답 p. 77

| 001 | ① | 002 | ① | 003 | ① |

001 화재의 예방 및 안전관리 기본계획 등의 수립 및 시행   답 ①

선지분석
② 소방청장은 기본계획을 시행하기 위하여 매년마다 시행계획을 수립·시행하여야 한다.

③ 기본계획은 대통령령으로 정하는 바에 따라 소방청장이 관계 중앙행정기관의 장과 협의하여 수립한다.
④ 소방청장은 화재예방정책을 체계적·효율적으로 추진하고 이에 필요한 기반 확충을 위하여 화재의 예방 및 안전관리에 관한 기본계획을 5년마다 수립·시행하여야 한다.

참고 화재의 예방 및 안전관리 기본계획과 소방업무 종합계획 비교

1. 화재의 예방 및 안전관리 기본계획
   - 기본계획 수립·시행: 소방청장[5년]. 시행 전년도 8월 31일 협의(관계중앙행정기관의 장과 협의). 9월 30일 수립·시행

   ↓

   - 시행계획 수립·시행: 소방청장[매년]. 시행 전년도 10월 31일 수립·시행. 관계 중앙행정기관의 장, 시·도지사: 시행 전년도 10월 31일까지 통보

   ↓

   - 세부시행계획 수립·시행: 관계중앙행정기관의 장 및 시·도지사[매년]. 시행 전년도 12월 31일 수립하여 12월 31일까지 소방청장에게 통보
   - 기본계획, 시행계획: 소방청장.
   - 세부시행계획: 관계중앙행정기관의 장 및 시·도지사

2. 소방업무에 관한 종합계획의 수립·시행

- 소방청장: 5년마다 관계중앙행정기관의 장 협의(전년도 10.31)
- 시·도지사: 매년 (전년도 12.31) 소방청장제출

002 화재의 예방 및 안전관리 기본계획 등의 수립 및 시행   답 ①

소방청장은 화재안전 기반 확충을 위하여 화재안전정책에 관한 기본계획을 5년마다 수립·시행하여야 한다.

개념플러스 화재의 예방 및 안전관리 기본계획

기본계획 수립·시행: 소방청장[5년], 시행 전년도 8월 31일 협의(관계중앙행정기관의 장과 협의), 9월 30일 수립·시행

↓

시행계획 수립·시행: 소방청장[매년], 시행 전년도 10월 31일 수립·시행, 관계 중앙행정기관의 장, 시·도지사: 시행 전년도 10월 31일까지 통보

↓

세부시행계획 수립·시행: 관계중앙행정기관의 장 및 시·도지사[매년], 시행 전년도 12월 31일 수립하여 12월 31일까지 소방청장에게 통보
- 기본계획, 시행계획: 소방청장.
- 세부시행계획: 관계중앙행정기관의 장 및 시·도지사

003 화재의 예방 및 안전관리 기본계획 등의 수립 및 시행   답 ①

- 소방청장은 화재예방정책을 체계적·효율적으로 추진하고 이에 필요한 기반 확충을 위하여 화재의 예방 및 안전관리에 관한 기본계획을 (ㄱ: 5)년마다 수립·시행하여야 한다.
- 소방청장은 기본계획을 시행하기 위한 계획을 계획 시행 전년도 (ㄴ: 10월 31일)까지 수립해야 한다.

03 | 화재안전조사

정답
p. 78

| 001 | ④ | 002 | ① | 003 | ④ | 004 | ③ | 005 | ② |
| 006 | ② | 007 | ③ | 008 | ④ | 009 | ① |

001 화재안전조사   답 ④

화재안전조사위원회는 위원장 1명을 포함한 7명 이내의 위원으로 성별을 고려하여 구성한다.

> 📄 **개념플러스** 화재안전조사
>
> 소방관서장은 다음 각 호의 어느 하나에 해당하는 경우 화재안전조사를 실시할 수 있다.
> 다만, 개인의 주거(실제 주거용도로 사용되는 경우에 한정한다)에 대한 화재안전조사는 관계인의 승낙이 있거나 화재발생의 우려가 뚜렷하여 긴급한 필요가 있는 때에 한정한다.
> 1. 「소방시설 설치 및 관리에 관한 법률」 제22조에 따른 자체점검이 불성실하거나 불완전하다고 인정되는 경우
> 2. 화재예방강화지구 등 법령에서 화재안전조사를 하도록 규정되어 있는 경우
> 3. 화재예방안전진단이 불성실하거나 불완전하다고 인정되는 경우
> 4. 국가적 행사 등 주요 행사가 개최되는 장소 및 그 주변의 관계지역에 대하여 소방안전관리 실태를 조사할 필요가 있는 경우
> 5. 화재가 자주 발생하였거나 발생할 우려가 뚜렷한 곳에 대한 조사가 필요한 경우
> 6. 재난예측정보, 기상예보 등을 분석한 결과 소방대상물에 화재의 발생 위험이 크다고 판단되는 경우
> 7. 제1호부터 제6호까지에서 규정한 경우 외에 화재, 그 밖의 긴급한 상황이 발생할 경우 인명 또는 재산 피해의 우려가 현저하다고 판단되는 경우

002 화재안전조사의 방법·절차   답 ①

소방관서장은 화재안전조사를 마친 때에는 그 조사결과를 관계인에게 서면으로 통지하여야 한다.

다만, 화재안전조사의 현장에서 관계인에게 조사의 결과를 설명하고 화재안전조사 결과서의 부본을 교부한 경우에는 그러하지 아니하다.

> 참고 화재안전조사 결과는 구두로 통지하지 않는다.

선지분석
② 소방관서장은 화재안전조사를 실시하려는 경우 사전에 조사대상, 조사기간 및 조사사유 등 조사계획을 소방청, 소방본부 또는 소방서(이하 "소방관서"라 한다)의 인터넷 홈페이지나 법 제16조 제3항에 따른 전산시스템을 통해 7일 이상 공개해야 한다.
④ 관계인 화재조사 시작 3일 전까지 소방관서장한테 연기신청서 제출 → 소방관서장은 3일 이내 연기신청 승인여부 결정 알려줌

003 화재안전조사   답 ④

화재안전조사 업무를 수행하면서 알게 된 비밀을 목적 외의 용도로 사용한 자는 1년 이하의 징역 또는 1천만원 이하의 벌금에 처한다.

> 참고 소방의 화재조사에 관한 법률(화재조사법)
>
> 화재조사를 수행하면서 알게 된 비밀을 다른 용도로 사용하거나 다른 사람에게 누설한 사람은 300만원 이하의 벌금에 처한다.

004 화재안전조사   답 ③

소방관서장은 객관적이고 공정한 기준에 따라 화재안전조사의 대상을 선정하여야 하며, 소방관서장은 화재안전조사의 대상을 객관적이고 공정하게 선정하기 위하여 필요하면 화재안전조사위원회를 구성하여 화재안전조사의 대상을 선정할 수 있다.

> 📄 **개념플러스** 화재안전조사위원회
>
> 1. 구성: 위원장 1명을 포함한 7명 이내의 위원(성별고려)
> 2. 위원장: 소방관서장
>   ① 설치: 소방관서
>   ② 위원: 소방기술사, 소방시설관리사, 석사 이상, 소방관련 경력 5년 이상, 소방공무원(과장급 이상)
>   ③ 임기: 2년(한차례만 연임)

005 화재합동조사반   답 ②

한국소방시설협회는 해당사항 없다.

> 참고
>
> 소방관서장은 화재안전조사를 효율적으로 실시하기 위하여 필요한 경우 다음의 기관의 장과 합동으로 조사반을 편성하여 화재안전조사를 할 수 있다.

1. 관계 중앙행정기관 또는 지방자치단체
2. 「소방기본법」 제40조에 따른 한국소방안전원(이하 "안전원"이라 한다)
3. 「소방산업의 진흥에 관한 법률」 제14조에 따른 한국소방산업기술원(이하 "기술원"이라 한다)
4. 「화재로 인한 재해보상과 보험가입에 관한 법률」 제11조에 따른 한국화재보험협회(이하 "화재보험협회"라 한다)
5. 「고압가스 안전관리법」 제28조에 따른 한국가스안전공사(이하 "가스안전공사"라 한다)
6. 「전기안전관리법」 제30조에 따른 한국전기안전공사(이하 "전기안전공사"라 한다)
7. 그 밖에 소방청장이 정하여 고시하는 소방 관련 법인 또는 단체

006　화재안전조사단의 편성·운영　답 ②

소방관서장은 화재안전조사를 효율적으로 수행하기 위하여 대통령령으로 정하는 바에 따라 소방청에는 중앙화재안전조사단을, 소방본부 및 소방서에는 지방화재안전조사단을 편성하여 운영할 수 있다.

참고 화재안전조사단과 화재안전조사위원회

- 화재안전조사단

	중앙화재안전조사단	지방화재안전조사단
설치	소방청	소방본부, 소방서
구성	단장 포함 50명 이내 단원 (성별고려)	단장 포함 50명 이내 단원 (성별고려)
단장	단원 중 소방관서장이 임명, 위촉	단원 중 소방관서장이 임명, 위촉
화재안전 조사단 단원	소방공무원, 관련단체 또는 연구기관 등 임직원, 전문적인 지식이나 경험이 풍부한 사람	소방공무원, 관련단체 또는 연구기관 등 임직원, 전문적인 지식이나 경험이 풍부한 사람
임기	-	-

- 화재안전조사위원회

	화재안전조사 위원회
구성	위원장 1명을 포함하여 7명 이내의 위원(성별고려)
위원장	소방관서장
화재안전 조사단 단원	1. 과장급 직위 이상의 소방공무원 2. 소방기술사 3. 소방시설관리사 4. 소방 관련 분야의 석사 이상 학위를 취득한 사람 5. 소방 관련 법인 또는 단체에서 소방 관련 업무에 5년 이상 종사한 사람 6. 소방공무원 교육 훈련기관, 학교 또는 연구소에서 소방과 관련한 교육 또는 연구에 5년 이상 종사한 사람
임기	2년(한차례 연임)

007　화재안전조사위원회　답 ③

(소방관서장)은 화재안전조사의 대상을 객관적이고 공정하게 선정하기 위하여 필요한 경우 화재안전조사위원회를 구성하여 화재안전조사의 대상을 선정할 수 있다.

개념플러스 화재안전조사위원회

1. 구성: 위원장 1명을 포함한 7명 이내의 위원(성별고려)
2. 위원장: 소방관서장
   - 설치: 소방관서
   - 위원: 소방기술사, 소방시설관리사, 석사 이상, 소방관련 경력 5년 이상, 소방공무원(과장급 이상)
   - 임기: 2년(한차례만 연임)

008　조치명령, 손실보상　답 ②

화재안전조사 결과에 따른 조치명령으로 소방청장 또는 시·도지사가 손실을 보상하는 경우에는 시가(時價)로 보상해야 한다.

참고
- 일반적으로 위원회, 손실보상은 대통령령으로 정한다.
- 조치명령은 소방관서장인데 손실보상을 소방청장 또는 시·도지사가 한다.

009　조치명령, 손실보상　답 ①

시·도지사가 손실을 보상하는 경우에는 시가로 보상하여야 한다.

04 | 화재의 예방조치 등

정답
p. 81

001	④	002	④	003	②	004	②	005	③
006	①	007	④	008	④	009	②	010	③
011	②	012	①	013	③	014	②	015	①
016	②	017	④	018	①	019	③	020	①
021	②	022	①	023	②	024	④	025	④

001 화재의 예방조치   답 ④

소방관서장은 함부로 버려두거나 그냥 둔 위험물 또는 불에 탈 수 있는 물건을 보관하는 경우에는 그 날부터 14일 동안 해당 소방관서의 인터넷 홈페이지에 그 사실을 공고해야 한다.

> **개념플러스** 옮긴 물건 등 보관기간 및 보관기간 경과 후 처리
>
> 소속공무원이 안전한 장소로 옮긴다. → 소방관서장은 공고기간 (14일) → 공고기간종료 → 종료 다음날로부터 보관(7일) → 소방관서장은 매각 또는 폐기 → 소유자가 보상요구 → 소방관서장은 소유자와 협의보상
>
> **참고**
> 매각한 경우에는 국가재정법에 따라 세입조치해야 한다.

002 화재의 예방조치   답 ④

소방관서장은 폐기된 옮긴물건등의 소유자가 보상을 요구하는 경우에는 보상금액에 대하여 소유자와 협의를 거쳐 이를 보상하여야 한다.

> **개념플러스** 옮긴 물건 등 보관기간 및 보관기간 경과 후 처리
>
> 소속공무원이 안전한 장소로 옮긴다. → 소방관서장은 공고기간 (14일) → 공고기간종료 → 종료 다음날로부터 보관(7일) → 소방관서장은 매각 또는 폐기 → 소유자가 보상요구 → 소방관서장은 소유자와 협의보상
>
> **참고**
> 매각한 경우에는 국가재정법에 따라 세입조치해야 한다.

003 난로   답 ②

연통은 천장으로부터 (㉠ 0.6)m 이상 떨어지고, 건물 밖으로 (㉡ 0.6)m 이상 나오게 설치하여야 한다.

참고1 보일러 등

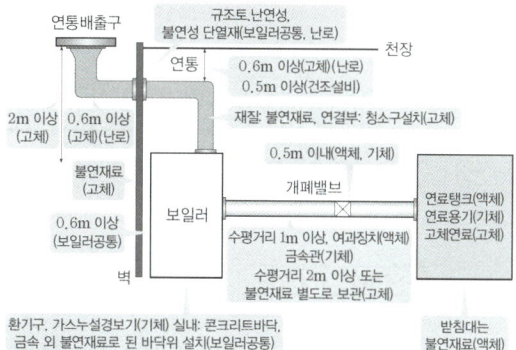

참고2 보일러 등

액체연료	기체연료	고체연료
• 연료탱크는 보일러 본체로부터 수평거리 1미터 이상 • 개폐밸브를 연료탱크로부터 0.5미터 이내 • 여과장치를 설치할 것 • 허용된 연료만 사용 • 연료탱크 받침대 설치	• 환기구 설치 • 배관은 금속관 • 가스누설경보기 • 개폐밸브를 연료용기로부터 0.5미터 이내	• 연료보관: 별도 실, 보일러와 수평거리 2미터 이상 • 연통: 천장, 건물 밖 0.6미터 이상 • 연통: 보일러보다 2미터이상 높게 설치 • 연통: 관통부분 불연재료 • 연통재질: 불연재료, 청소구설치

004 불을 사용하는 설비의 관리기준   답 ②

- 보일러: 보일러와 벽·천장 사이의 거리는 (가: 0.6)미터 이상 되도록 하여야 한다.
- 난로: 연통은 천장으로부터 (나: 0.6)미터 이상 떨어지고, 건물 밖으로 0.6미터 이상 나오게 설치하여야 한다.
- 건조설비: 건조설비와 벽·천장 사이의 거리는 (다: 0.5)미터 이상 되도록 하여야 한다.
- 음식조리를 위하여 설치하는 설비: 열을 발생하는 조리기구는 반자 또는 선반으로부터 (라: 0.6) 미터 이상 떨어지게 해야 한다.

참고1 보일러 등

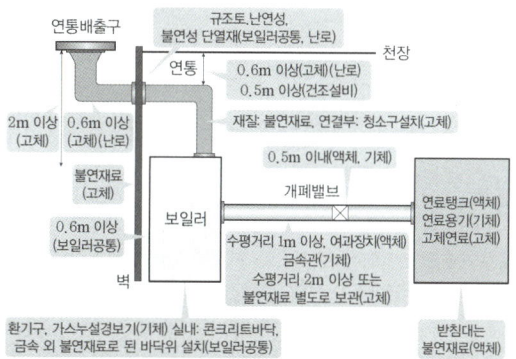

참고2 음식조리를 위하여 설치하는 설비

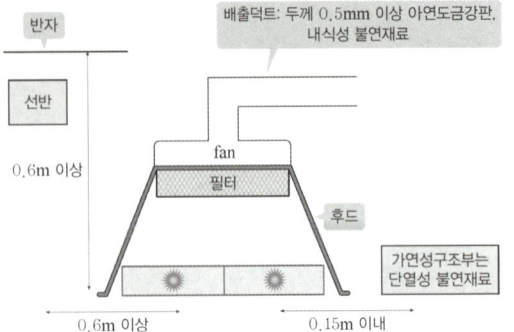

| 005 | 불을 사용하는 설비의 관리기준 | 답 ③ |

건조설비: 실내에 설치하는 경우에 벽·천장 및 바닥은 불연재료로 해야 한다.

📄 개념플러스 건조설비
1. 건조설비와 벽·천장 사이의 거리는 0.5미터 이상이어야 한다.
2. 건조물품이 열원과 직접 접촉하지 않도록 해야 한다.
3. 실내에 설치하는 경우에 벽·천장 및 바닥은 불연재료로 해야 한다.

| 006 | 용접 또는 용단 작업장 | 답 ① |

- 용접 또는 용단 작업자로부터 (가: 반경 5m) 이내에 소화기를 갖추어 둘 것
- 용접 또는 용단 작업장 주변 (나: 반경 10m) 이내에는 가연물을 쌓아두거나 놓아두지 말 것. 다만, 가연물의 제거가 곤란하여 방호포 등으로 방호조치를 한 경우는 제외한다.

참고 용접 또는 용단 작업장

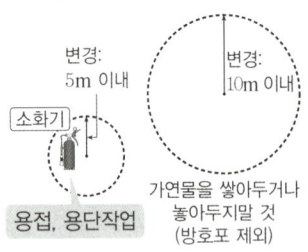

| 007 | 보일러 등의 위치·구조 및 관리 | 답 ④ |

- 액체연료를 사용하는 보일러의 연료탱크는 보일러 본체로부터 수평거리 1미터 이상의 간격을 두어 설치하여야 한다.
- 고체연료는 보일러본체와 수평거리 2미터 이상의 간격을 두어 보관하거나 불연재료로 된 별도의 구획된 공간에 보관하여야 한다.

선지분석
① 노·화덕설비를 실내에 설치하는 경우에는 흙바닥 또는 금속 외의 불연재료로 된 바닥에 설치해야 한다.
② 이동식난로는 안전조치를 한 경우에는 사용할 수 있다.
  - 이동식난로는 다음의 장소에서 사용해서는 안 된다. 다만, 난로가 쓰러지지 않도록 받침대를 두어 고정시키거나 쓰러지는 경우 즉시 소화되고 연료의 누출을 차단할 수 있는 장치가 부착된 경우에는 그렇지 않다.
③ 보일러를 실내에 설치하는 경우에는 콘크리트바닥 또는 금속 외의 불연재료로 된 바닥 위에 설치해야 한다.

| 008 | 보일러 등의 위치·구조 및 관리 | 답 ④ |

'불꽃을 사용하는 용접·용단기구' 작업장에서는 용접 또는 용단 작업자로부터 반경 5미터 이내에 소화기를 갖추어야 한다.

참고 용접 또는 용단 작업장

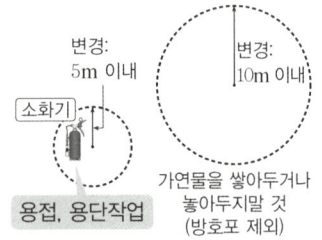

| 009 | 조리를 위하여 불을 사용하는 설비 | 답 ② |

열을 발생하는 조리기구는 반자 또는 선반으로부터 0.6m 이상 떨어지게 할 것

참고 음식조리를 위하여 설치하는 설비

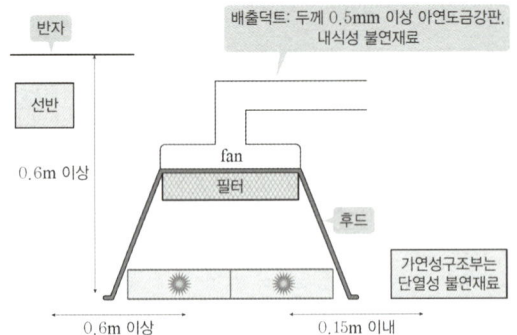

010 불을 사용하는 설비의 관리기준   답 ③

선지분석

① 경유·등유 등 액체 연료탱크는 보일러 본체로부터 수평거리 1미터 이상의 간격을 두어 설치한다.
② 화목(火木) 등 고체연료를 사용하는 연통의 배출구는 보일러 본체보다 2미터 이상 높게 설치한다.
④ 대통령령에서 규정한 사항 외에 화재 발생 우려가 있는 설비 또는 기구의 종류, 해당 설비 또는 기구의 위치·구조 및 관리와 화재 예방을 위하여 불을 사용할 때 지켜야 하는 사항은 시·도의 조례로 정한다.

참고

• 보일러기준

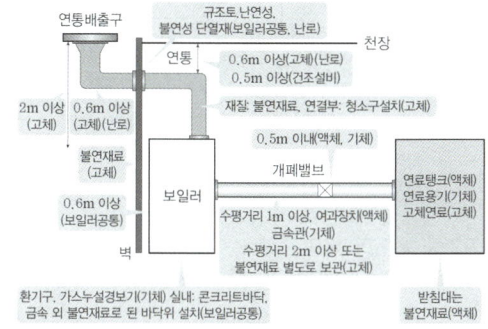

• 음식조리를 위하여 설치하는 설비기준

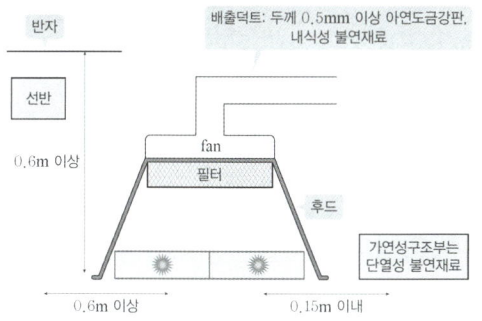

011 특수가연물   답 ②

나무껍질은 400kg 이상 시 특수가연물에 해당한다.

개념플러스 특수가연물

특수가연물(제19조 제1항 관련)	
품명	수량
면화류	200킬로그램 이상
나무껍질 및 대팻밥	400킬로그램 이상
넝마 및 종이부스러기	1,000킬로그램 이상
사류(絲類)	1,000킬로그램 이상
볏짚류	1,000킬로그램 이상
가연성 고체류	3,000킬로그램 이상
석탄·목탄류	10,000킬로그램 이상
가연성 액체류	2세제곱미터 이상
목재가공품 및 나무부스러기	10세제곱미터 이상
고무류·플라스틱류 발포시킨 것	20세제곱미터 이상
고무류·플라스틱류 그 밖의 것	3,000킬로그램 이상

012 특수가연물   답 ①

면화류는 200kg 이상일 때 특수가연물에 해당한다.

개념플러스 특수가연물

특수가연물(제19조 제1항 관련)	
품명	수량
면화류	200킬로그램 이상
나무껍질 및 대팻밥	400킬로그램 이상
넝마 및 종이부스러기	1,000킬로그램 이상
사류(絲類)	1,000킬로그램 이상
볏짚류	1,000킬로그램 이상
가연성 고체류	3,000킬로그램 이상
석탄·목탄류	10,000킬로그램 이상
가연성 액체류	2세제곱미터 이상
목재가공품 및 나무부스러기	10세제곱미터 이상
고무류·플라스틱류 발포시킨 것	20세제곱미터 이상
고무류·플라스틱류 그 밖의 것	3,000킬로그램 이상

013 특수가연물   답 ③

살수설비를 설치하거나, 방사능력 범위에 해당 특수가연물이 포함되도록 대형수동식소화기를 설치하는 경우에는 쌓는 높이를 (가: 15)미터 이하, 쌓는 부분의 바닥면적을 (나: 200) 제곱미터 이하로 할 수 있다.

개념플러스 특수가연물의 저장·취급 기준

구분	살수설비를 설치하거나 방사능력 범위에 해당 특수가연물이 포함되도록 대형수동식소화기를 설치하는 경우	그 밖의 경우
높이	15미터 이하	10미터 이하
쌓는 부분의 바닥면적	200제곱미터(석탄·목탄류의 경우에는 300제곱미터) 이하	50제곱미터(석탄·목탄류의 경우에는 200제곱미터) 이하

014 특수가연물   답 ②

쌓는 부분의 바닥면적은 50제곱미터 이하여야 한다(발전용으로 저장하는 석탄·목탄류 제외).

📖 개념플러스 특수가연물의 저장·취급 기준

구분	살수설비를 설치하거나 방사능력 범위에 해당 특수가연물이 포함되도록 대형수동식소화기를 설치하는 경우	그 밖의 경우
높이	15미터 이하	10미터 이하
쌓는 부분의 바닥면적	200제곱미터(석탄·목탄류의경우에는 300제곱미터) 이하	50제곱미터(석탄·목탄류의경우에는 200제곱미터) 이하

참고
특수가연물 쌓는 부분 바닥면적의 사이는 실내의 경우 1.2미터 또는 쌓는 높이의 1/2중 큰 값 이상으로 간격을 두어야 하며, 실외의 경우 3미터 또는 쌓는 높이 중 큰 값 이상으로 간격을 둘 것

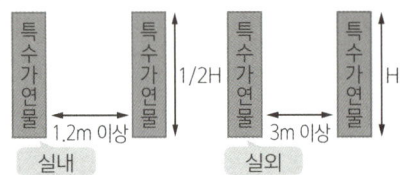

015 특수가연물   답 ①

선지분석

① 실외에 쌓아 저장하는 경우 쌓는 부분이 대지경계선, 도로 및 인접 건축물과 최소 6미터 이상 간격을 둘 것. 다만, 쌓는 높이 보다 0.9미터 이상 높은 내화구조 벽체를 설치한 경우는 그렇지 않다.

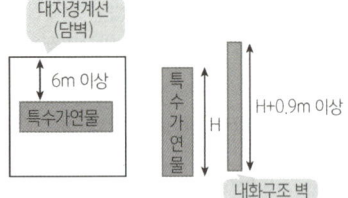

② 실내에 쌓아 저장하는 경우 주요구조부는 내화구조이면서 불연재료여야 하고, 다른 종류의 특수가연물과 같은 공간에 보관하지 않을 것. 다만, 내화구조의 벽으로 분리하는 경우는 그렇지 않다.

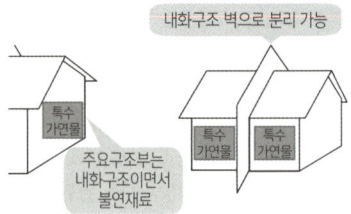

③, ④ 쌓는 부분 바닥면적의 사이는 실내의 경우 1.2미터 또는 쌓는 높이의 1/2 중 큰 값 이상으로 간격을 두어야 하며, 실외의 경우 3미터 또는 쌓는 높이 중 큰 값 이상으로 간격을 둘 것

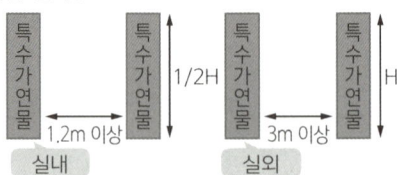

016 특수가연물 표지   답 ③

특수가연물 표지의 바탕은 흰색으로, 문자는 검은색으로 할 것. 다만, "화기엄금" 표시 부분은 제외한다.

참고 특수가연물 표지

특수가연물	
화기엄금	
품명	합성수지류
최대저장수량(배수)	000톤(00배)
단위부피당 질량 (단위체적당 질량)	000kg/m³
관리책임자 (직책)	홍길동 팀장
연락처	02-000-0000

017 화재예방강화지구   답 ④

시·도지사가 화재예방강화지구로 지정할 필요가 있는 지역을 화재예방강화지구로 지정하지 아니하는 경우 소방청장은 해당 시·도지사에게 해당 지역의 화재예방강화지구 지정을 요청할 수 있다.

📖 개념플러스 화재예방강화지구의 지정 대상

1. 시장지역
2. 공장·창고가 밀집한 지역
3. 목조건물이 밀집한 지역
4. 노후·불량건축물이 밀집한 지역
5. 위험물의 저장 및 처리 시설이 밀집한 지역
6. 석유화학제품을 생산하는 공장이 있는 지역
7. 「산업입지 및 개발에 관한 법률」 제2조 제8호에 따른 산업단지

8. 소방시설·소방용수시설 또는 소방출동로가 없는 지역
9. 「물류시설의 개발 및 운영에 관한 법률」제2조 제6호에 따른 물류 단지
10. 그 밖에 1.부터 9.까지에 준하는 지역으로서 소방관서장이 화재예방강화지구로 지정할 필요가 있다고 인정하는 지역

| 018 | 화재예방강화지구 | 답 ① |

시·도지사는 화재가 발생하는 경우 그로 인하여 피해가 클 것으로 예상되는 지역을 화재예방강화지구로 지정할 수 있다.

| 019 | 화재예방강화지구 | 답 ④ |

모두 해당한다.

📄 **개념플러스** 화재예방강화지구의 지정 대상

1. 시장지역
2. 공장·창고가 밀집한 지역
3. 목조건물이 밀집한 지역
4. 노후·불량건축물이 밀집한 지역
5. 위험물의 저장 및 처리 시설이 밀집한 지역
6. 석유화학제품을 생산하는 공장이 있는 지역
7. 「산업입지 및 개발에 관한 법률」제2조 제8호에 따른 산업단지
8. 소방시설·소방용수시설 또는 소방출동로가 없는 지역
9. 「물류시설의 개발 및 운영에 관한 법률」제2조 제6호에 따른 물류 단지
10. 그 밖에 제1호부터 제9호까지에 준하는 지역으로서 소방관서장이 화재예방강화지구로 지정할 필요가 있다고 인정하는 지역

| 020 | 화재예방강화지구 | 답 ③ |

전력용 및 통신용 지하구가 있는 지역은 화재예방강화지구 지정에 해당하지 않는다.

📄 **개념플러스** 화재예방강화지구의 지정 등

시·도지사는 다음의 어느 하나에 해당하는 지역을 화재예방강화지구로 지정하여 관리할 수 있다.
1. 시장지역
2. 공장·창고가 밀집한 지역
3. 목조건물이 밀집한 지역
4. 노후·불량건축물이 밀집한 지역
5. 위험물의 저장 및 처리 시설이 밀집한 지역
6. 석유화학제품을 생산하는 공장이 있는 지역

| 021 | 화재예방강화지구의 관리 | 답 ② |

- 소방관서장은 화재예방강화지구 안의 소방대상물의 위치·구조 및 설비 등에 대한 화재안전조사를 연 (ㄱ: 1)회 이상 실시하여야 한다.
- 소방관서장은 화재예방강화지구 안의 관계인에 대하여 소방상 필요한 훈련 및 교육을 연 (ㄴ: 1)회 이상 실시할 수 있다.
- 소방관서장은 소방상 필요한 훈련 및 교육을 실시하고자 하는 때에는 화재예방강화지구 안의 관계인에게 훈련 또는 교육 (ㄷ: 10)일 전까지 그 사실을 통보하여야 한다.

참고
- 시·도지사: 화재예방강화지구 지정·관리
  화재예방강화지구 관리대장 작성(매년)
- 소방관서장: 소방설비등 설치명령
  화재안전조사 – 연 1회 이상
  훈련·교육 – 연 1회 이상(10일 전까지 통보)

| 022 | 화재예방강화지구 | 답 ① |

시·도지사는 화재전조사의 결과 등을 행정안전부령으로 정하는 화재예방강화지구 관리대장에 작성하고 관리하여야 한다.

📄 **개념플러스** 화재예방강화지구 관리대장

시·도지사는 법에 따라 다음의 사항을 행정안전부령으로 정하는 화재예방강화지구 관리대장에 작성하고 관리하여야 한다.
1. 화재예방강화지구의 지정 현황
2. 화재안전조사의 결과
3. 소방설비등의 설치 명령 현황
4. 소방훈련 및 교육의 실시 현황
5. 화재예방 강화를 위하여 필요한 사항

| 023 | 화재예방강화지구 | 답 ② |

선지분석
① 소방관서장은 화재예방강화지구 안의 소방대상물의 위치·구조 및 설비 등에 대한 화재안전조사를 연 1회 이상 실시하여야 한다.
③ 소방관서장은 소방상 필요한 훈련 및 교육을 실시하고자 하는 때에 화재예방강화지구 안의 관계인에게 훈련 또는 교육 10일 전까지 그 사실을 통보하여야 한다.

④ 시·도지사는 화재예방강화지구의 지정 현황 등을 화재예방강화지구 관리대장에 작성하고 관리하여야 한다.

024 화재예방강화지구   답 ④

가. 화재예방강화지구에서 소방관서장은 소방상 필요한 훈련 및 교육을 실시하고자 하는 때에는 화재예방강화지구 안의 관계인에게 훈련 또는 교육 (㉠ 10)일 전까지 그 사실을 통보하여야 한다.
나. 특수가연물의 쌓는 높이는 (㉡ 10)미터 이하가 되도록 하고, 쌓는 부분의 바닥면적은 50제곱미터[석탄·목탄류의 경우에는 (㉢ 200)제곱미터] 이하가 되도록 할 것. 다만, 살수설비를 설치하거나, 방사능력 범위에 해당 특수가연물이 포함되도록 대형수동식소화기를 설치하는 경우에는 쌓는 높이를 (㉣ 15)미터 이하, 쌓는 부분의 바닥면적을 (㉤ 200)제곱미터(석탄·목탄류의 경우에는 300제곱미터) 이하로 할 수 있다.

025 화재안전평가심의회의 위원   답 ④

「고등교육법」 제2조에 따른 학교 또는 이에 준하는 학교나 공인된 연구기관에서 부교수 이상의 직(職) 또는 이에 상당하는 직에 있거나 있었던 사람으로서 화재안전 또는 관련 법령이나 정책에 전문성이 있는 사람

> **참고**
> 화재안전영향평가심의회의 위원
> 1. 법 제22조 제3항 제1호에서 "대통령령으로 정하는 사람"이란 다음의 사람을 말한다.
>   ① 다음의 중앙행정기관에서 화재안전 관련 법령이나 정책을 담당하는 고위공무원단에 속하는 일반직공무원(이에 상당하는 특정직공무원 및 별정직공무원을 포함한다) 중에서 해당 중앙행정기관의 장이 지명하는 사람 각 1명
>   ㉠ 행정안전부·산업통상자원부·보건복지부·고용노동부·국토교통부
>   ㉡ 그 밖에 심의회의 심의에 부치는 안건과 관련된 중앙행정기관
>   ② 소방청에서 화재안전 관련 업무를 수행하는 소방준감 이상의 소방공무원 중에서 소방청장이 지명하는 사람
> 2. 법 제22조 제3항 제2호에서 "소방기술사 등 대통령령으로 정하는 화재안전과 관련된 분야의 학식과 경험이 풍부한 전문가"란 다음의 어느 하나에 해당하는 사람을 말한다.
>   ① 소방기술사
>   ② 다음의 기관이나 법인 또는 단체에서 화재안전 관련 업무를 수행하는 사람으로서 해당 기관이나 법인 또는 단체의 장이 추천하는 사람
>   ㉠ 안전원
>   ㉡ 기술원
>   ㉢ 화재보험협회
>   ㉣ 가스안전공사
>   ㉤ 전기안전공사
>   ③ 「고등교육법」 제2조에 따른 학교 또는 이에 준하는 학교나 공인된 연구기관에서 부교수 이상의 직(職) 또는 이에 상당하는 직에 있거나 있었던 사람으로서 화재안전 또는 관련 법령이나 정책에 전문성이 있는 사람

05 | 소방대상물의 소방안전관리

정답   p. 89

001	①	002	②	003	①	004	③	005	④
006	④	007	①	008	①	009	④	010	④
011	②	012	③	013	③	014	①	015	④
016	①	017	③	018	①				

001 특정소방대상물 관계인의 업무   답 ①

소방계획서의 작성은 소방안전관리자의 업무이다.

> **개념플러스**
> 특정소방대상물(소방안전관리대상물은 제외한다)의 관계인과 소방안전관리대상물의 소방안전관리자는 다음 각 호의 업무를 수행한다. 다만, 제1호·제2호·제5호 및 제7호의 업무는 소방안전관리대상물의 경우에만 해당한다.
>
>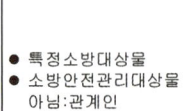
>
> 1. 제36조에 따른 피난계획에 관한 사항과 대통령령으로 정하는 사항이 포함된 소방계획서의 작성 및 시행
> 2. 자위소방대(自衛消防隊) 및 초기대응체계의 구성, 운영 및 교육
> 3. 「소방시설 설치 및 관리에 관한 법률」 제16조에 따른 피난시설, 방화구획 및 방화시설의 관리
> 4. 소방시설이나 그 밖의 소방 관련 시설의 관리
> 5. 제37조에 따른 소방훈련 및 교육
> 6. 화기(火氣) 취급의 감독
> 7. 행정안전부령으로 정하는 바에 따른 소방안전관리에 관한 업무수행에 관한 기록·유지(제3호·제4호 및 제6호의 업무를 말한다)
>   → 월 1회 이상 작성·관리[2년간 보관]
> 8. 화재발생 시 초기대응
> 9. 그 밖에 소방안전관리에 필요한 업무
>
> **참고**
> 관계인의 업무는 소방안전관리자의 업무 중 3, 4, 6, 8, 9

002 특급 소방안전관리대상물의 소방안전관리자   답 ②

소방공무원 20년의 경력이다.

참고 특급, 1급 특정소방대상물 등

특급 소방안전관리대상물	1급 소방안전관리대상물
• 50층 이상(지하층 제외) 또는 높이가 200미터 이상인 아파트 • 30층 이상(지하층 포함) 또는 높이가 120미터 이상(아파트 제외) • 연면적이 10만제곱미터 이상(아파트 제외)	• 30층 이상(지하층 제외) 또는 높이가 120미터 이상인 아파트 • 연면적이 1만5천제곱미터 이상(아파트, 연립주택 제외) • 층수가 11층 이상(아파트 제외) • 가연성 가스를 1천톤 이상 저장, 취급 시설
특급 소방안전관리자 선임자격	1급 소방안전관리자 선임자격
• 소방기술사, 소방시설관리사 • 소방설비기사 + 5년 이상 실무경력(1급) • 소방산업설비기사 + 7년 이상 실무경력(1급) • 소방공무원 + 20년 이상 근무경력 • 시험합격(특급)	• 특급 소방안전관리자 자격인정 • 소방설비기사 • 소방산업설비기사 • 소방공무원 + 7년 이상 근무경력 • 시험합격(1급)

003 소방안전관리대상물   답 ①

소방공무원으로 7년 이상 근무한 경력자는 1급 소방안전대상물에 해당된다. ①은 9년간 근무한 경력자이므로 1급 소방안전대상물에 해당된다.

선지분석

② ~ ④ 특급소방대상물에 해당된다.
② 지상으로부터 높이가 200미터 이상인 아파트
③ 지상으로부터 높이가 120미터 이상인 업무시설
④ 연면적이 10만제곱미터 이상인 의료시설

📋 개념플러스 1급 소방안전관리대상물의 범위

「소방시설 설치 및 관리에 관한 법률 시행령」 별표 2의 특정소방대상물 중 다음의 어느 하나에 해당하는 것(제1호에 따른 특급 소방안전관리대상물은 제외한다)
1. 30층 이상(지하층은 제외한다)이거나 지상으로부터 높이가 120미터 이상인 아파트
2. 연면적 1만5천제곱미터 이상인 특정소방대상물(아파트 및 연립주택은 제외한다)
3. 2.에 해당하지 않는 특정소방대상물로서 지상층의 층수가 11층 이상인 특정소방대상물(아파트는 제외한다)
4. 가연성 가스를 1천톤 이상 저장·취급하는 시설

참고
• 특급 소방안전관리대상물

	층수	지상으로부터의 높이	연면적
아파트	50층 이상(지·제)	200m 이상	-
그 외	30층 이상(지·포)	120m 이상	10만제곱미터 이상 (층수나 높이 해당 안될 때)

• 1급 소방안전관리대상물

	층수	지상으로부터의 높이	연면적
아파트	30층 이상(지·제)	120m 이상	-
그 외	11층 이상 (연면적 해당 안될 때)	-	1만5천제곱미터 이상
	가연성가스: 1천톤 이상 저장·취급 시설		

004 1급 소방안전관리대상물   답 ③

선지분석
① 지하구: 2급
② 동·식물원: 특급 및 1급에서 제외
④ 철강 등 불연성 물품을 저장·취급하는 창고: 특급 및 1급에서 제외

참고
동·식물원, 철강 등 불연성 물품을 저장·취급하는 창고, 위험물 저장 및 처리 시설 중 제조소등과 지하구는 특급 소방안전관리대상물 및 1급 소방안전관리대상물에서 제외한다.

005 소방안전관리업무의 전담   답 ④

선지분석
① 지상 60층인 아파트 → 50층 이상인 아파트: 특급
② 지하 3층, 지상 12층인 백화점 → 11층 이상: 1급
③ 연면적 11만제곱미터인 국제공항 → 10만제곱미터 이상: 특급
④ 가연성 가스 1백톤을 저장·취급하는 공장 → 1백톤 이상 1천톤 미만: 2급

참고
소방안전관리업무의 전담: 특급. 1급소방대상물, 겸직 안 된다.

006 소방안전관리보조자   답 ④

소방안전관리보조자 선임대상
• 「건축법 시행령」 별표 1 제2호 가목에 따른 아파트[(가: 300)세대 이상인 아파트만 해당한다]

- 아파트를 제외한 연면적이 (나: 15,000m²) 이상인 특정소방대상물

> 📄 **개념플러스** 소방안전관리보조자 선임대상
>
> 가. 「건축법 시행령」 별표 1 제2호 가목에 따른 아파트 중 300세대 이상인 아파트
> 나. 연면적이 1만5천제곱미터 이상인 특정소방대상물(아파트 및 연립주택은 제외한다)
> 다. 가목 및 나목에 따른 특정소방대상물을 제외한 특정소방대상물 중 다음의 어느 하나에 해당하는 특정소방대상물
>   1) 공동주택 중 기숙사
>   2) 의료시설
>   3) 노유자 시설
>   4) 수련시설
>   5) 숙박시설(숙박시설로 사용되는 바닥면적의 합계가 1천500제곱미터 미만이고 관계인이 24시간 상시 근무하고 있는 숙박시설은 제외한다)
> 가목., 나목은 추가선임해야 하고, 다목은 추가선임 없다.
> 가목. 예1) 900세대 아파트: 300명세대 1명. 추가선임 2명을 포함하여 총 3명선임
> 나목. 예2) 연면적 3만제곱인 특정소방대상물: 1만5천m² 1명. 추가선임 1명을 포함하여 총 2명선임

> **참고** 소방안전관리보조자 예시
>
> | | 선임인원 | | | | |
> |---|---|---|---|---|---|
> | | 1명 선임 | 2명 선임 | 3명 선임 | 4명 선임 | 5명 선임 |
> | 건축물 | 1만5천 이상~ 3만 미만 | 3만 이상~ 4만5천 미만 | 4만5천 이상~ 6만 미만 | 6만 이상~ 7만5천 미만 | 7만 이상~ 9만 미만 |
> | | 1명선임 | 2명선임 | 3명선임 | 4명선임 | 5명선임 |
> | 아파트 | 3백세대 이상 ~ 6백세대 미만 | 6백세대 이상 ~ 9백세대 미만 | 9백세대 이상 ~ 1천2백세대 미만 | 1천2백세대 이상 ~ 1천5백세대 미만 | 1천5백세대 이상 ~ 1천8백세대 미만 |

007 소방안전관리보조자   답 ①

소방안전관리보조자의 인원기준

- 제1호 가목.「건축법 시행령」별표 1 제2호 가목에 따른 아파트 중 300세대 이상인 아파트
  나. 연면적이 1만5천제곱미터 이상인 특정소방대상물(아파트 및 연립주택은 제외한다)
- 제1호 가목에 따른 소방안전관리대상물의 경우에는 1명. 다만, 초과되는 300세대마다 1명 이상을 추가로 선임해야 한다.
  나. 제1호 나목에 따른 소방안전관리대상물의 경우에는 1명. 다만, 초과되는 연면적 1만5천제곱미터(특정소방대상물의 방재실에 자위소방대가 24시간 상시 근무하고「소방장비관리법 시행령」별표 1 제1호 가목에 따른 소방자동차 중 소방펌프차, 소방물탱크차, 소방화학차 또는 무인방수차를 운용하는 경우에는 3만제곱미터로 한다)마다 1명 이상을 추가로 선임해야 한다.

> **참고** 소방안전관리보조자의 인원기준
>
> | | 선임인원 | | | | |
> |---|---|---|---|---|---|
> | | 1명 선임 | 2명 선임 | 3명 선임 | 4명 선임 | 5명 선임 |
> | 건축물 | 1만5천 이상~ 3만 미만 | 3만 이상~ 4만5천 미만 | 4만5천 이상~ 6만 미만 | 6만 이상~ 7만5천 미만 | 7만5천 이상~ 9만 미만 |
> | | 1명선임 | 2명선임 | 3명선임 | 4명선임 | 5명선임 |
> | 아파트 | 3백세대 이상 ~ 6백세대 미만 | 6백세대 이상 ~ 9백세대 미만 | 9백세대 이상 ~ 1천2백세대 미만 | 1천2백세대 이상 ~ 1천5백세대 미만 | 1천5백세대 이상 ~ 1천8백세대 미만 |

008 소방안전관리자의 선임신고   답 ①

- 소방안전관리대상물의 관계인이 소방안전관리자를 선임한 경우에는 선임한 날부터 (ㄱ: 14)일 이내에 선임사실을 소방본부장 또는 소방서장에게 신고하여야 한다.
- 소방안전관리대상물의 관계인은 소방안전관리자를 선임사유가 발생한 날부터 (ㄴ: 30)일 이내에 선임해야 한다.

> **참고** 소방안전관리자 선임신고 등
> 1. 선임 및 신고자: 관계인
> 2. 선임: 30일 이내[행정안전부령]
> 3. 신고: 14일 이내[행정안전부령]
> 4. 신고처: 소방본부장, 소방서장

009 건설현장 소방안전관리대상물   답 ④

건설현장 작업자를 제외한 책임자에 대한 소방안전 교육 및 훈련
→ 건설현장 작업자에 대한 소방안전교육 및 훈련도 포함한다.

> 📄 **개념플러스** 건설현장 소방안전관리자의 업무
>
> 1. 건설현장의 소방계획서의 작성
> 2. 「소방시설 설치 및 관리에 관한 법률」 제15조 제1항에 따른 임시소방시설의 설치 및 관리에 대한 감독
> 3. 공사진행 단계별 피난안전구역, 피난로 등의 확보와 관리
> 4. 건설현장의 작업자에 대한 소방안전 교육 및 훈련
> 5. 초기대응체계의 구성·운영 및 교육
> 6. 화기취급의 감독, 화재위험작업의 허가 및 관리
> 7. 그 밖에 건설현장의 소방안전관리와 관련하여 소방청장이 고시하는 업무

> **참고**
> - 설치와 철거가 쉬운 임시소방시설: 소화기, 간이소화장치, 비상경보장치, 가스누설경보기, 간이피난유도선, 비상조명등, 방화포를 말한다.
> - 건설현장 소방안전관리자 업무미이행: 300만원 이하 과태료

010 건설현장 소방안전관리대상물   답 ④

증축을 하려는 부분의 연면적이 5천제곱미터이고, 지상층의 층수가 10층인 업무시설
→ 11층 이상인 업무시설만 해당

> 📄 **개념플러스** 소방안전관리자 선임해야 하는 건설현장 소방안전관리대상물
>
> 1. 신축·증축·개축·재축·이전·용도변경 또는 대수선을 하려는 부분의 연면적의 합계가 1만5천제곱미터 이상인 것
> 2. 신축·증축·개축·재축·이전·용도변경 또는 대수선을 하려는 부분의 연면적이 5천제곱미터 이상인 것으로서 다음 각 목의 어느 하나에 해당하는 것
>   가. 지하층의 층수가 2개 층 이상인 것
>   나. 지상층의 층수가 11층 이상인 것
>   다. 냉동창고, 냉장창고 또는 냉동·냉장창고

011 건설현장 소방안전관리대상물   답 ②

건설현장 소방안전관리대상물: 법 제29조 제1항에서 "대통령령으로 정하는 특정소방대상물"이란 다음의 어느 하나에 해당하는 특정소방대상물을 말한다.
1. 신축·증축·개축·재축·이전·용도변경 또는 대수선을 하려는 부분의 연면적의 합계가 1만5천제곱미터 이상인 것
2. 신축·증축·개축·재축·이전·용도변경 또는 대수선을 하려는 부분의 연면적이 5천제곱미터 이상인 것으로서 다음의 어느 하나에 해당하는 것
   ① 지하층의 층수가 2개 층 이상인 것
   ② 지상층의 층수가 11층 이상인 것
   ③ 냉동창고, 냉장창고 또는 냉동·냉장창고

012 권원이 분리되어 있는 특정소방대상물의 안전관리   답 ③

복합건축물로서 연면적이 3만제곱미터 이상일 때 해당한다.

> 📄 **개념플러스** 권원이 분리되어 있는 특정소방대상물
>
> 1. 복합건축물(지하층 제외 11층 이상, 연면적이 3만제곱미터 이상인 것)
> 2. 지하가
> 3. 그 밖에 대통령령이 정하는 특정소방대상물
>   (판매시설 중 도매시장, 소매시장 및 전통시장)

013 관리의 권원이 분리된 특정 소방대상물   답 ③

근린생활시설로서 연면적 3만제곱미터 이상인 것
→ 복합건축물로서 연면적이 3만제곱미터 이상일 때 해당한다.

> 📄 **개념플러스** 권원이 분리되어 있는 특정소방대상물
>
> 1. 복합건축물(지하층 제외 11층 이상, 연면적이 3만제곱미터 이상인 것)
> 2. 지하가
> 3. 그 밖에 대통령령이 정하는 특정소방대상물
>   (판매시설 중 도매시장, 소매시장 및 전통시장)

014 공동으로 소방안전관리자 선임   답 ①

판매시설 중 도매, 소매, 전통시장만 해당한다.

> 📄 **개념플러스** 권원이 분리되어 있는 특정소방대상물
>
> 1. 복합건축물(지하층 제외 11층 이상, 연면적이 3만제곱미터 이상인 것)
> 2. 지하가
> 3. 그 밖에 대통령령이 정하는 특정소방대상물
>   (판매시설 중 도매시장, 소매시장 및 전통시장)

015 소방훈련   답 ④

소방안전관리대상물의 관계인은 제1항에 따라 소방훈련과 교육을 실시했을 때에는 그 실시 결과를 별지 제28호서식의 소방훈련·교육 실시 결과 기록부에 기록하고, 이를 소방훈련 및 교육을 실시한 날부터 2년간 보관해야 한다.

> 📄 **개념플러스** 근무자 및 거주자에 대한 소방훈련과 교육
>
> 1. 소방안전관리대상물의 관계인은 법 제37조 제1항에 따른 소방훈련과 교육을 연 1회 이상 실시해야 한다. 다만, 소방본부장 또는 소방서장이 화재예방을 위하여 필요하다고 인정하여 2회의 범위에서 추가로 실시할 것을 요청하는 경우에는 소방훈련과 교육을 추가로 실시해야 한다.
> 2. 소방본부장 또는 소방서장은 특급 및 1급 소방안전관리대상물의 관계인으로 하여금 1.에 따른 소방훈련과 교육을 소방기관과 합동으로 실시하게 할 수 있다.
> 3. 소방안전관리대상물의 관계인은 소방훈련과 교육을 실시하는 경우 소방훈련 및 교육에 필요한 장비 및 교재 등을 갖추어야 한다.
> 4. 소방안전관리대상물의 관계인은 1.에 따라 소방훈련과 교육을 실시했을 때에는 그 실시 결과를 별지 제28호서식의 소방훈련·교육 실시 결과 기록부에 기록하고, 이를 소방훈련 및 교육을 실시한 날부터 2년간 보관해야 한다.

016 피난유도안내정보   답 ①

연 2회 피난안내 교육을 실시하는 방법

📖 개념플러스 피난유도 안내정보의 제공

1. 연 2회 피난안내 교육을 실시하는 방법
2. 분기별 1회 이상 피난안내 방송을 실시하는 방법
3. 피난안내도를 층마다 보기 쉬운 위치에 게시하는 방법
4. 엘리베이터, 출입구 등 시청이 용이한 지역에 피난안내 영상을 제공하는 방법

참고 피난안내도

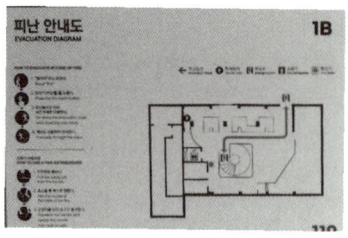

017 게시해야 하는 사항   답 ③

소방안전관리대상물의 용도 및 수용인원은 해당사항 없다.

📖 개념플러스 소방안전관리자 정보의 게시

1. 법 제26조 제1항에서 "행정안전부령으로 정하는 사항"이란 다음의 사항을 말한다.
   ① 소방안전관리대상물의 명칭 및 등급
   ② 소방안전관리자의 성명 및 선임일자
   ③ 소방안전관리자의 연락처
   ④ 소방안전관리자의 근무 위치(화재 수신기 또는 종합방재실을 말한다)
2. 1.에 따른 소방안전관리자 성명 등의 게시는 별표 2의 소방안전관리자 현황표에 따른다. 이 경우 「소방시설 설치 및 관리에 관한 법률 시행규칙」 별표 5에 따른 소방시설등 자체점검기록표를 함께 게시할 수 있다.

참고 소방안전관리자 정보게시

소방안전관리자 현황표(대상명:)

이 건축물의 소방안전관리자는 다음과 같습니다.
☐ 소방안전관리자: (선임일자: 년   월   일)
☐ 소방안전관리대상물 등급: 급
☐ 소방안전관리자 근무 위치(화재 수신기 위치):
「화재의 예방 및 안전관리에 관한 법률」 제26조 제1항에 따라 이 표지를 붙입니다.

018 불시에 소방훈련과 교육을 실시   답 ①

불시에 소방훈련과 교육을 실시할 수 있는 소방안전관리대상물

1. 「소방시설 설치 및 관리에 관한 법률 시행령」 별표 2 제7호에 따른 의료시설
2. 「소방시설 설치 및 관리에 관한 법률 시행령」 별표 2 제8호에 따른 교육연구시설
3. 「소방시설 설치 및 관리에 관한 법률 시행령」 별표 2 제9호에 따른 노유자 시설
4. 그 밖에 화재 발생 시 불특정 다수의 인명피해가 예상되어 소방본부장 또는 소방서장이 소방훈련·교육이 필요하다고 인정하는 특정소방대상물

06 | 특별관리시설물의 소방안전관리

정답
p. 95

001	①	002	④	003	③	004	④	005	①
006	③								

001 소방안전 특별관리시설물   답 ①

위험물 제조소등은 해당하지 않는다.

📖 개념플러스 소방안전 특별관리시설물

1. 「공항시설법」 제2조 제7호의 공항시설
2. 「철도산업발전기본법」 제3조 제2호의 철도시설
3. 「도시철도법」 제2조 제3호의 도시철도시설
4. 「항만법」 제2조 제5호의 항만시설
5. 「문화유산의 보존 및 활용에 관한 법률」 제2조 제3항의 지정문화유산 및 「자연유산의 보존 및 활용에 관한 법률」 제2조 제5호에 따른 천연기념물등인 시설(시설이 아닌 지정문화유산 및 천연기념물등을 보호하거나 소장하고 있는 시설을 포함한다)
6. 「산업기술단지 지원에 관한 특례법」 제2조 제1호의 산업기술단지
7. 「산업입지 및 개발에 관한 법률」 제2조 제8호의 산업단지
8. 「초고층 및 지하연계 복합건축물 재난관리에 관한 특별법」 제2조 제1호·제2호의 초고층 건축물 및 지하연계 복합건축물
9. 「영화 및 비디오물의 진흥에 관한 법률」 제2조 제10호의 영화상영관 중 수용인원 1천명 이상인 영화상영관
10. 전력용 및 통신용 지하구
11. 「한국석유공사법」 제10조 제1항 제3호의 석유비축시설
12. 「한국가스공사법」 제11조 제1항 제2호의 천연가스 인수기지 및 공급망
13. 「전통시장 및 상점가 육성을 위한 특별법」 제2조 제1호의 전통시장으로서 대통령령으로 정하는 전통시장(점포 500개 이상인 전통시장)
14. 그 밖에 대통령령으로 정하는 시설물
    (발전소, 가스공급시설, 물류창고로서 연면적 10만제곱미터 이상)

002 화재예방안전진단 대상의 시설기준   답 ④

가스공급시설 중 가연성 가스 탱크의 저장용량의 합계가 100톤 이상이거나 저장용량이 30톤 이상인 가연성 가스 탱크가 있는 가스공급시설

> **개념플러스** 화재예방안전진단의 대상
>
> 법 제41조 제1항에서 "대통령령으로 정하는 소방안전 특별관리시설물"이란 다음 각 호의 시설을 말한다.
> 1. 법 제40조 제1항 제1호에 따른 공항시설 중 여객터미널의 연면적이 1천제곱미터 이상인 공항시설
> 2. 법 제40조 제1항 제2호에 따른 철도시설 중 역 시설의 연면적이 5천제곱미터 이상인 철도시설
> 3. 법 제40조 제1항 제3호에 따른 도시철도시설 중 역사 및 역 시설의 연면적이 5천제곱미터 이상인 도시철도시설
> 4. 법 제40조 제1항 제4호에 따른 항만시설 중 여객이용시설 및 지원시설의 연면적이 5천제곱미터 이상인 항만시설
> 5. 법 제40조 제1항 제10호에 따른 전력용 및 통신용 지하구 중 「국토의 계획 및 이용에 관한 법률」 제2조 제9호에 따른 공동구
> 6. 법 제40조 제1항 제12호에 따른 천연가스 인수기지 및 공급망 중 「소방시설 설치 및 관리에 관한 법률 시행령」 별표 2 제17호 나목에 따른 가스시설
> 7. 제41조 제2항 제1호에 따른 발전소 중 연면적이 5천제곱미터 이상인 발전소
> 8. 제41조 제2항 제3호에 따른 가스공급시설 중 가연성 가스 탱크의 저장용량의 합계가 100톤 이상이거나 저장용량이 30톤 이상인 가연성 가스 탱크가 있는 가스공급시설

003 소방안전 특별관리 시설물   답 ③

「물류시설의 개발 및 운영에 관한 법률」에 따른 물류창고로서 연면적 10만제곱미터 이상인 것

> **개념플러스** 소방안전 특별관리 시설물
>
> 1. 「공항시설법」 제2조 제7호의 공항시설
> 2. 「철도산업발전기본법」 제3조 제2호의 철도시설
> 3. 「도시철도법」 제2조 제3호의 도시철도시설
> 4. 「항만법」 제2조 제5호의 항만시설
>   ∨ 여객터미널[자동차] 없음
> 5. 「문화유산의 보존 및 활용에 관한 법률」 제2조 제3항의 지정문화유산 및 「자연유산의 보존 및 활용에 관한 법률」 제2조 제5호에 따른 천연기념물등인 시설(시설이 아닌 지정문화유산 및 천연기념물등을 보호하거나 소장하고 있는 시설을 포함한다)
> 6. 「산업기술단지 지원에 관한 특례법」 제2조 제1호의 산업기술단지
> 7. 「산업입지 및 개발에 관한 법률」 제2조 제8호의 산업단지
> 8. 「초고층 및 지하연계 복합건축물 재난관리에 관한 특별법」 제2조 제1호·제2호의 초고층 건축물 및 지하연계 복합건축물
> 9. 「영화 및 비디오물의 진흥에 관한 법률」 제2조 제10호의 영화상영관 중 수용인원 1천명 이상인 영화상영관
> 10. 전력용 및 통신용 지하구
>   ∨ 가스, 냉·난방 지하구(X). 즉, 모든 지하구(X)
> 11. 「한국석유공사법」 제10조 제1항 제3호의 석유비축시설
> 12. 「한국가스공사법」 제11조 제1항 제2호의 천연가스 인수기지 및 공급망
> 13. 「전통시장 및 상점가 육성을 위한 특별법」 제2조 제1호의 전통시장으로서 대통령령으로 정하는 전통시장
>   ∨ 점포 500개 이상인 전통시장
> 14. 그 밖에 대통령령으로 정하는 시설물
>   ∨ 발전소, 가스공급시설, 물류창고로서 연면적 10만제곱미터 이상

004 화재예방안전진단의 범위   답 ④

모두 옳은 내용이다.
소방안전 특별관리시설물의 관계인은 한국소방안전원 또는 소방청장이 지정하는 화재예방안전진단기관으로부터 정기적으로 화재예방안전진단을 받아야 한다.

> **개념플러스** 화재예방안전진단의 범위
>
> 1. 화재위험요인의 조사에 관한 사항
> 2. 소방계획 및 피난계획 수립에 관한 사항
> 3. 소방시설등의 유지·관리에 관한 사항
> 4. 비상대응조직 및 교육훈련에 관한 사항
> 5. 화재 위험성 평가에 관한 사항
> 6. 그 밖에 화재예방진단을 위하여 대통령령으로 정하는 사항
>   ① 화재 등의 재난 발생 후 재발방지 대책의 수립 및 그 이행에 관한 사항
>   ② 지진 등 외부 환경 위험요인 등에 대한 예방·대비·대응에 관한 사항
>   ③ 화재예방안전진단 결과 보수·보강 등 개선요구 사항 등에 대한 이행 여부
>
> **참고** 화재예방안전진단을 받아야 하는 대상
> 1. 연면적이 1천제곱미터 이상(여객터미널 공항시설)
> 2. 연면적이 5천제곱미터 이상(철도시설, 도시철도시설, 항만시설, 발전소)
> 3. 전력용 통신용 지하구 중 공동구, 가스시설, 가연성 가스 탱크의 저장용량의 합계가 100톤 이상, 저장용량이 30톤 이상인 가연성 가스 탱크가 있는 가스공급시설

005 화재예방안전진단의 범위   답 ①

화재예방안전진단의 범위
1. 화재위험요인의 조사에 관한 사항
2. 소방계획 및 피난계획 수립에 관한 사항
3. 소방시설등의 유지·관리에 관한 사항
4. 비상대응조직 및 교육훈련에 관한 사항
5. 화재 위험성 평가에 관한 사항

6. 그 밖에 화재예방진단을 위하여 대통령령으로 정하는 사항
   ↓
   1) 화재 등의 재난 발생 후 재발방지 대책의 수립 및 그 이행에 관한 사항
   2) 지진 등 외부 환경 위험요인 등에 대한 예방·대비·대응에 관한 사항
   3) 화재예방안전진단 결과 보수·보강 등 개선요구 사항 등에 대한 이행 여부

006 화재예방안전진단 실시 절차 답 ③

(선지분석)
① 화재예방안전진단 결과에 따른 안전등급은 우수, 양호, 보통, 미흡 및 불량으로 구분한다.
② 안전등급이 양호·보통인 경우 안전등급을 통보받은 날부터 5년이 경과한 날이 속하는 해에 화재예방안전진단을 받아야 한다.
④ 소방안전 특별관리시설물의 관계인은 「건축법」에 따른 사용승인 또는 「소방시설공사업법」에 따른 완공검사를 받은 날부터 5년이 경과한 날이 속하는 해에 최초의 화재예방안전진단을 받아야 한다.

07 | 보칙

정답 p. 97

| 001 | ① | 002 | ② |

001 청문 답 ①

소방청장 또는 시·도지사는 다음의 어느 하나에 해당하는 처분을 하려면 청문을 하여야 한다.
1. 제31조 제1항에 따른 소방안전관리자의 자격 취소
2. 제42조 제2항에 따른 진단기관의 지정 취소

002 포상 답 ②

1. 소방청장은 소방대상물의 자율적인 안전관리를 유도하기 위하여 안전관리 상태가 우수한 소방대상물을 선정하여 우수 소방대상물 표지를 발급하고, 소방대상물의 관계인을 포상할 수 있다.
2. 1.에 따른 우수 소방대상물의 선정 방법, 평가 대상물의 범위 및 평가 절차 등에 필요한 사항은 행정안전부령으로 정한다.

08 | 벌칙

정답 p. 98

| 001 | ④ | 002 | ③ |

001 과태료 부과처분 답 ④

위반행위	과태료 금액(단위: 만원)		
	1차위반	2차위반	3차 이상 위반
특수가연물의 저장 및 취급 기준을 위반한 경우	200	200	200

002 과태료 부과기준 답 ③

(선지분석)
ㄱ. 실무교육을 받지 아니한 소방안전관리자 및 소방안전관리보조자: 100만원 이하 과태료
ㄴ. 소방안전관리업무를 성실하게 수행할 수 있도록 지도·감독하지 아니한 소방안전관리대상물의 관계인: 300만원 이하 과태료
ㄷ. 피난유도 안내정보를 근무자 또는 거주자에게 정기적으로 제공하지 아니한 소방안전관리대상물의 관계인: 300만원 이하 과태료
ㄹ. 소방안전관리자 또는 소방안전관리보조자를 기간 내에 선임신고를 하지 아니한 소방안전관리대상물의 관계인: 200만원 이하 과태료
ㅁ. 소방훈련 및 교육을 한 날부터 30일 이내에 소방훈련 및 교육 결과를 행정안전부령으로 정하는 바에 따라 소방본부장 또는 소방서장에게 제출하지 아니한 소방안전관리대상물의 관계인: 200만원 이하 과태료

PART 4 소방시설공사업법

01 | 총칙

정답 p. 102

| 001 | ③ | 002 | ② | 003 | ③ | 004 | ④ |

001 용어의 정의 답 ③

"발주자"란 소방시설의 설계, 시공, 감리 및 방염(소방시설공사 등)을 소방시설업자에게 도급하는 자를 말한다. 다만, 수급인으로서 도급받은 공사를 하도급하는 자는 제외한다.

선지분석
① • 개설: 이미 설치된 소방시설등의 전부 또는 일부를 철거하고 새로 설치 하는 것을 말한다.(정비 제외)
    예 자동화재탐지설비 철거 후 새로 설치
  • 이전: 이미 설치된 소방시설등을 현재 설치된 장소에서 다른 장소로 옮겨 설치하는 것을 말한다.
    예 수신기 또는 제어반을 지하 1층에서 지상 1층으로 옮김
  • 정비: 이미 설치된 소방시설등을 구성하고 있는 기계·기구를 교체 하거나 보수하는 것을 말한다.
    예 P형수신기 고장으로 P형수신기 교체하거나 보수
② 기술계산서: 옥내소화전 수원의 양, 지진에 견딜 수 있는 기술계산, 건물구조가 견딜 수 있는 기술계산 등을 의미한다.

002 용어의 정의 답 ②

②는 소방공사감리업에 대한 설명이다.

📄 **개념플러스 소방공사감리업**

소방시설공사에 관한 발주자의 권한을 대행하여 소방시설공사가 설계도서와 관계 법령에 따라 적법하게 시공되는지를 확인하고, 품질·시공 관리에 대한 기술지도를 하는 영업이다.
→ 즉, 적법시공 + 기술지도

003 소방시설업의 영업 답 ③

소방안전관리 업무의 대행 또는 소방시설등의 점검 및 유지·관리하는 영업 → 관리업에서 행하는 영업이다.

📄 **개념플러스 소방시설업**

1. 소방시설설계업
2. 소방시설공사업
3. 소방공사감리업
4. 방염처리업

004 소방시설업 답 ④

ㄱ, ㄴ, ㄷ, ㅁ이 옳은 내용이다.

📄 **개념플러스 소방시설업**

1. 소방시설설계업
2. 소방시설공사업
3. 소방공사감리업
4. 방염처리업

02 | 소방시설업

정답 p. 104

| 001 | ② | 002 | ③ | 003 | ① | 004 | ④ | 005 | ③ |
| 006 | ② |

001 소방시설공사업의 등록기준 답 ②

소방시설공사업의 등록기준으로는 기술인력, 자본금이 있다.

참고
• 소방시설공사 등: 설계업(기술인력), 공사업(기술인력, 자본금), 감리업(기술인력), 방염처리업(기술인력)
• 소방시설업 등록하지 않고 영업한 자: 3년 이하의 징역 또는 3천만원 이하의 벌금

002 소방시설업 등록의 결격사유   답 ②

등록하려는 소방시설업 등록이 취소된 날부터 3년이 지난 사람
→ 등록이 취소된 날부터 2년이 지나지 아니한 사람이 결격사유에 해당한다.

> **개념플러스 소방시설업 등록 결격사유**
>
> 1. 피성년후견인
> 2. 삭제 <2015. 7. 20.>
> 3. 이 법, 「소방기본법」, 「화재의 예방 및 안전관리에 관한 법률」, 「소방시설 설치 및 관리에 관한 법률」 또는 「위험물안전관리법」에 따른 금고 이상의 실형을 선고받고 그 집행이 끝나거나(집행이 끝난 것으로 보는 경우를 포함한다) 면제된 날부터 2년이 지나지 아니한 사람
> 4. 이 법, 「소방기본법」, 「화재의 예방 및 안전관리에 관한 법률」, 「소방시설 설치 및 관리에 관한 법률」 또는 「위험물안전관리법」에 따른 금고 이상의 형의 집행유예를 선고받고 그 유예기간 중에 있는 사람
> 5. 등록하려는 소방시설업 등록이 취소(제1호에 해당하여 등록이 취소된 경우는 제외한다)된 날부터 2년이 지나지 아니한 자
> 6. 법인의 대표자가 제1호 또는 제3호부터 제5호까지에 해당하는 경우 그 법인
> 7. 법인의 임원이 제3호부터 제5호까지의 규정에 해당하는 경우 그 법인

003 지위승계   답 ①

특정소방대상물의 소방시설공사등을 하려는 자는 업종별로 자본금, 기술인력 등 대통령령으로 정하는 요건을 갖추어 시·도지사에게 소방시설업을 등록하여야 한다.

> **참고**
> - 일반적으로 등록, 영업범위 등: 대통령령
> - 일반적으로 신청, 발급 등(서식): 행정안전부령

004 지체 없이 사실을 알려야 하는 사항   답 ④

④는 지체 없이 알려야 하는 사항이 아니다.

> **개념플러스 지체 없이 사실을 알려야 하는 사항**
>
> 소방시설업자는 다음의 어느 하나에 해당하는 경우에는 소방시설공사 등을 맡긴 특정소방대상물의 관계인에게 지체 없이 그 사실을 알려야 한다.
> 1. 소방시설업자의 지위를 승계한 경우
> 2. 소방시설업의 등록취소처분 또는 영업정지처분을 받은 경우
> 3. 휴업하거나 폐업한 경우

005 소방시설업 위반사항에 따른 2차 행정처분 기준   답 ③

선지분석
ㄱ. 도급받은 소방시설의 설계를 하도급한 경우
  → 1차: 영업정지 3개월, 2차: 영업정지 6개월, 3차: 등록취소
ㄴ. 동일한 특정소방대상물에 대한 시공과 감리를 함께 한 경우
  → 1차: 영업정지 3개월, 2차: 등록취소
ㄷ. 공사업자가 시공능력 평가에 관한 서류를 거짓으로 제출한 경우
  → 1차: 영업정지 3개월, 2차: 영업정지 6개월, 3차: 등록취소
ㄹ. 관계 공무원이 특정소방대상물에 출입하여 시설 등을 검사하고자 할 때 정당한 사유 없이 관계 공무원의 출입을 방해한 경우
  → 1차: 영업정지 3개월, 2차: 영업정지 6개월, 3차: 등록취소

006 과징금   답 ②

시·도지사는 소방시설공사업자가 소방시설 공사현장에 감리원 배치기준을 위반한 경우로서 영업정지가 그 이용자에게 불편을 주거나 그 밖에 공익을 해칠 우려가 있을 때에는 영업정지 처분을 갈음하여 (2억원) 이하의 과징금을 부과할 수 있다.

> **참고**
> - 소방시설관리업 과징금: 3천만원 이하
> - 소방시설업 과징금: 2억원 이하

03 | 소방시설공사 등

정답
p. 106

001	③	002	②	003	④	004	②	005	③
006	②	007	②	008	③	009	④	010	①
011	④	012	③	013	②	014	④	015	④
016	②	017	①	018	④	019	①	020	④
021	①	022	③	023	①	024	②	025	③
026	②	027	③	028	①				

001 성능위주설계   답 ③

성능위주설계를 할 수 있는 자의 자격·기술인력 및 자격에 따른 설계범위(제2조의3 관련)

성능위주설계자의 자격	기술인력	설계범위
• 법 제4조에 따라 전문 소방시설설계업을 등록한 자 • 전문 소방시설설계업 등록기준에 따른 기술인력을 갖춘 자로서 소방청장이 정하여 고시하는 연구기관 또는 단체	소방기술사 2명 이상	「소방시설 설치 및 관리에 관한 법률 시행령」제9조에 따라 성능위주설계를 하여야 하는 특정소방대상물

002 소방시설설계   답 ②

중앙소방기술심의위원회의 심의를 거쳐 소방시설의 구조와 원리 등에서 특수한 설계로 인정된 경우는 화재안전기준을 따르지 아니할 수 있다.

003 소방기술자의 배치기준   답 ④

물분무등소화설비(호스릴 방식의 소화설비는 제외) 또는 제연설비가 설치되는 특정소방대상물의 공사 현장에는 행정안전부령으로 정하는 중급기술자 이상의 소방기술자(기계분야 및 전기분야)를 배치하여야 한다.

📄 개념플러스 소방기술자의 배치기준

소방기술자	연면적 [m²]	층수 [지하층 포함]	아파트 [연면적 (m²)]	기타
특급	20만m²↑	40층↑		
고급	3만m²↑ 20만m²↓ (아파트 제외)	16층↑ 40층↓		
중급	5천m²↑ 3만m²↓ (아파트 제외)		1만m²↑ 20만m²↓	물분무등, (호스릴 제외) 제연설비
초급	1천m²↑ 5천m²↓ (아파트 제외)		1천m²↑ 1만m²↓	지하구
자격수첩	1천m²↓			

004 예외사항   답 ②

감리원이 공사중단 요청을 하더라도 소방기술자를 공사 현장에 배치하여야 한다.

📄 개념플러스 소방기술자를 공사현장에 배치하지 않을 수 있는 경우

공사업자는 시공관리, 품질 및 안전에 지장이 없는 경우로서 다음의 어느 하나에 해당하여 발주자가 서면으로 승낙하는 경우에는 해당 공사가 중단된 기간 동안 소방기술자를 공사 현장에 배치하지 않을 수 있다.
1. 민원 또는 계절적 요인 등으로 해당 공정의 공사가 일정 기간 중단된 경우
2. 예산의 부족 등 발주자(하도급의 경우에는 수급인을 포함한다)의 책임 있는 사유 또는 천재지변 등 불가항력으로 공사가 일정기간 중단된 경우
3. 발주자가 공사의 중단을 요청하는 경우

005 소방시설공사의 착공신고 대상   답 ③

위험물 제조소등은 소방에서의 착공신고 대상에 포함되지 않는다.

📄 개념플러스 착공신고 대상

소방시설	신설	증설(설비, 구역)	개설, 이전, 정비
소화설비	옥내·외, 스프링클러등, 물분무등	옥내·외, 스프링클러등, 물분무등	수신반 소화펌프, 동력제어반 감시제어반
경보설비	비상경보, 자동화재탐지, 화재알림설비, 비상방송	자동화재탐지, 화재알림설비 [비상경보, 비상방송 제외]	
피난구조설비	해당사항 없음	해당사항 없음	
소화용수설비	모두 해당 됨	해당사항 없음	
소화활동설비	모두 해당 됨	무선통신보조설비만 제외	

참고
1. 신설공사
   • 공통: 피난구조설비는 착공대상이 아니다.
   • 기계분야: 소화기구, 자동소화장치를 제외하고 착공신고대상이다.
   • 전기분야: 경보설비 중 비상경보설비, 자동화재탐지설비, 화재알림설비, 비상방송설비만 착공신고대상이다.
2. 증설공사(설비 또는 구역 등)
   • 설비: 옥내·외소화전설비
   • 구역: 방호·방수구역(스프링클러등, 물분무등), 경계구역(자동화재탐지설비, 화재알림설비), 제연구역(제연설비), 살수구역(연결살수설비, 연소방지설비), 송수구역(연결송수관설비)
   • 기타: 비상콘센트의 전용회로
3. 개설, 이전, 정비 공사
   • 수신반
   • 소화펌프(충압펌프는 해당사항 없음)

- 동력제어반
- 감시제어반

006 소방시설공사의 착공신고 대상   답 ②

자동화재 속보설비는 착공신고 대상이 아니다.

📖 개념플러스 착공신고 대상

소방시설	신설	증설(설비, 구역)	개설, 이전, 정비
소화설비	옥내·외, 스프링클러등, 물분무등	옥내·외, 스프링클러등, 물분무등	수신반 소화펌프, 동력제어반 감시제어반
경보설비	비상경보, 자동화재탐지, 화재알림설비, 비상방송	자동화재탐지, 화재알림설비 [비상경보, 비상방송 제외]	
피난구조설비	해당사항 없음	해당사항 없음	
소화용수설비	모두 해당 됨	해당사항 없음	
소화활동설비	모두 해당 됨	무선통신보조설비만 제외	

참고
1. 신설공사
   - 공통: 피난구조설비는 착공대상이 아니다.
   - 기계분야: 소화기구, 자동소화장치를 제외하고 착공신고대상이다.
   - 전기분야: 경보설비 중 비상경보설비, 자동화재탐지설비, 화재알림설비, 비상방송설비만 착공신고대상이다.
2. 증설공사(설비 또는 구역 등)
   - 설비: 옥내·외소화전설비
   - 구역: 방호·방수구역(스프링클러등, 물분무등), 경계구역(자동화재탐지설비, 화재알림설비), 제연구역(제연설비), 살수구역(연결살수설비, 연소방지설비), 송수구역(연결송수관설비)
   - 기타: 비상콘센트의 전용회로
3. 개설, 이전, 정비 공사
   - 수신반
   - 소화펌프(충압펌프는 해당사항 없음)
   - 동력제어반
   - 감시제어반

007 공사업자가 착공신고 후 변경신고   답 ②

착공신고 후 변경신고를 하여야 하는 행정안전부령으로 정하는 중요한 사항
1. 시공자
2. 설치되는 소방시설의 종류
3. 책임시공 및 기술관리 소방기술자

008 현장확인 대상 특정소방대상물   답 ③

연면적 1만제곱미터 이상이거나 11층 이상인 아파트
→ 아파트는 제외한다.

📖 개념플러스 현장확인 대상 특정소방대상물

1. 문화 및 집회시설, 종교시설, 판매시설, 노유자(老幼者)시설, 수련시설, 운동시설, 숙박시설, 창고시설, 지하상가 및 「다중이용업소의 안전관리에 관한 특별법」에 따른 다중이용업소
2. 다음 각 목의 어느 하나에 해당하는 설비가 설치되는 특정소방대상물
   가. 스프링클러설비등
   나. 물분무등소화설비(호스릴 방식은 제외한다)
3. 연면적 1만제곱미터 이상이거나 11층 이상인 특정소방대상물(아파트는 제외한다)
4. 가연성가스를 제조·저장 또는 취급하는 시설 중 지상에 노출된 가연성 가스탱크의 저장용량 합계가 1천톤 이상인 시설

009 현장확인 대상 특정소방대상물   답 ④

연면적 1만제곱미터 이상이거나 11층 이상인 특정소방대상물(아파트는 제외한다)

📖 개념플러스 완공검사를 위한 현장확인 대상 특정소방대상물의 범위

법 제14조 제1항 단서에서 "대통령령으로 정하는 특정소방대상물"이란 특정소방대상물 중 다음의 대상물을 말한다.
1. 문화 및 집회시설, 종교시설, 판매시설, 노유자(老幼者)시설, 수련시설, 운동시설, 숙박시설, 창고시설, 지하상가 및 「다중이용업소의 안전관리에 관한 특별법」에 따른 다중이용업소
2. 다음의 어느 하나에 해당하는 설비가 설치되는 특정소방대상물
   - 스프링클러설비등
   - 물분무등소화설비(호스릴 방식의 소화설비는 제외한다)
3. 연면적 1만제곱미터 이상이거나 11층 이상인 특정소방대상물(아파트는 제외한다)
4. 가연성가스를 제조·저장 또는 취급하는 시설 중 지상에 노출된 가연성가스탱크의 저장용량 합계가 1천톤 이상인 시설

010 현장에서 확인할 수 있는 대상   답 ①

선지분석
② 호스릴소화설비를 설치하는 소방시설공사 → 호스릴 제외
③ 연면적 1만제곱미터 이상의 아파트에 설치하는 소방시설공사 → 아파트 제외
④ 가연성 가스를 제조·저장 또는 취급하는 시설 중 지하에 매립된 가연성 가스탱크의 저장용량 합계가 1천톤 이상인 시설 → 지상에 노출된 가스 탱크가 해당된다.

> **개념플러스** 현장확인 대상 특정소방대상물
> 1. 문화 및 집회시설, 종교시설, 판매시설, 노유자(老幼者)시설, 수련시설, 운동시설, 숙박시설, 창고시설, 지하상가 및 「다중이용업소의 안전관리에 관한 특별법」에 따른 다중이용업소
> 2. 다음 각 목의 어느 하나에 해당하는 설비가 설치되는 특정소방대상물
>   가. 스프링클러설비등
>   나. 물분무등소화설비(호스릴 방식은 제외한다)
> 3. 연면적 1만제곱미터 이상이거나 11층 이상인 특정소방대상물(아파트는 제외한다)
> 4. 가연성가스를 제조·저장 또는 취급하는 시설 중 지상에 노출된 가연성 가스탱크의 저장용량 합계가 1천톤 이상인 시설

011 소방시설공사의 하자보수   답 ④

(ㄱ: 관계인)은 제1항에 따른 기간에 소방시설의 하자가 발생하였을 때에는 공사업자에게 그 사실을 알려야 하며, 통보를 받은 공사업자는 (ㄴ: 3)일 이내에 하자를 보수하거나 보수 일정을 기록한 하자보수계획을 관계인에게 (ㄷ: 서면)으로 알려야 한다.

012 하자보수 보증기간   답 ③

비상콘센트설비는 3년이다.

선지분석
① 비상조명등, ② 비상방송설비, ④ 무선통신보조설비: 2년

> **개념플러스** 하자보수대상 소방시설과 하자보수보증기간
> 1. 비상경보설비, 비상방송설비, 피난기구, 유도등, 비상조명등 및 무선통신보조 설비: 2년
> 2. 자동소화장치, 옥내소화전설비, 옥외소화전설비, 스프링클러설비등, 물분무등소화설비, 자동화재탐지설비, 화재알림설비, 소화용수설비 및 소화활동설비(무선통신보조설비는 제외한다): 3년

참고1 하자보수 보증기간
1. 기계 3년(자탐, 화알, 비콘포함), 소화활동설비(무통 제외)
2. 전기 2년(피난기구 포함)
   - 유도표지, 피난유도선은 하자보수기간 없음

참고2
1. 스프링클러설비등: 스프링클러설비, 간이스프링클러설비(캐비닛형 간이스프링클러설비 포함), 화재조기진압형 스프링클러설비
2. 물분무등소화설비등: 물분무, 미분무, 포, 강화액, 이산화탄소, 할론, 할로겐화합물 및 불활성기체, 분말, 고체에어로졸소화설비

013 하자보수   답 ②

무선통신보조설비(2년), 비상조명등(2년)

선지분석
① 비상경보설비(2년) 자동소화장치(3년)
③ 피난기구(2년), 소화활동설비(3년)
④ 비상방송설비(2년), 간이스프링클러설비(3년)

참고1 하자보수 보증기간
1. 기계 3년(자탐, 화알, 비콘포함), 소화활동설비(무통 제외)
2. 전기 2년(피난기구 포함)
   - 유도표지, 피난유도선은 하자보수기간 없음

참고2
1. 스프링클러설비등: 스프링클러설비, 간이스프링클러설비(캐비닛형 간이스프링클러설비 포함), 화재조기진압형 스프링클러설비
2. 물분무등소화설비등: 물분무, 미분무, 포, 강화액, 이산화탄소, 할론, 할로겐화합물 및 불활성기체, 분말, 고체에어로졸소화설비

014 하자보수   답 ④

소화용수설비 및 소화활동설비(무선통신보조설비는 제외한다): 3년이 보증기간이다.

참고1 하자보수 보증기간
1. 기계 3년(자탐, 화알, 비콘포함), 소화활동설비(무통 제외)
2. 전기 2년(피난기구 포함)
   - 유도표지, 피난유도선은 하자보수기간 없음

참고2
1. 스프링클러설비등: 스프링클러설비, 간이스프링클러설비(캐비닛형 간이스프링클러설비 포함), 화재조기진압형 스프링클러설비
2. 물분무등소화설비등: 물분무, 미분무, 포, 강화액, 이산화탄소, 할론, 할로겐화합물 및 불활성기체, 분말, 고체에어로졸소화설비

015 소방공사감리업자의 업무범위   답 ④

설계업자가 작성한 시공 상세 도면의 적합성 검토
→ 공사업자가 작성한 도면의 적합성 검토가 해당된다.

📖 **개념플러스** **소방공사감리업자의 업무범위**

1. 소방시설 등의 설치계획표의 적법성 검토
2. 소방시설 등 설계도서의 적합성(적법성과 기술상의 합리성을 말한다. 이하 같다) 검토
3. 소방시설 등 설계 변경 사항의 적합성 검토
4. 소방용품의 위치·규격 및 사용 자재의 적합성 검토
5. 공사업자가 한 소방시설 등의 시공이 설계도서와 화재안전기준에 맞는지에 대한 지도·감독
6. 완공된 소방시설 등의 성능시험
7. 공사업자가 작성한 시공 상세 도면의 적합성 검토
8. 피난시설 및 방화시설의 적합성 검토
9. 실내장식물의 불연화(不燃化)와 방염 물품의 적법성 검토

참고
- 적법성[3가지]: 법에 적합성
- 적합성[4가지]: 적법성 + 기술의 합리성. - 적합성 > 적법성
- 도면(설계)관련: 적합성. 그 외는 적법성

016 상주 공사감리 대상   답 ②

- 연면적 (ㄱ: 3만제곱미터) 이상의 특정소방대상물(아파트는 제외한다)에 대한 소방시설의 공사
- 지하층을 포함한 층수가 (ㄴ: 16층 이상으로서 500세대) 이상인 아파트에 대한 소방시설의 공사

참고
- 상주공사감리원: 공사현장에 매일 근무하는 감리원
- 일반공사감리원: 주1회 방문

017 상주 공사감리   답 ①

대상	방법
• 연면적 3만제곱미터 이상의 특정소방대상물(아파트는 제외한다)에 대한 소방시설의 공사 • 지하층을 포함한 층수가 16층 이상으로서 500세대 이상인 아파트에 대한 소방시설의 공사	• 감리원은 행정안전부령으로 정하는 기간 동안 공사 현장에 상주하여 법 제16조 제1항 각 호에 따른 업무를 수행하고 감리일지에 기록해야 한다. 다만, 법 제16조 제1항 제9호에 따른 업무는 행정안전부령으로 정하는 기간 동안 공사가 이루어지는 경우만 해당한다. • 감리원이 행정안전부령으로 정하는 기간 중 부득이한 사유로 1일 이상 현장을 이탈하는 경우에는 감리일지 등에 기록하여 발주청 또는 발주자의 확인을 받아야 한다. 이 경우 감리업자는 감리원의 업무를 대행할 사람을 감리현장에 배치하여 감리업무에 지장이 없도록 해야 한다.

• 감리업자는 감리원이 행정안전부령으로 정하는 기간 중 법에 따른 교육이나 「민방위기본법」 또는 「예비군법」에 따른 교육을 받는 경우나 「근로기준법」에 따른 유급휴가로 현장을 이탈하게 되는 경우에는 감리업무에 지장이 없도록 감리원의 업무를 대행할 사람을 감리현장에 배치해야 한다. 이 경우 감리원은 새로 배치되는 업무대행자에게 업무 인수·인계 등의 필요한 조치를 해야 한다.

018 공사감리   답 ④

선지분석
① 감리업자가 감리원을 배치하였을 때에는 소방본부장 또는 소방서장의 동의를 받아야 한다. → 7일 이내 배치통보 대상이다.
② 소방본부장 또는 소방서장은 특정소방대상물에 대해서 감리업자를 공사감리자로 지정하여야 한다. → 관계인이 지정한다.
③ 지하층을 포함한 층수가 16층 이상으로서 300세대 이상인 아파트에 대한 소방시설 공사는 상주공사감리 대상이다. → 500세대 이상인 아파트가 해당한다.

019 소방 공사 책임감리원   답 ①

지하층을 포함한 층수가 40층 이상이므로 책임감리원으로 특급감리원 중 소방기술자를 배치한다(또는 연면적 20만제곱미터 이상).

참고 소방기술자 및 소방공사 감리원의 배치기준
• 소방기술자 배치기준

소방 기술자	연면적[m²]	층수 [지하층포함]	아파트 [연면적(m²)]	기타
특급	20만m²↑	40층↑		
고급	3만m²↑ 20만m²↓ (아파트 제외)	16층↑ 40층↓		
중급	5천m²↑ 3만m²↓ (아파트 제외)		1만m²↑ 20만m²↓	물분무등 (호스릴 제외) 제연설비
초급	1천m²↑ 5천m²↓ (아파트 제외)		1천m²↑ 1만m²↓	지하구
자격 수첩	1천m²↓			

• 소방공사감리원 배치기준

소방공사 감리원	연면적[m²]	층수 [지하층포함]	아파트 [연면적(m²)]	기타
특급 중 기술사	20만m²↑	40층↑		
특급	3만m²↑ 20만m²↓ (아파트 제외)	16층↑ 40층↓		
고급			3만m²↑ 20만m²↓	물분부등 (호스릴 제외) 제연설비
중급	5천m²↑ 3만m²↓			
초급	5천m²↓			지하구

020 고급감리원   답 ④

선지분석
① 연면적 30,000제곱미터 이상 200,000제곱미터 미만의 특정소방대상물(아파트 제외)의 공사현장 → 특급감리원 기준
② 지하층 포함한 층수가 16층 이상 40층 미만인 특정소방대상물의 공사현장 → 특급감리원 기준
③ 물분무등소화설비 또는 호스릴소화설비가 설치되는 특정소방시설물의 공사현장 → 호스릴은 제외

개념플러스 감리원의 배치기준

감리원의 배치기준		소방시설공사 현장의 기준
책임감리원	보조감리원	
고급감리원 이상의 소방공사 감리원 (기계분야 및 전기분야)	초급감리원 이상의 소방공사 감리원 (기계분야 및 전기분야)	• 물분무등소화설비(호스릴 방식의 소화설비는 제외한다) 또는 제연설비가 설치되는 특정소방대상물의 공사 현장 • 연면적 3만제곱미터 이상 20만제곱미터 미만인 아파트의 공사 현장

021 위반사항에 대한 조치   답 ①

감리업자는 감리를 할 때 소방시설공사가 설계도서나 화재안전기준에 맞지 아니할 때에는 (가: 관계인)에게 알리고, (나: 공사업자)에게 그 공사의 시정 또는 보완 등을 요구하여야 한다.

022 소방공사감리 결과 보고(통보)서   답 ③

소방공사의 감리를 마쳤을 때에는 소방공사감리 결과보고(통보)서에 서류(전자문서 포함)를 첨부하여 공사가 완료된 날부터 7일 이내에 특정소방대상물의 관계인, 소방시설공사의 도급인 및 특정소방대상물의 공사를 감리한 건축사에게 알리고, 소방본부장 또는 소방서장에게 보고한다.

참고 소방공사감리 결과보고(통보)서에 첨부하는 서류
1. 소방청장이 정하여 고시하는 소방시설 성능시험조사표 1부
2. 착공신고 또는 변경신고 후 변경된 소방시설설계도면 1부
3. 별제 제13호서식의 소방공사 감리일지(소방본부장 또는 소방서장에게 보고하는 경우에만 첨부한다) 1부
4. 사용승인 신청서 등 사용승인 신청을 증빙할 수 있는 서류

023 소방공사감리 결과보고(통보)서에 첨부하는 서류   답 ①

착공신고 후 변경된 건축설계도면 1부
→ 소방시설설계도면이 해당한다.

개념플러스 소방공사감리 결과보고(통보)서에 첨부하는 서류

1. 소방청장이 정하여 고시하는 소방시설 성능시험조사표 1부
2. 착공신고 또는 변경신고 후 변경된 소방시설설계도면 1부
3. 별제 제13호서식의 소방공사 감리일지(소방본부장 또는 소방서장에게 보고하는 경우에만 첨부한다) 1부
4. 사용승인 신청서 등 사용승인 신청을 증빙할 수 있는 서류

024 방염처리능력   답 ②

방염처리능력 평가 및 공시
1. 소방청장은 방염처리업자의 방염처리능력 평가 요청이 있는 경우 해당 방염처리업자의 방염처리 실적 등에 따라 방염처리능력을 평가하여 공시할 수 있다.
2. 1.에 따른 평가를 받으려는 방염처리업자는 전년도 방염처리 실적이나 그 밖에 행정안전부령으로 정하는 서류를 소방청장에게 제출하여야 한다.
3. 1. 및 2.에 따른 방염처리능력 평가신청 절차, 평가방법 및 공시방법 등에 필요한 사항은 행정안전부령으로 정한다.

참고
• 능력평가, 공시자: 소방청장.
  요청이 있는 경우에만 해당된다. 즉, 선택사항임
  - 점검업: 점검능력평가, 공시
  - 공사업: 시공능력평가, 공시
  - 방염처리업: 방염처리능력평가, 공시

| 025 | 소방시설공사업법 | 답 ③ |

관계인은 하자보수기간에 소방시설의 하자가 발생하였을 때에는 공사업자에게 그 사실을 알려야 하며, 통보를 받은 공사업자는 3일 이내에 하자를 보수하거나 보수 일정을 기록한 하자보수계획을 관계인에게 서면으로 알려야 한다.

| 026 | 분리 도급의 예외 | 답 ② |

선지분석
ㄷ. 연면적이 3천제곱미터 이하인 특정소방대상물에 비상경보설비를 설치하는 공사인 경우 → 1천제곱미터 이하가 해당
ㄹ. 「국가를 당사자로 하는 계약에 관한 법률 시행령」 및 「지방자치단체를 당사자로 하는 계약에 관한 법률 시행령」에 따른 원안입찰 또는 일부입찰 → 대안입찰 또는 일괄입찰
ㅂ. 국가유산수리 및 재개발·재건축 등의 공사로서 공사의 성질상 분리하여 도급하는 것이 곤란하다고 시·도지사가 인정하는 경우 → 소방청장이 인정하는 경우

참고
- 소방시설공사 분리 도급
  소방시설공사는 다른 업종의 공사와 분리하여 도급하여야 한다.
  예 A회사(일반전기, 일반기계, 소방 등) 종합회사
  A회사에게 일반전기공사와 소방공사를 주지 말고 소방공사는 B회사에게 분리 도급하여야 한다.
- 소방시설공사 분리 도급의 예외
  1. 재난의 발생으로 긴급하게 착공해야 하는 공사인 경우
  2. 국방 및 국가안보 등과 관련하여 기밀을 유지해야 하는 공사인 경우
  3. 소방시설공사에 해당하지 않는 공사인 경우(착공신고 대상)
  4. 연면적이 1천제곱미터 이하인 특정소방대상물에 비상경보설비를 설치 하는 공사인 경우
  5. 다음 각 목의 어느 하나에 해당하는 입찰로 시행되는 공사인 경우
     가. 대안입찰 또는 일괄입찰
     나. 실시설계 기술제안입찰 또는 기본설계 기술제안입찰
  6. 국가유산수리 및 재개발·재건축 등의 공사로서 공사의 성질상 분리하여 도급하는 것이 곤란하다고 소방청장이 인정하는 경우

| 027 | 공사의 도급 | 답 ③ |

도급을 받은 자는 소방시설공사의 전부를 한 번만 제3자에게 하도급할 수 있다. → 일부를 한 번만 하도급 가능하다.

참고
- 도급을 받은 자는 소방시설의 설계, 시공, 감리를 제3자에게 하도급할 수 없다. 다만, 시공의 경우에는 대통령령으로 정하는 바에 따라 도급받은 소방시설공사의 일부를 다른 공사업자에게 하도급할 수 있다.
- 소방시설공사의 시공을 하도급할 수 있는 경우
  소방시설공사업과 어느 하나에 해당하는 사업을 함께 하는 소방시설공사업자가 소방시설공사와 해당 사업의 공사를 함께 도급받은 경우를 말한다.
  예 1. 주택건설사업
     2. 건설업   + 소방시설   → 소방시설공사 일부를
     3. 전기공사업   공사   하도급 할 수 있다.
     4. 정보통신공사업   (착공신고 대상)

선지분석
④ 도급을 받은 자가 해당 소방시설공사 등을 하도급할 때에는 행정안전부령으로 정하는 바에 따라 미리 관계인과 발주자에게 알려야 한다.
- 행정안전부령으로 정하는 바(하도급 통지): 하도급계약서, 예정공정표, 하도급내역서, 하수급인의 소방시설업 등록증 사본을 첨부하여 관계인 및 발주자에게 알려야 한다.

| 028 | 시공능력평가신청서류 | 답 ① |

소방공사실적을 증명하는 다음의 구분에 따른 해당 서류(전자문서를 포함한다)
1. 국가, 지방자치단체, 「공공기관의 운영에 관한 법률」 제5조에 따른 공기업·준정부기관 또는 「지방공기업법」 제49조에 따라 설립된 지방공사나 같은 법 제76조에 따라 설립된 지방공단(이하 "국가등"이라 한다. 이하 같다)이 발주한 국내 소방시설공사의 경우: 해당 발주자가 발행한 별지 제33호서식의 소방시설공사 실적증명서
2. 1., 4., 또는 5. 외의 국내 소방시설공사와 하도급공사의 경우: 해당 소방시설공사의 발주자 또는 수급인이 발행한 별지 제33호서식의 소방시설공사 실적증명서 및 부가가치세법령에 따른 세금계산서(공급자 보관용) 사본이나 소득세법령에 따른 계산서(공급자 보관용) 사본
3. 해외 소방시설공사의 경우: 재외공관장이 발행한 해외공사 실적증명서 또는 공사계약서 사본이 첨부된 외국환은행이 발행한 외화입금증명서
4. 주한국제연합군 또는 그 밖의 외국군의 기관으로부터 도급받은 소방시설공사의 경우: 거래하는 외국환은행이 발행한 외화입금증명서 및 도급계약서 사본
5. 공사업자의 자기수요에 따른 소방시설공사의 경우: 그 공사의 감리자가 확인한 별지 제33호서식의 소방시설공사 실적증명서

04 | 소방기술자

정답
p. 115

| 001 | ④ | 002 | ④ | 003 | ③ |

---

001 소방기술 경력 등의 인정 답 ④

선지분석

① 소방본부장, 소방서장은 소방기술의 효율적인 활용과 소방기술의 향상을 위하여 소방기술과 관련된 자격·학력 및 경력을 가진 사람을 소방기술자로 인정할 수 있다.
→ 소방청장이 인정한다.
② 소방본부장, 소방서장은 소방기술과 관련된 자격·학력 및 경력을 인정받은 사람에게 소방기술 인정 자격수첩과 경력수첩을 발급할 수 있다. → 소방청장이 발급한다.
③ 소방기술과 관련된 자격·학력 및 경력의 인정 범위와 자격수첩 및 경력수첩의 발급 절차 등에 관하여 필요한 사항은 대통령령으로 정한다. → 행정안전부령으로 정한다.

참고 소방기술 경력 등의 인정 등

소방청장은 제2항에 따라 자격수첩 또는 경력수첩을 발급받은 사람이 다음의 어느 하나에 해당하는 경우에는 행정안전부령으로 정하는 바에 따라 그 자격을 취소하거나 6개월 이상 2년 이하의 기간을 정하여 그 자격을 정지시킬 수 있다. 다만, 1.과 2.에 해당하는 경우에는 그 자격을 취소하여야 한다.

1. 거짓이나 그 밖의 부정한 방법으로 자격수첩 또는 경력수첩을 발급받은 경우
2. 제27조 제2항을 위반하여 자격수첩 또는 경력수첩을 다른 사람에게 빌려준 경우
3. 제27조 제3항을 위반하여 동시에 둘 이상의 업체에 취업한 경우
4. 이 법 또는 이 법에 따른 명령을 위반한 경우

• 소방시설법 및 공사법 벌칙

구분	관리업·관리사 / 소방시설업·소방기술자		벌칙	등록 및 자격취소 여부
소방 시설 법	관리사	이중 취업	1년 이하징역, 1천만원 이하벌금	반드시 ○
		빌려준 경우	1년 이하징역, 1천만원 이하벌금	반드시 ○
	관리업 (등록증, 등록수첩)	빌려준 경우	1년 이하징역, 1천만원 이하벌금	반드시 ○
소방 시설 공사 업법	소방기술자	이중 취업	3백만원 이하벌금	반드시 × 자격정지1년 /취소
		빌려준 경우	3백만원 이하벌금	반드시 ○
	소방시설업 (등록증, 등록수첩)	빌려준 경우	3백만원 이하벌금	반드시 × 6개월/취소

• 소방시설공사업법 시행규칙 [별표 5]
소방기술자의 자격의 정지 및 취소에 관한 기준(제25조 관련)

위반사항	근거 법령	행정처분기준		
		1차	2차	3차
가. 거짓이나 그 밖의 부정한 방법으로 자격수첩 또는 경력수첩을 발급받은 경우	법 제28조 제4항	자격 취소		
나. 법 제27조 제2항을 위반하여 자격수첩 또는 경력수첩을 다른 자에게 빌려준 경우	법 제28조 제4항	자격 취소		
다. 법 제27조 제3항을 위반하여 동시에 둘 이상의 업체에 취업한 경우	법 제28조 제4항	자격 정지 1년	자격 취소	
라. 법 또는 법에 따른 명령을 위반한 경우	법 제28조 제4항			
1) 법 제27조 제1항의 업무수행 중 해당 자격과 관련하여 고의 또는 중대한 과실로 다른 자에게 손해를 입히고 형의 선고를 받은 경우		자격 취소		
2) 법 제28조 제4항에 따라 자격정지 처분을 받고도 같은 기간 내에 자격증을 사용한 경우		자격 정지 1년	자격 정지 2년	자격 취소

---

002 소방기술 답 ④

선지분석

① 소방공무원으로서 3년간 근무한 경력이 있는 사람은 중급감리원의 업무를 수행할 수 있다.
→ 초급감리원 업무를 수행할 수 있다.
② 학사학위를 취득한 후 소방 관련 업무를 10년간 수행한 사람은 특급기술자 업무를 수행할 수 있다.
→ 경력으로 11년이 필요하다.
③ 소방시설관리사 자격을 취득한 후 소방 관련 업무를 3년간 수행한 사람은 특급기술자 업무를 수행할 수 있다.
→ 5년의 경력이 필요하다.

참고

• 기술자(기술자격)

급수	기술사	관리사	기사	산업기사
특급	○	5년(타기술사 5년)	8년	11년
고급	○	○(타기술사 3년)	5년	8년
중급	○	○(타기술사)	○	3년
초급	○	○	○	○

• 학력·경력 – 4년차이. 3년차이(고등학교 제외)

급수	박사	석사	학사	전문학사	특성화고등학교
특급	3년	7년	11년	15년	
고급	1년	4년	7년	10년	13년
중급	○	2년	5년	8년	10년
초급	○	○	○	2년	3년

003 소방기술자   답 ③

전국 4개 이상의 시·도에 이론교육과 실습교육이 가능한 교육·훈련장을 갖출 것

📄 **개념플러스** 소방기술자 양성·인정 교육훈련기관의 지정 요건

1. 전국 4개 이상의 시·도에 이론교육과 실습교육이 가능한 교육·훈련장을 갖출 것
   ∨ 4개 이상 시·도: 수도권, 중부권, 호남권, 영남권
2. 소방기술자 양성·인정 교육훈련을 실시할 수 있는 전담인력을 6명 이상 갖출 것
   ∨ 전담인력을 6명(강사 4명 + 교무요원 2명)
3. 교육과목별 교재 및 강사 매뉴얼을 갖출 것
4. 교육훈련의 신청·수료, 성과측정, 경력관리 등에 필요한 교육훈련 관리시스템을 구축·운영할 것

05 | 소방시설업자협회

정답
p. 116

| 001 | ② | 002 | ① |

001 소방시설업자협회   답 ②

소방시설업자협회의 설립
1. 소방시설업자는 소방시설업자의 권익보호와 소방기술의 개발 등 소방시설업의 건전한 발전을 위하여 소방시설업자협회(이하 "협회"라 한다)를 설립할 수 있다.
2. 협회는 법인으로 한다.
3. 협회는 소방청장의 인가를 받아 주된 사무소의 소재지에 설립등기를 함으로써 성립한다.
4. 협회의 설립인가 절차, 정관의 기재사항 및 협회에 대한 감독에 관하여 필요한 사항은 대통령령으로 정한다.
5. 협회의 업무는 다음과 같다.
   • 소방시설업의 기술발전과 소방기술의 진흥을 위한 조사·연구·분석 및 평가
   • 소방산업의 발전 및 소방기술의 향상을 위한 지원
   • 소방시설업의 기술발전과 관련된 국제교류·활동 및 행사의 유치
   • 이 법에 따른 위탁 업무의 수행
6. 협회에 관하여 이 법에 규정되지 아니한 사항은 「민법」 중 사단법인에 관한 규정을 준용한다.

참고 한국소방안전원 vs 소방시설업자협회

구분	한국소방안전원 <소방기본법>	소방시설업자협회 <소방공사업법>
목적	① 소방기술과 안전관리기술의 향상 및 홍보 ② 교육·훈련 등 행정기관이 위탁하는 업무의 수행 ③ 소방 관계 종사자의 기술 향상	① 소방시설업자의 권익보호 ② 소방기술의 개발 등 소방시설업의 건전한 발전
설립	소방청장의 인가	소방청장의 인가 (소방시설업자 10명 이상이 발기하고 창립총회에서 정관을 의결한 후 소방청장에게 인가를 신청)
규정	재단법인	사단법인
업무	① 소방기술과 안전관리에 관한 교육 및 조사·연구 ② 소방기술과 안전관리에 관한 각종 간행물 발간 ③ 화재 예방과 안전관리의식 고취를 위한 대국민 홍보 ④ 소방업무에 관하여 행정기관이 위탁하는 업무 ⑤ 소방안전에 관한 국제협력 ⑥ 그 밖에 회원에 대한 기술지원 등 정관으로 정하는 사항	① 소방시설업의 기술발전과 소방기술의 진흥을 위한 조사·연구·분석 및 평가 ② 소방산업의 발전 및 소방기술의 향상을 위한 지원 ③ 소방시설업의 기술발전과 관련된 국제교류·활동 및 행사의 유치 ④ 이 법에 따른 위탁 업무의 수행
정관	① 목적 ② 명칭 ③ 주된 사무소의 소재지 ④ 사업에 관한 사항 ⑤ 이사회에 관한 사항 ⑥ 회원과 임원 및 직원에 관한 사항 ⑦ 재정 및 회계에 관한 사항 ⑧ 정관의 변경에 관한 사항	① 목적 ② 명칭 ③ 주된 사무소의 소재지 ④ 사업에 관한 사항 ⑤ 회원의 가입 및 탈퇴에 관한 사항 ⑥ 회비에 관한 사항 ⑦ 자산과 회계에 관한 사항 ⑧ 임원의 정원·임기 및 선출방법 ⑨ 기구와 조직에 관한 사항 ⑩ 총회와 이사회에 관한 사항 ⑪ 정관의 변경에 관한 사항
경비	① 업무 수행에 따른 수입금 ② 회원의 회비 ③ 자산운영수익금 ④ 그 밖의 부대수입	소방공사업법 기준에 없지만 회원의 회비로 운용
임원	① 원장 1명을 포함한 9명 이내의 이사와 1명 감사를 둔다. ② 원장과 감사는 소방청장이 임명	소방공사업법 기준에 없지만 임원 있음 [일반적으로 상근하지 않음]

| 002 | 소방시설업자협회 | 답 ① |

ㄷ, ㅂ. 소방청장이 업무를 협회에 위탁한다.

> **개념플러스** 시·도지사가 협회에 위탁하는 업무
>
> 시·도지사는 법 제33조 제3항에 따라 다음의 업무를 협회에 위탁한다.
> 1. 법 제4조 제1항에 따른 소방시설업 등록신청의 접수 및 신청내용의 확인
> 2. 법 제6조에 따른 소방시설업 등록사항 변경신고의 접수 및 신고내용의 확인
> 2의2. 법 제6조의2에 따른 소방시설업 휴업·폐업 또는 재개업 신고의 접수 및 신고내용의 확인
> 3. 법 제7조 제3항에 따른 소방시설업자의 지위승계 신고의 접수 및 신고내용의 확인

3. 소방시설업자의 지위승계 신고의 접수 및 신고내용의 확인
- 소방청장은 협회에 위탁.
  1. 법 제20조의3에 따른 방염처리능력 평가 및 공시에 관한 업무
  2. 법 제26조에 따른 시공능력 평가 및 공시에 관한 업무
  3. 법 제26조의3 제1항에 따른 소방시설업 종합정보시스템의 구축·운영

07 | 벌칙

정답   p. 118

| 001 | ① |

06 | 보칙

정답   p. 117

| 001 | ④ | 002 | ④ |

| 001 | 청문 | 답 ④ |

소방시설업 등록취소처분이나 영업정지처분 또는 소방기술 인정 자격취소처분을 하려면 청문을 하여야 한다.

> **개념플러스**
>
> 소방시설공사업에 관한 법률[청문] – 청문권자는 명시되어 있지 않다.
>
> | 청문대상 | 취소 | 정지 |
> |---|---|---|
> | 소방시설업 | 등록O | 영업O |
> | 소방기술인정자격 | 자격O | |

| 002 | 업무의 위탁 | 답 ④ |

소방청장은 소방기술자 실무교육에 관한 업무를 소방청장이 지정하는 실무교육기관 또는 한국소방안전원에 위탁한다.

> **참고**
>
> - 시·도지사는 협회에 위탁
>   1. 소방시설업 등록신청의 접수 및 신청내용의 확인
>   2. 소방시설업 등록사항 변경신고의 접수 및 신고내용의 확인
>   2의2. 소방시설업 휴업·폐업 또는 재개업 신고의 접수 및 신고내용의 확인

| 001 | 벌금 | 답 ① |

소방시설업 등록을 하지 아니하고 영업을 한 자는 3년 이하의 징역 또는 3천만원 이하의 벌금에 해당한다.

> **참고**
>
> - 3년 이하의 징역 또는 3천만원 이하의 벌금
>   1. 소방시설업 등록을 하지 아니하고 영업을 한 자
>   2. 부정한 청탁을 받고 재물 또는 재산상의 이익을 취득하거나 부정한 청탁을 하면서 재물 또는 재산상의 이익을 제공한 자
> - 1년 이하의 징역 또는 1천만원 이하의 벌금
>   1. 영업정지처분을 받고 그 영업정지 기간에 영업을 한 자
>   2. 위반하여 설계나 시공을 한 자
>   3. 위반하여 감리를 하거나 거짓으로 감리한 자
>   4. 위반하여 공사감리자를 지정하지 아니한 자
>   4의2. 보고를 거짓으로 한 자
>   4의3. 공사감리 결과의 통보 또는 공사감리 결과보고서의 제출을 거짓으로 한 자
>   5. 소방시설업자가 아닌 자에게 소방시설공사등을 도급한 자
>   6. 도급받은 소방시설의 설계, 시공, 감리를 하도급한 자
>   6의2. 하도급받은 소방시설공사를 다시 하도급한 자
>   7. 법 또는 명령을 따르지 아니하고 업무를 수행한 자

PART 5 위험물안전관리법

01 | 총칙

정답 p. 122

001	②	002	②	003	④	004	④	005	④
006	①	007	②	008	③	009	②	010	①
011	②								

001 위험물 　　　　　답 ②

"위험물"이라 함은 (가: 인화성) 또는 (나: 발화성) 등의 성질을 가지는 것으로서 (다: 대통령령)이 정하는 물품을 말한다.

참고 대통령령이 정하는 물품[제1류위험물 ~ 제6류위험물]
- 제1류위험물(산화성고체)
- 제2류위험물(가연성고체)
- 제3류위험물(금수성물질 및 자연발화성물질)
- 제4류위험물(인화성액체)
- 제5류위험물(자기반응성물질, 자기연소성물질)
- 제6류위험물(산화성액체)

002 용어의 정의 　　　　　답 ②

"지정수량"이라 함은 위험물의 종류별로 위험성을 고려하여 대통령령이 정하는 수량으로서 제조소등의 설치허가 등에 있어서 최저의 기준이 되는 수량을 말한다.

개념플러스 용어의 정의
1. **위험물**: 인화성 또는 발화성 등의 성질을 가지는 것으로서 대통령령이 정하는 물품
2. **지정수량**: 위험물의 종류별로 위험성을 고려하여 대통령령이 정하는 수량으로서 제조소등의 설치허가 등에 있어서 최저의 기준이 되는 수량
3. **제조소**: 위험물을 제조할 목적으로 지정수량 이상의 위험물을 취급하기 위하여 허가를 받은 장소
4. **저장소**: 지정수량 이상의 위험물을 저장하기 위한 대통령령이 정하는 장소로서 허가를 받은 장소
5. **취급소**: 지정수량 이상의 위험물을 제조외의 목적으로 취급하기 위한 대통령령이 정하는 장소로서 허가를 받은 장소
6. **제조소등**: 제조소·저장소 및 취급소

003 위험물의 성질과 품명 　　　　　답 ④

- 제3류위험물인 자연발화성 및 금수성 물질: 황린(대통령령)
- 제5류위험물인 자기반응성물질: 아조화합물(대통령령)

선지분석
① 가연성 고체(제2류위험물): 적린, 금속분(대통령령)
② 산화성 액체(제6류위험물): 과염소산, 질산(대통령령)
③ 산화성 고체(제1류위험물): 아이오딘산염류(대통령령), 과아이오딘산(행정안전부령)

004 제1류 위험물 　　　　　답 ④

선지분석
① 질산(비중 1.49 이상), ② 과염소산, ③ 과산화수소(농도 36중량퍼센트 이상): 제6류 위험물

참고
제1류위험물인 과염소산염류: 과염소산 나트륨, 과염소산 칼륨, 과염소산 마그네슘, 과염소산 칼슘, 과염소산 암모늄 등

005 위험물의 지정수량 　　　　　답 ④

다이크로뮴산염류: 1000kg

선지분석
① 브로민산염류: 300kg
② 아염소산염류: 50kg
③ 과염소산염류: 50kg

006 위험물의 지정수량 　　　　　답 ①

제4류 위험물 중 제2석유류(수용성): 히드라진 2,000L

선지분석
② 아염소산염류: 20kg → 50kg
③ 황린: 30kg → 20kg
④ 황: 50kg → 100kg

007 위험등급 Ⅱ   답 ②

제2류 위험물 중 적린: Ⅱ등급

선지분석
① 제3류 위험물 중 칼륨: Ⅰ등급
③ 제4류 위험물 중 특수인화물: Ⅰ등급
④ 제1류 위험물 중 무기과산화물(알칼리금속과산화물): Ⅰ등급

008 「위험물안전관리법 시행령」 별표 1   답 ③

철분: 철의 분말로서 53마이크로미터의 표준체를 통과하는 것이 50중량퍼센트 미만인 것을 말한다.
→ 50중량퍼센트 미만인 것은 제외한다.

참고
- "금속분"이라 함은 알칼리금속·알칼리토류금속·철 및 마그네슘 외의 금속의 분말을 말하고, 구리분·니켈분 및 150마이크로미터의 체를 통과하는 것이 50중량퍼센트 미만인 것은 제외한다.
- 마그네슘 및 제2류 제8호의 물품 중 마그네슘을 함유한 것에 있어서는 다음 각목의 1에 해당하는 것은 제외한다.
  가. 2밀리미터의 체를 통과하지 아니하는 덩어리 상태의 것
  나. 직경 2밀리미터 이상의 막대 모양의 것

009 용어의 정의   답 ②

제1석유류: 아세톤, 휘발유 그 밖에 1기압에서 인화점이 섭씨 21도 미만인 것

개념플러스 제4류 위험물(인화성 액체)

구분	대표물질	온도
특수인화물	이황화탄소 디에틸에테르	• 발화점: 섭씨 100도 이하 또는 • 인화점: 영하 20도 이하이고 비점 40도 이하
제1석유류	아세톤, 휘발유	인화점 섭씨 21도 미만
제2석유류	등유, 경유	인화점 섭씨 21도 이상 70도 미만
제3석유류	중유 크레오소트유	인화점 섭씨 70도 이상 200도 미만
제4석유류	기어유 실린더유	인화점 섭씨 200도 이상 250도 미만
동식물유류	야자유, 참기름, 들기름 등	인화점 섭씨 250도 미만

010 지정수량 이상의 위험물   답 ①

①은 해당하지 않는다.

개념플러스 위험물법 시행령 별표2

옥외에 다음의 하나에 해당하는 위험물을 저장하는 장소. 다만, 2.의 장소를 제외한다.
1. 제2류 위험물 중 황 또는 인화성고체(인화점이 섭씨 0도 이상인 것에 한한다)
2. 제4류 위험물 중 제1석유류(인화점이 섭씨 0도 이상인 것에 한한다)·알코올류·제2석유류·제3석유류·제4석유류 및 동식물유류
3. 제6류 위험물
4. 제2류 위험물 및 제4류 위험물 중 특별시·광역시 또는 도의 조례에서 정하는 위험물(「관세법」 제154조의 규정에 의한 보세구역 안에 저장하는 경우에 한한다)
5. 「국제해사기구에 관한 협약」에 의하여 설치된 국제해사기구가 채택한 「국제해상위험물규칙」(IMDG Code)에 적합한 용기에 수납된 위험물

011 시행규칙(행정안전부령)으로 정하는 위험물   답 ②

염소화규소화합물 – 제3류 위험물

선지분석
행정안전부령으로 정하는 위험물
① 질산구아니딘 – 제5류 위험물
③ 아이오딘의 산화물 – 제1류 위험물
④ 염소화아이소사이아누르산 – 제1류 위험물

참고
행정안전부령으로 정하는 위험물

제1류 위험물	1. 과아이오딘산염류 2. 과아이오딘산 3. 크로뮴, 납 또는 아이오딘의 산화물 4. 아질산염류 5. 차아염소산염류 6. 염소화아이소사이아누르산 7. 퍼옥소이황산염류 8. 퍼옥소붕산염류
제3류 위험물	염소화규소화합물
제5류 위험물	1. 금속의 아지화합물 2. 질산구아니딘
제6류 위험물	할로젠간화합물

02 | 위험물시설의 설치 및 변경

정답
p. 125

| 001 | ② | 002 | ② | 003 | ③ | 004 | ② |

001 위험물의 설치 및 변경 답 ②

제조소등의 위치, 구조, 설비 중 변경하고자 하는 때는 시·도지사에게 신고하여야 한다. → 변경허가를 받아야 한다.

📄 개념플러스 제조소등의 허가 및 신고

1. 제조소등 설치 허가자: 시·도지사
2. 제조소등 위치·구조 또는 설비 변경 허가: 시·도지사
3. 위치·구조 또는 설비 변경없이 품명 수량 지정수량 배수 변경하고자 하는 자: 행정안전부령으로 정하는 바에 따라 1일 전까지 시·도지사에게 신고

002 신고를 하지 아니할 수 있는 경우 답 ②

(선지분석)
① 농예용으로 필요한 건조시설을 위한 지정수량 20배 이하의 취급소 → 취급소는 해당 없다.
③ 수산용으로 필요한 건조시설을 위한 지정수량 30배 이하의 저장소 → 20배 이하의 저장소만 해당한다.
④ 공동주택의 중앙난방시설을 위한 지정수량 30배 이하의 취급소 → 공동주택의 중앙난방시설은 해당 없다.

📄 개념플러스

제조소등의 경우에는 허가를 받지 아니하고 당해 제조소등을 설치하거나 그 위치·구조 또는 설비를 변경할 수 있으며, 신고를 하지 아니하고 위험물의 품명·수량 또는 지정수량의 배수를 변경할 수 있는 경우
1. 주택의 난방시설(공동주택의 중앙난방시설을 제외한다)을 위한 저장소 또는 취급소
2. 농예용·축산용 또는 수산용으로 필요한 난방시설 또는 건조시설을 위한 지정수량 20배 이하의 저장소

003 위험물의 품명 변경 답 ③

제조소등의 위치·구조 또는 설비의 변경없이 당해 제조소등에서 저장하거나 취급하는 위험물의 품명·수량 또는 지정수량의 배수를 변경하고자 하는 자는 변경하고자 하는 날의 1일 전까지 행정안전부령이 정하는 바에 따라 시·도지사에게 신고하여야 한다.

004 완공검사의 신청시기 답 ②

이동탱크저장소의 경우, 이동저장탱크를 완공하고 상치장소를 확보하기 전 → 상치장소를 확보한 후에 실시한다.

참고 상치장소를 확보한 후: 주차공간 확보한 후

📄 개념플러스 완공검사 신청시기

1. 지하탱크가 있는 제조소등의 경우: 당해 지하탱크를 매설하기 전
2. 이동탱크저장소의 경우: 이동저장탱크를 완공하고 상시설치장소(상치장소)를 확보한 후
3. 이송취급소의 경우: 이송배관 공사의 전체 또는 일부를 완료한 후. 다만, 지하·하천 등에 매설하는 이송배관의 경우에는 이송배관을 매설하기 전
4. 전체 공사가 완료된 후에는 완공검사를 실시하기 곤란한 경우: 다음 각목에서 정하는 시기
   가. 위험물설비 또는 배관의 설치가 완료되어 기밀시험 또는 내압시험을 실시하는 시기
   나. 배관을 지하에 설치하는 경우에는 시·도지사, 소방서장 또는 기술원이 지정하는 부분을 매몰하기 직전
   다. 기술원이 지정하는 부분의 비파괴시험을 실시하는 시기
5. 제1호 내지 제4호에 해당하지 아니하는 제조소등의 경우: 제조소등의 공사를 완료한 후

03 | 위험물시설의 안전관리

정답
p. 126

001	③	002	①	003	③	004	②	005	④
006	①	007	②	008	①	009	②	010	③
011	④	012	③						

001 위험물안전관리자의 선임 답 ③

• 위험물안전관리자를 선임한 제조소등의 관계인은 그 위험물안전관리자를 해임하거나 위험물안전관리자가 퇴직한 때에는 해임하거나 퇴직한 날부터 (가: 30)일 이내에 다시 위험물안전관리자를 선임하여야 한다.
• 제조소등의 관계인은 위험물안전관리자를 선임한 경우에는 선임한 날부터 (나: 14)일 이내에 행정안전부령으로 정하는 바에 따라 소방본부장 또는 소방서장에게 신고하여야 한다.

| 002 | 안전관리자 중복선임 | 답 ① |

보일러, 버너로 되어있는 위험물을 소비하는 장치로 이루어진 5개의 일반취급소 → 7개 이내일 때 중복선임 가능

선지분석
② 동일구내에 있거나 상호 100m 이내에 있는 11개의 옥내저장소 → 10개 이내만 가능
③ 동일구내에 있거나 상호 100m 이내에 있는 11개의 옥외저장소 → 10개 이내만 가능
④ 동일구내에 있거나 상호 100m 이내에 있는 31개의 옥외탱크저장소 → 30개 이내만 가능

참고 중복선임 저장소 (1인 안전관리자)

대상	동일인이 다수의 제조소 등을 설치한 경우
10개 이하	옥내·옥외저장소, 암반탱크저장소
30개 이하	옥외탱크저장소
개수무관	옥내탱크, 지하탱크, 간이탱크저장소

| 003 | 탱크안전성능시험자가 변경사항을 신고해야 하는 중요사항 | 답 ③ |

보유장비의 변경은 해당사항 없다.

개념플러스 변경사항의 신고 등

탱크시험자는 법 제16조 제3항의 규정에 의하여 다음의 어느 하나에 해당하는 중요사항을 변경한 경우에는 별지 제38호서식의 신고서(전자문서로 된 신고서를 포함한다)에 다음의 구분에 따른 서류(전자문서를 포함한다)를 첨부하여 시·도지사에게 제출하여야 한다.
1. 영업소 소재지 변경: 사무소의 사용을 증명하는 서류와 위험물탱크안전성능시험자등록증
2. 기술능력 변경: 변경하는 기술인력의 자격증과 위험물탱크안전성능시험자등록증
3. 대표자 변경: 위험물탱크안전성능시험자등록증
4. 상호 또는 명칭 변경: 위험물탱크안전성능시험자등록증

| 004 | 탱크시험자가 갖추어야 하는 필수장비 | 답 ② |

필수장비: 자기탐상시험기, 초음파두께측정기 및 다음 1) 또는 2) 중 어느 하나
1) 영상초음파시험기
2) 방사선투과시험기 및 초음파시험기

개념플러스 탱크시험자의 기술능력·시설 및 장비

1. 기술능력
  가. 필수인력
    ∨ 필수인력: 2명 또는 4명
    1) 위험물기능장·위험물산업기사 또는 위험물기능사 중 1명 이상
    2) 비파괴검사기술사 1명 이상 또는 초음파비파괴검사·자기비파괴검사 및 침투비파괴검사별로 기사 또는 산업기사 각 1명 이상
  나. 필요한 경우에 두는 인력
    1) 충·수압시험, 진공시험, 기밀시험 또는 내압시험의 경우: 누설비파괴검사 기사, 산업기사 또는 기능사
    2) 수직·수평도시험의 경우: 측량 및 지형공간정보 기술사, 기사, 산업기사 또는 측량기능사
    3) 방사선투과시험의 경우: 방사선비파괴검사 기사 또는 산업기사
    4) 필수 인력의 보조: 방사선비파괴검사·초음파비파괴검사·자기비파괴검사 또는 침투비파괴검사 기능사
2. 시설: 전용사무실
3. 장비
  가. 필수장비: 자기탐상시험기, 초음파두께측정기 및 다음 1) 또는 2) 중 어느 하나
    1) 영상초음파시험기
    2) 방사선투과시험기 및 초음파시험기
  나. 필요한 경우에 두는 장비
    1) 충·수압시험, 진공시험, 기밀시험 또는 내압시험의 경우
      가) 진공능력 53KPa 이상의 진공누설시험기
      나) 기밀시험장치(안전장치가 부착된 것으로서 가압능력 200KPa 이상, 감압의 경우에는 감압능력 10KPa 이상·감도 10Pa 이하의 것으로서 각각의 압력 변화를 스스로 기록할 수 있는 것)
    2) 수직·수평도 시험의 경우: 수직·수평도 측정기
※ 비고: 둘 이상의 기능을 함께 가지고 있는 장비를 갖춘 경우에는 각각의 장비를 갖춘 것으로 본다.

| 005 | 제조소등 | 답 ④ |

경유 옥외탱크저장소: 150,000L → 150,000/1,000(지정) = 150배(지정수량이 200배 이상인 옥외탱크저장소가 아니므로 예방규정을 정하지 않는다)

선지분석
① 알코올류 제조소: 4,000L → 4,000/400(지정) = 10배(지정수량 10배 이상인 제조소이므로 예방규정을 정함)
② 황 옥외저장소: 30,000kg → 30,000/100(지정) = 300배(지정수량 100배 이상인 옥외저장소이므로 예방규정을 정함)
③ 질산에스터류(제1종) 옥내저장소: 2,500kg → 2,500/10(지정) = 250배(지정수량 150배 이상인 옥내저장소이므로 예방규정을 정함)

006 제조소등   답 ①

예방규정
- 지정수량의 (ㄱ. 10)배 이상의 위험물을 취급하는 제조소
- 지정수량의 (ㄴ. 150)배 이상의 위험물을 저장하는 옥내저장소
- 지정수량의 (ㄷ. 100)배 이상의 위험물을 저장하는 옥외저장소
- 지정수량의 (ㄹ. 200)배 이상의 위험물을 저장하는 옥외탱크저장소

개념플러스 예방규정 대상
1. 지정수량의 10배 이상의 위험물을 취급하는 제조소
2. 지정수량의 100배 이상의 위험물을 저장하는 옥외저장소
3. 지정수량의 150배 이상의 위험물을 저장하는 옥내저장소
4. 지정수량의 200배 이상의 위험물을 저장하는 옥외탱크저장소
5. 암반탱크저장소
6. 이송취급소
7. 지정수량의 10배 이상의 위험물을 취급하는 일반취급소. 다만, 제4류 위험물(특수인화물을 제외한다)만을 지정수량의 50배 이하로 취급하는 일반취급소(제1석유류·알코올류의 취급량이 지정수량의 10배 이하인 경우에 한한다)로서 다음의 어느 하나에 해당하는 것을 제외한다.
   ① 보일러·버너 또는 이와 비슷한 것으로서 위험물을 소비하는 장치로 이루어진 일반취급소
   ② 위험물을 용기에 옮겨 담거나 차량에 고정된 탱크에 주입하는 일반취급소

참고
예방규정대상 아님: 옥내탱크저장소, 간이탱크저장소

007 제조소등   답 ②

옥외저장소의 예방규정은 100배 이상일 때 정한다.

개념플러스 예방규정 대상
1. 지정수량의 10배 이상의 위험물을 취급하는 제조소
2. 지정수량의 100배 이상의 위험물을 저장하는 옥외저장소
3. 지정수량의 150배 이상의 위험물을 저장하는 옥내저장소
4. 지정수량의 200배 이상의 위험물을 저장하는 옥외탱크저장소
5. 암반탱크저장소
6. 이송취급소
7. 지정수량의 10배 이상의 위험물을 취급하는 일반취급소. 다만, 제4류 위험물(특수인화물을 제외한다)만을 지정수량의 50배 이하로 취급하는 일반취급소(제1석유류·알코올류의 취급량이 지정수량의 10배 이하인 경우에 한한다)로서 다음의 어느 하나에 해당하는 것을 제외한다.
   ① 보일러·버너 또는 이와 비슷한 것으로서 위험물을 소비하는 장치로 이루어진 일반취급소
   ② 위험물을 용기에 옮겨 담거나 차량에 고정된 탱크에 주입하는 일반취급소

참고
예방규정대상 아님: 옥내탱크저장소, 간이탱크저장소

008 정기점검 대상 저장소   답 ①

옥내탱크저장소는 정기점검 대상에 포함되지 않는다.

개념플러스 정기점검의 대상(관계인)
1. 지하탱크저장소
2. 이동탱크저장소
3. 위험물을 취급하는 탱크로서 지하에 매설된 탱크가 있는 제조소·주유취급소 또는 일반취급소
4. 예방규정 대상

개념플러스 예방규정 대상
1. 지정수량의 10배 이상의 위험물을 취급하는 제조소
2. 지정수량의 100배 이상의 위험물을 저장하는 옥외저장소
3. 지정수량의 150배 이상의 위험물을 저장하는 옥내저장소
4. 지정수량의 200배 이상의 위험물을 저장하는 옥외탱크저장소
5. 암반탱크저장소
6. 이송취급소
7. 지정수량의 10배 이상의 위험물을 취급하는 일반취급소. 다만, 제4류 위험물(특수인화물을 제외한다)만을 지정수량의 50배 이하로 취급하는 일반취급소(제1석유류·알코올류의 취급량이 지정수량의 10배 이하인 경우에 한한다)로서 다음의 어느 하나에 해당하는 것을 제외한다.
   ① 보일러·버너 또는 이와 비슷한 것으로서 위험물을 소비하는 장치로 이루어진 일반취급소
   ② 위험물을 용기에 옮겨 담거나 차량에 고정된 탱크에 주입하는 일반취급소

참고
예방규정대상 아님: 옥내탱크저장소, 간이탱크저장소

009 정기점검   답 ②

지정수량의 150배 이상의 위험물을 저장하는 옥내저장소

참고
- 제16조(정기점검의 대상인 제조소등)
1. 제15조 제1항(예방규정대상) 각 호의 어느 하나에 해당하는 제조소등
2. 지하탱크저장소
3. 이동탱크저장소
4. 위험물을 취급하는 탱크로서 지하에 매설된 탱크가 있는 제조소·주유취급소 또는 일반취급소
- 예방규정대상
1. 지정수량의 10배 이상의 위험물을 취급하는 제조소
2. 지정수량의 100배 이상의 위험물을 저장하는 옥외저장소

3. 지정수량의 150배 이상의 위험물을 저장하는 옥내저장소
4. 지정수량의 200배 이상의 위험물을 저장하는 옥외탱크저장소
5. 암반탱크저장소
6. 이송취급소
7. 지정수량의 10배 이상의 위험물을 취급하는 일반취급소. 다만, 제4류 위험물(특수인화물을 제외한다)만을 지정수량의 50배 이하로 취급하는 일반취급소(제1석유류·알코올류의 취급량이 지정수량의 10배 이하인 경우에 한한다)로서 다음 각목의 어느 하나에 해당하는 것을 제외한다.
   가. 보일러·버너 또는 이와 비슷한 것으로서 위험물을 소비하는 장치로 이루어진 일반취급소
   나. 위험물을 용기에 옮겨 담거나 차량에 고정된 탱크에 주입하는 일반취급소

참고 정기점검, 정기검사 등

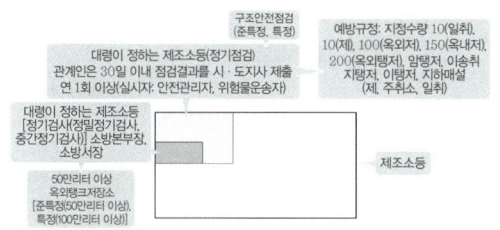

개념플러스 자체소방대에 두는 화학소방자동차 및 인원

사업소의 구분	화학소방자동차	자체소방대원의 수
1. 제조소 또는 일반취급소에서 취급하는 제4류 위험물의 최대수량의 합이 지정수량의 3천배 이상 12만배 미만인 사업소	1대	5인
2. 제조소 또는 일반취급소에서 취급하는 제4류 위험물의 최대수량의 합이 지정수량의 12만배 이상 24만배 미만인 사업소	2대	10인
3. 제조소 또는 일반취급소에서 취급하는 제4류 위험물의 최대수량의 합이 지정수량의 24만배 이상 48만배 미만인 사업소	3대	15인
4. 제조소 또는 일반취급소에서 취급하는 제4류 위험물의 최대수량의 합이 지정수량의 48만배 이상인 사업소	4대	20인
5. 옥외탱크저장소에 저장하는 제4류 위험물의 최대수량이 지정수량의 50만배 이상인 사업소	2대	10인

010 자체소방대를 설치하여야 하는 사업   답 ③

최대수량이 지정수량의 50만배 이상인 제4류 위험물을 저장하는 옥내탱크저장소
→ 옥내탱크저장소에는 자체소방대를 설치하지 않는다.

개념플러스 자체소방대 설치

1. 제조소 또는 일반취급소에서 취급하는 제4류 위험물의 최대수량의 합이 지정수량의 3천배 이상
2. 옥외탱크저장소에 저장하는 제4류 위험물의 최대수량이 지정수량의 50만배 이상

011 자체소방대   답 ④

사업소의 구분	화학소방자동차	자체소방대원의 수
제조소 또는 일반취급소에서 취급하는 제4류 위험물의 최대수량의 합이 지정수량의 24만배 이상 48만배 미만인 사업소	3대	15인

012 화학소방자동차   답 ③

선지분석
① 포수용액 방사차: 포수용액의 방사능력이 매분 2,000L 이상일 것
② 분말 방사차: 1,400kg 이상의 분말을 비치할 것
④ 이산화탄소 방사차: 3,000kg 이상의 이산화탄소를 비치할 것

개념플러스 화학소방자동차에 갖추어야 하는 소화능력 및 설비의 기준

화학소방자동차의 구분	소화능력 및 설비의 기준
포수용액 방사차	포수용액의 방사능력이 매분 2,000ℓ 이상일 것
	소화약액탱크 및 소화약액혼합장치를 비치할 것
	10만L 이상의 포수용액을 방사할 수 있는 양의 소화약제를 비치할 것
분말 방사차	분말의 방사능력이 매초 35kg 이상일 것
	분말탱크 및 가압용가스설비를 비치할 것
	1,400kg 이상의 분말을 비치할 것
할로겐화합물 방사차	할로겐화합물의 방사능력이 매초 40kg 이상일 것
	할로겐화합물탱크 및 가압용가스설비를 비치할 것
	1,000kg 이상의 할로겐화합물을 비치할 것
이산화탄소 방사차	이산화탄소의 방사능력이 매초 40kg 이상일 것
	이산화탄소저장용기를 비치할 것
	3,000kg 이상의 이산화탄소를 비치할 것
제독차	가성소다 및 규조토를 각각 50kg 이상 비치할 것

04 | 위험물의 운반 등

정답
p. 130

| 001 | ④ | 002 | ① | 003 | ③ | 004 | ① |

001 위험물의 운반   답 ④

자연발화물질 중 알킬알루미늄등은 운반용기 내용적의 90% 이하의 수납율로 수납하되, 50℃의 온도에서 5% 이상의 공간용적을 유지하도록 할 것

📖 **개념플러스** 위험물의 수납율

1. 고체위험물의 수납율: 운반용기 내용적의 95% 이하로 수납
2. 액체위험물의 수납율: 운반용기 내용적의 98% 이하로 수납하되 55℃의 온도에서 누설되지 아니하도록 충분한 공간용적을 유지하도록 할 것
3. 알킬알루미늄, 알킬리튬 등의 수납율: 운반용기 내용적의 90% 이하로 수납하되 50℃의 온도에서 5% 이상의 공간용적을 유지하도록 할 것

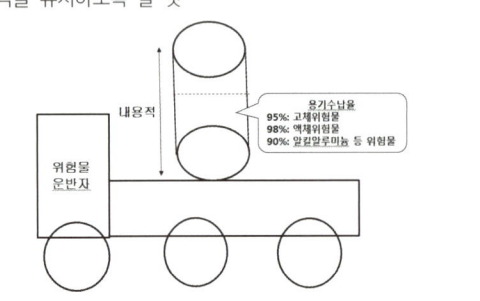

002 운송책임자의 감독 또는 지원   답 ①

운송책임자의 감독·지원을 받아 운송하여야 하는 위험물
1. 알킬알루미늄
2. 알킬리튬
3. 1. 또는 2.의 물질을 함유하는 위험물

003 운송책임자의 감독 및 지원   답 ③

운송책임자의 감독·지원을 받아 운송하여야 하는 위험물: 법 제21조 제2항에서 "대통령령이 정하는 위험물"이라 함은 다음의 어느 하나에 해당하는 위험물을 말한다.
1. 알킬알루미늄
2. 알킬리튬
3. 1. 또는 2.의 물질을 함유하는 위험물

004 운반용기의 외부에 표시해야 하는 주의사항   답 ①

과염소산: 제6류 위험물(산화성액체) - 가연물접촉주의

📖 **개념플러스** 제조소등 게시판 및 운반기준 비교

게시판기준			운반기준
저장 또는 취급위험물	주의사항	게시판의 색	저장 또는 취급위험물
제1류위험물 중 알칼리금속의 과산화물	물기엄금	청색바탕에 백색문자	화기주의, 충격주의, 가연물접촉주의, 물기엄금
제3류위험물 중 금수성물질			물기엄금
제2류위험물 (인화성고체 제외)	화기주의	적색바탕에 백색문자	화기주의, 물기엄금
제2류위험물 중 인화성고체			화기엄금
제3류위험물 중 자연발화성물질	화기엄금	적색바탕에 백색문자	화기엄금, 공기접촉엄금
제4류위험물			화기엄금
제5류위험물			화기엄금, 충격주의
제6류위험물	게시판기준 없음		가연물접촉주의

05 | 감독 및 조치명령

정답
p. 131

| 001 | ① |

001 사고 발생 시 원인 및 피해 조사   답 ①

명령 내용	권한
출입·검사 등	소방청장, 시·도지사, 소방본부장 또는 소방서장
위험물 누출 등의 사고 조사	소방청장, 소방본부장 또는 소방서장
탱크시험자에 대한 명령	시·도지사, 소방본부장 또는 소방서장
무허가장소의 위험물에 대한 조치명령	시·도지사, 소방본부장 또는 소방서장
제조소등에 대한 긴급 사용정지명령	시·도지사, 소방본부장 또는 소방서장

저장·취급기준 준수명령 등	시·도지사, 소방본부장 또는 소방서장
응급조치·통보 및 조치 강구	관계인
응급조치·통보 및 조치 명령	소방본부장 또는 소방서장

06 | 보칙

정답 p. 132

| 001 | ④ |

001 위험물 안전교육대상자   답 ④

1. 안전관리자·탱크시험자·위험물운반자·위험물운송자 등 위험물의 안전관리와 관련된 업무를 수행하는 자로서 대통령령이 정하는 자는 해당 업무에 관한 능력의 습득 또는 향상을 위하여 소방청장이 실시하는 교육을 받아야 한다.
2. 안전교육대상자: "대통령령이 정하는 자"란 다음의 자를 말한다.
   - 안전관리자로 선임된 자
   - 탱크시험자의 기술인력으로 종사하는 자
   - 법 제20조 제2항에 따른 위험물운반자로 종사하는 자
   - 법 제21조 제1항에 따른 위험물운송자로 종사하는 자

07 | 벌칙

정답 p. 133

| 001 | ④ |

001 벌칙 기준   답 ④

1000만원 이하의 벌금

(선지분석)
①, ②, ③ 1500만원 이하의 벌금

08 | 시행규칙 별표4 ~ 별표25

정답 p. 134

001	④	002	④	003	①	004	①	005	③
006	③	007	②	008	③	009	①	010	③
011	①	012	③	013	④	014	①	015	④
016	②	017	①	018	④	019	②	020	①
021	③								

001 공지의 너비   답 ④

지정수량이 10배 초과이므로 5m 이상으로 한다.

(참고)
- 보유공지를 하는 이유: 화재확대방지, 피난공간확보
- 보유공지

3 × 1 = 3m	제조소 적용 (지정수량의 10배 이하)	옥외탱크저장소 적용 (지정수량의 500배 이하)
3 × 2 = 5m	제조소 적용 (지정수량의 10배 초과)	옥외탱크저장소 적용 (지정수량의 1000배 이하)
3 × 3 = 9m		옥외탱크저장소 적용 (지정수량의 2000배 이하)
3 × 4 = 12m		옥외탱크저장소 적용 (지정수량의 3000배 이하)
3 × 5 = 15m		옥외탱크저장소 적용 (지정수량의 4000배 이하)

002 위험물 제조소의 표지 및 게시판   답 ④

인화성고체에 있어서는 적색바탕에 백색문자로, "화기엄금"을 표시한다.

개념플러스 표지 및 게시판

1. 표지: 위험물 제조소라는 표지를 의미한다[바탕은 백색, 문자는 흑색].
2. 게시판: 위험물의 유별, 품명, 지정수량, 안전관리자 성명 등 게시[바탕은 백색, 문자는 흑색]
3. 주의게시판: 화기주의, 화기엄금, 물기엄금 등 게시 [바탕은 적색(청색), 문자는 백색]

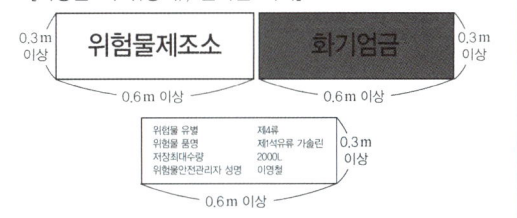

📋 개념플러스 게시판 및 운반기준 비교

게시판기준			운반기준	
저장 또는 취급위험물	주의사항	게시판의 색	저장 또는 취급위험물	
제1류위험물 중 알칼리금속의 과산화물	물기엄금	청색바탕에 백색문자	화기주의, 충격주의, 가연물접촉주의, 물기엄금	
제3류위험물 중 금수성물질			물기엄금	
제2류위험물(인화성고체 제외)	화기주의	적색바탕에 백색문자	화기주의, 물기엄금	
제2류위험물 중 인화성고체			화기엄금	
제3류위험물 중 자연발화성물질	화기엄금	적색바탕에 백색문자	화기엄금, 공기접촉엄금	
제4류위험물			화기엄금	
제5류위험물			화기엄금, 충격주의	
제6류위험물		게시판기준 없음	가연물접촉주의	

---

003 게시판의 내용   답 ①

제1류 위험물 중 알칼리금속의 과산화물: 물기엄금

📋 개념플러스 수납하는 위험물에 따른 주의사항

1. 제1류 위험물 중 알칼리금속의 과산화물 또는 이를 함유한 것에 있어서는 "화기·충격주의", "물기엄금" 및 "가연물접촉주의", 그 밖의 것에 있어서는 "화기·충격주의" 및 "가연물접촉주의"
2. 제2류 위험물 중 철분·금속분·마그네슘 또는 이들 중 어느 하나 이상을 함유한 것에 있어서는 "화기주의" 및 "물기엄금", 인화성고체에 있어서는 "화기엄금", 그 밖의 것에 있어서는 "화기주의"
3. 제3류 위험물 중 자연발화성물질에 있어서는 "화기엄금" 및 "공기접촉엄금", 금수성물질에 있어서는 "물기엄금"
4. 제4류 위험물에 있어서는 "화기엄금"
5. 제5류 위험물에 있어서는 "화기엄금" 및 "충격주의"
6. 제6류 위험물에 있어서는 "가연물접촉주의"

📋 개념플러스 게시판 및 운반기준 비교

게시판기준			운반기준
저장 또는 취급위험물	주의사항	게시판의 색	저장 또는 취급위험물
제1류위험물 중 알칼리금속의 과산화물	물기엄금	청색바탕에 백색문자	화기주의, 충격주의, 가연물접촉주의, 물기엄금
제3류위험물 중 금수성물질			물기엄금
제2류위험물(인화성고체 제외)	화기주의	적색바탕에 백색문자	화기주의, 물기엄금
제2류위험물 중 인화성고체	화기엄금	적색바탕에 백색문자	화기엄금
제3류위험물 중 자연발화성물질			화기엄금, 공기접촉엄금
제4류위험물			화기엄금
제5류위험물			화기엄금, 충격주의
제6류위험물		게시판기준 없음	가연물접촉주의

---

004 제조소의 환기설비의 기준   답 ①

환기설비는 자연배기방식으로 할 것

📋 개념플러스 환기설비

1. 환기는 자연 배기방식
2. 급기구는 실의 바닥면적 150m²마다 1개 이상 급기구의 크기는 800cm² 이상. 다만 바닥면적이 150m² 미만인 경우 다음과 같다.

바닥면적	급기구의 면적
60m² 미만	150cm² 이상
60m² 이상 90m² 미만	300cm² 이상
90m² 이상 120m² 미만	450cm² 이상
120m² 이상 150m² 미만	600cm² 이상

3. 급기구는 낮은곳에 설치하고 가는 눈의 구리망 등으로 인화방지망을 설치할 것
4. 환기구는 지붕위 또는 지상 2m 이상의 높이에 회전식 고정벤트레이터 또는 루푸팬방식으로 설치할 것

---

005 제조소   답 ③

"위험물 제조소"라는 표시를 한 표지의 바탕은 백색으로, 문자는 흑색으로 하여야 한다.

📋 개념플러스 표지 및 게시판

1. 표지: 위험물 제조소라는 표지를 의미한다[바탕은 백색, 문자는 흑색].
2. 게시판: 위험물의 유별, 품명, 지정수량, 안전관리자 성명 등 게시[바탕은 백색, 문자는 흑색]
3. 주의게시판: 화기주의, 화기엄금, 물기엄금 등 게시
   [바탕은 적색(청색), 문자는 백색]

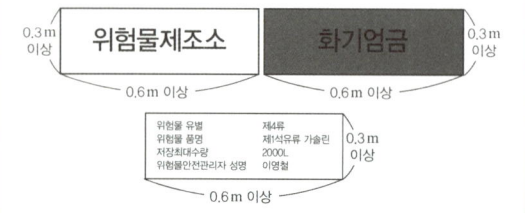

| 006 | 제조소에 설치하는 채광·조명 및 환기설비 | 답 ③ |

- 환기설비: 급기구는 낮은 곳에 설치하고 가는 눈의 구리망 등으로 인화방지장치를 설치할 것
- 배출설비: 급기구는 높은 곳에 설치하고 가는 눈의 구리망 등으로 인화방지장치를 설치할 것

참고
1. 급기구에는 항상 인화방지망이 있다.
2. 급기구
   - 환기설비: 낮은 곳, 인화방지망
   - 배출설비: 높은 곳, 인화방지망

| 007 | 고인화점위험물 | 답 ② |

고인화점위험물이란 인화점이 100℃ 이상인 제4류 위험물을 의미한다.

| 008 | 옥외저장탱크 | 답 ③ |

옥외저장탱크의 배수관은 탱크의 옆판에 설치하여야 한다. 다만, 탱크와 배수관과의 결합부분이 지진 등에 의하여 손상을 받을 우려가 없는 방법으로 배수관을 설치하는 경우에는 탱크의 밑판에 설치할 수 있다.

참고 배수관 설치목적
옥외탱크는 탱크 내·외부의 온도차에 의한 결로현상, 탱크의 구조, 저장하는 위험물의 종류 및 이송방법 등에 따라 탱크 밑바닥에 물이 고이는 경우가 있다.

| 009 | 옥외탱크저장소 | 답 ① |

저장 또는 취급하는 위험물의 최대수량이 지정수량의 500배 이하인 경우 보유 공지너비는 3m 이상으로 해야 한다.

📖 **개념플러스** 옥외탱크저장소 보유공지

보유공지	옥외탱크저장소
3m	지정수량의 500배 이하
5m	지정수량의 500배 초과 지정수량의 1000배 이하
9m	지정수량의 1000배 초과 지정수량의 2000배 이하
12m	지정수량의 2000배 초과 지정수량의 3000배 이하
15m	지정수량의 3000배 초과 지정수량의 4000배 이하

| 010 | 옥외탱크저장소 | 답 ③ |

가. 지정수량의 650배를 저장하는 옥외탱크저장소의 보유공지는 (5)m 이상이다.
나. 펌프설비의 주위에는 너비 (3)m 이상의 공지를 보유해야 한다. 다만, 방화상 유효한 격벽을 설치하는 경우와 제6류 위험물 또는 지정수량의 (10)배 이하 위험물의 옥외저장탱크의 펌프설비에 있어서는 그러하지 아니하다.

| 011 | 방유제의 설치기준 | 답 ① |

방유제: 높이 0.5m 이상 3m 이하

참고 방유제 등

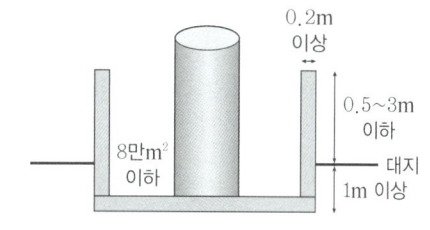

| 012 | 옥외저장탱크 보유공지 | 답 ③ |

지정수량 = $\dfrac{400000[L]}{200[L]}$ = 2000배

제4류 위험물 중 제1석유류(비수용성): 지정수량 200[L]
보유공지 9m 이상. 그러나 물분무설비에 의한 방호조치를 하였기 때문에 9m/2 = 4.5m이다.

참고
물분무설비로 방호조치를 하는 경우에는 그 보유공지를 보유공지의 2분의 1 이상의 너비(최소 3m 이상)로 할 수 있다.

- 보유공지

저장 또는 취급하는 위험물의 최대수량	공지의 너비
지정수량의 500배 이하	3m 이상
지정수량의 500배 초과 1,000배 이하	5m 이상
지정수량의 1,000배 초과 2,000배 이하	9m 이상
지정수량의 2,000배 초과 3,000배 이하	12m 이상
지정수량의 3,000배 초과 4,000배 이하	15m 이상

지정수량의 4,000배 초과	당해 탱크의 수평단면의 최대지름(가로형인 경우에는 긴 변)과 높이 중 큰 것과 같은 거리 이상. 다만, 30m 초과의 경우에는 30m 이상으로 할 수 있고, 15m 미만의 경우에는 15m 이상으로 하여야 한다.

013 지하저장탱크 답 ④

상부는 물이 침투하지 아니하는 구조로 하고, 뚜껑은 검사 시 쉽게 열 수 있어야 한다.

014 이동저장탱크의 구조 답 ④

이동저장탱크는 그 내부에 4,000L 이하마다 3.2mm 이상의 강철판 또는 이와 동등 이상의 강도·내열성 및 내식성이 있는 금속성의 것으로 칸막이를 설치하여야 한다. 다만, 고체인 위험물을 저장하거나 고체인 위험물을 가열하여 액체 상태로 저장하는 경우에는 그러하지 아니하다.

015 주유취급소의 고정주유설비 설치기준 답 ④

1. 고정주유설비는 고정주유설비의 중심선을 기점으로 하여 도로경계선까지 4m 이상의 거리를 유지할 것
2. 고정주유설비 또는 고정급유설비는 다음의 기준에 적합한 위치에 설치하여야 한다.
   - 고정주유설비의 중심선을 기점으로 하여 도로경계선까지 4m 이상, 부지경계선·담 및 건축물의 벽까지 2m(개구부가 없는 벽까지는 1m) 이상의 거리를 유지하고, 고정급유설비의 중심선을 기점으로 하여 도로경계선까지 4m 이상, 부지경계선 및 담까지 1m 이상, 건축물의 벽까지 2m(개구부가 없는 벽까지는 1m) 이상의 거리를 유지할 것
   - 고정주유설비와 고정급유설비의 사이에는 4m 이상의 거리를 유지할 것

참고 고정주유설비 및 고정급유설비

	고정주유설비	고정급유설비
도로경계선	4m 이상	4m 이상
부지경계선, 담	2m 이상	1m 이상
건축물 벽	2m 이상	2m 이상
개구부가 없는 벽	1m 이상	1m 이상

016 제조소등에 설치하는 소방시설 설치 답 ②

제조소등에는 화재발생 시 소방공무원이 화재를 진압하거나 인명구조 활동을 할 수 있도록 소화활동설비를 설치하여야 한다. → 제조소등에는 소화설비, 경보설비, 피난설비를 설치한다. 즉, 소화활동설비, 소화용수설비를 설치하지 않는다.

(선지분석)
④ 경보설비에는 자동화재탐지설비·자동화재속보설비·비상경보설비(비상벨장치 또는 경종을 포함한다)·확성장치(휴대용확성기를 포함한다) 및 비상방송설비

017 소화난이도 등급 답 ①

- 소화난이도 등급 Ⅰ 제조소, 일반취급소: 연면적 1000제곱미터 이상인 것
- 소화난이도 등급 Ⅱ 제조소, 일반취급소: 연면적 600제곱미터 이상인 것

018 경보설비 답 ④

위험물 제조소등(이동탱크저장소 제외)에는 자동화재탐지설비, 비상경보설비, 확성장치 또는 비상방송설비 중 1종 이상, 자동화재속보설비를 설치한다.
- 경보설비에는 자동화재탐지설비·자동화재속보설비·비상경보설비(비상벨장치 또는 경종을 포함한다)·확성장치(휴대용확성기를 포함한다) 및 비상방송설비로 구분하되, 제조소등별로 설치하여야 하는 경보설비의 종류 및 설치기준은 별표 17과 같다.

019 소화설비의 설치기준 답 ②

소요단위의 계산방법: 저장소의 건축물은 외벽이 내화구조인 것은 연면적 150m²를 1소요단위로 하고, 외벽이 내화구조가 아닌 것은 연면적 75m²를 1소요단위로 할 것

020 위험물의 유별 저장 및 취급의 공통기준 답 ①

(선지분석)
② 제3류 위험물
③ 제2류 위험물
④ 제6류 위험물

> **개념플러스** 위험물의 유별 저장·취급의 공통기준(중요기준)
>
> 1. 제1류 위험물은 가연물과의 접촉·혼합이나 분해를 촉진하는 물품과의 접근 또는 과열·충격·마찰 등을 피하는 한편, 알카리금속의 과산화물 및 이를 함유한 것에 있어서는 물과의 접촉을 피하여야한다.
> 2. 제2류 위험물은 산화제와의 접촉·혼합이나 불티·불꽃·고온체와의 접근 또는 과열을 피하는 한편, 철분·금속분·마그네슘 및 이를 함유한 것에 있어서는 물이나 산과의 접촉을 피하고 인화성고체에 있어서는 함부로 증기를 발생시키지 아니하여야 한다.
> 3. 제3류 위험물 중 자연발화성물질에 있어서는 불티·불꽃 또는 고온체와의 접근·과열 또는 공기와의 접촉을 피하고, 금수성물질에 있어서는 물과의 접촉을 피하여야 한다.
> 4. 제4류 위험물은 불티·불꽃·고온체와의 접근 또는 과열을 피하고, 함부로 증기를 발생시키지 아니 하여야 한다.
> 5. 제5류 위험물은 불티·불꽃·고온체와의 접근이나 과열·충격 또는 마찰을 피하여야 한다.
> 6. 제6류 위험물은 가연물과의 접촉·혼합이나 분해를 촉진하는 물품과의 접근 또는 과열을 피하여야한다.

021 위험물의 저장기준 　　　　답 ③

옥외저장소에서 위험물을 수납한 용기를 선반에 저장하는 경우에는 6m 이하의 높이로 저장하여야 한다. 즉, 선반의 높이는 6m를 초과하지 아니할 것

PART 6 소방의 화재조사에 관한 법률

01 | 목적

정답 p. 144

| 001 | ① |

001 화재의 정의   답 ①

사람의 의도에 반하여 발생하거나 확대된 화학적인 폭발현상을 말한다.

> **개념플러스 화재**
> "화재"란 사람의 의도에 반하거나 고의 또는 과실에 의하여 발생하는 연소 현상으로서 소화할 필요가 있는 현상 또는 사람의 의도에 반하여 발생하거나 확대된 화학적 폭발현상을 말한다.

02 | 화재조사의 실시 등

정답 p. 145

| 001 | ③ | 002 | ② | 003 | ② | 004 | ① | 005 | ④ |
| 006 | ③ | 007 | ③ |

001 화재조사를 할 수 있는 권한   답 ③

화재조사의 권한은 소방청장, 소방본부장, 소방서장이 가진다.
즉, 화재조사권자: 소방관서장(소방청장, 소방본부장, 소방서장)

002 화재조사관의 최소 기준인원   답 ②

화재조사전담부서의 구성·운영
1. 소방관서장은 법 제6조 제1항에 따른 화재조사전담부서(이하 "전담부서"라 한다)에 화재조사관을 2명 이상 배치해야 한다.
2. 전담부서에는 화재조사를 위한 감식·감정 장비 등 행정안전부령으로 정하는 장비와 시설을 갖추어 두어야 한다.
3. 1. 및 2.에서 규정한 사항 외에 전담부서의 구성·운영에 필요한 사항은 행정안전부령으로 정한다.

003 화재조사사항   답 ②

소방관서장은 화재조사를 하는 경우 다음의 사항에 대하여 조사하여야 한다.
1. 화재원인에 관한 사항
2. 화재로 인한 인명·재산피해상황
3. 대응활동에 관한 사항
4. 소방시설 등의 설치·관리 및 작동 여부에 관한 사항
5. 화재발생건축물과 구조물, 화재유형별 화재위험성 등에 관한 사항
6. 그 밖에 대통령령으로 정하는 사항
   ↳ 화재안전조사의 실시 결과에 관한 사항

004 화재조사전담부서   답 ①

- 금속현미경은 포함되지 않는다.
- 금속현미경은 감정용 기기에 해당된다.

> **개념플러스 전담부서에 갖추어야 할 장비와 시설**

감식기기 (16종)	절연저항계, 멀티테스터기, 클램프미터, 정전기측정장치, 누설전류계, 검전기, 복합가스측정기, 가스(유증)검지기, 확대경, 산업용실체현미경, 적외선열상카메라, 접지저항계, 휴대용디지털현미경, 디지털탄화심도계, 슈미트해머(콘크리트 반발 경도 측정기구), 내시경현미경
감정용 기기 (21종)	가스크로마토그래피, 고속카메라세트, 화재시뮬레이션시스템, X선 촬영기, 금속현미경, 시편(試片)절단기, 시편성형기, 시편연마기, 접점저항계, 직류전압전류계, 교류전압전류계, 오실로스코프(변화가 심한 전기 현상의 파형을 눈으로 관찰하는 장치), 주사전자현미경, 인화점측정기, 발화점측정기, 미량융점측정기, 온도기록계, 폭발압력측정기세트, 전압조정기(직류, 교류), 적외선 분광광도계, 전기단락흔실험장치[1차 용융흔(鎔融痕), 2차 용융흔(鎔融痕), 3차 용융흔(鎔融痕) 측정 가능]
화재조사 분석실	화재조사 분석실의 구성 장비를 유효하게 보존·사용할 수 있고, 환기 시설 및 수도·배관시설이 있는 30제곱미터(m²) 이상의 실(室) → 불가피한 경우 절반 이상 실

| **005** 「소방의 화재조사에 관한 법률」 | 답 ④ |

소방청장, 소방본부장 또는 소방서장이 화재원인, 피해상황, 대응활동 등을 파악하기 위하여 자료의 수집, 감정 및 실험을 하는 행위는 화재조사에 포함된다.

참고

"화재조사"란 소방청장, 소방본부장 또는 소방서장이 화재원인, 피해상황, 대응활동 등을 파악하기 위하여 자료의 수집, 관계인등에 대한 질문, 현장 확인, 감식, 감정 및 실험 등을 하는 일련의 행위를 말한다.

| **006** 화재조사 절차 | 답 ③ |

화재조사 절차에 사전조사는 해당사항 없다.

개념플러스 화재조사의 내용·절차

1. 법 제5조 제2항 제6호에서 "대통령령으로 정하는 사항"이란 「화재의 예방 및 안전관리에 관한 법률」 제7조에 따른 화재안전조사의 실시 결과에 관한 사항을 말한다.
2. 화재조사는 다음의 절차에 따라 실시한다.
   ① 현장출동 중 조사: 화재발생 접수, 출동 중 화재상황 파악 등
   ② 화재현장 조사: 화재의 발화(發火)원인, 연소상황 및 피해상황 조사 등
   ③ 정밀조사: 감식·감정, 화재원인 판정 등
   ④ 화재조사 결과 보고
3. 소방관서장은 화재조사를 하는 경우 「산림보호법」 제42조에 따른 산불 조사 등 다른 법률에 따른 화재 관련 조사가 원활히 수행될 수 있도록 협조해야 한다.

| **007** 화재조사 증거물 수집 등 | 답 ③ |

소방관서장은 수집한 증거물이 화재와 관련이 없다고 인정되는 경우와 화재조사가 완료되는 등 증거물을 보관할 필요가 없게 된 경우에는 증거물을 반환해야 한다.

03 | 화재조사결과의 공표 등

정답 p. 147

| 001 | ① | 002 | ② |

| **001** 화재조사결과의 공표 | 답 ① |

소방관서장은 국민이 유사한 화재로부터 피해를 입지 않도록 하기 위한 경우 등 필요한 경우 화재조사 결과를 공표할 수 있다. 다만, 수사가 진행 중이거나 수사의 필요성이 인정되는 경우에는 관계 수사기관의 장과 공표 여부에 관하여 사전에 협의하여야 한다.

| **002** 화재조사결과의 공표 | 답 ② |

선지분석

① 화재조사 결과의 공표는 소방관서의 인터넷 홈페이지에 게재하거나, 「신문 등의 진흥에 관한 법률」에 따른 신문 또는 「방송법」에 따른 방송을 이용하는 등 일반인이 쉽게 알 수 있는 방법으로 한다.
③ 소방관서장이 국민이 유사한 화재로부터 피해를 입지않도록 하기 위하여 화재조사 결과를 공표하는 경우, 공표의 범위·방법 및 절차 등에 관하여 필요한 사항은 행정안전부령으로 정한다.
④ 소방관서장은 사회적 관심이 집중되어 국민의 알 권리 충족 등 공공의 이익을 위해 필요한 경우와 국민이 유사한 화재로부터 피해를 입지 않도록 하기 위해 필요한 경우는 화재조사 결과를 공표하여야 한다.

04 | 화재조사 기반구축

정답 p. 148

| 001 | ② | 002 | ④ | 003 | ② | 004 | ② |

| **001** 감정기관의 지정·운영 | 답 ② |

소방청장은 지정된 감정기관에서의 과학적 조사·분석 등에 소요되는 비용의 전부 또는 일부를 지원할 수 있다.

| 002 | 주된 기술인력 기준 | 답 ④ |

1. 소방청장이 인정하는 화재조사 관련 국제자격증 소지자는 보조 기술인력에 해당된다.
2. 화재조사에 필요한 다음의 구분에 따른 전문인력을 각각 보유할 것

구분	내용
주된 기술인력	다음의 어느 하나에 해당하는 사람을 2명 이상 보유할 것 • 「국가기술자격법」에 따른 국가기술자격의 직무분야 중 화재감식평가 분야의 기사 자격 취득 후 화재조사 관련 분야에서 5년 이상 근무한 사람 • 화재조사관 자격 취득 후 화재조사 관련 분야에서 5년 이상 근무한 사람 • 이공계 분야의 박사학위 취득 후 화재조사 관련 분야에서 2년 이상 근무한 사람
보조 기술인력	다음의 어느 하나에 해당하는 사람을 3명 이상 보유할 것 • 「국가기술자격법」에 따른 국가기술자격의 직무분야 중 화재감식평가 분야의 기사 또는 산업기사 자격을 취득한 사람 • 화재조사관 자격을 취득한 사람 • 소방청장이 인정하는 화재조사 관련 국제자격증 소지자 • 이공계 분야의 석사 이상 학위 취득 후 화재조사 관련 분야에서 1년 이상 근무한 사람

| 003 | 국가화재정보시스템 | 답 ② |

국가화재정보시스템의 운영: 소방청장은 법 제19조 제1항에 따른 국가화재정보시스템(이하 "국가화재정보시스템"이라 한다)을 활용하여 다음의 화재정보를 수집·관리해야 한다.
1. 화재원인
2. 화재피해상황
3. 대응활동에 관한 사항
4. 소방시설 등의 설치·관리 및 작동 여부에 관한 사항
5. 화재발생건축물과 구조물, 화재유형별 화재위험성 등에 관한 사항
6. 화재예방 관계 법령 등의 이행 및 위반 등에 관한 사항
7. 법 제13조 제2항에 따른 관계인의 보험가입 정보 등에 관한 사항
8. 그 밖에 화재예방과 소방활동에 활용할 수 있는 정보

(선지분석)
① 소방청장이 화재예방과 소방활동에 활용할 수 있는 국가화재정보시스템을 구축해 운영하여야 한다.
③ 화재정보의 수집·관리 및 활용 등에 필요한 사항은 대통령령으로 정한다.
④ 국가화재정보시스템의 운영 및 활용 등에 필요한 사항은 소방청장이 정한다.

| 004 | 화재조사법 숫자 | 답 ② |

• 소방관서장은 화재조사의 필요성으로 관계인등의 출석을 요구하려면 출석일 (3)일 전까지 출석 일시와 장소 등을 관계인등에게 알려야 한다.
• 소방청장이 화재조사에 관한 시험을 실시하는 경우에는 시험의 과목·일시·장소 및 응시 자격·절차 등을 시험 실시 (30)일 전까지 소방청의 인터넷 홈페이지에 공고해야 한다.
• 소방청장은 화재감정기관 지정 절차에서 화재감정기관 지정 신청서 또는 첨부서류에 보완이 필요하다고 판단되면 (10)일 이내의 기간을 정하여 보완을 요구할 수 있다.
결론: 3 + 30 + 10 = 43

(참고)
화재조사법에는 숫자 '7일'은 없고 '3, 10, 30일' 밖에 없다.

05 | 벌칙

정답 p. 150

| 001 | ② |

| 001 | 벌칙 | 답 ② |

소방관서장은 화재조사를 위하여 필요한 경우에 관계인에게 보고 또는 자료 제출을 명하거나 화재조사관으로 하여금 해당 장소에 출입하여 화재조사를 하게 하거나 관계인등에게 질문하게 할 수 있다. 이에 따른 명령을 위반하여 보고 또는 자료 제출을 하지 아니하거나 거짓으로 보고 또는 자료를 제출한 사람은 (ㄱ. 200)만원 이하의 (ㄴ. 과태료)를 부과한다.

부록 공채·경채 기출문제

01 | 2025년 공채 기출문제

정답
p. 154

001	④	002	③	003	④	004	③	005	②
006	②	007	③	008	①	009	①	010	④
011	①	012	①	013	③	014	①	015	①
016	①	017	④	018	②	019	②	020	①
021	③	022	②	023	①	024	②	025	②

---

001 119종합상황실의 설치·운영   답 ④

선지분석
① 소방청과 특별시·광역시·특별자치시·도 또는 특별자치도의 소방본부 및 소방서에 각각 설치·운영하여야 한다.
② 소방청장, 소방본부장 또는 소방서장은 신속한 소방활동을 위한 정보를 수집·전파하기 위하여 119종합상황실에 「소방력 기준에 관한 규칙」에 의한 전산·통신요원을 배치하고, 소방청장이 정하는 유·무선통신시설을 갖추어야 한다.
③ 소방본부에 설치하는 119종합상황실에는 「지방자치단체에 두는 국가공무원의 정원에 관한 법률」에도 불구하고 대통령령으로 정하는 바에 따라 경찰공무원을 둘 수 있으며, 119종합상황실의 설치·운영에 필요한 사항은 행정안전부령으로 정한다.

---

002 비상소화장치함   답 ③

1. 비상소화장치함은 「소방시설 설치 및 관리에 관한 법률」에 따라 소방청장이 정하여 고시하는 성능인증 및 제품검사의 기술기준에 적합한 것으로 설치하여야 한다.
2. 소방호스 및 관창은 「소방시설 설치 및 관리에 관한 법률」 제37조 제5항에 따라 소방청장이 정하여 고시하는 형식승인 및 제품검사의 기술기준에 적합한 것으로 설치할 것

비상소화장치 구성: 비상소화장치함, 소화전, 소방호스, 관창

---

003 소방자동차 교통안전 분석 시스템 구축·운영   답 ④

1. 소방청장 및 소방본부장은 운행기록장치 데이터 중 과속, 급감속, 급출발 등의 운행기록을 점검·분석해야 한다.
2. 소방청장, 소방본부장 및 소방서장은 1.에 따른 분석 결과를 소방자동차의 안전한 소방활동 수행에 필요한 교통안전 정책의 수립, 교육·훈련 등에 활용할 수 있다.

---

004 소방활동 종사 사상자의 보상금액 등의 기준   답 ③

소방기본법 시행령 [별표 2의4]
소방활동 종사 사상자의 보상금액 등의 기준(제11조 제3항 관련)
1. 사망자의 보상금액 기준
   「의사상자 등 예우 및 지원에 관한 법률 시행령」 제12조 제1항에 따라 보건복지부장관이 결정하여 고시하는 보상금에 따른다.
2. 부상등급의 기준
   「의사상자 등 예우 및 지원에 관한 법률 시행령」 제2조 및 별표 1에 따른 부상범위 및 등급에 따른다.
3. 부상등급별 보상금액 기준
   「의사상자 등 예우 및 지원에 관한 법률 시행령」 제12조 제2항 및 별표 2에 따른 의상자의 부상등급별 보상금에 따른다.
4. 보상금 지급순위의 기준
   「의사상자 등 예우 및 지원에 관한 법률」 제10조의 규정을 준용한다.
5. 보상금의 환수 기준
   「의사상자 등 예우 및 지원에 관한 법률」 제19조의 규정을 준용한다.

---

005 화재조사사항   답 ②

소방관서장은 화재조사를 하는 경우 다음의 사항에 대하여 조사하여야 한다.
1. 화재원인에 관한 사항
2. 화재로 인한 인명·재산피해상황
3. 대응활동에 관한 사항
4. 소방시설 등의 설치·관리 및 작동 여부에 관한 사항
5. 화재발생건축물과 구조물, 화재유형별 화재위험성 등에 관한 사항
6. 그 밖에 대통령령으로 정하는 사항
   ↳ 화재안전조사의 실시 결과에 관한 사항

| 006 | 화재조사법 숫자 | 답 ② |

- 소방관서장은 화재조사의 필요성으로 관계인등의 출석을 요구하려면 출석일 (3)일 전까지 출석 일시와 장소 등을 관계인등에게 알려야 한다.
- 소방청장이 화재조사에 관한 시험을 실시하는 경우에는 시험의 과목·일시·장소 및 응시 자격·절차 등을 시험 실시 (30)일 전까지 소방청의 인터넷 홈페이지에 공고해야 한다.
- 소방청장은 화재감정기관 지정 절차에서 화재감정기관 지정 신청서 또는 첨부서류에 보완이 필요하다고 판단되면 (10)일 이내의 기간을 정하여 보완을 요구할 수 있다.

결론: 3 + 30 + 10 = 43

참고

화재조사법에는 숫자 '7일'은 없고 '3, 10, 30일' 밖에 없다.

| 007 | 소방시설업의 위반사항에 따른 2차 행정처분 기준 | 답 ③ |

선지분석

ㄱ. 도급받은 소방시설의 설계를 하도급한 경우
 → 1차: 영업정지 3개월, 2차: 영업정지 6개월, 3차: 등록취소
ㄴ. 동일한 특정소방대상물에 대한 시공과 감리를 함께 한 경우
 → 1차: 영업정지 3개월, 2차: 등록취소
ㄷ. 공사업자가 시공능력 평가에 관한 서류를 거짓으로 제출한 경우
 → 1차: 영업정지 3개월, 2차: 영업정지 6개월, 3차: 등록취소
ㄹ. 관계 공무원이 특정소방대상물에 출입하여 시설 등을 검사하고자 할 때 정당한 사유 없이 관계 공무원의 출입을 방해한 경우
 → 1차: 영업정지 3개월, 2차: 영업정지 6개월, 3차: 등록취소

| 008 | 시공능력평가신청서류 | 답 ① |

소방공사실적을 증명하는 다음의 구분에 따른 해당 서류(전자문서를 포함한다)
1. 국가, 지방자치단체, 「공공기관의 운영에 관한 법률」 제5조에 따른 공기업·준정부기관 또는 「지방공기업법」 제49조에 따라 설립된 지방공사나 같은 법 제76조에 따라 설립된 지방공단(이하 "국가등"이라 한다. 이하 같다)이 발주한 국내 소방시설공사의 경우: 해당 발주자가 발행한 별지 제33호서식의 소방시설공사 실적증명서
2. 1., 4. 또는 5. 외의 국내 소방시설공사와 하도급공사의 경우: 해당 소방시설공사의 발주자 또는 수급인이 발행한 별지 제33호서식의 소방시설공사 실적증명서 및 부가가치세법령에 따른 세금계산서(공급자 보관용) 사본이나 소득세법령에 따른 계산서(공급자 보관용) 사본

3. 해외 소방시설공사의 경우: 재외공관장이 발행한 해외공사 실적증명서 또는 공사계약서 사본이 첨부된 외국환은행이 발행한 외화입금증명서
4. 주한국제연합군 또는 그 밖의 외국군의 기관으로부터 도급받은 소방시설공사의 경우: 거래하는 외국환은행이 발행한 외화입금증명서 및 도급계약서 사본
5. 공사업자의 자기수요에 따른 소방시설공사의 경우: 그 공사의 감리자가 확인한 별지 제33호서식의 소방시설공사 실적증명서

| 009 | 화재의 예방 및 안전관리 기본계획 등의 수립 및 시행 | 답 ① |

- 소방청장은 화재예방정책을 체계적·효율적으로 추진하고 이에 필요한 기반 확충을 위하여 화재의 예방 및 안전관리에 관한 기본계획을 (ㄱ: 5)년마다 수립·시행하여야 한다.
- 소방청장은 기본계획을 시행하기 위한 계획을 계획 시행 전년도 (ㄴ: 10월 31일)까지 수립해야 한다.

| 010 | 소방안전관리업무의 전담 | 답 ④ |

선지분석

① 지상 60층인 아파트 → 50층 이상인 아파트: 특급
② 지하 3층, 지상 12층인 백화점 → 11층 이상: 1급
③ 연면적 11만제곱미터인 국제공항 → 10만제곱미터 이상: 특급
④ 가연성 가스 1백톤을 저장·취급하는 공장 → 1백톤 이상 1천톤 미만: 2급

참고

소방안전관리업무의 전담: 특급·1급소방대상물, 겸직 안 된다.

| 011 | 불시에 소방훈련과 교육을 실시 | 답 ① |

불시에 소방훈련과 교육을 실시할 수 있는 소방안전관리대상물
1. 「소방시설 설치 및 관리에 관한 법률 시행령」 별표 2 제7호에 따른 의료시설
2. 「소방시설 설치 및 관리에 관한 법률 시행령」 별표 2 제8호에 따른 교육연구시설
3. 「소방시설 설치 및 관리에 관한 법률 시행령」 별표 2 제9호에 따른 노유자시설
4. 그 밖에 화재 발생 시 불특정 다수의 인명피해가 예상되어 소방본부장 또는 소방서장이 소방훈련·교육이 필요하다고 인정하는 특정소방대상물

| 012 | 화재예방안전진단의 범위 | 답 ① |

화재예방안전진단의 범위
1. 화재위험요인의 조사에 관한 사항
2. 소방계획 및 피난계획 수립에 관한 사항
3. 소방시설등의 유지·관리에 관한 사항
4. 비상대응조직 및 교육훈련에 관한 사항
5. 화재 위험성 평가에 관한 사항
6. 그 밖에 화재예방진단을 위하여 대통령령으로 정하는 사항
   ↓
   1) 화재 등의 재난 발생 후 재발방지 대책의 수립 및 그 이행에 관한 사항
   2) 지진 등 외부 환경 위험요인 등에 대한 예방·대비·대응에 관한 사항
   3) 화재예방안전진단 결과 보수·보강 등 개선요구 사항 등에 대한 이행 여부

| 013 | 과태료 부과기준 | 답 ③ |

(선지분석)
ㄱ. 실무교육을 받지 아니한 소방안전관리자 및 소방안전관리보조자: 100만원 이하 과태료
ㄴ. 소방안전관리업무를 성실하게 수행할 수 있도록 지도·감독하지 아니한 소방안전관리대상물의 관계인: 300만원 이하 과태료
ㄷ. 피난유도 안내정보를 근무자 또는 거주자에게 정기적으로 제공하지 아니한 소방안전관리대상물의 관계인: 300만원 이하 과태료
ㄹ. 소방안전관리자 또는 소방안전관리보조자를 기간 내에 선임신고를 하지 아니한 소방안전관리대상물의 관계인: 200만원 이하 과태료
ㅁ. 소방훈련 및 교육을 한 날부터 30일 이내에 소방훈련 및 교육 결과를 행정안전부령으로 정하는 바에 따라 소방본부장 또는 소방서장에게 제출하지 아니한 소방안전관리대상물의 관계인: 200만원 이하 과태료

| 014 | 소방안전관리보조자 | 답 ① |

소방안전관리보조자의 인원기준
- 제1호 가목. 「건축법 시행령」 별표 1 제2호 가목에 따른 아파트 중 300세대 이상인 아파트
  나. 연면적이 1만5천제곱미터 이상인 특정소방대상물(아파트 및 연립주택은 제외한다)
- 제1호 가목에 따른 소방안전관리대상물의 경우에는 1명. 다만, 초과되는 300세대마다 1명 이상을 추가로 선임해야 한다.

나. 제1호 나목에 따른 소방안전관리대상물의 경우에는 1명. 다만, 초과되는 연면적 1만5천제곱미터(특정소방대상물의 방재실에 자위소방대가 24시간 상시 근무하고 「소방장비관리법 시행령」 별표 1 제1호 가목에 따른 소방자동차 중 소방펌프차, 소방물탱크차, 소방화학차 또는 무인방수차를 운용하는 경우에는 3만제곱미터로 한다)마다 1명 이상을 추가로 선임해야 한다.

(참고)
소방안전관리보조자의 인원기준

	선임인원				
건축물	1명 선임	2명 선임	3명 선임	4명 선임	5명 선임
	1만5천 이상~3만 미만	3만 이상~4만5천 미만	4만5천 이상~6만 미만	6만 이상~7만5천 미만	7만5천 이상~9만 미만
아파트	1명선임	2명선임	3명선임	4명선임	5명선임
	3백세대 이상~6백세대 미만	6백세대 이상~9백세대 미만	9백세대 이상~1천2백세대 미만	1천2백세대 이상~1천5백세대 미만	1천5백세대 이상~1천8백세대 미만

| 015 | 간이스프링클러설비 | 답 ① |

(선지분석)
② 교육연구시설 내에 합숙소로서 연면적 100m² 이상인 경우에는 모든 층
③ 근린생활시설 중 조산원 및 산후조리원으로서 연면적 600m² 미만인 시설
④ 정신의료기관 또는 의료재활시설로 사용되는 바닥면적의 합계가 300m² 이상 600m² 미만인 시설

(참고)
간이스프링클러설비를 설치해야 하는 특정소방대상물은 다음의 어느 하나에 해당하는 것으로 한다.
1. 공동주택 중 연립주택 및 다세대주택(연립주택 및 다세대주택에 설치하는 간이스프링클러설비는 화재안전기준에 따른 주택전용 간이스프링클러설비를 설치한다)
2. 근린생활시설 중 다음의 어느 하나에 해당하는 것
   ① 근린생활시설로 사용하는 부분의 바닥면적 합계가 1천m² 이상인 것은 모든 층
   ② 의원, 치과의원 및 한의원으로서 입원실 또는 인공신장실이 있는 시설
   ③ 조산원 및 산후조리원으로서 연면적 600m² 미만인 시설
3. 의료시설 중 다음의 어느 하나에 해당하는 시설
   ① 종합병원, 병원, 치과병원, 한방병원 및 요양병원(의료재활시설은 제외한다)으로 사용되는 바닥면적의 합계가 600m² 미만인 시설
   ② 정신의료기관 또는 의료재활시설로 사용되는 바닥면적의 합계가 300m² 이상 600m² 미만인 시설
   ③ 정신의료기관 또는 의료재활시설로 사용되는 바닥면적의 합계가 300m² 미만이고, 창살(철재·플라스틱 또는 목재 등으로 사람의 탈출 등을 막기 위하여 설치한 것을 말하며, 화재 시 자동으로 열리는 구조로 되어 있는 창살은 제외한다)이 설치된 시설

4. 교육연구시설 내에 합숙소로서 연면적 100m² 이상인 경우에는 모든 층
5. 노유자 시설로서 다음의 어느 하나에 해당하는 시설
   ① 제7조 제1항 제7호 각 목에 따른 시설[같은 호 가목2) 및 같은 호 나목부터 바목까지의 시설 중 단독주택 또는 공동주택에 설치되는 시설은 제외하며, 이하 "노유자 생활시설"이라 한다]
   ② 가)에 해당하지 않는 노유자 시설로 해당 시설로 사용하는 바닥면적의 합계가 300m² 이상 600m² 미만인 시설
   ③ 가)에 해당하지 않는 노유자 시설로 해당 시설로 사용하는 바닥면적의 합계가 300m² 미만이고, 창살(철재·플라스틱 또는 목재 등으로 사람의 탈출 등을 막기 위하여 설치한 것을 말하며, 화재 시 자동으로 열리는 구조로 되어 있는 창살은 제외한다)이 설치된 시설
6. 숙박시설로 사용되는 바닥면적의 합계가 300m² 이상 600m² 미만인 시설
7. 건물을 임차하여 「출입국관리법」 제52조 제2항에 따른 보호시설로 사용하는 부분
8. 복합건축물(별표 2 제30호 나목의 복합건축물만 해당한다)로서 연면적 1천m² 이상인 것은 모든 층

016 관리업자 점검인력 답 ①

점검인력 배치기준

구분	주된 점검인력	보조 점검인력
가. 50층 이상 또는 성능위주설계를 한 특정소방대상물	소방시설관리사 경력 5년 이상인 특급점검자 1명 이상	고급점검자 이상의 기술인력 1명 이상 및 중급점검자 이상의 기술인력 1명 이상
나. 「화재의 예방 및 안전관리에 관한 법률 시행령」 별표 4 제1호에 따른 특급 소방안전관리대상물 (가목의 특정소방대상물은 제외한다)	소방시설관리사 경력 3년 이상인 특급점검자 1명 이상	고급점검자 이상의 기술인력 1명 이상 및 초급점검자 이상의 기술인력 1명 이상
다. 「화재의 예방 및 안전관리에 관한 법률 시행령」 별표 4 제2호 및 제3호에 따른 1급 또는 2급 소방안전관리대상물	소방시설관리사 경력 1년 이상인 특급점검자 1명 이상	중급점검자 이상의 기술인력 1명 이상 및 초급점검자 이상의 기술인력 1명 이상
라. 「화재의 예방 및 안전관리에 관한 법률 시행령」 별표 4 제4호에 따른 3급 소방안전관리대상물	특급점검자 1명 이상	초급점검자 이상의 기술인력 2명 이상

017 임시소방시설 답 ④

선지분석

① 간이소화장치는 연면적 3천제곱미터 이상인 공사의 화재위험작업현장에 설치한다.
② 가스누설경보기는 바닥면적이 150제곱미터 이상인 지하층 또는 무창층의 화재위험작업현장에 설치한다.
③ 비상경보장치는 연면적 400제곱미터 이상인 공사의 화재위험작업현장에 설치한다.

📖 **개념플러스** 임시소방시설을 설치해야 하는 공사의 종류와 규모

1. 소화기: 법 제6조 제1항에 따라 소방본부장 또는 소방서장의 동의를 받아야 하는 특정소방대상물의 신축·증축·개축·재축·이전·용도변경 또는 대수선 등을 위한 공사 중 법 제15조 제1항에 따른 화재위험작업의 현장(이하 이 표에서 "화재위험작업현장"이라 한다)에 설치한다.
2. 간이소화장치: 다음의 어느 하나에 해당하는 공사의 화재위험작업현장에 설치한다.
   ∨옥내소화전설비 설치대상 동일
   ① 연면적 3천m² 이상
   ② 지하층, 무창층 또는 4층 이상의 층. 이 경우 해당 층의 바닥면적이 600m² 이상인 경우만 해당한다.
3. 비상경보장치: 다음의 어느 하나에 해당하는 공사의 화재위험작업현장에 설치한다.
   ∨비상경보설비 설치대상 동일(공연장x)
   ① 연면적 400m² 이상
   ② 지하층 또는 무창층. 이 경우 해당 층의 바닥면적이 150m² 이상인 경우만 해당한다.
4. 가스누설경보기: 바닥면적이 150m² 이상인 지하층 또는 무창층의 화재위험작업현장에 설치한다.
5. 간이피난유도선: 바닥면적이 150m² 이상인 지하층 또는 무창층의 화재위험작업현장에 설치한다.
6. 비상조명등: 바닥면적이 150m² 이상인 지하층 또는 무창층의 화재위험작업현장에 설치한다.
7. 방화포: 용접·용단 작업이 진행되는 화재위험작업현장에 설치한다.
   ∨ 방화포 면적기준(x)
※ 지하층 또는 무창층의 바닥면적이 150m² 이상: 비상경보장치, 가스누설경보기, 간이피난유도선, 비상조명등

018 차량용 소화기의 설치 또는 비치기준 답 ④

모두 옳은 지문이다.

자동차	크기	능력단위 및 소화기
승용자동차	-	1단위 - 1개
승합자동차	경형	1단위 - 1개
	15인 이하	2단위 - 1개, 1단위 - 2개

	16인 이상 35인 이하	2단위 – 2개
	36인 이상	3단위 – 1개 및 2단위 – 1개 다만, 3단위 – 1개 추가
화물자동차 및 특수자동차	중형	1단위 – 1개
	대형	2단위 – 1개, 1단위 – 2개

> 참고
「소방시설 설치 및 관리에 관한 법률」 – 5인승 이상의 승용자동차 및 같은 법 시행규칙상 – 승용자동차

지정수량의 2,000배 초과 3,000배 이하	12m 이상
지정수량의 3,000배 초과 4,000배 이하	15m 이상
지정수량의 4,000배 초과	당해 탱크의 수평단면의 최대지름(가로형인 경우에는 긴 변)과 높이 중 큰 것과 같은 거리 이상. 다만, 30m 초과의 경우에는 30m 이상으로 할 수 있고, 15m 미만의 경우에는 15m 이상으로 하여야 한다.

019 특정소방대상물의 분류   답 ②

선지분석
② • 단란주점은 바닥면적의 합계 150제곱미터 미만 근린생활시설
  • 단란주점은 바닥면적의 합계 150제곱미터 이상 위락시설
③ 의약품 판매소, 의료기기 판매소 및 자동차영업소로서 같은 건축물에 해당 용도로 쓰는 바닥면적의 합계가 1천제곱미터 미만인 것
④ 금융업소, 사무소, 부동산중개사무소, 결혼상담소 등 소개업소, 출판사, 서점, 그 밖에 이와 비슷한 것으로서 같은 건축물에 해당 용도로 쓰는 바닥면적의 합계가 500제곱미터 미만인 것

020 소방시설의 관리 등   답 ④

모두 옳은 지문이다.

021 옥외저장탱크 보유공지   답 ③

지정수량 = $\frac{400000[L]}{200[L]}$ = 2000배

제4류 위험물 중 제1석유류(비수용성): 지정수량 200[L]
보유공지 9m 이상. 그러나 물분무설비에 의한 방호조치를 하였기 때문에 9m/2 = 4.5m이다.

> 참고
물분무설비로 방호조치를 하는 경우에는 그 보유공지를 보유공지의 2분의 1 이상의 너비(최소 3m 이상)로 할 수 있다.
• 보유공지

저장 또는 취급하는 위험물의 최대수량	공지의 너비
지정수량의 500배 이하	3m 이상
지정수량의 500배 초과 1,000배 이하	5m 이상
지정수량의 1,000배 초과 2,000배 이하	9m 이상

022 정기점검   답 ②

지정수량의 150배 이상의 위험물을 저장하는 옥내저장소

> 참고
• 제16조(정기점검의 대상인 제조소등)
1. 제15조 제1항(예방규정대상) 각 호의 어느 하나에 해당하는 제조소등
2. 지하탱크저장소
3. 이동탱크저장소
4. 위험물을 취급하는 탱크로서 지하에 매설된 탱크가 있는 제조소 · 주유취급소 또는 일반취급소

• 예방규정대상
1. 지정수량의 10배 이상의 위험물을 취급하는 제조소
2. 지정수량의 100배 이상의 위험물을 저장하는 옥외저장소
3. 지정수량의 150배 이상의 위험물을 저장하는 옥내저장소
4. 지정수량의 200배 이상의 위험물을 저장하는 옥외탱크저장소
5. 암반탱크저장소
6. 이송취급소
7. 지정수량의 10배 이상의 위험물을 취급하는 일반취급소. 다만, 제4류 위험물(특수인화물을 제외한다)만을 지정수량의 50배 이하로 취급하는 일반취급소(제1석유류 · 알코올류의 취급량이 지정수량의 10배 이하인 경우에 한한다)로서 다음의 어느 하나에 해당하는 것을 제외한다.
  가. 보일러 · 버너 또는 이와 비슷한 것으로서 위험물을 소비하는 장치로 이루어진 일반취급소
  나. 위험물을 용기에 옮겨 담거나 차량에 고정된 탱크에 주입하는 일반취급소

> 참고 정기점검, 정기검사 등

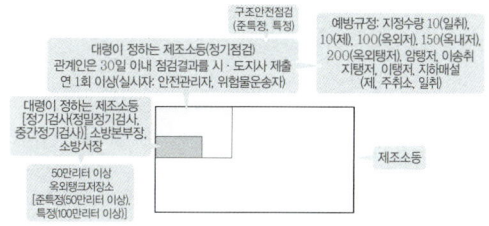

| 023 | 소화난이도 등급 | 답 ① |

- 소화난이도 등급 Ⅰ 제조소, 일반취급소: 연면적 1000제곱미터 이상인 것
- 소화난이도 등급 Ⅱ 제조소, 일반취급소: 연면적 600제곱미터 이상인 것

| 024 | 탱크시험자가 갖추어야 하는 필수장비 | 답 ② |

필수장비: 자기탐상시험기, 초음파두께측정기 및 다음 1) 또는 2) 중 어느 하나
1) 영상초음파시험기
2) 방사선투과시험기 및 초음파시험기

📄 **개념플러스** 탱크시험자의 기술능력·시설 및 장비

1. 기술능력
   가. 필수인력
      ∨ 필수인력: 2명 또는 4명
      1) 위험물기능장·위험물산업기사 또는 위험물기능사 중 1명 이상
      2) 비파괴검사기술사 1명 이상 또는 초음파비파괴검사·자기비파괴검사 및 침투비파괴검사별로 기사 또는 산업기사 각 1명 이상
   나. 필요한 경우에 두는 인력
      1) 충·수압시험, 진공시험, 기밀시험 또는 내압시험의 경우: 누설비파괴검사 기사, 산업기사 또는 기능사
      2) 수직·수평도시험의 경우: 측량 및 지형공간정보 기술사, 기사, 산업기사 또는 측량기능사
      3) 방사선투과시험의 경우: 방사선비파괴검사 기사 또는 산업기사
      4) 필수 인력의 보조: 방사선비파괴검사·초음파비파괴검사·자기비파괴검사 또는 침투비파괴검사 기능사
2. 시설: 전용사무실
3. 장비
   가. 필수장비: 자기탐상시험기, 초음파두께측정기 및 다음 1) 또는 2) 중 어느 하나
      1) 영상초음파시험기
      2) 방사선투과시험기 및 초음파시험기
   나. 필요한 경우에 두는 장비
      1) 충·수압시험, 진공시험, 기밀시험 또는 내압시험의 경우
         가) 진공능력 53KPa 이상의 진공누설시험기
         나) 기밀시험장치(안전장치가 부착된 것으로서 가압능력 200KPa 이상, 감압의 경우에는 감압능력 10KPa 이상·감도 10Pa 이하의 것으로서 각각의 압력 변화를 스스로 기록할 수 있는 것)
      2) 수직·수평도 시험의 경우: 수직·수평도 측정기
※ 비고: 둘 이상의 기능을 함께 가지고 있는 장비를 갖춘 경우에는 각각의 장비를 갖춘 것으로 본다.

| 025 | 시행규칙(행정안전부령)으로 정하는 위험물 | 답 ② |

염소화규소화합물 - 제3류 위험물

선지분석

행정안전부령으로 정하는 위험물
① 질산구아니딘 - 제5류 위험물
③ 아이오딘의 산화물 - 제1류 위험물
④ 염소화아이소사이아누르산 - 제1류 위험물

📄 **개념플러스** 행정안전부령으로 정하는 위험물

제1류 위험물	1. 과아이오딘산염류 2. 과아이오딘산 3. 크로뮴, 납 또는 아이오딘의 산화물 4. 아질산염류 5. 차아염소산염류 6. 염소화아이소사이아누르산 7. 퍼옥소이황산염류 8. 퍼옥소붕산염류
제3류 위험물	염소화규소화합물
제5류 위험물	1. 금속의 아지화합물 2. 질산구아니딘
제6류 위험물	할로젠간화합물

02 | 2025년 경채 기출문제

정답

p. 163

001	④	002	④	003	③	004	④	005	③
006	③	007	②	008	②	009	③	010	②
011	②	012	③	013	①	014	①	015	②
016	④	017	①	018	③	019	①	020	③
021	②	022	④	023	①	024	①	025	①
026	④	027	④	028	②	029	④	030	②
031	②	032	④	033	③	034	③	035	③
036	②	037	①	038	②	039	①	040	②

---

001 용어의 정의 답 ④

선지분석
① "관계지역"이란 소방대상물이 있는 장소 및 그 이웃 지역으로서 화재의 예방·경계·진압, 구조·구급 등의 활동에 필요한 지역을 말한다.
② "소방대장"(消防隊長)이란 소방본부장 또는 소방서장 등 화재, 재난·재해, 그 밖의 위급한 상황이 발생한 현장에서 소방대를 지휘하는 사람을 말한다.
③ "소방본부장"이란 특별시·광역시·특별자치시·도 또는 특별자치도(이하 "시·도"라 한다)에서 화재의 예방·경계·진압·조사 및 구조·구급 등의 업무를 담당하는 부서의 장을 말한다.

---

002 119종합상황실의 설치·운영 답 ④

선지분석
① 소방청과 특별시·광역시·특별자치시·도 또는 특별자치도의 소방본부 및 소방서에 각각 설치·운영하여야 한다.
② 소방청장, 소방본부장 또는 소방서장은 신속한 소방활동을 위한 정보를 수집·전파하기 위하여 119종합상황실에 「소방력 기준에 관한 규칙」에 의한 전산·통신요원을 배치하고, 소방청장이 정하는 유·무선통신시설을 갖추어야 한다.
③ 소방본부에 설치하는 119종합상황실에는 「지방자치단체에 두는 국가공무원의 정원에 관한 법률」에도 불구하고 대통령령으로 정하는 바에 따라 경찰공무원을 둘 수 있으며, 119종합상황실의 설치·운영에 필요한 사항은 행정안전부령으로 정한다.

---

003 비상소화장치함 답 ③

1. 비상소화장치함은 「소방시설 설치 및 관리에 관한 법률」에 따라 소방청장이 정하여 고시하는 성능인증 및 제품검사의 기술기준에 적합한 것으로 설치하여야 한다.
2. 소방호스 및 관창은 「소방시설 설치 및 관리에 관한 법률」 제37조 제5항에 따라 소방청장이 정하여 고시하는 형식승인 및 제품검사의 기술기준에 적합한 것으로 설치할 것

비상소화장치 구성: 비상소화장치함, 소화전, 소방호스, 관창

---

004 소방자동차 교통안전 분석 시스템 구축·운영 답 ④

1. 소방청장 및 소방본부장은 운행기록장치 데이터 중 과속, 급감속, 급출발 등의 운행기록을 점검·분석해야 한다.
2. 소방청장, 소방본부장 및 소방서장은 1.에 따른 분석 결과를 소방자동차의 안전한 소방활동 수행에 필요한 교통안전정책의 수립, 교육·훈련 등에 활용할 수 있다.

---

005 소방활동 종사 사상자의 보상금액 등의 기준 답 ③

소방기본법 시행령 [별표 2의4]
소방활동 종사 사상자의 보상금액 등의 기준(제11조 제3항 관련)
1. 사망자의 보상금액 기준
  「의사상자 등 예우 및 지원에 관한 법률 시행령」 제12조 제1항에 따라 보건복지부장관이 결정하여 고시하는 보상금에 따른다.
2. 부상등급의 기준
  「의사상자 등 예우 및 지원에 관한 법률 시행령」 제2조 및 별표 1에 따른 부상범위 및 등급에 따른다.
3. 부상등급별 보상금액 기준
  「의사상자 등 예우 및 지원에 관한 법률 시행령」 제12조 제2항 및 별표 2에 따른 의상자의 부상등급별 보상금에 따른다.
4. 보상금 지급순위의 기준
  「의사상자 등 예우 및 지원에 관한 법률」 제10조의 규정을 준용한다.

006 벌칙의 기준   답 ③

- 소방대상물에 화재, 재난·재해, 그 밖의 위급한 상황이 발생한 경우에는 소방본부, 소방서 또는 관계 행정기관에 지체없이 알려야 하나 이를 위반하여 정당한 사유 없이 화재, 재난·재해, 그 밖의 위급한 상황을 소방본부, 소방서 또는 관계 행정기관에 알리지 아니한 관계인은 (가: 500만원) 이하의 (나: 과태료)를 부과한다(처한다).
- 소방본부장, 소방서장 또는 소방대장은 화재 진압 등 소방활동을 위하여 필요할 때에는 소방용수 외에 댐·저수지 또는 수영장 등의 물을 사용하거나 수도의 개폐장치 등을 조작할 수 있으나 이를 위반하여 정당한 사유 없이 물의 사용이나 수도의 개폐장치의 사용 또는 조작을 하지 못하게 하거나 방해한 자는 (다: 100만원) 이하의 (라: 벌금)을 부과한다(처한다).

007 화재조사사항   답 ②

소방관서장은 화재조사를 하는 경우 다음의 사항에 대하여 조사하여야 한다.
1. 화재원인에 관한 사항
2. 화재로 인한 인명·재산피해상황
3. 대응활동에 관한 사항
4. 소방시설 등의 설치·관리 및 작동 여부에 관한 사항
5. 화재발생건축물과 구조물, 화재유형별 화재위험성 등에 관한 사항
6. 그 밖에 대통령령으로 정하는 사항
→ 화재안전조사의 실시 결과에 관한 사항

008 화재조사 결과의 공표   답 ②

선지분석
① 화재조사 결과의 공표는 소방관서의 인터넷 홈페이지에 게재하거나, 「신문 등의 진흥에 관한 법률」에 따른 신문 또는 「방송법」에 따른 방송을 이용하는 등 일반인이 쉽게 알 수 있는 방법으로 한다.
③ 소방관서장이 국민이 유사한 화재로부터 피해를 입지않도록 하기 위하여 화재조사 결과를 공표하는 경우, 공표의 범위·방법 및 절차 등에 관하여 필요한 사항은 행정안전부령으로 정한다.
④ 소방관서장은 사회적 관심이 집중되어 국민의 알 권리 충족 등 공공의 이익을 위해 필요한 경우와 국민이 유사한 화재로부터 피해를 입지 않도록 하기 위해 필요한 경우는 화재조사 결과를 공표하여야 한다.

009 화재조사 증거물 수집   답 ③

소방관서장은 수집한 증거물이 화재와 관련이 없다고 인정되는 경우와 화재조사가 완료되는 등 증거물을 보관할 필요가 없게 된 경우에는 증거물을 반환해야 한다.

010 화재조사법 숫자   답 ②

- 소방관서장은 화재조사의 필요성으로 관계인등의 출석을 요구하려면 출석일 (3)일 전까지 출석 일시와 장소 등을 관계인등에게 알려야 한다.
- 소방청장이 화재조사에 관한 시험을 실시하는 경우에는 시험의 과목·일시·장소 및 응시 자격·절차 등을 시험 실시 (30)일 전까지 소방청의 인터넷 홈페이지에 공고해야 한다.
- 소방청장은 화재감정기관 지정 절차에서 화재감정기관 지정 신청서 또는 첨부서류에 보완이 필요하다고 판단되면 (10)일 이내의 기간을 정하여 보완을 요구할 수 있다.

결론: 3 + 30 + 10 = 43

참고
화재조사법에는 숫자 '7일'은 없고 '3, 10, 30일' 밖에 없다.

011 공사업자가 착공신고 후 변경신고   답 ②

착공신고 후 변경신고를 하여야 하는 행정안전부령으로 정하는 중요한 사항
1. 시공자
2. 설치되는 소방시설의 종류
3. 책임시공 및 기술관리 소방기술자

012 소방시설업의 위반사항에 따른 2차 행정처분 기준   답 ③

선지분석
ㄱ. 도급받은 소방시설의 설계를 하도급한 경우
→ 1차: 영업정지 3개월, 2차: 영업정지 6개월, 3차: 등록취소
ㄴ. 동일한 특정소방대상물에 대한 시공과 감리를 함께 한 경우
→ 1차: 영업정지 3개월, 2차: 등록취소
ㄷ. 공사업자가 시공능력 평가에 관한 서류를 거짓으로 제출한 경우
→ 1차: 영업정지 3개월, 2차: 영업정지 6개월, 3차: 등록취소
ㄹ. 관계 공무원이 특정소방대상물에 출입하여 시설 등을 검사하고자 할 때 정당한 사유 없이 관계 공무원의 출입을 방해한 경우
→ 1차: 영업정지 3개월, 2차: 영업정지 6개월, 3차: 등록취소

013 시공능력평가신청서류   답 ①

소방공사실적을 증명하는 다음의 구분에 따른 해당 서류(전자문서를 포함한다)
1. 국가, 지방자치단체, 「공공기관의 운영에 관한 법률」 제5조에 따른 공기업·준정부기관 또는 「지방공기업법」 제49조에 따라 설립된 지방공사나 같은 법 제76조에 따라 설립된 지방공단(이하 "국가등"이라 한다. 이하 같다)이 발주한 국내 소방시설공사의 경우: 해당 발주자가 발행한 별지 제33호서식의 소방시설공사 실적증명서
2. 1., 4., 또는 5. 외의 국내 소방시설공사와 하도급공사의 경우: 해당 소방시설공사의 발주자 또는 수급인이 발행한 별지 제33호서식의 소방시설공사 실적증명서 및 부가가치세법령에 따른 세금계산서(공급자 보관용) 사본이나 소득세법령에 따른 계산서(공급자 보관용) 사본
3. 해외 소방시설공사의 경우: 재외공관장이 발행한 해외공사 실적증명서 또는 공사계약서 사본이 첨부된 외국환은행이 발행한 외화입금증명서
4. 주한국제연합군 또는 그 밖의 외국군의 기관으로부터 도급받은 소방시설공사의 경우: 거래하는 외국환은행이 발행한 외화입금증명서 및 도급계약서 사본
5. 공사업자의 자기수요에 따른 소방시설공사의 경우: 그 공사의 감리자가 확인한 별지 제33호서식의 소방시설공사 실적증명서

014 화재의 예방 및 안전관리 기본계획 등의 수립 및 시행   답 ①

- 소방청장은 화재예방정책을 체계적·효율적으로 추진하고 이에 필요한 기반 확충을 위하여 화재의 예방 및 안전관리에 관한 기본계획을 (ㄱ: 5)년마다 수립·시행하여야 한다.
- 소방청장은 기본계획을 시행하기 위한 계획을 계획 시행 전년도 (ㄴ: 10월 31일)까지 수립해야 한다.

015 화재합동조사반   답 ②

한국소방시설협회는 해당사항 없다.

참고

소방관서장은 화재안전조사를 효율적으로 실시하기 위하여 필요한 경우 다음의 기관의 장과 합동으로 조사반을 편성하여 화재안전조사를 할 수 있다.
1. 관계 중앙행정기관 또는 지방자치단체
2. 「소방기본법」 제40조에 따른 한국소방안전원(이하 "안전원"이라 한다)
3. 「소방산업의 진흥에 관한 법률」 제14조에 따른 한국소방산업기술원(이하 "기술원"이라 한다)
4. 「화재로 인한 재해보상과 보험가입에 관한 법률」 제11조에 따른 한국화재보험협회(이하 "화재보험협회"라 한다)
5. 「고압가스 안전관리법」 제28조에 따른 한국가스안전공사(이하 "가스안전공사"라 한다)
6. 「전기안전관리법」 제30조에 따른 한국전기안전공사(이하 "전기안전공사"라 한다)
7. 그 밖에 소방청장이 정하여 고시하는 소방 관련 법인 또는 단체

016 소방안전관리업무의 전담   답 ④

선지분석

① 지상 60층인 아파트 → 50층 이상인 아파트: 특급
② 지하 3층, 지상 12층인 백화점 → 11층 이상: 1급
③ 연면적 11만제곱미터인 국제공항 → 10만제곱미터 이상: 특급
④ 가연성 가스 1백톤을 저장·취급하는 공장 → 1백톤 이상 1천톤 미만: 2급

참고

소방안전관리업무의 전담: 특급·1급소방대상물, 겸직 안 된다.

017 불시에 소방훈련과 교육을 실시   답 ①

불시에 소방훈련과 교육을 실시할 수 있는 소방안전관리대상물
1. 「소방시설 설치 및 관리에 관한 법률 시행령」 별표 2 제7호에 따른 의료시설
2. 「소방시설 설치 및 관리에 관한 법률 시행령」 별표 2 제8호에 따른 교육연구시설
3. 「소방시설 설치 및 관리에 관한 법률 시행령」 별표 2 제9호에 따른 노유자시설
4. 그 밖에 화재 발생 시 불특정 다수의 인명피해가 예상되어 소방본부장 또는 소방서장이 소방훈련·교육이 필요하다고 인정하는 특정소방대상물

018 소방안전 특별관리시설물   답 ③

「물류시설의 개발 및 운영에 관한 법률」에 따른 물류창고로서 연면적 10만제곱미터 이상인 것

개념플러스 **소방안전 특별관리 시설물**

1. 「공항시설법」 제2조 제7호의 공항시설
2. 「철도산업발전기본법」 제3조 제2호의 철도시설
3. 「도시철도법」 제2조 제3호의 도시철도시설
4. 「항만법」 제2조 제5호의 항만시설
   ∨여객터미널[자동차] 없음
5. 「문화유산의 보존 및 활용에 관한 법률」 제2조 제3항의 지정문화유산 및 「자연유산의 보존 및 활용에 관한 법률」 제2조 제5호에 따른 천연기념물등인 시설(시설이 아닌 지정문화유산 및 천연기념물등을 보호하거나 소장하고 있는 시설을 포함한다)

6. 「산업기술단지 지원에 관한 특례법」 제2조 제1호의 산업기술단지
7. 「산업입지 및 개발에 관한 법률」 제2조 제8호의 산업단지
8. 「초고층 및 지하연계 복합건축물 재난관리에 관한 특별법」 제2조 제1호·제2호의 초고층 건축물 및 지하연계 복합건축물
9. 「영화 및 비디오물의 진흥에 관한 법률」 제2조 제10호의 영화상영관 중 수용인원 1천명 이상인 영화상영관
10. 전력용 및 통신용 지하구
    ∨ 가스, 냉·난방 지하구(X). 즉, 모든 지하구(X)
11. 「한국석유공사법」 제10조 제1항 제3호의 석유비축시설
12. 「한국가스공사법」 제11조 제1항 제2호의 천연가스 인수기지 및 공급망
13. 「전통시장 및 상점가 육성을 위한 특별법」 제2조 제1호의 전통시장으로서 대통령령으로 정하는 전통시장
    ∨ 점포 500개 이상인 전통시장
14. 그 밖에 대통령령으로 정하는 시설물
    ∨ 발전소, 가스공급시설, 물류창고로서 연면적 10만제곱미터 이상

019 화재예방안전진단의 범위 답 ①

화재예방안전진단의 범위
1. 화재위험요인의 조사에 관한 사항
2. 소방계획 및 피난계획 수립에 관한 사항
3. 소방시설등의 유지·관리에 관한 사항
4. 비상대응조직 및 교육훈련에 관한 사항
5. 화재 위험성 평가에 관한 사항
6. 그 밖에 화재예방진단을 위하여 대통령령으로 정하는 사항
   ↓
   1) 화재 등의 재난 발생 후 재발방지 대책의 수립 및 그 이행에 관한 사항
   2) 지진 등 외부 환경 위험요인 등에 대한 예방·대비·대응에 관한 사항
   3) 화재예방안전진단 결과 보수·보강 등 개선요구 사항 등에 대한 이행 여부

020 화재예방안전진단 실시 절차 답 ③

(선지분석)
① 화재예방안전진단 결과에 따른 안전등급은 우수, 양호, 보통, 미흡 및 불량으로 구분한다.
② 안전등급이 양호·보통인 경우 안전등급을 통보받은 날부터 5년이 경과한 날이 속하는 해에 화재예방안전진단을 받아야 한다.
④ 소방안전 특별관리시설물의 관계인은 「건축법」에 따른 사용승인 또는 「소방시설공사업법」에 따른 완공검사를 받은 날부터 5년이 경과한 날이 속하는 해에 최초의 화재예방안전진단을 받아야 한다.

021 과태료 부과기준 답 ③

(선지분석)
ㄱ. 실무교육을 받지 아니한 소방안전관리자 및 소방안전관리보조자: 100만원 이하 과태료
ㄴ. 소방안전관리업무를 성실하게 수행할 수 있도록 지도·감독하지 아니한 소방안전관리대상물의 관계인: 300만원 이하 과태료
ㄷ. 피난유도 안내정보를 근무자 또는 거주자에게 정기적으로 제공하지 아니한 소방안전관리대상물의 관계인: 300만원 이하 과태료
ㄹ. 소방안전관리자 또는 소방안전관리보조자를 기간 내에 선임신고를 하지 아니한 소방안전관리대상물의 관계인: 200만원 이하 과태료
ㅁ. 소방훈련 및 교육을 한 날부터 30일 이내에 소방훈련 및 교육 결과를 행정안전부령으로 정하는 바에 따라 소방본부장 또는 소방서장에게 제출하지 아니한 소방안전관리대상물의 관계인: 200만원 이하 과태료

022 화재안전영향평가심의회의 위원 답 ④

「고등교육법」 제2조에 따른 학교 또는 이에 준하는 학교나 공인 된 연구기관에서 부교수 이상의 직(職) 또는 이에 상당하는 직에 있거나 있었던 사람으로서 화재안전 또는 관련 법령이나 정책에 전문성이 있는 사람

참고 화재안전영향평가심의회의 위원

1. 법 제22조 제3항 제1호에서 "대통령령으로 정하는 사람"이란 다음의 사람을 말한다.
   ① 다음의 중앙행정기관에서 화재안전 관련 법령이나 정책을 담당하는 고위공무원단에 속하는 일반직공무원(이에 상당하는 특정직공무원 및 별정직공무원을 포함한다) 중에서 해당 중앙행정기관의 장이 지명하는 사람 각 1명
      ㉠ 행정안전부·산업통상자원부·보건복지부·고용노동부·국토교통부
      ㉡ 그 밖에 심의회의 심의에 부치는 안건과 관련된 중앙행정기관
   ② 소방청에서 화재안전 관련 업무를 수행하는 소방준감 이상의 소방공무원 중에서 소방청장이 지명하는 사람
2. 법 제22조 제3항 제2호에서 "소방기술사 등 대통령령으로 정하는 화재안전과 관련된 분야의 학식과 경험이 풍부한 전문가"란 다음의 어느 하나에 해당하는 사람을 말한다.
   ① 소방기술사
   ② 다음의 기관이나 법인 또는 단체에서 화재안전 관련 업무를 수행하는 사람으로서 해당 기관이나 법인 또는 단체의 장이 추천하는 사람
      ㉠ 안전원
      ㉡ 기술원
      ㉢ 화재보험협회
      ㉣ 가스안전공사
      ㉤ 전기안전공사

③ 「고등교육법」 제2조에 따른 학교 또는 이에 준하는 학교나 공인된 연구기관에서 부교수 이상의 직(職) 또는 이에 상당하는 직에 있거나 있었던 사람으로서 화재안전 또는 관련 법령이나 정책에 전문성이 있는 사람

023 소방안전관리보조자   답 ①

소방안전관리보조자의 인원기준

- 제1호 가목. 「건축법 시행령」 별표 1 제2호 가목에 따른 아파트 중 300세대 이상인 아파트
  나. 연면적이 1만5천제곱미터 이상인 특정소방대상물(아파트 및 연립주택은 제외한다)
- 제1호 가목에 따른 소방안전관리대상물의 경우에는 1명. 다만, 초과되는 300세대마다 1명 이상을 추가로 선임해야 한다.
  나. 제1호 나목에 따른 소방안전관리대상물의 경우에는 1명. 다만, 초과되는 연면적 1만5천제곱미터(특정소방대상물의 방재실에 자위소방대가 24시간 상시 근무하고 「소방장비관리법 시행령」 별표 1 제1호 가목에 따른 소방자동차 중 소방펌프차, 소방물탱크차, 소방화학차 또는 무인방수차를 운용하는 경우에는 3만제곱미터로 한다)마다 1명 이상을 추가로 선임해야 한다.

참고
소방안전관리보조자의 인원기준

건축물	선임인원				
	1명 선임	2명 선임	3명 선임	4명 선임	5명 선임
건축물	1만5천 이상~ 3만 미만	3만 이상~ 4만5천 미만	4만5천 이상~ 6만 미만	6만 이상~ 7만5천 미만	7만5천이상~ 9만미만
	1명선임	2명선임	3명선임	4명선임	5명선임
아파트	3백세대 이상 ~ 6백세대 미만	6백세대 이상 ~ 9백세대 미만	9백세대 이상 ~ 1천2백세대 미만	1천2백세대 이상 ~ 1천5백세대 미만	1천5백세대 이상 ~ 1천8백세대 미만

024 간이스프링클러설비   답 ①

선지분석
② 교육연구시설 내에 합숙소로서 연면적 100m² 이상인 경우에는 모든 층
③ 근린생활시설 중 조산원 및 산후조리원으로서 연면적 600m² 미만인 시설
④ 정신의료기관 또는 의료재활시설로 사용되는 바닥면적의 합계가 300m² 이상 600m² 미만인 시설

참고
간이스프링클러설비를 설치해야 하는 특정소방대상물은 다음의 어느 하나에 해당하는 것으로 한다.
1. 공동주택 중 연립주택 및 다세대주택(연립주택 및 다세대주택에 설치하는 간이스프링클러설비는 화재안전기준에 따른 주택전용 간이스프링클러설비를 설치한다)
2. 근린생활시설 중 다음의 어느 하나에 해당하는 것
   ① 근린생활시설로 사용하는 부분의 바닥면적 합계가 1천m² 이상인 것은 모든 층
   ② 의원, 치과의원 및 한의원으로서 입원실 또는 인공신장실이 있는 시설
   ③ 조산원 및 산후조리원으로서 연면적 600m² 미만인 시설
3. 의료시설 중 다음의 어느 하나에 해당하는 시설
   ① 종합병원, 병원, 치과병원, 한방병원 및 요양병원(의료재활시설은 제외한다)으로 사용되는 바닥면적의 합계가 600m² 미만인 시설
   ② 정신의료기관 또는 의료재활시설로 사용되는 바닥면적의 합계가 300m² 이상 600m² 미만인 시설
   ③ 정신의료기관 또는 의료재활시설로 사용되는 바닥면적의 합계가 300m² 미만이고, 창살(철재·플라스틱 또는 목재 등으로 사람의 탈출 등을 막기 위하여 설치한 것을 말하며, 화재 시 자동으로 열리는 구조로 되어 있는 창살은 제외한다)이 설치된 시설
4. 교육연구시설 내에 합숙소로서 연면적 100m² 이상인 경우에는 모든 층
5. 노유자 시설로서 다음의 어느 하나에 해당하는 시설
   ① 제7조 제1항 제7호 각 목에 따른 시설[같은 호 가목2) 및 같은 호 나목부터 바목까지의 시설 중 단독주택 또는 공동주택에 설치되는 시설은 제외하며, 이하 "노유자 생활시설"이라 한다]
   ② 가)에 해당하지 않는 노유자 시설로 해당 시설로 사용하는 바닥면적의 합계가 300m² 이상 600m² 미만인 시설
   ③ 가)에 해당하지 않는 노유자 시설로 해당 시설로 사용하는 바닥면적의 합계가 300m² 미만이고, 창살(철재·플라스틱 또는 목재 등으로 사람의 탈출 등을 막기 위하여 설치한 것을 말하며, 화재 시 자동으로 열리는 구조로 되어 있는 창살은 제외한다)이 설치된 시설
6. 숙박시설로 사용되는 바닥면적의 합계가 300m² 이상 600m² 미만인 시설
7. 건물을 임차하여 「출입국관리법」 제52조 제2항에 따른 보호시설로 사용하는 부분
8. 복합건축물(별표 2 제30호 나목의 복합건축물만 해당한다)로서 연면적 1천m² 이상인 것은 모든 층

025 관리업자 점검인력   답 ①

점검인력 배치기준

구분	주된 점검인력	보조 점검인력
가. 50층 이상 또는 성능위주설계를 한 특정소방대상물	소방시설관리사 경력 5년 이상인 특급점검자 1명 이상	고급점검자 이상의 기술인력 1명 이상 및 중급점검자 이상의 기술인력 1명 이상
나. 「화재의 예방 및 안전관리에 관한 법률 시행령」 별표 4 제1호에 따른 특급 소방안전관리대상물(가목의 특정소방대상물은 제외한다)	소방시설관리사 경력 3년 이상인 특급점검자 1명 이상	고급점검자 이상의 기술인력 1명 이상 및 초급점검자 이상의 기술인력 1명 이상
다. 「화재의 예방 및 안전관리에 관한 법률 시행령」 별표 4 제2호 및 제3호에 따른 1급 또는 2급 소방안전관리대상물	소방시설관리사 경력 1년 이상인 특급점검자 1명 이상	중급점검자 이상의 기술인력 1명 이상 및 초급점검자 이상의 기술인력 1명 이상
라. 「화재의 예방 및 안전관리에 관한 법률 시행령」 별표 4 제4호에 따른 3급 소방안전관리대상물	특급점검자 1명 이상	초급점검자 이상의 기술인력 2명 이상

026 임시소방시설   답 ④

선지분석

① 간이소화장치는 연면적 3천제곱미터 이상인 공사의 화재위험작업현장에 설치한다.
② 가스누설경보기는 바닥면적이 150제곱미터 이상인 지하층 또는 무창층의 화재위험작업현장에 설치한다.
③ 비상경보장치는 연면적 400제곱미터 이상인 공사의 화재위험작업현장에 설치한다.

📘 개념플러스   임시소방시설을 설치해야 하는 공사의 종류와 규모

1. 소화기: 법 제6조 제1항에 따라 소방본부장 또는 소방서장의 동의를 받아야 하는 특정소방대상물의 신축·증축·개축·재축·이전·용도변경 또는 대수선등을 위한 공사 중 법 제15조 제1항에 따른 화재위험작업의 현장(이하 이 표에서 "화재위험작업현장"이라 한다)에 설치한다.
2. 간이소화장치: 다음의 어느 하나에 해당하는 공사의 화재위험작업현장에 설치한다.
  ∨옥내소화전설비 설치대상 동일
  ① 연면적 3천m² 이상
  ② 지하층, 무창층 또는 4층 이상의 층. 이 경우 해당 층의 바닥면적이 600m² 이상인 경우만 해당된다.
3. 비상경보장치: 다음의 어느 하나에 해당하는 공사의 화재위험작업현장에 설치한다.
  ∨비상경보설비 설치대상 동일(공연장x)
  ① 연면적 400m² 이상
  ② 지하층 또는 무창층. 이 경우 해당 층의 바닥면적이 150m² 이상인 경우만 해당한다.
4. 가스누설경보기: 바닥면적이 150m² 이상인 지하층 또는 무창층의 화재위험작업현장에 설치한다.
5. 간이피난유도선: 바닥면적이 150m² 이상인 지하층 또는 무창층의 화재위험작업현장에 설치한다.
6. 비상조명등: 바닥면적이 150m² 이상인 지하층 또는 무창층의 화재위험작업현장에 설치한다.
7. 방화포: 용접·용단 작업이 진행되는 화재위험작업현장에 설치한다.
  ∨ 방화포 면적기준(x)
※ 지하층 또는 무창층의 바닥면적이 150m² 이상: 비상경보장치, 가스누설경보기, 간이피난유도선, 비상조명등

027 방염성능기준   답 ④

선지분석

① 불꽃에 의하여 완전히 녹을 때까지 불꽃의 접촉 횟수는 3회 이상일 것
② 탄화한 면적은 50제곱센티미터 이내, 탄화한 길이는 20센티미터 이내일 것
③ 소방청장이 정하여 고시한 방법으로 발연량을 측정하는 경우 최대연기밀도는 400 이하일 것

📘 개념플러스   방염성능기준

1. 버너의 불꽃을 제거한 때부터 불꽃을 올리며 연소하는 상태가 그칠 때까지 시간은 20초 이내일 것
2. 버너의 불꽃을 제거한 때부터 불꽃을 올리지 않고 연소하는 상태가 그칠 때까지 시간은 30초 이내일 것
3. 탄화(炭化)한 면적은 50제곱센티미터 이내, 탄화한 길이는 20센티미터 이내일 것
4. 불꽃에 의하여 완전히 녹을 때까지 불꽃의 접촉 횟수는 3회 이상일 것
5. 소방청장이 정하여 고시한 방법으로 발연량(發煙量)을 측정하는 경우 최대연기밀도는 400 이하일 것

028 성능위주설계   답 ②

선지분석

① 연면적 20만제곱미터 이상인 특정소방대상물
③ 50층 이상(지하층은 제외한다)이거나 지상으로부터 높이가 200미터 이상인 아파트
④ 철도 및 도시철도 시설로 연면적 3만제곱미터 이상인 특정소방대상물

> 참고

성능위주설계를 해야 하는 특정소방대상물의 범위(신축하는 것만 해당한다)
1. 연면적 20만제곱미터 이상인 특정소방대상물. 다만, 별표 2 제1호 가목에 따른 아파트등(이하 "아파트등"이라 한다)은 제외한다.
2. 50층 이상(지하층은 제외한다)이거나 지상으로부터 높이가 200미터 이상인 아파트등
3. 30층 이상(지하층을 포함한다)이거나 지상으로부터 높이가 120미터 이상인 특정소방대상물(아파트등은 제외한다)
4. 연면적 3만제곱미터 이상인 특정소방대상물로서 다음 각 목의 어느 하나에 해당하는 특정소방대상물
   가. 별표 2 제6호 나목의 철도 및 도시철도 시설
   나. 별표 2 제6호 다목의 공항시설
5. 별표 2 제16호의 창고시설 중 연면적 10만제곱미터 이상인 것 또는 지하층의 층수가 2개 층 이상이고 지하층의 바닥면적의 합계가 3만제곱미터 이상인 것
6. 하나의 건축물에 「영화 및 비디오물의 진흥에 관한 법률」 제2조 제10호에 따른 영화상영관이 10개 이상인 특정소방대상물
7. 「초고층 및 지하연계 복합건축물 재난관리에 관한 특별법」 제2조 제2호에 따른 지하연계 복합건축물에 해당하는 특정소방대상물
8. 별표 2 제27호의 터널 중 수저(水底)터널 또는 길이가 5천미터 이상인 것

| 029 | 차량용 소화기의 설치 또는 비치기준 | 답 ④ |

모두 옳은 지문이다.

자동차	크기	능력단위 및 소화기
승용자동차	–	1단위 – 1개
승합자동차	경형	1단위 – 1개
	15인 이하	2단위 – 1개, 1단위 – 2개
	16인 이상 35인 이하	2단위 – 2개
	36인 이상	3단위 – 1개 및 2단위 – 1개 다만, 3단위 – 1개 추가
화물자동차 및 특수자동차	중형	1단위 – 1개
	대형	2단위 – 1개, 1단위 – 2개

> 참고

「소방시설 설치 및 관리에 관한 법률」 – 5인승 이상의 승용자동차 및 같은 법 시행규칙상 – 승용자동차

| 030 | 특정소방대상물의 분류 | 답 ② |

> 선지분석

② • 단란주점은 바닥면적의 합계 150제곱미터 미만 근린생활시설
   • 단란주점은 바닥면적의 합계 150제곱미터 이상 위락시설
③ 의약품 판매소, 의료기기 판매소 및 자동차영업소로서 같은 건축물에 해당 용도로 쓰는 바닥면적의 합계가 1천제곱미터 미만인 것
④ 금융업소, 사무소, 부동산중개사무소, 결혼상담소 등 소개업소, 출판사, 서점, 그 밖에 이와 비슷한 것으로서 같은 건축물에 해당 용도로 쓰는 바닥면적의 합계가 500제곱미터 미만인 것

| 031 | 벌칙의 기준 | 답 ② |

> 선지분석

① 소방용품에 대하여 형식승인의 변경승인을 받지 아니한 자는 1년 이하의 징역 또는 1천만원 이하의 벌금에 처한다.
③ 방염성능의 검사를 위반하여 방염성능검사에 합격하지 아니한 물품에 합격표시를 하거나 합격표시를 위조하거나 변조하여 사용한 자는 300만원 이하의 벌금에 처한다.
④ 성능위주설계평가단의 업무를 수행하면서 알게 된 비밀을 이 법에서 정한 목적 외의 용도로 사용하거나 다른 사람 또는 기관에 제공하거나 누설한 자는 300만원 이하의 벌금에 처한다.

| 032 | 소방시설의 관리 등 | 답 ④ |

모두 옳은 지문이다.

| 033 | 소방용품의 형식승인 및 성능인증 | 답 ③ |

하나의 소방용품에 성능인증 사항이 두 가지 이상 결합된 경우에는 해당 성능인증 시험을 모두 실시하고 하나의 성능인증을 할 수 있다.

| 034 | 위험물의 품명 변경 | 답 ③ |

제조소등의 위치·구조 또는 설비의 변경없이 당해 제조소등에서 저장하거나 취급하는 위험물의 품명·수량 또는 지정수량의 배수를 변경하고자 하는 자는 변경하고자 하는 날의 1일 전까지 행정안전부령이 정하는 바에 따라 시·도지사에게 신고하여야 한다.

035 옥외저장탱크 보유공지   답 ③

지정수량 = $\frac{400000[L]}{200[L]}$ = 2000배

제4류 위험물 중 제1석유류(비수용성): 지정수량 200[L]
보유공지 9m 이상. 그러나 물분무설비에 의한 방호조치를 하였기 때문에 9m/2 = 4.5m이다.

> 참고

물분무설비로 방호조치를 하는 경우에는 그 보유공지를 보유공지의 2분의 1 이상의 너비(최소 3m 이상)로 할 수 있다.

• 보유공지

저장 또는 취급하는 위험물의 최대수량	공지의 너비
지정수량의 500배 이하	3m 이상
지정수량의 500배 초과 1,000배 이하	5m 이상
지정수량의 1,000배 초과 2,000배 이하	9m 이상
지정수량의 2,000배 초과 3,000배 이하	12m 이상
지정수량의 3,000배 초과 4,000배 이하	15m 이상
지정수량의 4,000배 초과	당해 탱크의 수평단면의 최대지름(가로형인 경우에는 긴 변)과 높이 중 큰 것과 같은 거리 이상. 다만, 30m 초과의 경우에는 30m 이상으로 할 수 있고, 15m 미만의 경우에는 15m 이상으로 하여야 한다.

036 정기점검   답 ②

지정수량의 150배 이상의 위험물을 저장하는 옥내저장소

> 참고

• 제16조(정기점검의 대상인 제조소등)
1. 제15조 제1항(예방규정대상) 각 호의 어느 하나에 해당하는 제조소등
2. 지하탱크저장소
3. 이동탱크저장소
4. 위험물을 취급하는 탱크로서 지하에 매설된 탱크가 있는 제조소·주유취급소 또는 일반취급소

• 예방규정대상
1. 지정수량의 10배 이상의 위험물을 취급하는 제조소
2. 지정수량의 100배 이상의 위험물을 저장하는 옥외저장소
3. 지정수량의 150배 이상의 위험물을 저장하는 옥내저장소
4. 지정수량의 200배 이상의 위험물을 저장하는 옥외탱크저장소
5. 암반탱크저장소
6. 이송취급소

7. 지정수량의 10배 이상의 위험물을 취급하는 일반취급소. 다만, 제4류 위험물(특수인화물을 제외한다)만을 지정수량의 50배 이하로 취급하는 일반취급소(제1석유류·알코올류의 취급량이 지정수량의 10배 이하인 경우에 한한다)로서 다음의 어느 하나에 해당하는 것을 제외한다.
  가. 보일러·버너 또는 이와 비슷한 것으로서 위험물을 소비하는 장치로 이루어진 일반취급소
  나. 위험물을 용기에 옮겨 담거나 차량에 고정된 탱크에 주입하는 일반취급소

> 참고 정기점검, 정기검사 등

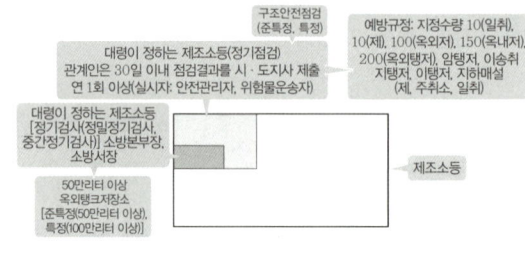

037 소화난이도 등급   답 ①

• 소화난이도 등급 Ⅰ 제조소, 일반취급소: 연면적 1000제곱미터 이상인 것
• 소화난이도 등급 Ⅱ 제조소, 일반취급소: 연면적 600제곱미터 이상인 것

038 탱크시험자가 갖추어야 하는 필수장비   답 ②

필수장비: 자기탐상시험기, 초음파두께측정기 및 다음 1) 또는 2) 중 어느 하나
1) 영상초음파시험기
2) 방사선투과시험기 및 초음파시험기

> 개념플러스 탱크시험자의 기술능력·시설 및 장비

1. 기술능력
   가. 필수인력
      ∨ 필수인력: 2명 또는 4명
      1) 위험물기능장·위험물산업기사 또는 위험물기능사 중 1명 이상
      2) 비파괴검사기술사 1명 이상 또는 초음파비파괴검사·자기비파괴검사 및 침투비파괴검사별로 기사 또는 산업기사 각 1명 이상
   나. 필요한 경우에 두는 인력
      1) 충·수압시험, 진공시험, 기밀시험 또는 내압시험의 경우: 누설비파괴검사 기사, 산업기사 또는 기능사
      2) 수직·수평도시험의 경우: 측량 및 지형공간정보 기술사, 기사, 산업기사 또는 측량기능사

3) 방사선투과시험의 경우: 방사선비파괴검사 기사 또는 산업기사
4) 필수 인력의 보조: 방사선비파괴검사·초음파비파괴검사·자기비파괴검사 또는 침투비파괴검사 기능사
2. 시설: 전용사무실
3. 장비
   가. 필수장비: 자기탐상시험기, 초음파두께측정기 및 다음 1) 또는 2) 중 어느 하나
      1) 영상초음파시험기
      2) 방사선투과시험기 및 초음파시험기
   나. 필요한 경우에 두는 장비
      1) 충·수압시험, 진공시험, 기밀시험 또는 내압시험의 경우
         가) 진공능력 53KPa 이상의 진공누설시험기
         나) 기밀시험장치(안전장치가 부착된 것으로서 가압능력 200KPa 이상, 감압의 경우에는 감압능력 10KPa 이상·감도 10Pa 이하의 것으로서 각각의 압력 변화를 스스로 기록할 수 있는 것)
      2) 수직·수평도 시험의 경우: 수직·수평도 측정기
※ 비고: 둘 이상의 기능을 함께 가지고 있는 장비를 갖춘 경우에는 각각의 장비를 갖춘 것으로 본다.

| 039 | 운반용기의 외부에 표시해야 하는 주의사항 | 답 ① |

과염소산: 제6류 위험물(산화성액체) – 가연물접촉주의

개념플러스 제조소등 게시판 및 운반기준 비교

게시판기준			운반기준
저장 또는 취급위험물	주의사항	게시판의 색	저장 또는 취급위험물
제1류위험물 중 알칼리금속의 과산화물	물기엄금	청색바탕에 백색문자	화기주의, 충격주의, 가연물접촉주의, 물기엄금
제3류위험물 중 금수성물질			물기엄금
제2류위험물 (인화성고체 제외)	화기주의	적색바탕에 백색문자	화기주의, 물기엄금
제2류위험물 중 인화성고체	화기엄금	적색바탕에 백색문자	화기엄금
제3류위험물 중 자연발화성물질			화기엄금, 공기접촉엄금
제4류위험물			화기엄금
제5류위험물			화기엄금, 충격주의
제6류위험물	게시판기준 없음		가연물접촉주의

| 040 | 시행규칙(행정안전부령)으로 정하는 위험물 | 답 ② |

염소화규소화합물 – 제3류 위험물

(선지분석)

행정안전부령으로 정하는 위험물
① 질산구아니딘 – 제5류 위험물
③ 아이오딘의 산화물 – 제1류 위험물
④ 염소화아이소사이아누르산 – 제1류 위험물

개념플러스 행정안전부령으로 정하는 위험물

제1류 위험물	1. 과아이오딘산염류 2. 과아이오딘산 3. 크로뮴, 납 또는 아이오딘의 산화물 4. 아질산염류 5. 차아염소산염류 6. 염소화아이소사이아누르산 7. 퍼옥소이황산염류 8. 퍼옥소붕산염류
제3류 위험물	염소화규소화합물
제5류 위험물	1. 금속의 아지화합물 2. 질산구아니딘
제6류 위험물	할로젠간화합물

03 | 2024년 공채 기출문제

정답
p. 176

001	②	002	②	003	②	004	②	005	④
006	①	007	①	008	④	009	③	010	②
011	④	012	③	013	①	014	③	015	②
016	③	017	①	018	②	019	③	020	①
021	④	022	③	023	③	024	④	025	②

001 과태료 부과기준   답 ②

(선지분석)
① 500만원 이하의 과태료
③ 위반행위의 횟수에 따른 과태료의 가중된 부과기준은 최근 1년간 같은 위반행위로 과태료 부과처분을 받은 경우에 적용한다.
④ 부과권자는 다음의 어느 하나에 해당하는 경우에는 제2호의 개별기준에 따른 과태료의 2분의 1 범위에서 그 금액을 줄여 부과할 수 있다. 다만, 과태료를 체납하고 있는 위반행위자에 대해서는 그렇지 않다.
- 위반행위가 사소한 부주의나 오류로 인한 것으로 인정되는 경우
- 위반행위자가 법 위반상태를 시정하거나 해소하기 위하여 노력한 사실이 인정되는 경우
- 위반행위자가 화재 등 재난으로 재산에 현저한 손실을 입거나 사업 여건의 악화로 그 사업이 중대한 위기에 처하는 등 사정이 있는 경우
- 그 밖에 위반행위의 정도, 위반행위의 동기와 그 결과 등을 고려하여 감경할 필요가 있다고 인정되는 경우

002 화재 등의 통지   답 ②

노후·불량 건축물이 밀집한 지역은 해당사항 없다.
1. 화재 등의 통지: 화재 현장 또는 구조·구급이 필요한 사고현장을 발견한 사람은 그 현장의 상황을 소방본부, 소방서 또는 관계 행정기관에 지체 없이 알려야 한다.
2. 다음의 어느 하나에 해당하는 지역 또는 장소에서 화재로 오인할 만한 우려가 있는 불을 피우거나 연막(煙幕) 소독을 하려는 자는 시·도의 조례로 정하는 바에 따라 관할 소방본부장 또는 소방서장에게 신고하여야 한다.
   - 시장지역
   - 공장·창고가 밀집한 지역
   - 목조건물이 밀집한 지역
   - 위험물의 저장 및 처리시설이 밀집한 지역
   - 석유화학제품을 생산하는 공장이 있는 지역
   - 그 밖에 시·도의 조례로 정하는 지역 또는 장소

003 소방지원활동   답 ②

낙하 등이 우려되는 고드름 등의 제거활동: 생활안전활동에 해당된다.

> **개념플러스** 소방지원활동
>
> 소방청장·소방본부장 또는 소방서장은 공공의 안녕질서 유지 또는 복리증진을 위하여 필요한 경우 소방활동 외에 다음의 활동(이하 "소방지원활동"이라 한다)을 하게 할 수 있다.
> 1. 산불에 대한 예방·진압 등 지원활동
> 2. 자연재해에 따른 급수·배수 및 제설 등 지원활동
> 3. 집회·공연 등 각종 행사 시 사고에 대비한 근접대기 등 지원활동
> 4. 화재, 재난·재해로 인한 피해복구 지원활동
> 5. 그 밖에 행정안전부령으로 정하는 활동
>   ① 군·경찰 등 유관기관에서 실시하는 훈련지원 활동
>   ② 소방시설 오작동 신고에 따른 조치활동
>   ③ 방송제작 또는 촬영 관련 지원활동

004 현장지휘훈련   답 ②

소방공무원 중 다음의 계급에 있는 사람
1. 소방정
2. 소방령
3. 소방경
4. 소방위

005 현장확인 대상 특정소방대상물   답 ④

연면적 1만제곱미터 이상이거나 11층 이상인 특정소방대상물(아파트는 제외한다)

> **개념플러스** 완공검사를 위한 현장확인 대상 특정소방대상물의 범위
>
> 법 제14조 제1항 단서에서 "대통령령으로 정하는 특정소방대상물"이란 특정소방대상물 중 다음의 대상물을 말한다.
> 1. 문화 및 집회시설, 종교시설, 판매시설, 노유자(老幼者)시설, 수련시설, 운동시설, 숙박시설, 창고시설, 지하가 및 「다중이용업소의 안전관리에 관한 특별법」에 따른 다중이용업소
> 2. 다음의 어느 하나에 해당하는 설비가 설치되는 특정소방대상물
>   - 스프링클러설비등
>   - 물분무등소화설비(호스릴 방식의 소화설비는 제외한다)
> 3. 연면적 1만제곱미터 이상이거나 11층 이상인 특정소방대상물(아파트는 제외한다)
> 4. 가연성가스를 제조·저장 또는 취급하는 시설 중 지상에 노출된 가연성가스탱크의 저장용량 합계가 1천톤 이상인 시설

006 소방시설업자협회   답 ①

ㄷ, ㅂ. 소방청장이 업무를 협회에 위탁한다.

> **개념플러스** 시·도지사가 협회에 위탁하는 업무
>
> 시·도지사는 법 제33조 제3항에 따라 다음의 업무를 협회에 위탁한다.
> 1. 법 제4조 제1항에 따른 소방시설업 등록신청의 접수 및 신청내용의 확인
> 2. 법 제6조에 따른 소방시설업 등록사항 변경신고의 접수 및 신고내용의 확인
> 2의2. 법 제6조의2에 따른 소방시설업 휴업·폐업 또는 재개업 신고의 접수 및 신고내용의 확인
> 3. 법 제7조 제3항에 따른 소방시설업자의 지위승계 신고의 접수 및 신고내용의 확인

007 상주 공사감리   답 ①

대상	방법
• 연면적 3만제곱미터 이상의 특정소방대상물(아파트는 제외한다)에 대한 소방시설의 공사 • 지하층을 포함한 층수가 16층 이상으로서 500세대 이상인 아파트에 대한 소방시설의 공사	• 감리원은 행정안전부령으로 정하는 기간 동안 공사 현장에 상주하여 법 제16조 제1항 각 호에 따른 업무를 수행하고 감리일지에 기록해야 한다. 다만, 법 제16조 제1항 제9호에 따른 업무는 행정안전부령으로 정하는 기간 동안 공사가 이루어지는 경우만 해당한다. • 감리원이 행정안전부령으로 정하는 기간 중 부득이한 사유로 1일 이상 현장을 이탈하는 경우에는 감리일지 등에 기록하여 발주청 또는 발주자의 확인을 받아야 한다. 이 경우 감리업자는 감리원의 업무를 대행할 사람을 감리현장에 배치하여 감리업무에 지장이 없도록 해야 한다. • 감리업자는 감리원이 행정안전부령으로 정하는 기간 중 법에 따른 교육이나 「민방위기본법」 또는 「예비군법」에 따른 교육을 받는 경우나 「근로기준법」에 따른 유급휴가로 현장을 이탈하게 되는 경우에는 감리업무에 지장이 없도록 감리원의 업무를 대행할 사람을 감리현장에 배치해야 한다. 이 경우 감리원은 새로 배치되는 업무대행자에게 업무 인수·인계 등의 필요한 조치를 해야 한다.

008 화재예방안전진단 대상의 시설기준   답 ④

가스공급시설 중 가연성 가스 탱크의 저장용량의 합계가 100톤 이상이거나 저장용량이 30톤 이상인 가연성 가스 탱크가 있는 가스공급시설

> **개념플러스** 화재예방안전진단의 대상
>
> 법 제41조 제1항에서 "대통령령으로 정하는 소방안전 특별관리시설물"이란 다음의 시설을 말한다.
> 1. 법 제40조 제1항 제1호에 따른 공항시설 중 여객터미널의 연면적이 1천제곱미터 이상인 공항시설
> 2. 법 제40조 제1항 제2호에 따른 철도시설 중 역 시설의 연면적이 5천제곱미터 이상인 철도시설
> 3. 법 제40조 제1항 제3호에 따른 도시철도시설 중 역사 및 역 시설의 연면적이 5천제곱미터 이상인 도시철도시설
> 4. 법 제40조 제1항 제4호에 따른 항만시설 중 여객이용시설 및 지원시설의 연면적이 5천제곱미터 이상인 항만시설
> 5. 법 제40조 제1항 제10호에 따른 전력용 및 통신용 지하구 중 「국토의 계획 및 이용에 관한 법률」 제2조 제9호에 따른 공동구
> 6. 법 제40조 제1항 제12호에 따른 천연가스 인수기지 및 공급망 중 「소방시설 설치 및 관리에 관한 법률 시행령」 별표 2 제17호 나목에 따른 가스시설
> 7. 제41조 제2항 제1호에 따른 발전소 중 연면적이 5천제곱미터 이상인 발전소
> 8. 제41조 제2항 제3호에 따른 가스공급시설 중 가연성 가스 탱크의 저장용량의 합계가 100톤 이상이거나 저장용량이 30톤 이상인 가연성 가스 탱크가 있는 가스공급시설

009 불을 사용하는 설비의 관리기준   답 ③

선지분석
① 경유·등유 등 액체 연료탱크는 보일러 본체로부터 수평거리 1미터 이상의 간격을 두어 설치한다.
② 화목(火木) 등 고체연료를 사용하는 연통의 배출구는 보일러 본체보다 2미터 이상 높게 설치한다.
④ 대통령령에서 규정한 사항 외에 화재 발생 우려가 있는 설비 또는 기구의 종류, 해당 설비 또는 기구의 위치·구조 및 관리와 화재 예방을 위하여 불을 사용할 때 지켜야 하는 사항은 시·도의 조례로 정한다.

참고
• 보일러기준

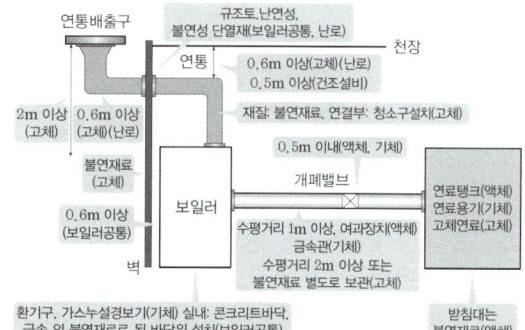

• 음식조리를 위하여 설치하는 설비기준

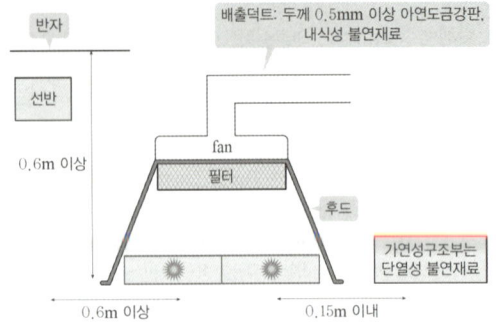

010 건설현장 소방안전관리대상물   답 ②

건설현장 소방안전관리대상물: 법 제29조 제1항에서 "대통령령으로 정하는 특정소방대상물"이란 다음의 어느 하나에 해당하는 특정소방대상물을 말한다.
1. 신축·증축·개축·재축·이전·용도변경 또는 대수선을 하려는 부분의 연면적의 합계가 1만5천제곱미터 이상인 것
2. 신축·증축·개축·재축·이전·용도변경 또는 대수선을 하려는 부분의 연면적이 5천제곱미터 이상인 것으로서 다음의 어느 하나에 해당하는 것
   ① 지하층의 층수가 2개 층 이상인 것
   ② 지상층의 층수가 11층 이상인 것
   ③ 냉동창고, 냉장창고 또는 냉동·냉장창고

011 소방훈련   답 ④

소방안전관리대상물의 관계인은 제1항에 따라 소방훈련과 교육을 실시했을 때에는 그 실시 결과를 별지 제28호서식의 소방훈련·교육 실시 결과 기록부에 기록하고, 이를 소방훈련 및 교육을 실시한 날부터 2년간 보관해야 한다.

📄 개념플러스 근무자 및 거주자에 대한 소방훈련과 교육

1. 소방안전관리대상물의 관계인은 법 제37조 제1항에 따른 소방훈련과 교육을 연 1회 이상 실시해야 한다. 다만, 소방본부장 또는 소방서장이 화재예방을 위하여 필요하다고 인정하여 2회의 범위에서 추가로 실시할 것을 요청하는 경우에는 소방훈련과 교육을 추가로 실시해야 한다.
2. 소방본부장 또는 소방서장은 특급 및 1급 소방안전관리대상물의 관계인으로 하여금 1.에 따른 소방훈련과 교육을 소방기관과 합동으로 실시하게 할 수 있다.
3. 소방안전관리대상물의 관계인은 소방훈련과 교육을 실시하는 경우 소방훈련 및 교육에 필요한 장비 및 교재 등을 갖추어야 한다.
4. 소방안전관리대상물의 관계인은 1.에 따라 소방훈련과 교육을 실시했을 때에는 그 실시 결과를 별지 제28호서식의 소방훈련·교육 실시 결과 기록부에 기록하고, 이를 소방훈련 및 교육을 실시한 날부터 2년간 보관해야 한다.

012 게시해야 하는 사항   답 ③

소방안전관리대상물의 용도 및 수용인원은 해당사항 없다.

📄 개념플러스 소방안전관리자 정보의 게시

1. 법 제26조 제1항에서 "행정안전부령으로 정하는 사항"이란 다음의 사항을 말한다.
   ① 소방안전관리대상물의 명칭 및 등급
   ② 소방안전관리자의 성명 및 선임일자
   ③ 소방안전관리자의 연락처
   ④ 소방안전관리자의 근무 위치(화재 수신기 또는 종합방재실을 말한다)
2. 1.에 따른 소방안전관리자 성명 등의 게시는 별표 2의 소방안전관리자 현황표에 따른다. 이 경우 「소방시설 설치 및 관리에 관한 법률 시행규칙」 별표 5에 따른 소방시설등 자체점검기록표를 함께 게시할 수 있다.

참고 소방안전관리자 정보게시

소방안전관리자 현황표(대상명:)

이 건축물의 소방안전관리자는 다음과 같습니다.
☐ 소방안전관리자: (선임일자: 년 월 일)
☐ 소방안전관리대상물 등급: 급
☐ 소방안전관리자 근무 위치(화재 수신기 위치):

「화재의 예방 및 안전관리에 관한 법률」 제26조 제1항에 따라 이 표지를 붙입니다.

013 소방안전관리대상물   답 ①

소방공무원으로 7년 이상 근무한 경력자는 1급소방안전대상물에 해당된다. ①은 9년간 근무한 경력자이므로 1급소방안전대상물에 해당된다.

선지분석
② ~ ④ 특급소방대상물에 해당된다.
② 지상으로부터 높이가 200미터 이상인 아파트
③ 지상으로부터 높이가 120미터 이상인 업무시설
④ 연면적이 10만제곱미터 이상인 의료시설

📄 개념플러스 1급 소방안전관리대상물의 범위

「소방시설 설치 및 관리에 관한 법률 시행령」 별표 2의 특정소방대상물 중 다음의 어느 하나에 해당하는 것(제1호에 따른 특급 소방안전관리대상물은 제외한다)이다.
1. 30층 이상(지하층은 제외한다)이거나 지상으로부터 높이가 120미터 이상인 아파트
2. 연면적 1만5천제곱미터 이상인 특정소방대상물(아파트 및 연립주택은 제외한다)
3. 2.에 해당하지 않는 특정소방대상물로서 지상층의 층수가 11층 이상인 특정소방대상물(아파트는 제외한다)
4. 가연성 가스를 1천톤 이상 저장·취급하는 시설

> **참고**
> - 특급 소방안전관리대상물

	층수	지상으로부터의 높이	연면적
아파트	50층 이상 (지·제)	200m 이상	-
그 외	30층 이상 (지·포)	120m 이상	10만제곱미터 이상 (층수나 높이 해당 안될 때)

- 1급 소방안전관리대상물

	층수	지상으로부터의 높이	연면적
아파트	30층 이상(지·제)	120m 이상	-
그 외	11층 이상 (연면적 해당 안될 때)	-	1만5천제곱미터 이상
	가연성가스: 1천톤 이상 저장·취급 시설		

014 위험물의 저장기준   답 ③

옥외저장소에서 위험물을 수납한 용기를 선반에 저장하는 경우에는 6m 이하의 높이로 저장하여야 한다. 즉, 선반의 높이는 6m를 초과하지 아니하여야 한다.

015 소화설비의 설치기준   답 ②

소요단위의 계산방법: 저장소의 건축물은 외벽이 내화구조인 것은 연면적 150m²를 1소요단위로 하고, 외벽이 내화구조가 아닌 것은 연면적 75m²를 1소요단위로 할 것

016 운송책임자의 감독 및 지원   답 ③

운송책임자의 감독·지원을 받아 운송하여야 하는 위험물: 법 제21조 제2항에서 "대통령령이 정하는 위험물"이라 함은 다음의 어느 하나에 해당하는 위험물을 말한다.
1. 알킬알루미늄
2. 알킬리튬
3. 1. 또는 2.의 물질을 함유하는 위험물

017 게시판의 내용   답 ①

제1류 위험물 중 알칼리금속의 과산화물: 물기엄금

> **개념플러스** 수납하는 위험물에 따른 주의사항
> 1. 제1류 위험물 중 알칼리금속의 과산화물 또는 이를 함유한 것에 있어서는 "화기·충격주의", "물기엄금" 및 "가연물접촉주의", 그 밖의 것에 있어서는 "화기·충격주의" 및 "가연물접촉주의"
> 2. 제2류 위험물 중 철분·금속분·마그네슘 또는 이들 중 어느 하나 이상을 함유한 것에 있어서는 "화기주의" 및 "물기엄금", 인화성고체에 있어서는 "화기엄금", 그 밖의 것에 있어서는 "화기주의"
> 3. 제3류 위험물 중 자연발화성물질에 있어서는 "화기엄금" 및 "공기접촉엄금", 금수성물질에 있어서는 "물기엄금"
> 4. 제4류 위험물에 있어서는 "화기엄금"
> 5. 제5류 위험물에 있어서는 "화기엄금" 및 "충격주의"
> 6. 제6류 위험물에 있어서는 "가연물접촉주의"

> **개념플러스** 게시판 및 운반기준 비교

게시판기준			운반기준
저장 또는 취급위험물	주의사항	게시판의 색	저장 또는 취급위험물
제1류위험물 중 알칼리금속의 과산화물	물기엄금	청색바탕에 백색문자	화기주의, 충격주의, 가연물접촉주의, 물기엄금
제3류위험물 중 금수성물질			물기엄금
제2류위험물 (인화성고체 제외)	화기주의	적색바탕에 백색문자	화기주의, 물기엄금
제2류위험물 중 인화성고체			화기엄금
제3류위험물 중 자연발화성물질	화기엄금	적색바탕에 백색문자	화기엄금, 공기접촉엄금
제4류위험물			화기엄금
제5류위험물			화기엄금, 충격주의
제6류위험물	게시판기준 없음		가연물접촉주의

018 방유제의 설치기준   답 ①

방유제: 높이 0.5m 이상 3m 이하

> **참고** 방유제 등

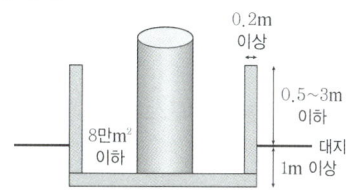

| 019 | 이동저장탱크의 구조 | 답 ④ |

이동저장탱크는 그 내부에 4,000L 이하마다 3.2mm 이상의 강철판 또는 이와 동등 이상의 강도·내열성 및 내식성이 있는 금속성의 것으로 칸막이를 설치하여야 한다. 다만, 고체인 위험물을 저장하거나 고체인 위험물을 가열하여 액체 상태로 저장하는 경우에는 그러하지 아니하다.

| 020 | 특정소방대상물의 간이스프링클러설비 설치면제 기준 | 답 ① |

- 옥내소화전설비는 해당사항 없다.
- 간이스프링클러설비를 설치해야 하는 특정소방대상물에 스프링클러설비, 물분무소화설비 또는 미분무소화설비를 화재안전기준에 적합하게 설치한 경우에는 그 설비의 유효범위에서 설치가 면제된다.

| 021 | 건축허가등의 동의대상물 | 답 ④ |

특정소방대상물 중 노유자(老幼者)시설 및 수련시설 연면적 200제곱미터인 건축물

📄 **개념플러스 건축허가등의 동의대상물**

연면적이 400제곱미터 이상인 건축물이나 시설. 다만, 다음의 어느 하나에 해당하는 건축물이나 시설은 해당 목에서 정한 기준 이상인 건축물이나 시설로 한다.
1. 건축등을 하려는 학교시설: 100제곱미터
2. 노유자(老幼者) 시설 및 수련시설: 200제곱미터
3. 정신의료기관(입원실이 없는 정신건강의학과 의원은 제외하며, 이하 "정신의료기관"이라 한다): 300제곱미터
4. 장애인 의료재활시설(이하 "의료재활시설"이라 한다): 300제곱미터

| 022 | 내진설계 기준 | 답 ③ |

소방청장이 정하는 내진설계 기준에 맞게 설치해야 하는 소방시설: 옥내소화전설비, 스프링클러설비 및 물분무등소화설비를 말한다.

📄 **개념플러스 물분무등소화설비**

1. 물분무소화설비
2. 미분무소화설비
3. 포소화설비
4. 이산화탄소소화설비
5. 할론소화설비
6. 할로겐화합물 및 불활성기체 소화설비
7. 분말소화설비
8. 강화액소화설비
9. 고체에어로졸소화설비

| 023 | 중대위반사항 | 답 ③ |

"소화펌프 고장 등 대통령령으로 정하는 중대위반사항"이란 다음의 어느 하나에 해당하는 경우를 말한다.
1. 소화펌프(가압송수장치를 포함한다), 동력·감시 제어반 또는 소방시설용 전원(비상전원을 포함한다)의 고장으로 소방시설이 작동되지 않는 경우
2. 화재 수신기의 고장으로 화재경보음이 자동으로 울리지 않거나 화재 수신기와 연동된 소방시설의 작동이 불가능한 경우
3. 소화배관 등이 폐쇄·차단되어 소화수(消火水) 또는 소화약제가 자동 방출되지 않는 경우
4. 방화문 또는 자동방화셔터가 훼손되거나 철거되어 본래의 기능을 못하는 경우

| 024 | 주된 기술인력 기준 | 답 ④ |

1. 소방청장이 인정하는 화재조사 관련 국제자격증 소지자는 보조 기술인력에 해당된다.
2. 화재조사에 필요한 다음의 구분에 따른 전문인력을 각각 보유할 것

주된 기술인력	다음의 어느 하나에 해당하는 사람을 2명 이상 보유할 것 • 「국가기술자격법」에 따른 국가기술자격의 직무분야 중 화재감식평가 분야의 기사 자격 취득 후 화재조사 관련 분야에서 5년 이상 근무한 사람 • 화재조사관 자격 취득 후 화재조사 관련 분야에서 5년 이상 근무한 사람 • 이공계 분야의 박사학위 취득 후 화재조사 관련 분야에서 2년 이상 근무한 사람
보조 기술인력	다음의 어느 하나에 해당하는 사람을 3명 이상 보유할 것 • 「국가기술자격법」에 따른 국가기술자격의 직무분야 중 화재감식평가 분야의 기사 또는 산업기사 자격을 취득한 사람 • 화재조사관 자격을 취득한 사람 • 소방청장이 인정하는 화재조사 관련 국제자격증 소지자 • 이공계 분야의 석사 이상 학위 취득 후 화재조사 관련 분야에서 1년 이상 근무한 사람

025 국가화재정보시스템 — 답 ②

국가화재정보시스템의 운영: 소방청장은 법 제19조 제1항에 따른 국가화재정보시스템(이하 "국가화재정보시스템"이라 한다)을 활용하여 다음의 화재정보를 수집·관리해야 한다.
1. 화재원인
2. 화재피해상황
3. 대응활동에 관한 사항
4. 소방시설 등의 설치·관리 및 작동 여부에 관한 사항
5. 화재발생건축물과 구조물, 화재유형별 화재위험성 등에 관한 사항
6. 화재예방 관계 법령 등의 이행 및 위반 등에 관한 사항
7. 법 제13조 제2항에 따른 관계인의 보험가입 정보 등에 관한 사항
8. 그 밖에 화재예방과 소방활동에 활용할 수 있는 정보

선지분석
① 소방청장이 화재예방과 소방활동에 활용할 수 있는 국가화재정보시스템을 구축해 운영하여야 한다.
③ 화재정보의 수집·관리 및 활용 등에 필요한 사항은 대통령령으로 정한다.
④ 국가화재정보시스템의 운영 및 활용 등에 필요한 사항은 소방청장이 정한다.

---

04 | 2024년 경채 기출문제

정답
p. 183

001	②	002	②	003	②	004	④	005	②
006	②	007	④	008	④	009	①	010	②
011	④	012	①	013	③	014	④	015	④
016	③	017	①	018	③	019	④	020	③
021	①	022	③	023	②	024	③	025	④
026	②	027	①	028	③	029	④	030	③
031	①	032	③	033	②	034	③	035	③
036	③	037	④	038	③	039	②	040	②

001 소방신호의 종류 및 방법 — 답 ②

신호방법 종별	타종신호	싸이렌신호	그밖의 신호
경계신호	1타와 연2타를 반복	5초 간격을 두고 30초씩 3회	"통풍대" "게시판"
발화신호	난타	5초 간격을 두고 5초씩 3회	
해제신호	상당한 간격을 두고 1타씩 반복	1분간 1회	"기"
훈련신호	연3타 반복	10초 간격을 두고 1분씩 3회	

1. 소방신호의 방법은 그 전부 또는 일부를 함께 사용할 수 있다.
2. 게시판을 철거하거나 통풍대 또는 기를 내리는 것으로 소방활동이 해제되었음을 알린다.
3. 소방대의 비상소집을 하는 경우에는 훈련신호를 사용할 수 있다.

002 과태료 부과기준 — 답 ②

선지분석
① 500만원 이하의 과태료
③ 위반행위의 횟수에 따른 과태료의 가중된 부과기준은 최근 1년간 같은 위반행위로 과태료 부과처분을 받은 경우에 적용한다.

④ 부과권자는 다음의 어느 하나에 해당하는 경우에는 제2호의 개별기준에 따른 과태료의 2분의 1 범위에서 그 금액을 줄여 부과할 수 있다. 다만, 과태료를 체납하고 있는 위반행위자에 대해서는 그렇지 않다.
- 위반행위가 사소한 부주의나 오류로 인한 것으로 인정되는 경우
- 위반행위자가 법 위반상태를 시정하거나 해소하기 위하여 노력한 사실이 인정되는 경우
- 위반행위자가 화재 등 재난으로 재산에 현저한 손실을 입거나 사업 여건의 악화로 그 사업이 중대한 위기에 처하는 등 사정이 있는 경우
- 그 밖에 위반행위의 정도, 위반행위의 동기와 그 결과 등을 고려하여 감경할 필요가 있다고 인정되는 경우

003 화재 등의 통지 답 ②

노후·불량 건축물이 밀집한 지역은 해당사항 없다.
1. 화재 등의 통지: 화재 현장 또는 구조·구급이 필요한 사고 현장을 발견한 사람은 그 현장의 상황을 소방본부, 소방서 또는 관계 행정기관에 지체 없이 알려야 한다.
2. 다음의 어느 하나에 해당하는 지역 또는 장소에서 화재로 오인할 만한 우려가 있는 불을 피우거나 연막(煙幕) 소독을 하려는 자는 시·도의 조례로 정하는 바에 따라 관할 소방본부장 또는 소방서장에게 신고하여야 한다.
    - 시장지역
    - 공장·창고가 밀집한 지역
    - 목조건물이 밀집한 지역
    - 위험물의 저장 및 처리시설이 밀집한 지역
    - 석유화학제품을 생산하는 공장이 있는 지역
    - 그 밖에 시·도의 조례로 정하는 지역 또는 장소

004 소방박물관 등의 설립과 운영 답 ④

- 소방의 역사와 안전문화를 발전시키고 국민의 안전의식을 높이기 위하여 (ㄱ: 소방청장)은 소방박물관을, (ㄴ: 시·도지사)는 소방체험관(화재 현장에서의 피난 등을 체험할 수 있는 체험관을 말한다. 이하 이 조에서 같다)을 설립하여 운영할 수 있다.
- 소방박물관의 설립과 운영에 필요한 사항은 (ㄷ: 행정안전부령)으로 정하고, 소방체험관의 설립과 운영에 필요한 사항은 (ㄷ: 행정안전부령)으로 정하는 기준에 따라 (ㄹ: 시·도의 조례)로 정한다.

005 소방지원활동 답 ②

낙하 등이 우려되는 고드름 등의 제거활동: 생활안전활동에 해당된다.

📖 **개념플러스 소방지원활동**

소방청장·소방본부장 또는 소방서장은 공공의 안녕질서 유지 또는 복리증진을 위하여 필요한 경우 소방활동 외에 다음의 활동(이하 "소방지원활동"이라 한다)을 하게 할 수 있다.
1. 산불에 대한 예방·진압 등 지원활동
2. 자연재해에 따른 급수·배수 및 제설 등 지원활동
3. 집회·공연 등 각종 행사 시 사고에 대비한 근접대기 등 지원활동
4. 화재, 재난·재해로 인한 피해복구 지원활동
5. 그 밖에 행정안전부령으로 정하는 활동
    ① 군·경찰 등 유관기관에서 실시하는 훈련지원 활동
    ② 소방시설 오작동 신고에 따른 조치활동
    ③ 방송제작 또는 촬영 관련 지원활동

006 현장지휘훈련 답 ②

소방공무원 중 다음의 계급에 있는 사람
1. 소방정   2. 소방령
3. 소방경   4. 소방위

007 한국소방안전원 답 ④

소방기술과 소방산업의 국외시장 개척에 관한 사업추진은 안전원업무에 해당사항 없다.

📖 **개념플러스 안전원의 업무**

1. 소방기술과 안전관리에 관한 교육 및 조사·연구
2. 소방기술과 안전관리에 관한 각종 간행물 발간
3. 화재 예방과 안전관리의식 고취를 위한 대국민 홍보
4. 소방업무에 관하여 행정기관이 위탁하는 업무
5. 소방안전에 관한 국제협력
6. 그 밖에 회원에 대한 기술지원 등 정관으로 정하는 사항

008 현장확인 대상 특정소방대상물 답 ④

연면적 1만제곱미터 이상이거나 11층 이상인 특정소방대상물(아파트는 제외한다)

📖 **개념플러스 완공검사를 위한 현장확인 대상 특정소방대상물의 범위**

법 제14조 제1항 단서에서 "대통령령으로 정하는 특정소방대상물"이란 특정소방대상물 중 다음의 대상물을 말한다.
1. 문화 및 집회시설, 종교시설, 판매시설, 노유자(老幼者)시설, 수련시설, 운동시설, 숙박시설, 창고시설, 지하상가 및 「다중이용업소의 안전관리에 관한 특별법」에 따른 다중이용업소

2. 다음의 어느 하나에 해당하는 설비가 설치되는 특정소방대상물
   - 스프링클러설비등
   - 물분무등소화설비(호스릴 방식의 소화설비는 제외한다)
3. 연면적 1만제곱미터 이상이거나 11층 이상인 특정소방대상물(아파트는 제외한다)
4. 가연성가스를 제조·저장 또는 취급하는 시설 중 지상에 노출된 가연성가스탱크의 저장용량 합계가 1천톤 이상인 시설

009 소방시설업자협회   답 ①

ㄷ, ㅂ. 소방청장이 업무를 협회에 위탁한다.

📄 개념플러스 시·도지사가 협회에 위탁하는 업무

시·도지사는 법 제33조 제3항에 따라 다음의 업무를 협회에 위탁한다.
1. 법 제4조 제1항에 따른 소방시설업 등록신청의 접수 및 신청내용의 확인
2. 법 제6조에 따른 소방시설업 등록사항 변경신고의 접수 및 신고내용의 확인
2의2. 법 제6조의2에 따른 소방시설업 휴업·폐업 또는 재개업 신고의 접수 및 신고내용의 확인
3. 법 제7조 제3항에 따른 소방시설업자의 지위승계 신고의 접수 및 신고내용의 확인

010 소방시설설계   답 ②

중앙소방기술심의위원회의 심의를 거쳐 소방시설의 구조와 원리 등에서 특수한 설계로 인정된 경우는 화재안전기준을 따르지 아니할 수 있다.

011 소방시설공사의 하자보수   답 ④

(ㄱ: 관계인)은 제1항에 따른 기간에 소방시설의 하자가 발생하였을 때에는 공사업자에게 그 사실을 알려야 하며, 통보를 받은 공사업자는 (ㄴ: 3)일 이내에 하자를 보수하거나 보수일정을 기록한 하자보수계획을 관계인에게 (ㄷ: 서면)으로 알려야 한다.

012 상주 공사감리   답 ①

대상	방법
• 연면적 3만제곱미터 이상의 특정소방대상물(아파트는 제외한다)에 대한 소방시설의 공사 • 지하층을 포함한 층수가 16층 이상으로서 500세대 이상인 아파트에 대한 소방시설의 공사	• 감리원은 행정안전부령으로 정하는 기간 동안 공사 현장에 상주하여 법 제16조 제1항 각 호에 따른 업무를 수행하고 감리일지에 기록해야 한다. 다만, 법 제16조 제1항 제9호에 따른 업무는 행정안전부령으로 정하는 기간 동안 공사가 이루어지는 경우만 해당한다. • 감리원이 행정안전부령으로 정하는 기간 중 부득이한 사유로 1일 이상 현장을 이탈하는 경우에는 감리일지 등에 기록하여 발주청 또는 발주자의 확인을 받아야 한다. 이 경우 감리업자는 감리원의 업무를 대행할 사람을 감리현장에 배치하여 감리업무에 지장이 없도록 해야 한다. • 감리업자는 감리원이 행정안전부령으로 정하는 기간 중 법에 따른 교육이나 「민방위기본법」 또는 「예비군법」에 따른 교육을 받는 경우나 「근로기준법」에 따른 유급휴가로 현장을 이탈하게 되는 경우에는 감리업무에 지장이 없도록 감리원의 업무를 대행할 사람을 감리현장에 배치해야 한다. 이 경우 감리원은 새로 배치되는 업무 대행자에게 업무 인수·인계 등의 필요한 조치를 해야 한다.

013 화재예방강화지구   답 ③

전력용 및 통신용 지하구가 있는 지역은 화재예방강화지구 지정에 해당하지 않는다.

📄 개념플러스 화재예방강화지구의 지정 등

시·도지사는 다음의 어느 하나에 해당하는 지역을 화재예방강화지구로 지정하여 관리할 수 있다.
1. 시장지역
2. 공장·창고가 밀집한 지역
3. 목조건물이 밀집한 지역
4. 노후·불량건축물이 밀집한 지역
5. 위험물의 저장 및 처리 시설이 밀집한 지역
6. 석유화학제품을 생산하는 공장이 있는 지역
7. 「산업입지 및 개발에 관한 법률」 제2조 제8호에 따른 산업단지
8. 소방시설·소방용수시설 또는 소방출동로가 없는 지역
9. 「물류시설의 개발 및 운영에 관한 법률」 제2조 제6호에 따른 물류단지
10. 그 밖에 1.부터 9.까지에 준하는 지역으로서 소방관서장이 화재예방강화지구로 지정할 필요가 있다고 인정하는 지역

014 화재예방안전진단 대상의 시설기준   답 ④

가스공급시설 중 가연성 가스 탱크의 저장용량의 합계가 100톤 이상이거나 저장용량이 30톤 이상인 가연성 가스 탱크가 있는 가스공급시설

> **개념플러스** 화재예방안전진단의 대상
>
> 법 제41조 제1항에서 "대통령령으로 정하는 소방안전 특별관리시설물"이란 다음 각 호의 시설을 말한다.
> 1. 법 제40조 제1항 제1호에 따른 공항시설 중 여객터미널의 연면적이 1천제곱미터 이상인 공항시설
> 2. 법 제40조 제1항 제2호에 따른 철도시설 중 역 시설의 연면적이 5천제곱미터 이상인 철도시설
> 3. 법 제40조 제1항 제3호에 따른 도시철도시설 중 역사 및 역 시설의 연면적이 5천제곱미터 이상인 도시철도시설
> 4. 법 제40조 제1항 제4호에 따른 항만시설 중 여객이용시설 및 지원시설의 연면적이 5천제곱미터 이상인 항만시설
> 5. 법 제40조 제1항 제10호에 따른 전력용 및 통신용 지하구 중 「국토의 계획 및 이용에 관한 법률」 제2조 제9호에 따른 공동구
> 6. 법 제40조 제1항 제12호에 따른 천연가스 인수기지 및 공급망 중 「소방시설 설치 및 관리에 관한 법률 시행령」 별표 2 제17호 나목에 따른 가스시설
> 7. 제41조 제2항 제1호에 따른 발전소 중 연면적이 5천제곱미터 이상인 발전소
> 8. 제41조 제2항 제3호에 따른 가스공급시설 중 가연성 가스 탱크의 저장용량의 합계가 100톤 이상이거나 저장용량이 30톤 이상인 가연성 가스 탱크가 있는 가스공급시설

015 용어의 정의   답 ④

1. "화재안전조사"란 소방청장, 소방본부장 또는 소방서장(이하 "소방관서장"이라 한다)이 소방대상물, 관계지역 또는 관계인에 대하여 소방시설등(「소방시설 설치 및 관리에 관한 법률」 제2조 제1항 제2호에 따른 소방시설등을 말한다. 이하 같다)이 소방 관계 법령에 적합하게 설치·관리되고 있는지, 소방대상물에 화재의 발생 위험이 있는지 등을 확인하기 위하여 실시하는 현장조사·문서열람·보고요구 등을 하는 활동을 말한다.
2. "화재조사"란 소방청장, 소방본부장 또는 소방서장이 화재원인, 피해상황, 대응활동 등을 파악하기 위하여 자료의 수집, 관계인등에 대한 질문, 현장 확인, 감식, 감정 및 실험 등을 하는 일련의 행위를 말한다.

016 불을 사용하는 설비의 관리기준   답 ③

(선지분석)
① 경유·등유 등 액체 연료탱크는 보일러 본체로부터 수평거리 1미터 이상의 간격을 두어 설치한다.

② 화목(火木) 등 고체연료를 사용하는 연통의 배출구는 보일러 본체보다 2미터 이상 높게 설치한다.
④ 대통령령에서 규정한 사항 외에 화재 발생 우려가 있는 설비 또는 기구의 종류, 해당 설비 또는 기구의 위치·구조 및 관리와 화재 예방을 위하여 불을 사용할 때 지켜야 하는 사항은 시·도의 조례로 정한다.

(참고)
- 보일러기준

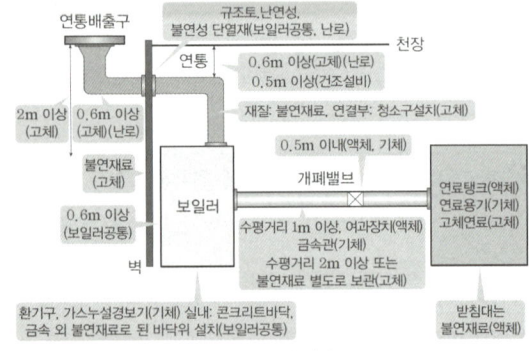

- 음식조리를 위하여 설치하는 설비기준

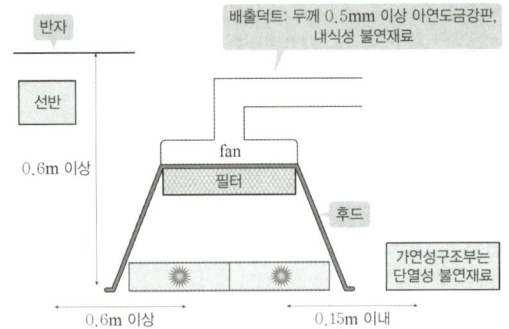

017 특수가연물   답 ①

(선지분석)
① 실외에 쌓아 저장하는 경우 쌓는 부분이 대지경계선, 도로 및 인접 건축물과 최소 6미터 이상 간격을 둘 것. 다만, 쌓는 높이 보다 0.9미터 이상 높은 내화구조 벽체를 설치한 경우는 그렇지 않다.

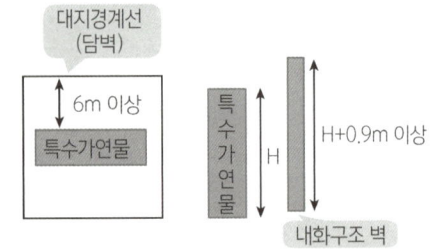

② 실내에 쌓아 저장하는 경우 주요구조부는 내화구조이면서 불연재료여야 하고, 다른 종류의 특수가연물과 같은 공간에 보관하지 않을 것. 다만, 내화구조의 벽으로 분리하는 경우는 그렇지 않다.

<실내저장>

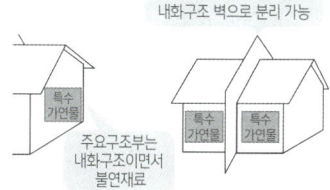

③, ④ 쌓는 부분 바닥면적의 사이는 실내의 경우 1.2미터 또는 쌓는 높이의 1/2 중 큰 값 이상으로 간격을 두어야 하며, 실외의 경우 3미터 또는 쌓는 높이 중 큰 값 이상으로 간격을 둘 것

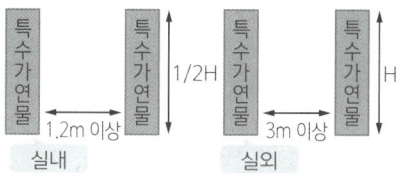

018 건설현장 소방안전관리대상물   답 ②

건설현장 소방안전관리대상물: 법 제29조 제1항에서 "대통령령으로 정하는 특정소방대상물"이란 다음의 어느 하나에 해당하는 특정소방대상물을 말한다.
1. 신축·증축·개축·재축·이전·용도변경 또는 대수선을 하려는 부분의 연면적의 합계가 1만5천제곱미터 이상인 것
2. 신축·증축·개축·재축·이전·용도변경 또는 대수선을 하려는 부분의 연면적이 5천제곱미터 이상인 것으로서 다음의 어느 하나에 해당하는 것
   ① 지하층의 층수가 2개 층 이상인 것
   ② 지상층의 층수가 11층 이상인 것
   ③ 냉동창고, 냉장창고 또는 냉동·냉장창고

019 소방훈련   답 ④

소방안전관리대상물의 관계인은 제1항에 따라 소방훈련과 교육을 실시했을 때에는 그 실시 결과를 별지 제28호서식의 소방훈련·교육 실시 결과 기록부에 기록하고, 이를 소방훈련 및 교육을 실시한 날부터 2년간 보관해야 한다.

📖 **개념플러스** 근무자 및 거주자에 대한 소방훈련과 교육

1. 소방안전관리대상물의 관계인은 법 제37조 제1항에 따른 소방훈련과 교육을 연 1회 이상 실시해야 한다. 다만, 소방본부장 또는 소방서장이 화재예방을 위하여 필요하다고 인정하여 2회의 범위에서 추가로 실시할 것을 요청하는 경우에는 소방훈련과 교육을 추가로 실시해야 한다.

2. 소방본부장 또는 소방서장은 특급 및 1급 소방안전관리대상물의 관계인으로 하여금 1.에 따른 소방훈련과 교육을 소방기관과 합동으로 실시하게 할 수 있다.
3. 소방안전관리대상물의 관계인은 소방훈련과 교육을 실시하는 경우 소방훈련 및 교육에 필요한 장비 및 교재 등을 갖추어야 한다.
4. 소방안전관리대상물의 관계인은 1.에 따라 소방훈련과 교육을 실시했을 때에는 그 실시 결과를 별지 제28호서식의 소방훈련·교육 실시 결과 기록부에 기록하고, 이를 소방훈련 및 교육을 실시한 날부터 2년간 보관해야 한다.

020 게시해야 하는 사항   답 ③

소방안전관리대상물의 용도 및 수용인원은 해당사항 없다.

📖 **개념플러스** 소방안전관리자 정보의 게시

1. 법 제26조 제1항에서 "행정안전부령으로 정하는 사항"이란 다음의 사항을 말한다.
   ① 소방안전관리대상물의 명칭 및 등급
   ② 소방안전관리자의 성명 및 선임일자
   ③ 소방안전관리자의 연락처
   ④ 소방안전관리자의 근무 위치(화재 수신기 또는 종합방재실을 말한다)
2. 1.에 따른 소방안전관리자 성명 등의 게시는 별표 2의 소방안전관리자 현황표에 따른다. 이 경우 「소방시설 설치 및 관리에 관한 법률 시행규칙」 별표 5에 따른 소방시설등 자체점검기록표를 함께 게시할 수 있다.

📌 **참고** 소방안전관리자 정보게시

소방안전관리자 현황표(대상명:)
이 건축물의 소방안전관리자는 다음과 같습니다. ☐ 소방안전관리자: (선임일자: 년 월 일) ☐ 소방안전관리대상물 등급: 급 ☐ 소방안전관리자 근무 위치(화재 수신기 위치): 「화재의 예방 및 안전관리에 관한 법률」 제26조 제1항에 따라 이 표지를 붙입니다.

021 소방안전관리대상물   답 ①

소방공무원으로 7년 이상 근무한 경력자는 1급소방안전대상물에 해당된다. ①은 9년간 근무한 경력자이므로 1급소방안전대상물에 해당된다.

(선지분석)
② ~ ④ 특급소방대상물에 해당된다.
② 지상으로부터 높이가 200미터 이상인 아파트
③ 지상으로부터 높이가 120미터 이상인 업무시설
④ 연면적이 10만제곱미터 이상인 의료시설

> 📄 **개념플러스** 1급 소방안전관리대상물의 범위
>
> 「소방시설 설치 및 관리에 관한 법률 시행령」 별표 2의 특정소방대상물 중 다음의 어느 하나에 해당하는 것(제1호에 따른 특급 소방안전관리대상물은 제외한다)
> 1. 30층 이상(지하층은 제외한다)이거나 지상으로부터 높이가 120미터 이상인 아파트
> 2. 연면적 1만5천제곱미터 이상인 특정소방대상물(아파트 및 연립주택은 제외한다)
> 3. 2.에 해당하지 않는 특정소방대상물로서 지상층의 층수가 11층 이상인 특정소방대상물(아파트는 제외한다)
> 4. 가연성 가스를 1천톤 이상 저장·취급하는 시설

참고

- 특급 소방안전관리대상물

	층수	지상으로부터의 높이	연면적
아파트	50층 이상 (지·제)	200m 이상	-
그 외	30층 이상 (지·포)	120m 이상	10만제곱미터 이상 (층수나 높이 해당 안될 때)

- 1급 소방안전관리대상물

	층수	지상으로부터의 높이	연면적
아파트	30층 이상(지·제)	120m 이상	-
그 외	11층 이상 (연면적 해당 안될 때)	-	1만5천제곱미터 이상
	가연성가스: 1천톤 이상 저장·취급 시설		

---

022 위험물의 저장기준   답 ③

옥외저장소에서 위험물을 수납한 용기를 선반에 저장하는 경우에는 6m 이하의 높이로 저장하여야 한다. 즉, 선반의 높이는 6m를 초과하지 아니할 것

---

023 소화설비의 설치기준   답 ②

소요단위의 계산방법: 저장소의 건축물은 외벽이 내화구조인 것은 연면적 150m²를 1소요단위로 하고, 외벽이 내화구조가 아닌 것은 연면적 75m²를 1소요단위로 할 것

---

024 운송책임자의 감독 및 지원   답 ③

운송책임자의 감독·지원을 받아 운송하여야 하는 위험물: 법 제21조 제2항에서 "대통령령이 정하는 위험물"이라 함은 다음의 어느 하나에 해당하는 위험물을 말한다.

1. 알킬알루미늄
2. 알킬리튬
3. 1. 또는 2.의 물질을 함유하는 위험물

---

025 주유취급소의 고정주유설비 설치기준   답 ④

1. 고정주유설비는 고정주유설비의 중심선을 기점으로 하여 도로경계선까지 4m 이상의 거리를 유지할 것
2. 고정주유설비 또는 고정급유설비는 다음의 기준에 적합한 위치에 설치하여야 한다.
   - 고정주유설비의 중심선을 기점으로 하여 도로경계선까지 4m 이상, 부지경계선·담 및 건축물의 벽까지 2m(개구부가 없는 벽까지는 1m) 이상의 거리를 유지하고, 고정급유설비의 중심선을 기점으로 하여 도로경계선까지 4m 이상, 부지경계선 및 담까지 1m 이상, 건축물의 벽까지 2m(개구부가 없는 벽까지는 1m) 이상의 거리를 유지할 것
   - 고정주유설비와 고정급유설비의 사이에는 4m 이상의 거리를 유지할 것

참고 고정주유설비 및 고정급유설비

	고정주유설비	고정급유설비
도로경계선	4m 이상	4m 이상
부지경계선, 담	2m 이상	1m 이상
건축물 벽	2m 이상	2m 이상
개구부가 없는 벽	1m 이상	1m 이상

---

026 게시판의 내용   답 ①

제1류 위험물 중 알칼리금속의 과산화물: 물기엄금

> 📄 **개념플러스** 수납하는 위험물에 따른 주의사항
>
> 1. 제1류 위험물 중 알칼리금속의 과산화물 또는 이를 함유한 것에 있어서는 "화기·충격주의", "물기엄금" 및 "가연물접촉주의", 그 밖의 것에 있어서는 "화기·충격주의" 및 "가연물접촉주의"
> 2. 제2류 위험물 중 철분·금속분·마그네슘 또는 이들 중 어느 하나 이상을 함유한 것에 있어서는 "화기주의" 및 "물기엄금", 인화성고체에 있어서는 "화기엄금", 그 밖의 것에 있어서는 "화기주의"
> 3. 제3류 위험물 중 자연발화성물질에 있어서는 "화기엄금" 및 "공기접촉엄금", 금수성물질에 있어서는 "물기엄금"
> 4. 제4류 위험물에 있어서는 "화기엄금"
> 5. 제5류 위험물에 있어서는 "화기엄금" 및 "충격주의"
> 6. 제6류 위험물에 있어서는 "가연물접촉주의"

개념플러스 게시판 및 운반기준 비교

게시판기준			운반기준
저장 또는 취급위험물	주의사항	게시판의 색	저장 또는 취급위험물
제1류위험물 중 알칼리금속의 과산화물	물기엄금	청색바탕에 백색문자	화기주의, 충격주의, 가연물접촉주의, 물기엄금
제3류위험물 중 금수성물질			물기엄금
제2류위험물 (인화성고체 제외)	화기주의	적색바탕에 백색문자	화기주의, 물기엄금
제2류위험물 중 인화성고체			화기엄금
제3류위험물 중 자연발화성물질	화기엄금	적색바탕에 백색문자	화기엄금, 공기접촉엄금
제4류위험물			화기엄금
제5류위험물			화기엄금, 충격주의
제6류위험물	게시판기준 없음		가연물접촉주의

027 방유제의 설치기준   답 ①

방유제: 높이 0.5m 이상 3m 이하

참고 방유제 등

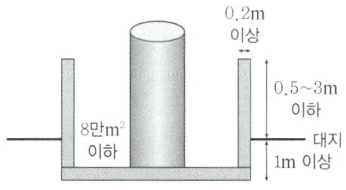

028 탱크안전성능시험자가 변경사항을 신고해야 하는 중요사항   답 ③

보유장비의 변경은 해당사항 없다.

개념플러스 변경사항의 신고 등

탱크시험자는 법 제16조 제3항의 규정에 의하여 다음의 어느 하나에 해당하는 중요사항을 변경한 경우에는 별지 제38호서식의 신고서(전자문서로 된 신고서를 포함한다)에 다음의 구분에 따른 서류(전자문서를 포함한다)를 첨부하여 시·도지사에게 제출하여야 한다.
1. **영업소 소재지 변경**: 사무소의 사용을 증명하는 서류와 위험물탱크안전성능시험자등록증
2. **기술능력 변경**: 변경하는 기술인력의 자격증과 위험물탱크안전성능시험자등록증
3. **대표자 변경**: 위험물탱크안전성능시험자등록증
4. **상호 또는 명칭 변경**: 위험물탱크안전성능시험자등록증

029 이동저장탱크의 구조   답 ④

이동저장탱크는 그 내부에 4,000L 이하마다 3.2mm 이상의 강철판 또는 이와 동등 이상의 강도·내열성 및 내식성이 있는 금속성의 것으로 칸막이를 설치하여야 한다. 다만, 고체인 위험물을 저장하거나 고체인 위험물을 가열하여 액체 상태로 저장하는 경우에는 그러하지 아니하다.

030 형식승인을 받아야 하는 소방용품   답 ③

형식승인 대상 소방용품: 법 제37조 제1항 본문에서 "대통령령으로 정하는 소방용품"이란 별표 3의 소방용품(같은 표 제1호 나목의 자동소화장치 중 상업용 주방자동소화장치는 제외한다)을 말한다. 즉, 상업용 주방자동소화장치는 형식승인을 받지 않는 소방용품이다.

031 내용연수 설정대상 소방용품   답 ①

1. 법 제17조 제1항 후단에 따라 내용연수를 설정해야 하는 소방용품은 분말형태의 소화약제를 사용하는 소화기로 한다.
2. 1.에 따른 소방용품의 내용연수는 10년으로 한다.

032 특정소방대상물의 간이스프링클러설비 설치면제 기준   답 ①

- 옥내소화전설비는 해당사항 없다.
- 간이스프링클러설비를 설치해야 하는 특정소방대상물에 스프링클러설비, 물분무소화설비 또는 미분무소화설비를 화재안전기준에 적합하게 설치한 경우에는 그 설비의 유효범위에서 설치가 면제된다.

033 건축허가등의 동의대상물   답 ④

특정소방대상물 중 노유자(老幼者)시설 및 수련시설 연면적 200제곱미터인 건축물

개념플러스 건축허가등의 동의대상물

연면적이 400제곱미터 이상인 건축물이나 시설. 다만, 다음의 어느 하나에 해당하는 건축물이나 시설은 해당 목에서 정한 기준 이상인 건축물이나 시설로 한다.
1. 건축등을 하려는 학교시설: 100제곱미터
2. 노유자(老幼者) 시설 및 수련시설: 200제곱미터
3. 정신의료기관(입원실이 없는 정신건강의학과 의원은 제외하며, 이하 "정신의료기관"이라 한다): 300제곱미터
4. 장애인 의료재활시설(이하 "의료재활시설"이라 한다): 300제곱미터

034 내진설계 기준   답 ③

소방청장이 정하는 내진설계 기준에 맞게 설치해야 하는 소방시설: 옥내소화전설비, 스프링클러설비 및 물분무등소화설비를 말한다.

> 📘 **개념플러스 물분무등소화설비**
> 1. 물분무소화설비
> 2. 미분무소화설비
> 3. 포소화설비
> 4. 이산화탄소소화설비
> 5. 할론소화설비
> 6. 할로겐화합물 및 불활성기체 소화설비
> 7. 분말소화설비
> 8. 강화액소화설비
> 9. 고체에어로졸소화설비

035 지하구   답 ③

지하 인공구조물로서 폭이 1.8m 이상이고 높이가 2m 이상이며 길이가 50m 이상인 것

> 📘 **개념플러스 지하구**
> 1. 전력·통신용의 전선이나 가스·냉난방용의 배관 또는 이와 비슷한 것을 집합수용하기 위하여 설치한 지하 인공구조물로서 사람이 점검 또는 보수를 하기 위하여 출입이 가능한 것 중 다음의 어느 하나에 해당하는 것
>   ① 전력 또는 통신사업용 지하 인공구조물로서 전력구(케이블 접속부가 없는 경우는 제외한다) 또는 통신구 방식으로 설치된 것
>   ② ① 외의 지하 인공구조물로서 폭이 1.8m 이상이고 높이가 2m 이상이며 길이가 50m 이상인 것
> 2. 「국토의 계획 및 이용에 관한 법률」 제2조 제9호에 따른 공동구

036 중대위반사항   답 ③

"소화펌프 고장 등 대통령령으로 정하는 중대위반사항"이란 다음의 어느 하나에 해당하는 경우를 말한다.
1. 소화펌프(가압송수장치를 포함한다), 동력·감시 제어반 또는 소방시설용 전원(비상전원을 포함한다)의 고장으로 소방시설이 작동되지 않는 경우
2. 화재 수신기의 고장으로 화재경보음이 자동으로 울리지 않거나 화재 수신기와 연동된 소방시설의 작동이 불가능한 경우
3. 소화배관 등이 폐쇄·차단되어 소화수(消火水) 또는 소화약제가 자동 방출되지 않는 경우
4. 방화문 또는 자동방화셔터가 훼손되거나 철거되어 본래의 기능을 못하는 경우

037 주된 기술인력 기준   답 ④

1. 소방청장이 인정하는 화재조사 관련 국제자격증 소지자는 보조 기술인력에 해당된다.
2. 화재조사에 필요한 다음의 구분에 따른 전문인력을 각각 보유할 것

구분	내용
주된 기술인력	다음의 어느 하나에 해당하는 사람을 2명 이상 보유할 것 • 「국가기술자격법」에 따른 국가기술자격의 직무분야 중 화재감식평가 분야의 기사 자격 취득 후 화재조사 관련 분야에서 5년 이상 근무한 사람 • 화재조사관 자격 취득 후 화재조사 관련 분야에서 5년 이상 근무한 사람 • 이공계 분야의 박사학위 취득 후 화재조사 관련 분야에서 2년 이상 근무한 사람
보조 기술인력	다음의 어느 하나에 해당하는 사람을 3명 이상 보유할 것 • 「국가기술자격법」에 따른 국가기술자격의 직무분야 중 화재감식평가 분야의 기사 또는 산업기사 자격을 취득한 사람 • 화재조사관 자격을 취득한 사람 • 소방청장이 인정하는 화재조사 관련 국제자격증 소지자 • 이공계 분야의 석사 이상 학위 취득 후 화재조사 관련 분야에서 1년 이상 근무한 사람

038 화재조사 절차   답 ③

화재조사 절차에 사전조사는 해당사항 없다.

> 📘 **개념플러스 화재조사의 내용·절차**
> 1. 법 제5조 제2항 제6호에서 "대통령령으로 정하는 사항"이란 「화재의 예방 및 안전관리에 관한 법률」 제7조에 따른 화재안전조사의 실시 결과에 관한 사항을 말한다.
> 2. 화재조사는 다음의 절차에 따라 실시한다.
>   ① 현장출동 중 조사: 화재발생 접수, 출동 중 화재상황 파악 등
>   ② 화재현장 조사: 화재의 발화(發火)원인, 연소상황 및 피해상황 조사 등
>   ③ 정밀조사: 감식·감정, 화재원인 판정 등
>   ④ 화재조사 결과 보고
> 3. 소방관서장은 화재조사를 하는 경우 「산림보호법」 제42조에 따른 산불 조사 등 다른 법률에 따른 화재 관련 조사가 원활히 수행될 수 있도록 협조해야 한다.

| 039 | 화재조사관의 최소 기준인원 | 답 ② |

화재조사전담부서의 구성·운영
1. 소방관서장은 법 제6조 제1항에 따른 화재조사전담부서(이하 "전담부서"라 한다)에 화재조사관을 2명 이상 배치해야 한다.
2. 전담부서에는 화재조사를 위한 감식·감정 장비 등 행정안전부령으로 정하는 장비와 시설을 갖추어 두어야 한다.
3. 1. 및 2.에서 규정한 사항 외에 전담부서의 구성·운영에 필요한 사항은 행정안전부령으로 정한다.

| 040 | 국가화재정보시스템 | 답 ② |

국가화재정보시스템의 운영: 소방청장은 법 제19조 제1항에 따른 국가화재정보시스템(이하 "국가화재정보시스템"이라 한다)을 활용하여 다음의 화재정보를 수집·관리해야 한다.
1. 화재원인
2. 화재피해상황
3. 대응활동에 관한 사항
4. 소방시설 등의 설치·관리 및 작동 여부에 관한 사항
5. 화재발생건축물과 구조물, 화재유형별 화재위험성 등에 관한 사항
6. 화재예방 관계 법령 등의 이행 및 위반 등에 관한 사항
7. 법 제13조 제2항에 따른 관계인의 보험가입 정보 등에 관한 사항
8. 그 밖에 화재예방과 소방활동에 활용할 수 있는 정보

(선지분석)
① 소방청장이 화재예방과 소방활동에 활용할 수 있는 국가화재정보시스템을 구축해 운영하여야 한다.
③ 화재정보의 수집·관리 및 활용 등에 필요한 사항은 대통령령으로 정한다.
④ 국가화재정보시스템의 운영 및 활용 등에 필요한 사항은 소방청장이 정한다.

해커스소방 fire.Hackers.com

소방 학원 · 소방 인강 · 소방관계법규 무료 특강 ·
소방 합격예측 온라인 모의고사